香港六七暴動始末

解讀吳荻舟

U0134729

香港六七暴動始末

解讀吳荻舟

程翔

OXFORD
UNIVERSITY PRESS

OXFORD
UNIVERSITY PRESS

Oxford University Press is a department of the University of Oxford.
It furthers the University's objective of excellence in research, scholarship,
and education by publishing worldwide. Oxford is a registered trade mark of
Oxford University Press in the UK and in certain other countries

Published in Hong Kong by
Oxford University Press (China) Limited
39/F, One Kowloon, 1 Wang Yuen Street, Kowloon Bay, Hong Kong

香港六七暴動始末
解讀吳荻舟

程 翔

ISBN: 978-0-19-097473-2

4 6 8 10 12 13 11 9 7 5

目　錄

序　言

　　發生在半個世紀前的香港1967年暴動 (本書統稱「六七暴動」)，是中國大陸「文化大革命」(以下簡稱「文革」) 的一個組成部分，是文革向香港延伸的結果。這個定性，對五十年前身處其中的當事人來說都毫無懸念，即使是香港左派人士也不能否定這一點。

　　內地「文革」結束後，中共在1978年召開港澳工作會議時，就對這場暴動作出如下結論：「群眾是英勇的、路線是錯誤的、責任在中央」[1]。1981年，中共中央正式作出決議，指出「文化大革命的十年期間黨、國家和人民遭到建國以來最嚴重的挫折和損失」；並將其定性為：「領導者錯誤發動，被反動集團利用，給黨、國家和各族人民帶來嚴重災難的內亂」[2]。這個決議雖然沒有提及香港的暴動，但邏輯上，既然對文革作出徹底的否定，則作為文革的派生物 (或延伸體) 的香港暴動，理所當然地也應該被徹底否定。

　　對六七暴動作出徹底的否定，既是中共最高層的認知，也是1997年之前香港社會的共識。但是在1997年香港主權回歸中國之後，當年策動暴動的人，成為今天政壇上的主導者，他們就有強烈的動機要改寫令他們尷尬或者不光彩的歷史。2001年，特首董建華把特區最高榮譽「大紫荊勳章」頒給策動暴動

1　詳見本書第一部分第二章。

2　見中共中央《關於建國以來黨和國家若干歷史問題的決議》，1981年6月27日中共第十一屆中央委員會第六次全體會議上通過。

的標誌性人物楊光，卻把次一級的「金紫荊勳章」頒給反對暴動的標誌性人物——林彬——所服務的商業電台創辦人何佐芝。這裏帶出的政治訊息明確無誤：暴動者得最高榮譽，反暴動者得次一級榮譽。這就完全顛倒了香港社會原來的價值觀和是非觀。在特區政府帶頭下，香港社會就出現一股要求為六七暴動翻案的暗湧。

這股為「六七暴動」翻案的暗湧由不同的人以不同的形式出現：

- 改變對暴動的定性，例如特首董建華頒最高榮譽給楊光；

- 否認暴動期間的血腥事件，例如左派立法會議員公開表示兩大血案——炸死清華街兩姐弟以及燒死林彬——是港英插贓嫁禍而不是他們所為；

- 修飾淡化一些不容否認的事件，例如警隊網頁修改沙頭角槍擊事件的敘述；

- 改寫歷史，例如強調七十年代開始香港的發展是由於暴動促成的；

- 混淆六七暴動與「雨傘運動」的本質差異，以便將市民對後者的同情和支持折射到前者 (在這方面很多學者、文化人是不自覺地參與了這個漂白工作)。

更令人擔心的，除了香港出現改寫歷史的暗湧外，在中國大陸近幾年也開始出現為已經被中共中央徹底否定的文化大革命翻案的趨勢。2012年底，習近平總書記在他第一任伊始，就提出「兩個三十年互不否定」的說法，這就等於推翻了上述1981年中共中央的決議對「文革是錯誤的」這個定性，為「翻案文革」走出第一步。2018年初，習近平第二任伊始，就通過

新版教科書來美化文革，把原先定性為「災難」的文革，美化為「艱辛的探索」，並以「人世間沒有一帆風順的事業，世界歷史總是在跌宕起伏的曲折過程中前進的」這一說法來淡化這場災難，這等於為「翻案文革」走出第二步。這使人想起2012年三月前任國務院總理溫家寶在他任內最後一次記者招待會 (2012.3.15) 上憂心忡忡地説：「沒有政治體制改革的成功……文化大革命這樣的歷史悲劇還有可能重新發生，每個有責任的黨員和領導幹部都應該有緊迫感」[3]。溫家寶在他總理的高位上，必然知道更多我們不知道的事情，他出於責任感不得不承認有這個危險。很不幸地，過去幾年的發展，我們看到當年鄧小平為防止文革悲劇重臨的三個制度建設 (禁止個人崇拜、避免權力過分集中、領導人任期限制) 都被一一拆除[4]，這就為文革重臨敞開大門。

在大陸和香港都同時因政治環境的變化而出現為文革翻案、為暴動翻案的逆流下重溫吳荻舟 (本書的主角) 的文稿，就顯得很有現實意義。吳荻舟長期在香港領導各方面的工作，參與策劃及領導「兩航起義」、「招商局起義」、「雲南起義」等重大事件，因此深明中共對香港的方針政策，對香港工作中長期出現的「左傾」錯誤深惡痛絕。六七暴動時，他直接在周恩來總理身邊工作，不但與聞其事並曾親身制止極端的行動 (例如私運武器到香港)，他對文革派生出來的暴動有清晰的記載以及重要的反思。不幸的是，在文革的時空裏，這恰恰成為他立場不夠堅定 (實質是不夠「左」) 的證據而被「隔離審查」，並被視為「敵我矛盾」而遭「下放幹校勞動」十多年的厄運。讀

3　http://blog.sina.com.cn/s/blog_54b2c6c501014ih0.html

4　關於習近平拆除這些防止文革復辟的制度，詳見拙作《中國厄運不知伊于胡底》，載《信報》2018年3月8日。

他的文稿，對於當前出現的翻案逆流，能夠起到暮鼓晨鐘、孟春木鐸的警示作用。他的文稿提醒人們要十分警惕目前在大陸和香港出現的這種美化文革、美化暴動的逆流，這是筆者決定為他的《六七筆記》作注釋的原因。

程翔
2018年暮春

鳴　謝

本書的成事，從時序看，首先要感謝紀錄片《消失的檔案》導演羅恩惠，是她在製作該片的過程中，讓我接觸到吳荻舟的遺文，我從這批遺文中，看到它的歷史價值，從而萌生為吳荻舟的《六七筆記》作注釋的念頭，此外她還提供了她收集珍藏的剪報以及其他資料供我使用，大大方便了我的注釋工作。然後是要感謝吳荻舟的女兒吳輝女士。多年來她默默地埋首整理父親的遺稿，梳理、點校並打印成電子版、撰稿發表、以方便後人保存及閱讀，從而為香港歷史保存了重要的文獻。當我與她聯繫的時候，她表示很多文獻已經公開發表，歡迎各位有心研究者使用，她樂見不同版本的注釋，樂見更多人加入研究。本書涉及其父親文稿的部分，都經過她親自校對，她對筆記有些理解與我不同，她也只是指出但充分尊重我的意見，由我自行斟酌，文責自負。

這本書在寫作過程中也得到很多朋友的幫忙。一位不願具名的朋友向我提供了英國解密檔案，而《眾新聞》的編輯盧曼思則提供了美國的解密檔案。這兩批解密檔案，使我在注釋《六七筆記》的過程中，得到重要的參考。

除了上述四位外，在寫作過程中，筆者參考了大量前人的研究成果，包括香港和內地學者的著作或回憶錄等，由於數目眾多難以一一致謝，只能通過列舉所參考過的書目聊表謝意。初稿就緒後，許禮平先生 (諳熟左派人脈關係的著名書畫收藏家、翰墨軒東主) 也提供過寶貴的意見。在出版過程中，牛津大學出版社總編輯林道群為本書的成功出版也付出了很多心血。

謹此，向各位協助保存香港歷史的朋友致以深深的謝忱。

吳荻舟文稿的歷史價值

　　吳荻舟長期從事中共在香港的地下黨領導工作。1948年時在中共華南分局港澳工委書記章漢夫領導下和1949年前後在饒彰風領導下，負責輸送幹部到大陸的工作。1949年港澳工委撤銷，香港地下黨改由廣東省委領導，在當地則設立香港工作組，工作組共三人：張鐵生(組長)、溫康蘭和吳荻舟。1950年張鐵生調回國內，改由黃作梅任組長。1954年黃作梅犧牲，改由吳荻舟出任組長，仍然是三人小組：吳荻舟、溫康蘭、譚幹。1957年港澳工委成立，梁威林是書記，吳荻舟是委員、常委。1962年調國務院外辦港澳組副組長(組長缺，另一副組長是孔筱)。在香港工作期間，他直接參與了雲南起義、兩航起義、招商局起義、西藏和平解放等工作，對1949年中共取得全國政權並穩定當時的局勢作出不少貢獻(關於吳荻舟的生平，見本書附錄吳輝撰《吳荻舟傳略及年譜》)。

　　由於他長期處於中共香港地下黨的領導地位，掌握中共對香港的政策，他的文稿反映了當年中共在港的活動，因此具有重要的歷史價值。

　　雖然中國早在1988年已經頒佈《檔案法》，規定官方文件要定期解密。該法第19條規定，官方檔案保密30年後需要解密，經濟性的可以短於三十年，涉及國家安全的可以超過三十年。雖然有此明文規定，但實際上幾乎所有政治性檔案都沒有被系統地解密。文化大革命(以及由它派生的香港六七暴動)距今已經五十年，早就到了解密時候，但事實是，迄今尚未解

密，所以人們對文革的研究除了一些當時已經公佈的資料之外，就只能仰賴於當事人的記錄及回憶。在這個意義上，個人的記錄和回憶便構成了相關歷史的重要文獻。吳荻舟的文稿，其歷史價值也就在此。

具體到「六七暴動」這個問題，在官方資料尚未解密的條件下，吳荻舟的文稿提供了暴動期間中央應對處理此事件的一些內情。從他提供的線索，讀者可以看到以下幾個問題：暴動的「左傾」思想根源、發動暴動的動機和目的、暴動的組織指揮系統、以及周恩來在暴動中的角色等 (詳見本書甲部分第二、三、四、五章等)，還可以看到他對整件事的反思等，這些都是珍貴的歷史文獻。

在強調吳荻舟文稿價值的同時，也必須指出其文稿並不能涵蓋整個六七暴動全過程，這是美中不足的地方。當然，這不是他的錯，而是他的工作分工和個人遭遇造成的缺陷，例如：

第一，《六七筆記》的起迄時段不能涵蓋整個暴動的歷程。《六七筆記》始於1967年4月24日，終於1967年8月8日，因為自此之後他已經被隔離審查，無法再參與工作。所以筆記無法記載一些重要的轉折點如火燒英國代辦處以及周恩來下令鳴金收兵等經過。在注釋過程中筆者都必須仰賴於別的當事人的回憶及記載來補足之。

第二，可能由於分工關係，吳荻舟在《六七筆記》中只能記載他負責的工作領域 (群眾組)，對於重大的軍事問題他不能與聞，所以基本上沒有什麼記錄，而沙頭角槍擊事件，也只有事後的片言隻語。同樣地，在注釋過程中必須引用其他人的材料來補充他的不足。

第三，從《六七筆記》的原件看，日子倒置的問題十分嚴重 (詳乙部分)，即是說，較晚的日期卻出現在較早的日期前

吳輝謄抄六七筆記（《消失的檔案》提供）

面，這種情況不是個別的，而是貫穿整個《六七筆記》這本小冊子內。對此，吳輝小姐曾經作出解釋（例如：補記、利用空白處、匆忙中翻到哪裏就記在哪裏）。我認為，唯一合理的解釋是很多則筆記是事後「補記」的，即某一天的事經過幾天之後才有時間補記出來。

第四，由於是工作筆記，往往只記下內容，而沒有注明講者的身份，這就會導致後人在閱讀時不知道說話的人的身份。例如：筆記在記錄外交部對陳毅進行批判時有這麼一個記錄：「陳總：……」，就究竟是陳毅本人的談話或是其他人引述陳毅的話來批判他呢？並不明確。同樣，要鑒定筆記內某一句話是記載了與會人士的意見或是吳荻舟本人的意見，也不容易。

筆者認為，作為一份歷史文獻，這是《六七筆記》美中不足的地方。但是，如果我們把《六七筆記》與他的其他文稿，以及同時期其他當事人的記錄及回憶綜合研究，則吳荻舟《六七筆記》本身的參考價值也就能夠體現出來。

關於本書

本書在前賢研究成果的基礎上，對六七暴動的認識又有幾項新的發現：

第一，在六七暴動的成因中，香港左派長期來潛存着一股「渴望早日解放」的心情可以視為造成暴動的一個深層次的因素。筆者發現，早在1959年，陳毅就告誡香港左派不能設想提早收回香港以便奪取港英的權，繼而是吳荻舟在1966年詳細解釋為什麼不能夠提早收回香港，而在1967年暴動期間周恩來多次擔心左派想「迫中央上馬」、「提前收回香港」，到1978年撥亂反正時廖承志直接指出暴動目的之一是迫中央提早收回香港。這個因素可以說是六七暴動研究中一個全新的發現。

第二，早在1945年二戰結束後，中共就同英國達成秘密協定：中共不反對香港由英國接收 (而不是由當時的中國政府)，並主動把它在香港的武裝力量 (抗日戰爭時期建立的東江縱隊港九大隊) 撤出香港，以換取港英當局允許它在香港有一個半公開的身份。而中共承諾，這個半公開的組織將不從事推翻英國統治的活動。由於有了這個承諾，這就解釋了為什麼中共屢屢告誡左派在香港活動要保持低調。而事實是，每當左派在港活動轉趨高調時，港英就會予以限制。這就解釋了為什麼左派經常抱怨港英頻頻打壓他們。

第三，中共原來一直在香港保存着兩個地位平行的地下組織，一個是已經半公開的「香港工作委員會」(其公開面貌就是1997年前的新華社香港分社和1997年之後的中央政府駐香港特

別行政區聯絡辦公室），另一個是迄今仍然保密的「香港城市工作委員會」（對這個「城工委」外界一無所知）。此外，還有很多所謂「二、三、四線」的組織。這種地下組織的情況在六七暴動期間部分曝光了。今天是否仍然存在兩個平行的組織則有待知情人士去分析。

第四，沙頭角槍擊事件，是百分百由中共中央軍委直接部署、由解放軍正規部隊 (7085部隊) 執行的。在過去，無論中、英、港共、港英兩國四方都不約而同地說成是民兵一時衝動所引發，與中央無關，大家的目的都是盡量淡化事件，避免事態進一步惡化。本書以充分證據說明這是一宗由中央軍委部署、有組織、有預謀、並由正規軍執行的軍事行動。

第五，本書對英國解密檔案的採用比前人的著作都多很多，因為筆者認為在應對六七暴動的危機中，英國及港英的策略可以說是一個非常典型的「危機管理學」的成功範例，值得這方面的專家去認真研究的。特別是當年港督戴麟趾面對「維護英國尊嚴」和「對香港的道德責任」兩個矛盾而採取的一系列措施，是很值得深入研究的。可惜由於篇幅和時間的限制，目前所採用的仍僅僅是解密檔案中的一小部分而已，希望今後學者能繼續這方面的研究。

以上五點可以說是本書對六七暴動研究作出的新貢獻。

本書共分三部分：甲部分是專題論述，共10章，集中探討有關六七暴動的幾個問題；乙部分是《六七筆記》的注釋；丙部分則是吳荻舟遺文選編，輯錄了吳荻舟文稿中有關香港六七暴動的文章原文。

本書的重點是注釋吳荻舟的《六七筆記》。吳荻舟自己並沒有這樣命名他的筆記，這是吳輝在整理其父親遺作時發現的一本筆記本，裏面記載的都是香港1967年暴動期間中央的內部

討論，所以她便給它冠以《六七筆記》的書名，筆者沿用這個書名。它是工作日記性質，但是由於不是完整的文章，所以需要大量注釋工作才能讓後人讀懂。

《六七筆記》之所以值得注釋，是因為它詳細記錄1967年暴動期間一些重大事件，正如吳輝在《向左向右》的文章中寫的那樣：都是當時的原始記錄，不經事後整理加工，沒有遮羞掩飾。辦公會議、香港來人的匯報，周恩來的態度，「敵我友」各方反應，形勢估計，以致各界工會人數、可動員力量，鬥爭策略，內部爭論和總結等等。五十年過去，一一讀來，仍然可以感應當時一幕幕驚心動魄的較量。筆記除了為研究香港1967年那段歷史補充資料，還可以讓我們窺見中國共產黨對香港情況的掌握脈絡，香港左派力量的盲動，技術官僚們的具體操作，以及中國共產黨自1920年代就沿用的城市工作模式等等。

本書的初衷是注釋《六七筆記》，即本書「乙」部分。但在注釋過程中，發覺需要補充大量筆記以外的資料才能更好地理解筆記的內容，所以將這些輔助性資料歸納為幾個專題來加以闡述，這些專題論述就構成本書「甲」部分。本來，專題為深化《六七筆記》的注釋而生，本應置於筆記之後，但這幾個專題合在一起，卻又可以為《六七筆記》本身提供一個大背景，先讀之能使讀者更好理解筆記的內容，所以決定把專題放在筆記之前。至於「丙」部分，則是吳荻舟本人的文稿。為了保存原件的文獻價值，這批文稿一字不改，也不加分析評論，讓讀者能夠原汁原味地從文件本身去領略它們的含義。

在專題部分的十篇文章中，第一篇是概略，力求用最簡單的文字交代整個六七暴動的性質、歷程、內因、外因等，以便讀者能夠在最短時間內對事件有個初步的掌握，為《六七筆

記》提供一個時空背景的介紹。第二到第七篇都是從吳荻舟的文稿中帶出來的相關問題，所選的題材都是筆者認為很重要但是感到前人研究中無提及或有所略因而有必要深入探討的問題。在注釋的過程中，由於翻閱了大量英國解密檔案，使筆者覺得很值得增設一章專門討論英方應對暴動的策略，這就形成本書的第八章 (這篇的資料來源完全獨立於吳荻舟文稿)。最後兩篇是反思。第九章是記錄了吳荻舟作為當事人本人的思考，採材自他在「下放」時的回憶，以及「平反」後的反思 (即本書丙部分)。由於這是吳荻舟本人的思想，所以我在本章的工作只限於摘取其相關的內容並使之有連貫性，盡量不加我的評論或作任何解釋。這方面，吳輝女士做了很好的把關作用，確保我沒有曲解或誤讀她父親。第十篇則是我自己在拜讀了吳荻舟所有文稿以及英國解密檔案後的感想。這十篇文章，既為深度注釋《六七筆記》而產生，也可視為對六七暴動的一個獨立的專題探索。

　　本書所涉及的、以及筆者所稱的「吳荻舟文稿」，是指經由吳輝整理出來並在網上發佈過的、而又涉及香港問題的文章。吳荻舟還有很多不涉及香港的文章尚未整理出來，或雖整理好但尚未上載網絡的，都不包括在內。這些已經整理並發表過的、涉及香港問題的文章則全部收錄在本書「丙」部分 (具體清單見本書「目錄」)。筆者感謝吳輝同意把這批文章輯錄在此書裏。這樣做的目的，就是把它們作為歷史文獻的原件保存下來以供後人參考。

甲

綜 論

［第一章］
概　略

一、定義

六七暴動是一場由中共香港地下黨發動的、旨在奪取港英管治權的大規模社會動亂。

1967年中共香港地下黨 (全稱中國共產黨港澳工作委員會，簡稱「港澳工委」，公開身份是新華社香港分社，本書簡稱「港共」)，在大陸文化大革命的影響下，藉着香港內部存在的階級矛盾、民族矛盾、官民矛盾，煽動左派群眾以及非左派的支持者起來，通過各種導致社會動盪的手段，試圖迫使香港英國當局(本書簡稱「港英」)政府向他們投降從而奪取其管治權。

二、歷程

暴動長達八個月，由於港英表現出頑強的統治意志拒不投降，因而港共的鬥爭手段不斷升級並逐步走向暴力化。如果以港共鬥爭手段來劃分，大概可以區分三個階段：

前　　奏：1966年12月澳門一二三事件

第一階段：從1967年5月6日到1967年6月2日，組織左派群眾遊行示威

第二階段：從1967年6月3日到1967年7月7日，發動罷工罷市罷課

第三階段：從1967年7月8日到1967年11月中，實施恐怖主義襲擊

落　　幕：1967年底

表一：六七暴動的鳥瞰圖

分析	說明
遠因	一、自1949年以來香港內部積累起來的三大矛盾： 　　　階級矛盾、民族矛盾、官民矛盾。 二、自1949年以來中共在香港工作中屢犯「左傾」錯誤。
近因	中國「文化大革命」向港澳地區延伸，其中直接影響香港的有八件大事，詳見本章內文。
前奏	澳門「一二三事件」：澳門地下黨奪權成功，港共組織左派群眾到澳門取經，學習如何用「兩條半語錄」迫使葡萄牙當局投降。
演練	1967年5月之前已經發生一系列工潮，在港共影響下，左派工人不接受港英政府調停，而是採取「文革式」的鬥爭手段，例如用毛語錄迫使資方就範，在毛澤東像前簽署「認罪書」等。
暴動歷程	全過程1967.5.6 – 1968.1.1–3，共8個月。
第一階段： 1967.5.6 1967.6.2	鬥爭手段：示威、遊行 此階段起點：新蒲崗膠花廠工潮 嚴重事故：五二二花園道事件
第二階段： 1967.6.3 1967.7.7	鬥爭手段：罷工、罷市、罷課 此階段起點：《人民日報》六三社論，誤導了左派以為北京要收回香港 嚴重事故：左派工人徐田波、黎松、曾明、李安、羅進苟等遇害
第三階段： 1967.7.8 1967.11	鬥爭手段：城市恐怖主義 此階段起點：沙頭角槍擊事件，鼓勵了左派走向暴力 嚴重事故：清華街兩姐弟被炸死、林彬被燒死、開列暗殺名單
落幕： 1967.11 1967.12	冷靜頭腦、偃旗息鼓 1967年11月前後，周恩來召集港澳工委等在幕後策動暴動的人到北京開會，並把他們留下來長達兩個月，要他們冷靜頭腦，重溫港澳政策。由於暴動的決策者都身在北京，香港的左派群眾便顯得群龍無首，暴動遂逐漸停下來。1968.1.1–3日周恩來接見到北京開會的人，正式下令結束六七暴動。
餘波	雖然暴動到1967年底已經結束，但暴動的後續發展仍然持續到1968年年底，例如遞解傅奇石慧夫婦出境、決定永久關閉中華中學、中英邊界談判等等。

以上分階段辦法只是一個粗略的劃分，其起迄日期僅僅作為一個參考，而並非一個明確的界限，而且不同階段的鬥爭手法也互相穿插。關於每個階段的特點詳見附表。

三、內因

所有研究六七暴動的學者，都指出暴動源於香港內部存在的嚴重問題，這是毋容置疑的。筆者把這些問題歸納為三大矛盾：階級矛盾、民族矛盾、官民矛盾。自從第二次世界大戰結束以來到六十年代中期，這些矛盾已經積累了近20年，到了一個爆發的臨界點。1966年天星小輪加價五分錢就足以掀起一場暴動，足見當時社會的張力是如何嚴重。由於這是大家公認的常識，而且已經有大量的著作指出這些問題，根據「略人之所詳、詳人之所略」的原則，筆者不擬在本書重複大家的共同認識。

四、外因

六七暴動是中國大陸文化大革命向港澳地區延伸的結果，這是毫無疑問的。當年有份做決策的人對此都毫不避諱，例如：當年的新華社副社長梁上苑稱之為「香港式的文化大革命」(見他的書《中共在香港》，頁135–39)，《新晚報》總編輯羅孚也是這樣叫(見他《為香港式文革致歉》的文章)。內地專門收集地方文革歷史資料的「中國地方文革史網」：也有文章稱呼《香港的文化大革命》。內地的文革如何延伸到香港？筆者認為有以下因素：

1. 從思潮看：文革煽動起極左思潮，在外交工作上強調打

倒「帝、修、反」，為港共掀起反英殖民主義提供精神
武器和行動上的正當性。

2. 從組織人事看：外交部造反派奪權，港澳工作的負責人
   陳毅、廖承志等大權旁落，使中共中央對香港「長期打
   算、充分利用」的政策受到嚴重干擾。

3. 從鬥爭手段看：文革期間掀起的「紅色恐怖萬歲」等肯
   定暴力、歌頌暴力的做法，既拆除了人們對使用暴力的
   道德障礙，也在精神上賦予暴力手段不應該有的合理性
   和合法性，這就導致香港左派在各種手段都失敗後最終
   走向恐怖主義的手段。

文革雖然發生在大陸，但其衝擊波卻直接影響香港。限於
篇幅筆者無法詳述文革與香港的關係，僅從《天翻地覆慨而
慷》這本由紅衛兵在1967年11月編輯的文革大事記中整理出若
干件直接對香港六七暴動產生影響的大事件，包括：

1. 1966年5月16日，中共中央發出《中國共產黨中央委員
   會通知》(以下簡稱「五一六通知」)，正式掀起文化大
   革命的序幕，從此中國進入「十年文革」的災難期。

2. 1966年8月，北京發生「紅八月」事件，紅衛兵公開鼓
   吹「紅色恐怖萬歲」，並在全國掀起一股以暴力手段從
   肉體上消滅「階級敵人」的惡浪，為香港一年後的暴動
   走向恐怖主義提供了思想上、精神上的依據。[1]

3. 1967年1月：上海發生「一月奪權」事件，毛澤東鼓勵
   各部門各地區造反派奪權，外交部被奪權，正常的外交
   工作失控，中央對香港的工作也就受影響。

---

[1] 北京發生「紅八月」恐怖主義事件時，香港還沒有發生暴動，但由於中共中
   央對「紅八月」不加反對(毛澤東還在天安門廣場接見紅衛兵宋彬彬)，使人
   覺得紅衛兵私行肉刑並無不妥，這就為香港一年後的暴動刷上濃濃的恐怖主
   義色彩。關於六七暴動的恐怖主義性質請參閱筆者的文章，見參考書目。

4. 1967年2月：「二月逆流」事件，主管港澳工作的陳毅失勢，使1949年以來奉行的港澳政策（「長期打算、充分利用」）走偏，被認為是右傾而受到批判。

5. 1967年4月：毛澤東從批判香港左派製作的電影《清宮秘史》入手，啟動對劉少奇的批判，香港左派拍攝的這套電影變成「賣國主義大毒草」，導演朱石麟因此心臟病突發死亡(一說是因為爆血管)。從此香港左派電影一蹶不振。

6. 1967年5月，周恩來不慎塑造了「紅色外交戰士」姚登山，姚出名後試圖攀附中央文革小組。他配合文革小組宣傳部長王力在外交戰線掀起左傾浪潮，並且一度聲稱自己是臨時外交部長。

7. 1967年7月武漢「七二○事件」後，王力影響如日中天，提出「揪軍內走資派」，引起毛澤東對「中央文革小組」要奪軍權產生戒心。此事雖然對香港沒有直接關係，但是因為它而使得毛澤東開始對王力有警惕，從而為日後解決香港問題創造條件。

8. 1967年8月王力發表「八七講話」，間接造成「八二二火燒英國代辦處」事件。

9. 周恩來借「火燒英國代辦處」事件向毛澤東告王力的狀，已經對王力產生疑心的毛澤東決定逮捕王力、關鋒、戚本禹三人，從而制止了「文革」期間「極左」思潮進一步氾濫擴散。

10. 逮捕王關戚三人後，一方面制止了極左思潮，同時也使姚登山失去靠山，外交部批判姚登山，抓捕煽動極左思潮的「五一六分子」，在此有利條件下，周恩來趁機下令結束六七暴動。

從上述所羅列的事實就可以看出，香港的六七暴動，事實上就是中國大陸的「文化大革命」的一個組成部分，可以這樣說：沒有文革，就沒有六七暴動。

五、主角 (港共和左派)

六七暴動牽涉兩國四方，兩國是中國和英國，四方是：北京政府、倫敦政府、港共和港英。前兩方是兩國的中央政府，在本書中分別以各自的首都命名。後兩者是他們在香港的政治代表，港英即香港政府，擁有合法的政權地位；港共則泛指中共香港地下黨，沒有合法的地位但卻具有很實質的政治影響。暴動的發生、發展和結束，取決於這四方力量的互動狀況。

香港人對六七暴動習慣用「左派暴動」一詞，清晰地指出這場暴動的主角。誰是左派？左派的涵蓋面有多大？這是本節要交代的。在本書中，「港共」一詞，經常會同「左派」一詞交叉使用，但「左派」的涵蓋範圍遠大於「港共」，兩者是「集」和「子集」的關係，「左派」是集，「港共」是子集。所以這裏有必要說明一下這兩個詞的意義。

筆者發覺，很多朋友在談論到香港的左派時，往往會以西方對左派的定義來看待香港，從而對香港左派作出誤判。在西方，左派的政治理想和主張可以歸納為以下特點：(一) 在意識形態上，相信人性可以塑造，社會可以改變；(二) 在政治主張上，要求革新進步、追求公平、平等、均富、提倡大政府、集體主義、世俗主義；(三) 在具體行動上，通過改良 (不流血) 或者革命 (暴力) 來達至社會的變革，前者如社會民主黨，後者如共產黨。正因為在西方政治史上，左代表積極進取，所以香港的左翼學者、工運及社運人士會對香港左派有一種先天性的好感。

在中國，左右問題首先是一個立場問題，然後又是一個工作方法問題。中共從其誕生開始就是一個左翼政黨，所以對它來說，左是好的，是正面的，右是壞的，是負面的。這是從政治立場來區分左右。在工作層面上，當執行具體政策時，往往會出現「過猶不及」的情況，「過」就是極左，「不及」就是右，兩者都是錯誤。為了區別正確的左和錯誤的極左，中共採用在左字加上括號「」變成「左」的方式來加以區別。所以，「左」就是指錯誤的東西。

按照中共的定義，「左」就是脫離實際，脫離了人們能夠接受的程度，走向了極端。這本來都是工作方法問題，但是到了文化大革命，凡是反對毛澤東的就被扣上「形『左』實右」的罪名，如所謂的「林彪集團」和「四人幫集團」。所以，「左」的定義又變成政治立場問題，而不僅僅是工作方法問題了。

在香港，左的定義就完全不同於西方。左派群眾泛指支持中國共產黨及其領導下的中國，所以是一個立場問題，但是「極『左』」則是指那些不顧香港的實際，把內地的一套盲目照搬到香港的做法。中共自己說六七暴動犯了「極『左』錯誤」，就是把內地那一套鬥爭模式，從意識形態到具體手段(包括恐怖主義)搬到香港。對於大多數市民來說，凡是無條件支持中共並且為其文過飾非的，以及把中共意識形態強加給香港的，都是「極左」表現，按照中共的語法，是指加上括號的左，例如「『左』傾錯誤」。所以，在香港這個環境，左和「左」的定義就同西方和中國都有所不同。 關於六七暴動期間香港左派的「極左」的表現，筆者將在第十章有詳細的論述。

在香港，左派是一個獨特的群體，可以跨越不同的階層，其共同點是支持中國共產黨及其領導的中華人民共和國，大多

數中共的支持者是出於樸素的愛國主義和民族主義而接受共產黨政權，他們不一定認同共產主義的終極目標 (建設共產主義社會)。在這個群體中，很多人都曾經是因為逃避共產主義災難而逃到香港，但這並不影響他們基於愛國主義及民族主義而仍然選擇支持中國共產黨。

從組織的角度看，這個左派群體的核心是中國共產黨在香港的地下組織，包括半公開的港澳工委和保密的香港城工委 (詳見本書第三章)，香港人習慣稱他們為「港共」。他們都是具有中共黨籍的人，是香港的「地下領導人」，1997年前後都沒有改變。稍有不同的，是1997年之後，半公開的工委由「新華社香港分社」變成「中聯辦」(中央人民政府駐特區聯絡辦公室)。但由於工委至今尚無掛牌，所以理論上它仍然是一個地下組織。

這個核心之外是香港人統稱的「中資機構」，是指中共在香港開設的一系列機構，經濟性質的有貿易 (例如華潤)、金融 (例如中國銀行)、航運 (例如招商局) 等；意識形態性的有新聞 (例如《大公報》、《文匯報》)、電影 (例如長城、鳳凰、新聯三電影公司)、文化 (例如三聯書店、中華書局、商務印書館) 等；還有很多為了掩蓋安全情報工作而設立的機構等等。這些機構的領導人多數是中共黨員，但這些機構的本地員工及其家屬則未必是黨員。

第三層是香港人習慣稱之為「左派機構」，這是指由中共地下黨開辦成立並且領導的工會、學校、行業團體、群眾組織等。這些機構除了上層領導是黨員外，其他成員都不是。這些組織透過細緻的群眾工作，能夠有效地聯繫一大群非黨人士加入其組織，成為中共的支持者及同情者。

最後是在所謂「二、三、四線」的成員。根據中共元帥葉

劍英的指示，中共在50年代初期就在香港建設「二、三、四線」組織，這些組織都是非常隱蔽的，以便在第一線 (公開或半公開) 的組織被破壞後中共仍然能夠繼續生存下去[2]。由於這是極隱蔽的組織工作，外界無法知悉其詳情。這些人都不會公開以左派的面貌出現。

根據上述分析，整個「左派」的構成如下表二。從表中可以看到，「港共」是指擁有具體黨籍的人以及自覺接受他們領導的某些單位的負責人，而「左派」則除了有黨籍的「港共」以外，還包括受他們影響的、或生活仰給於港共機構的 (例如港共的家屬等)，或積極支持他們活動的人。因此「左派」所涵蓋的範圍遠比「港共」要廣泛得多。

在六七暴動期間，幕後策劃推動的是位處這個群體最核心的中共地下黨 (包括工委和城工委)，而被推上前台衝鋒陷陣的是左派群眾 (工人、學生、職工等) 以及他們的非左派支持者。在前台出面的是「港九各界同胞反對港英迫害鬥爭委員會」(以下簡稱「鬥委會」)，在幕後指揮的是設在新華社的「前線指揮部」(這個組織詳見第三章)。這個鬥委會是全港性的，它下面還有一系列的地區性和行業性的、側重某一局部的鬥委會。很多平時不覺得有左派背景的機構，一下子出現了很多「鬥委會」，例如「官津補私學校鬥委會」的出現，令很多人驚訝，顯見很多「灰線」或者其他「二、三、四線」的中共黨員是曝光了。在吳荻舟《六七筆記》中就記載，周恩來很擔心二、三線組織因此被暴露了。從鬥委會的名單可以看出，地下黨是派到鬥委會去領導這場鬥爭 (鬥委會裏的中共黨員，詳見梁寶龍《六七暴動鬥委的中共黨員》)。

2　盧荻：《葉劍英情繫港澳》，廣東葉劍英研究會，2017–6–23。

表二：在1997年之前「港共」和「左派」的概念以及涵蓋範圍

名詞的涵蓋範圍	港共 (有黨籍)	左派 (有及沒有黨籍)
中共地下黨組織	中共港澳工委 中共香港城市工作委員會	同屬左派
中共在香港官方機構 (簡稱中資機構) －貿易、金融、航運 －新聞電影文化線 －安全情報系統	所有中資機構的負責人很多 都是從內地外派到香港工作	同屬左派，還包括： 在該等機構工作的員工 (其中 有黨員有非黨員) 及其家屬
政權組織	有極隱蔽的黨員藏身在 港督府、行政立法會 政府系統警隊	同屬左派，但往往他們不表 露自己的政治面貌
工會	工聯會主要領導 各個屬會負責人，有的是共 產黨員，有的是共產黨的積 極支持者	同屬左派，還包括： 工會會員、積極分子，以及 經常參加左派工會活動的非 會員群眾
學校	學校主要領導人，有的是共 產黨員，有的是共產黨的積 極支持者	同屬左派，還包括： 教員、學生、學生家長 職工及其家屬
國貨公司	實際幕後主腦	職工及其家屬
外圍機構 (灰線組織)	個別黨員負責該組織的領導 工作，有些黨員更是以非黨 員身份和面貌出現	該等組織的成員
專業團體	同上	該等組織的成員
群眾組織： 宗親會、同鄉會、街 坊會、文娛康樂體育 小組等等	同上	這類組織很多都是由左派組 建的，其成員中的積極分子 都可視為左派
其他「二、三、四線」	保密	不詳，但由於保密需要，其 成員都不會以左派面貌出現

[第二章]
六七暴動發動的原因和目的

　　香港1967年爆發的暴動 (香港人習慣稱之為「左派暴動」，而左派卻稱之為「反英抗暴」，為求中性，本文統稱「六七暴動」)，究竟緣何而起？目的為何？筆者曾經撰文指出：這場暴動的成因，既有內因 (即香港自1949年以來積累下來的三大矛盾，即民族矛盾、階級矛盾、官民矛盾)，又有外因 (即中國大陸的「文化大革命」向境外蔓延)，而以外因為主，如果兩者可以量化的話，我認為內因三成、外因七成[1]。筆者這樣說，並不是低估本地內部三大矛盾所產生的社會張力，事實上，筆者作為那個年代的過來人，也目睹、親歷、見證了香港社會內部積累起來的張力。但我還是強調，在促成「六七暴動」的內外因素中，本港內部的三大矛盾，只佔一個相對次要的地位。

　　我這個「三七開」的兩分法，固然遭到左派的攻擊[2] (他們認為百分百是港英暴政導致)，也遭到左翼社運和工運朋友的反對，例如研究香港工運及社運的學者梁寶龍就譏笑筆者是「書呆子在閉門造車」[3]。他認為，本港內部積累的「三大矛盾」才是「六七暴動」的主因。他並引述毛澤東的《矛盾論》，說明內因比外因更重要[4]。在一般情況下，事物的變化確是由內因推

1　詳見拙作「『六七暴動』，遺害至今」，載《明報》(2017年1月21日)。

2　赤子：《荒謬之言，「遺害至今」——讀程翔一文有感》，載《六七動力網站》http://hk1967.org/theirviews.asp

3　見梁寶龍：《微觀六七暴動肇因論社會因素 (上) 》https://wknews.org/node/1499

4　毛澤東的《矛盾論》說：外因是變化的條件，內因是變化的根據。

動的，所謂「物必先腐而後蟲生」，但這個規律不適用於六七暴動，因為如果內因為主，則絕對不可能發展成為這個規模的動亂。例如1966年的暴動，它是百分之一百內因，但它很快就被平息了。

人們只要把這場暴動放在一個更廣闊的時空來看，則「三七開」的評估就很明顯的了。在吳荻舟的遺文中，我們就找到重要的文獻來說明這個問題。

甲　香港的內部矛盾

香港社會自從戰後到1966年這20年間積累了大量深沉的矛盾。首先是經濟性質的，例如資本主義社會固有的剝削問題，這是階級矛盾；其次是殖民地特有的英華人不平等的問題，這是民族矛盾；再次官僚貪污腐化問題，也是小市民感受最痛的問題，這是官民矛盾。對於這三大矛盾，凡是筆者這個年紀的人，都或多或少會經歷過這些矛盾造成的壓迫感，這是香港的歷史現實不必諱言。

官民矛盾：在這三大矛盾中，對於無政治取向的大多數小市民來說，最深惡痛絕的由於貪污造成的嚴重的官民矛盾，例如，那時一句很諷刺性的順口溜是：「有『水』有水，無『水』無水」，無論大事如火災時，消防員會說出這句話，苦主就要先付款，消防員才開喉滅火。小事如躺病在醫院，口乾時要賄賂醫院的清潔女工才能喝上水。在上世紀五十年代這些例子不勝枚舉。

階級矛盾：毋庸否認，那個年代的剝削是很嚴重的。對此，港共固然有詳盡的記錄及控訴，即便非港共的中外工運界、社福界人士也做過大量研究和描繪。

階級矛盾具體的表現就是資本家對工人的剝削，這是經典馬克思理論的核心內容。戰後香港為什麼會出現嚴重的剝削？這是因為當年勞動力過剩，資本家可以毫無顧忌地對工人盤剝而不愁找不到人做工。那麼為什麼香港當年會出現勞動力過剩？因為香港在戰後短短幾年間，人口從第二次世界大戰結束時1945年的50萬人一下子急增到1950年的236萬人，到了暴動發生時，人口已經超過300萬[5]。那麼為什麼有這個激增呢？因為大陸「解放」了，各地都開展鎮反、土改、沒收私產，這就迫使很多人為了逃避共產主義災難而逃難到香港。五年內人口增長幾倍，各種社會民生建設不可能跟得上這個速度，更遑論就業機會。這就使到達了香港的人，被迫過着非常艱苦的生活。由於人口倍增的速度遠遠高於就業機會的增長，這就造成勞動力過剩，使資本家得以肆意盤剝工人。

　　很多研究六七暴動的學者，雖然正確地指出這是引發暴動的重要內因，卻把矛頭指向港英縱容資本家，而甚少指出大陸的「解放」本身造就了大批難民（政治性及經濟性），在當年香港社會尚未工業化的情況下，根本無法解決這麼嚴峻的人口倍增問題。所以，造成香港社會階級矛盾嚴峻，大陸政局的巨變起着間接的作用。

　　民族矛盾：筆者翻閱過不少談六七暴動的著作，發覺一個有趣的現象：大家在分析六七暴動成因時，比較多歸咎於階級矛盾和官民矛盾，談民族矛盾的都幾乎局限於左派學者。例如周奕的《香港左派鬥爭史》就詳細記載了1949年之後香港左派如何受港英的「迫害」，並認為這些「民族壓迫」是導致六七暴動的一個重要原因。這就說明，只有左派人士才感受到嚴重

5　見《維基百科》香港人口史條https://zh.wikipedia.org/wiki/%E9%A6%99%E6%B8%AF%E4%BA%BA%E5%8F%A3%E5%8F%B2

的「民族壓迫」。為什麼呢？正如上文所說，在當年300萬人口中，有將近200萬人是因為逃避共產黨而南來的，他們在香港得一棲身之地，得免共產主義災難，感激港英還來不及，又怎會滋生反港英的民族情緒？此其一。英國佔領香港百多年，除了開始時同新界居民有比較嚴重的衝突外，百多年的統治基本上沒有發生過嚴重的民族衝突，為何會在1949年之後就產生這麼大的民族矛盾？所以，似乎只有左派人士才感受到這種「民族壓迫」而非左派人士則沒有太強的民族壓迫的感覺。

筆者在編寫這本書時才發現，原來中共早在1949年之前就與港英達成一個秘密協議：中共主動把東江縱隊撤出香港，以換取港英給與中共在香港半公開的存在，港英同意了這建議，但條件是在香港以新華社名義半公開存在的中共組織不能危害到港英對香港的統治 (有關秘密協議的詳情見第四章)，這是筆者在寫這本書時一個意外的收穫。

由於有了這個秘密協議，就能夠解釋為什麼中共從一開始就不准港共在港過多的曝光，而要牢記自己是「寄人籬下」(陳毅語，詳下文，及吳荻舟《五十天整風會議記錄》)。中共奪取了全國政權後，在勝利的影響下，港共在香港的行為就越趨高調，當港共的活動太高調，令港英擔心它或會成為第二權力中心，破壞了當初允許中共半公開存在的條件時，就自然會加以限制。港共不自覺地破壞了早前與港英達成的秘密協議因而遭到打擊，便認為這是「民族壓迫」。這就解釋了為什麼大多數香港人不感覺到有嚴重的民族壓迫，而港共卻對港英咬牙切齒如有深仇大恨般。所以，即使我們承認有這個民族矛盾，港共也要負上部分責任。

無論如何，這三種矛盾積累了20年 (1946–66) 之後，使香港社會處於一個高度緊張的狀態。所以1966年天星小輪加價五

分錢就引爆一場暴動，足見矛盾的積累已經達到危險的程度。但是由於中共沒有介入，天星加價引發的暴動很快就平息了。

乙　港共的「左」傾錯誤

筆者要強調的是，僅僅本土三大矛盾，絕不足以造成六七暴動這場長達八個月，波及全香港，造成51人死亡，832人受傷，1936人被檢控的暴動。關鍵原因是在中共文化大革命外延的結果。

文革結束後，中共中央勇於承認這場暴動是「極左」錯誤造成的結果。港澳辦原黨組書記兼副主任李後的著作《回歸的歷程》，代表中共對六七暴動做了一個總結：「群眾是英勇的，路線是錯誤的，損失是嚴重的」。

李後對六七暴動的論述句斟字酌，觀點鮮明。中國官方對六七暴動的權威結論盡在其中：他說：

新中國成立以來，中央對香港的正確方針和政策，先後受到過三次「左」的衝擊和干擾。

第一次是建國初期，由於中方部分從事香港工作的幹部不瞭解中央對香港的政策，誤認為香港很快就要解放，因此搞了一些表面上轟轟烈烈，實則暴露自己力量和刺激英方的活動。結果，一些愛國團體被解散，許多愛國人士被遞解出境，最後在「三一」事件中付出了血的代價。中央認為，中方人員當時的一些做法是不適當的和不符合中央政策的。

第二次是1958年，中央從事香港工作的幹部受當時國內政治氣候的影響，不考慮香港的特殊情況和特殊環境，照搬

國內一套做法，提出了一些不適當的口號，搞了一些不適當的鬥爭。

周恩來、陳毅等中央領導人對此再次提出批評，陳毅批評有關人員「左得可愛、左得可恨」。為此專門將有關人員召到北京，要他們學習中央對香港的政策。(筆者按：即下文提到的1959年五十天整風會議)。

發生於1967年的「反英抗暴鬥爭」是建國以來對中央正確方針和政策的第三次、也是最嚴重的一次衝擊和干擾。當時，正處於「文化大革命」時期，中方在香港的工作受到極左思潮的嚴重影響。在鬥爭中，不是引導群眾適可而止，做到「有理、有利、有節」，而是毫無節制地一味鬥下去，致使事態迅速擴大。據統計，在這次事件中，共有51人死亡，800多人受傷，5000多人被捕。香港的工人和各界愛國群眾雖然在港英軍警面前表現得很英勇，但作為指導這場鬥爭的思想和路線卻是錯誤的，造成的損失也是嚴重的。經過這次事件，愛國力量受到很大的削弱。港九工會聯合會的會員人數從事件前的28萬，減少到18萬多人。《大公報》、《文匯報》、《新晚報》、《商報》、《晶報》5家愛國報紙的發行量由原來佔全港中文報紙發行總量的三分之一，下降到十分之一。原來在香港和東南亞享有聲譽的香港「長城」、「鳳凰」、「新聯」三家愛國電影公司，也失去了市場，從此一蹶不振。(見《回歸的歷程》頁60–61)

據《中共在香港》作者江關生透露：「李後在退休後寫的這本書，絕非個人著作，而是港澳辦主任姬鵬飛建議他組織幾個同志寫的。李後每寫完一稿，都送給姬鵬飛審閱。它的簡體

字版《百年屈辱史的終結——香港問題始末》，印數高達十萬冊，是經國務院港澳辦黨組審定、國家新聞出版署批准，由中央文獻出版社在1997年4月出版，是「配合中央要求在廣大幹部群眾中進行關於解決香港問題基本方針和各項政策的宣傳教育的重要讀物」（《黨的文獻》雜誌刊登的一段廣告文字），所以本書絕非李後個人的意見，而是代表了中共中央的看法。

表三：1949年以來的三次左傾錯誤

歷次「左禍」	第一次	第二次	第三次
時間	1950年代初期	1957–58期間	一九六七暴動
內地因素	「建國」的鼓舞	反右、大躍進	文化大革命
主要鬥爭對象	港英	港英、資本家	港英
緣起	「三一事件」	號稱十大鬥爭（具體不詳）	港英
結果	港英遞解若干左派人士出境	中央通過五十天整風會議，改變領導人思路	兩個月冷靜期，勒令停止暴動，改組港澳班子

資料來源：李後：《回歸的歷程》，三聯書店，1997年，頁59。

1976年毛澤東逝世，鄧小平復出，開始全面扭轉毛澤東時代「極左」的政策包括對港澳的政策。1978年初，廖承志召開港澳工作會議[6]，清算了文革時「極左」政策對港澳工作的干擾和破壞，重申中央對港澳「長期打算、充分利用」的方針。這次會議形成了《關於港澳工作會議預備會議情況的報告》，

6　1978年初，港澳工作會議預備會議在北京召開，(此次港澳工作會議預備會議的具體時間目前還沒有詳細資料，但在《李先念年譜》第5卷中記錄了1978年2月1日李先念將港澳工作會議預備會議《簡報》第17期批送耿飆、廖承志。因此，港澳工作預備會議應在1978年初召開。參見《李先念年譜》第5卷，中央文獻出版社2011年版，第562頁。)

報告明確指出：「1967年香港發生所謂『反英抗暴鬥爭』，以及隨之而來的一系列做法是與中央的方針不符合的」。「『反英抗暴鬥爭』中，實行『反英第一』、『收回香港第二』，在香港搞『同盟罷工』、武鬥，企圖迫使中央出兵收回香港，後果極其嚴重[7]。」[8] 廖承志這個報告，非常明確地指出六七暴動是錯誤的。關於這次港澳工作會議廖承志的講話詳情見第十章「讀吳荻舟遺文有感」。

李後關於三次左傾錯誤的論述，為我們理解暴動的因由提供了一條重要的線索。他所提供的是一個高度概括的結論，而本書主角吳荻舟的遺文，就非常清晰地記載了中共「左」的錯誤如何導致六七暴動的發生。吳荻舟遺文的最大價值，就在於為中共中央的上述結論(李後所述)提供了豐富的注腳。

首先我們看看在六七暴動前吳荻舟兩篇記錄，其一是1959年的《五十天整風會議記錄》，其二是1966年的《港澳工人五一觀光團的談話記錄》。這兩篇記錄提供了六七暴動的大背景。

一　關於1959年的整風記錄

前文引述李後的話，說1949年以來港共在香港問題上曾經犯過三次「左傾」錯誤：1952年、1958年和1967年，而以1967年的最為嚴重。這就說明，1967年的錯誤，其實是1949年以來「極左」錯誤的延續和惡化，本地的三大矛盾，只是提供一個

7　見方侃實：《1978–1982年中國收回香港的決策背景與歷程》，載《國史網》2017–9–25。
　　http://www.hprc.org.cn/gsyj/dfsz/xgdds/201712/t20171204_405112.html

8　李後的記載比較簡單：「1967年在香港發生的所謂『反英抗暴鬥爭』以及隨之而來的一系列做法，企圖迫使中央出兵收回香港，是與中央的方針不符合的，後果也是極其嚴重的。」(見《回歸的歷程》頁64)

藉口讓這些「極左」思潮有爆發的機會而已。

事實上，為了糾正1949年以來香港工作的第二次「極左」錯誤，中共總理周恩來、副總理陳毅等曾經在1959年召開一次關於港澳問題的「五十天整風會議」，力圖糾正香港工作上的「極左」錯誤。在吳荻舟的遺文中，就有一份關於是次會議的記錄。(載本書丙部分「吳荻舟遺文選輯」之一)

這個會議規格很高：毛澤東、劉少奇看望了代表[9]，總理周恩來、外交部長陳毅、外辦主任廖承志、廣東省委書記陶鑄等都有參加，足見當時中共中央力圖糾正香港工作中的「左傾」錯誤的力度是很強的。

讓我們先看看為什麼要召開這次五十天整風會議。原來在此之前的1958年，港澳工委就犯了李後所說的「建國以來第二次左的錯誤」，會議目的就是糾正這次錯誤。鐵竹偉的《廖承志傳》，詳細記載了這次錯誤的來龍去脈(頁357–366)，它說：

> 祁烽到香港擔任了新華社香港分社副社長。那時新華社香港分社的幹部很少，也都是常用廖公(筆者按：指廖承志)的叮囑來要求自己……然而，身後大陸一個接一個熱火朝天的運動，反右派，大躍進，全民大煉鋼，十五年趕上英國，像巨大的磁鐵石，吸引着他們，激勵着他們，他們身在英管轄下的香港，絕不能落在國內同志後面。革命激情已經衝決了頭腦中理智的防線，他們也沒向廖公請示，便自作主張，根據國內運動的精神，依靠工會等進步組織，在香港境內發動了十大鬥爭，批右派，批保守。
>
> 在新華社內，中資企業，甚至國民黨起義的銀行也搞什麼

9　工委書記區夢覺在這次會議上說：「主席及劉少奇同志來時，的確看出了這點」，可證明會議期間毛澤東、劉少奇曾到會並發表講話。

「坦白從寬、抗拒從嚴」，在電影界也搞什麼大批判，大字報上牆，口號聲不斷，弄得香港警察局的警車，成天圍着新華社等機關的房子轉，唯恐從這塊「紅色根據地」裏向外並發出推翻香港當局的火星，引起社會大亂……

新華社分社派祁烽回國匯報組織十大鬥爭的「輝煌戰果」……祁烽壓根兒不用稿子，把香港組織的十大鬥爭的輝煌戰果講得有情有景繪聲繪色……祁烽話一停，陳老總（筆者按：指陳毅）黑着臉，出語很重：祁烽同志，我看你們頭腦發熱，真是小資產階級的狂熱！你們真是左得可愛，左得可恨喲！……

「祁烽同志，中央對香港工作的方針早已經明確，主管港澳問題的廖承志同志也向你們三令五申，香港新華社分社不要照搬國內政策，不要照搬大使館的做法，你們怎麼都丟到腦後呢？」

「國內大躍進，你們也不甘心落後了，是不是？以為恢復行使香港主權指日可待了，是不是？否則怎麼會如此頭腦發熱？也不向廖承志請示，也不向中央報告，就自作主張搞什麼鬥爭，搞一個還不過癮，還搞十個？」

「同志哥，香港不是國內，搞左了，發個文件糾正一下就行了，香港是英國政府管轄的，你搞左了，把朋友得罪了，人家傷心了，再不聽你的了，你還站不站得住？」

「記得周總理和我早就對你們說過，香港地方特殊，寧可搞右一點，搞右了，還可以再糾正，再補救，可你們真是亂彈琴嘛！我說你們左得可愛，左得可恨！想不想得通？」

周總理說話了：

陳老總，我看與小廖談一談，盡快在北京召集個務虛會，總結一下港澳工作中的經驗與教訓，使得今後工作搞得更好。

這就是召開五十天整風會議的來龍去脈。

通過吳荻舟這個會議記錄，我們可以看到，中共中央對港共的不滿，集中在以下幾點：(筆者按：仿宋字體的都是《五十天整風會議記錄》稿的原文[10]，下同)

一、干擾、破壞了中央對香港「長期打算、充分利用」的總方針。

> HK方針「長期打算，充分利用」是老方針，又是新方針，是中央的一貫思想。(新的) 對這思想更充實更豐富，更明顯提出HK留E比給M好，HK解放在台後，是更明確。廖公又說重經濟……都提得比以前明確完備系統……下面對此戰略思想的接受有不正確的實現，沒開動腦筋想一想中央為什麼重提。

二、干擾、破壞了中央在香港以反美為主、團結英國的外交方針，對英國採取過多的鬥爭手段。

> HK問題，台灣問題也罷，就是因加入M國的因素，才麻煩。戰略上是紙老虎，戰術上還是真老虎。因此我們對一系列的佈置不能不考慮……
> EM巨頭會晤後不見發表公報，估計是雙方矛盾擴大，這樣HK是壞下去的，與我們的關係就不敢搞得很壞，只要我們政策正確，不犯錯，這個期間工作環境是可能向好轉多於向壞轉。工委的工作要摸清EM的動向，做黨中央的助手，

---

10 會議記錄中用上英文字母，據整理其父親文稿的吳輝說，HK是香港，M是美國，E是英國，EM是英美，K是國民黨，HE是港英，A是中共。

有系統地研究M在遠東和在世界的政策，而不是技術的、零碎的材料。工委要安排力量，要通過HK上層做好這些工作。摸清M經濟滲入HK，是很重要的。E是又害怕又有幻想。政治上插手，E是較清楚的，經濟插手得揭露。我們對E，既然是被統治，就不會沒有鬥爭，只是要控制，鬥而不僵。中央同志說，不可不鬥，不可老鬥，不可事事鬥。HK還是這樣。正如主席說：「人不犯我，我不犯人，人若犯我，我必反擊。」適可而止，目的是長期生存，分散和積蓄力量。不在政策上出大事，我們可以在HK生存下去。

三、照搬內地社會主義的思想方法和工作方法到屬資本主義的香港，結果處處樹敵，抵消了中共統一戰線的成果。

開展統戰工作，要潛移默化，起愛國主義影響。提高後也不要露面，學校也要這樣，工會也要這樣。至於紅工會、紅校、報紙，要能鞏固下來。新發展的不要搞紅，可以灰色，或中落，保持舊的樣子。分散埋伏，不暴露。群眾多搞福利。對外宣傳，過去調子是高了一些，要適當降低，還是愛國主義的方針。社會主義恐怕還是要宣傳，不宣傳是不行的。主要是宣傳祖國的社會主義建設，人民公社，偉大成就。不是在港宣傳社會主義革命，宣傳的方針是要研究的。文匯代表政府，當然要高一些，但還是HK水平。晶報近來高了一些，這不好，過去好，還是回到原來的調子好。報紙不要老講成績，港澳不能浮誇。多搞一些實例，一村，一個公社的發展。在整個建設的發展過程中上出現的困難和缺點也可以報導，但不能孤立和誇大缺點……

電影，一面要鞏固進步力量，提高他們，發展一些A元[員]，不要外面派進去，還是要作為統戰機構來做，好好教育那些進步群眾，團結落後群眾。打開圈子，對中落公司要爭取團結，甚至對國民黨的機構也要做工作。說樂蒂和蘇誠壽投敵不對；對資產階級生活方式、意識形態就不要去反對。HK不可能沒有這些東西。吳楚帆有缺點，這也是必然的，但，這也不要求太急，慢慢提高他們……。

擴大公開活動，反M右傾。宗派，關門主義，雖然這是歷史的，但，一是強調進步，祖國的進步，搞公開活動；二是強調資本家右的一面，不從政策上去看他。最後，就把他劃為敵人了。看來58年提反右是錯的。57年匈牙利事件幹部的確有右，但後來穩定下來。所以58年又發展了左，而我們沒有看到，相反提出反右傾，一年都在反右，這就難免發展到關門主義、宗派了。而且海外易左，尤其HK，最多不會殺頭。有山有水有勢。這就更應反左了。到了後來，敢於鬥爭，衝破合法，就更發展了。我們用過高的愛國主義去要求他，甚至用共產黨員去要求，沒有根據階級分析，沒有看到資產階級與我矛盾小 (不解放HK)，強調了右搖的一面，就劃他為敵了。

四、不願實事求是地承認香港是屬英國管轄的事實，總想取而代之。

(一) 對58年以來工作的看法。一、9個指頭和1個指頭的關係。EM關係，「對E不能不鬥，不過算葛量洪十年賬，太集中，這是錯的」，「過了頭，引起他要告我們報紙」。缺點：1. 鬥什麼，不明確；2. 鬥M鬥E分不清；3. 形式主

義；4. 增加了Ｅ我緊張。二、講了對外工作上的缺點，比如
貿易方面佔市場、出版方面、電影發行方面過分冒險。總
理年底指示後，我們思想上較自覺地利用自由港，和採取
維持自由港的措施，Ｅ國人也有感覺，使維持自由港的可能
性增大了。三、58年提公開活動，在個別工作上有左傾冒
險，書的出口遭到限制和禁止。又如群眾鬥爭過分大、集
中，這刺激Ｅ，引起他擔心我們把新華社變成第二個政權。
四、58年工委下放後，加強了Ａ的領導。下放後還搞了各線
配合，這是缺點。58年Ａ的領導核心比過去暴露了，這是危
險的……

……

錯誤的根源：一、不嚴肅對待中央指示。57年8月接受反
Ｍ任務，但沒有嚴肅對待；11月提出宣傳社會主義，愛國
主義提高一步，到3月會議就更明顯提出了。工委下放後
就更發展了。正如公開活動的發展一樣。二、當時設想雖
不想解放ＨＫ，但要蠶食ＨＫ，造成我們力量龐大，實際
控制ＨＫ，後來雖中央批評，但未及時澄清，一直貫徹到
58年3月。三、沒有嚴肅對待中央方針政策，紀律性差：
沒有與幹部反復研究，沒有交底，大量文件放在檔案裏，
自己也沒有反復研究。如現在發的，也沒有在會中着重去
討論。比方十二月周總理等的指示，也如此。這是「自以
為是」，以為是老經驗了。這與在外幹部的態度是很不同
的。紀律性是太差了。請示報告也太差了。比如陳澤華的
鬥爭，也未請示中央。又如，外交部來一電話，搞臭Ｅ帝，
也沒有請示外事小組，就指示下面。8月28日接到，30號
才請示中央。四、此外：陳總說，錯誤的根源：1. 對形勢
搖擺；2. 對ＨＫ地位環境不認識；3. 作風暴露突出。最後，

錯誤的根源還有小資的狂熱病、小資動搖性。彭德懷反中央，說總路線是小資狂熱性。他是反黨，我們是離開中央方針，不是狂熱性是什麼？

五、忽略了共產黨人要長期隱蔽的方針，以為「黨的領導」就等於要派黨員打入各個機構。

在適當時機，適當發展一批Ａ員。但要做好隱蔽，要符合要求，政治一定要弄清楚。

組織，公開與秘密要嚴格劃分。排排隊，紅了的擺在一邊，不要再與灰線來往。灰線，絕對保持下去。以後工作也不能配合，半公開的也要秘密來往，不要集中大樓，不要與公開的負責人來往。看文件，要嚴格限制。HK不能有文件，下面不能翻印，要回來看。交通要分開，不要各線糾在一起。警惕性要提高，但也不要感到那麼可怕，否則又要縮手縮腳。思想教育也不要搬國內做法，政治思想教育要加強。HK工作幹部思想本質是右的，右的可能大，非無產階級的思想常常容易潛進來，引誘多。我們要經常防止資產階級的思想。領導思想要明白這點：思想本質是右的，工作方法常常表現是左的。HK可以有一套適合於HK的工作方法，但不能鬧獨立性……

HK現在只是點點滴滴儲備力量，利用來對外工作時，需要分散，深入，隱蔽的形式。在愛國運動方面，在政治運動方面，就要受到限制，因為還是在敵統區。HK需要的是分散、深入、公開合法、合乎社會利益的群眾運動。58年我們搞了那些集中的、國內外群眾運動不分的做法，這是錯的，不需要的……。

一、在群眾運動上。1. 不區別國內外群眾運動；2. 把進步的群眾運動當做主流，利用這個方式推動一切工作，爭取優勢；3. 把保衛300萬群眾利益作為A在港的工作中心任務。這三樣，今後一定要丟掉。

……

3. 把保衛群眾利益作為中心任務，錯了。

適當保衛是對的，不重視是不對的，但是擺到中心位置就違背了服務對外工作。我們的中心任務是帶HK群眾反M，否則必然結果是：與E緊張，與資產階級緊張。我們的群眾鬥爭一定要服從1. 反M，2. 有利對外；3.有利長期利用。因此去年把群眾運動擺了錯誤位置，就必然發展成左傾冒險主義。群眾是一發難收的。如果轉過來，1. 不會覺得把群眾運動放低了；2. 不至於天天鬥爭睡不着覺了。經過這次務虛會，我們就放得開了……

對會議的估計：會議收穫很大，對HO工作是歷史性的，管的不是一年。會議反復研究中央方針，掌握了務虛武器，HO幹部提高了，接近了中央思想。會中還根據中央精神，檢查了工作上的錯誤和指導思想。也全面摸到中央領導的方法。會議的方向也是正確的，我們根據中央務虛會議上的領導精神，檢查了工作，分析批了工作缺點，觀點，過左思想，總結了經驗，去年工作大量左。

……

從這次1959年「五十天整風會議」中共高層對港共的批評，同前述1978年港澳工作會議上對六七暴動的批評，幾乎完全一樣，可見這種「極左」毛病是一脈相承和非常嚴重的。這些錯誤延續下去就必然會爆發出一場暴力鬥爭來，所以「六七

暴動」既是這些「極左錯誤」的具體表現，而「六七暴動」的根子則可以直接追溯到建國以來這些「極左」錯誤。吳荻舟這些記載寶貴的地方就是反映了67年的暴動與長期來存在的「極左」思潮之間的關係。

通過細心閱讀《五十天整風會議記錄》，筆者覺得1958年的「左傾」錯誤，很可能與當年中共中央決定把中共港澳工委下放到香港有關[11]。這裏有兩個原因：

第一，組織上的原因。港澳工委是中共一個辦事機構，本來並不具備實權。把它下放到香港後，公眾的印象無可避免地會認為它是代表中央的，這就不知不覺間賦予它某種「實權」的地位，它就自然而然地會成為第二個權力中心。從《五十天整風會議記錄》這句話：「當時設想雖不想解放HK，但要蠶食HK，造成我們力量龐大，實際控制HK」，清晰地說出了這個難以逆轉的規律。「自我充權、自我膨脹」，這個「柏金遜定律」是每一個有實權的組織都難避免的矛盾。這一點，在會議記錄中非常突出：

> 58年提公開活動……。又如群眾鬥爭過分大、集中，這刺激E，引起他擔心我們把新華社變成第二個政權……58年工委下放後，加強了A的領導。下放後還搞了各線配合，這是缺點。58年A的領導核心比過去暴露了，這是危險的……

---

11 中共在1949年建政之後，港澳工委曾經撤回廣州。1952年，華南分局重組香港工作機關，將澳門工作併入，改稱中國共產黨港澳工作委員會(中共港澳工委)，隸屬華南分局，總部仍設在廣州。1956年5月毛澤東在廣州先後召開20次會議，並首次提出利用外資。當時他批評「對香港利用不夠」(見黃文放：《中國對香港恢復行使主權的決策歷程與執行》，香港浸會大學林思齊東西學術交流研究所，1997年：頁34)。因此1957年，中央決定港澳工委應設在香港，1958年派梁威林和祁烽先後來港任新華社香港分社正副社長，梁威林是港澳工委書記，祁烽是常委，吳荻舟也是常委之一。

這段話充分反映工委下放到香港後，很自然地會要求能夠公開活動，自然會在香港發展多條線來配合，自然會加強各方面的活動，使港英當局「擔心我們把新華社變成第二個政權」，挑戰其領導地位。

第二，政治上的原因。港澳工委下放到香港後，很自然就會不自覺地介入當地的政治、經濟、社會活動，從而違背了中共「長期打算，充分利用」的方針。這一點在會議記錄中也看得很清楚：

> 把保衛群眾利益作為中心任務，錯了。適當保衛是對的，不重視是不對的，但是擺到中心位置就違背了服務對外工作。我們的中心任務是帶HK群眾反M，否則必然結果是：與E緊張，與資產階級緊張。我們的群眾鬥爭一定要服從1.反M；2.有利對外；3.有利長期利用。因此去年把群眾運動擺了錯誤位置，就必然發展成左傾冒險主義。群眾是一發難收的。

筆者認為，中共港澳工委在1958年下放到香港後，馬上出現以「保衛群眾利益」為名，挑戰第一權力中心 (港英) 為實的行動，同1967年發動暴動時的情況何其相似！所以，緊記這個特點，就可以更好地理解六七暴動的因由。

工委下放來港後出現這種「自我膨脹、自我充權」的現象，可以說是組織學上一個常見的現象。西方管理學上有著名的「柏金遜定律」，指出機構自我膨脹的原理。但是筆者認為更貼切的分析見諸西方兩位政治學者史都華·克萊格和詹姆斯·貝利 (Stewart Clegg and James R. Bailey) 在2007年出版的

《組織學國際百科全書》(*International Encyclopedia of Organization Studies*)，他們說[12]：

> 群體及組織經常被發現會否認一些自身的事實，提出一些
> 藉口來合理化其行動，作出一些聲稱自身擁有特殊性和優
> 越性的自我充權式訴求，以及假設自己有佔有別人及資源
> 的權力。「組織」作為一個管理集體自尊的制度，已被利
> 用來發展出一個有關組織的合法性的新的理論。
>
> (英文原文：Groups and organizations have frequently been
> recognized to deny facts about themselves, provide rationalizations
> that post hoc justify their actions, make self-aggrandizing claims
> to uniqueness and superiority, and assume an entitlement to
> exploit people and resources. The idea that organizations may be
> appropriately regarded as systems for the regulation of collective
> self-esteem is used to outline a novel conception of organizational
> legitimacy.)

根據這個規律，可以非常恰當地解釋工委作為一個辦事機構下放到香港，就不可避免地產生一種自我膨脹、自我充權的趨勢：一、它「否認一些自身的事實」(即中央不准工委挑戰港英的統治、而且它高估了自己的能力等，這些都是工委不願意面對的事實)，二、「提出一些藉口來合理化其行動」(如「把保衛群眾利益作為中心任務」，但中央並沒有這個要求)；三、認為「自身擁有特殊性和優越性而提出自我充權式訴求」(中央對它的批評是「下放後還搞了各線配合，這是缺點」)；四、「假設自己有佔有別人及資源的權力」，所以不理會這樣做會否引起港英的擔心。這種「自我膨脹、自我充權」的趨勢一直

---

12 *International Encyclopedia of Organization Studies*, Vol 1, p.943 by Stewart Clegg and
    James R. Bailey, 2007.

到了一個威脅到港英原有權力體系的地位，必然受到對方的戒備甚至打擊，從而應了中央的批評：「領導核心比過去暴露了，這是危險的」。

二 關於1966年對港澳工人的講話

吳荻舟在一九六六年五月四日在北京前門飯店接見由工聯會主辦的「港澳工人五一觀光團」並發表講話。這篇講話形成一份「絕密」級別的文件《港澳工人五一觀光團的談話記錄》(見「吳荻舟遺文選輯」之二)。這份談話記錄，當時是作為中共黨內絕密文件在小範圍內傳閱 (文件原件標有「絕密」字樣)。文件一開頭就說：

> 五月四日晚上，外辦港澳組召集港澳工人觀光團開座談會，搜集意見。觀光團反映：香港群眾迫切要求解放，觀光團成員也有這種感情；對中美戰爭，港澳有相當一部分人希望不打好，或者認為一打起來港澳就解放了；港澳工會工作主要困難是工人受資產階級思想腐蝕較深，覺悟低，等等。爾後，外辦港澳組吳荻舟同志對觀光團作了以下談話：
> 剛才，你們談了很多，綜合起來是三個問題：1) 香港的地位問題。2) 中美戰爭問題。3) 工作方法問題。我簡單談一談。

吳荻舟這篇絕密講話，為我們揭開「六七暴動」因由提供了重要線索。請讀者注意幾個重要的細節：

第一，接見的時間和原因

一、時間

這是1966年5月4日的講話。這時中共的文化大革命還沒有正式開始 (一般學者都把1966年中共中央五月十六日發出的《中國共產黨中央委員會通知》視為文革的正式開端)。當時大陸的「極左」思潮雖然早已經形成，但還未形成大規模的系統性的破壞力，文革的災難更遠未向境外輸出。

當時距離1966年天星小輪加價引發的暴動 (1966年4月4日) 才一個月，工聯會卻不發動群眾參加暴動 (理由見本文後面)。

當時澳門「一二三事件」(1966年12月3日) 還沒有發生，通過暴動來奪取香港的實際話語權的案例尚未出現。

二、事由

工聯會的觀光團反映：「香港群眾迫切要求解放，觀光團成員也有這種感情」。同時他們反映「港澳工會工作主要困難是工人受資產階級思想腐蝕較深，覺悟低」。

換言之，在中共尚未正式啟動文化大革命之前，「左」傾思潮已經充斥着香港左派圈子，以至要求中央早日解放香港。他們還抱怨香港工人覺悟低，導致工會的工作困難等。正是為了說服香港左派不要急於「解放」，吳荻舟覺得有必要跟他們再講解中央對香港的方針政策。

「極左」的一個表現方式，就是嚴重地脫離事實、脫離群眾。從1949年開始，大陸政治和經濟難民蜂擁而至香港，這些在大陸飽受各種政治運動的迫害而南來避秦的人佔了香港人口的絕大多數[13]。這些佔人口絕大多數的香港居民不可能要求中央

---

13 1945年香港人口是75萬，到1950年是220萬，到1960年是300萬。這麼高速

早日解放香港。所以工聯會這個說法，肯定是脫離事實，脫離群眾，所以是犯了「極左」的錯誤。在這方面北京肯定比香港左派更加實事求是。在吳荻舟的《六七筆記》中，在評估左派在香港的支持度時，就承認在當年香港三百萬人口中「有一百萬解放時逃出來的，是右，是統治者的社會基礎」(見5月26日條)。換言之，當年不可能有人願意早日解放香港。

1966年吳荻舟對工聯會的講話，就是要打消他們這種要求中央早日解放香港的訴求。他在這次講話中，反復強調香港左派不應該要求早日解放香港的原因。他在1966年的這番話，同12年後廖承志在1978年的港澳工作會議上批評香港左派「企圖迫使中央出兵收回香港」的說話互相對照，就可以看出六七暴動的一個重要原因就是受極左思潮影響的香港左派，希望借暴動迫使中共早日解放香港。吳荻舟這篇絕密講話的重要性就在於提供了一個關鍵的線索來分析六七暴動的起因。

第二，談話反復強調不過早收回香港的原因

吳荻舟說：

現在我們不解放香港就是因為有美國問題。對美矛盾不解決，香港的問題就不能解決。

現在美帝國主義包圍我們，北方蘇修對我們關門，在這種形勢下，如果我們拿回香港，等於得一個黃埔或青島，意義不大。希望大家身在香港，放眼世界。從香港得外匯不是我們最高目的。最高目的是面向世界。香港是個放射

的增長，完全是因為大陸政治及經濟難民造成的結果。這些難民的總數達到本地人口 (以1945年為基數) 的四倍。

性的地方，是我們跳出去的橋頭堡，如果收回來，便關了門，沒用。我們從香港可以掌握到帝國主義的弱點，可以利用。長期堅持，對我們有利。這樣子比收回來好⋯⋯如果我們在香港的人一批批全被送回來，香港沒有我們的人，失去地位、作用，又是一回事。我們要保持這個點，首先要保持我們的人，長期堅持，長期打算，長期着想⋯⋯香港工作是世界工作的一部分，要通過香港跳出去。我們大批的東西、書報，毛主席的著作，從香港大批運出去，影響極大。非洲朋友打游擊，東西丟光了，唯獨主席游擊戰的書沒有丟。我們的東西，到香港便能出去(到蘇聯不成，飛機空着也不給我們運)，外國朋友可以通過香港進來⋯⋯因此，香港地位問題與我們的工作有很大關係。我們政府暫時不解放它，甚至長期不解放它，長期堅持⋯⋯。

可以在香港堅持下來，就是最大勝利。中央同志説，如果你們腦子裏有期待港澳早日解放的思想，對工作就有害。對世界革命就不利。中美打不打，打起來香港解放不解放，你們不能想得太多，想多了，不安心，對工作不利。香港作用很大，我們還不想收回來。因為作用大，你們的任務很光榮⋯⋯。

英國人想長期在香港，但又怕不能長期。他們在香港有油水，我們在香港也有利益，所以在維持現狀這點上是有一致的語言的。他現在也不想搞翻我們。他的目的，是要從香港多拿幾個錢，一年拿幾十萬。我們呢，要拿整個世界。他不知我們的底，怕我們不給他長期。現在多少摸到了我們一些底。

可以説，吳荻舟通篇講話的核心內容就是解釋為什麼中共不會早日解放香港，原來從北京角度看，英國是「要從香港多拿幾個錢……而我們呢，要拿整個世界」。從這個角度看，早日解放香港就毀了中共的全球戰略。從他不厭其煩地反覆強調這點，的確可以反觀香港左派當年是如何汲汲於早日解放香港的心情。這為人們認識六七暴動的起因提供重要的參考。這詳細的論述也有力的駁斥了香港左派關於六七暴動起源於反對港英迫害的説辭。

第三，解釋了為什麼不支持1966年天星小輪加價引發的暴動，從而有力的反駁了香港左派關於六七暴動是因為「三大矛盾」積累導致的。他説：

最近，香港正式公佈加了價。港英搞鬼，弄假。他一方面裝民主，説向倫敦反映群眾反對加價；一方面照樣加了價。這是玩騙術。他裝假面子，沒想到卻假出了亂子。「華革會」貝納祺和葉錫恩為了搞假民主，爭取群眾，收買了幾十個人，表面上出來反對加價，誰知後面跟上了14K，黑社會勢力，乘機搗亂，發生了九龍騷亂事件。英國人看到事態再發展下去不成，怕被台灣利用，趕忙採取措施，連機場、電話都關閉了，和台灣斷絕聯繫，甚至還抓了一批可疑的人。中央同志説，香港政府對於台灣的搗亂心裏不怎麼喜歡。因為過去英國容許美蔣分子在香港搗亂，我們警告過英國政府，記了他一筆賬。加上一騷亂起來，要打爛港英好多東西，又在政治上給他塗污點，影響他的威信。有此，我們在香港工作的可能性很大，必須長期打算，充分利用。當然，英國是想搞我們，但又怕我們。

正是基於這種分析，中共對1966年天星小輪加價引發的暴動是持否定態度的。由於中央持否定態度，土共就無所作為，由於中央不發動，土共不作為，暴動很快就平息下去。1966年天星小輪加價五分錢就足以導致一場暴動，這說明香港內部的「三大矛盾」是客觀存在的，但沒有中共的參與，即使有這些矛盾，也不至於發展成為一場大規模的暴動。

第四，要求香港左派回到中央確立的「長期打算、充分利用」的方針，並為此樹立「白蟻」精神。他在陳述不早日解放香港的政策後，要求香港左派注意工作方式方法問題。由於左派抱怨「港澳工會工作主要困難是工人受資產階級思想腐蝕較深，覺悟低」，等等，他說：

> 要像白蟻一樣做工作，一聲不響，把整個屋子咬爛。要學習白蟻的精神。做到了這樣，便是功夫下到了底。要如此，就要活學活用毛主席的思想。要學白蟻的話不是我說的，是中央同志說的。
>
> 你們這次回來，學了不少東西，有用，但也不能照搬。否則你們在香港站不住。你們不要以為反正身邊有幾十萬工友，隨便鬥他一場不要緊。
>
> 你們的生活不要特殊，一定要聯繫群眾，生活上樸素。生活困難一些，為了世界革命，準備挨他十年二十年，甚至一輩子。

吳荻舟這個絕密講話，為後人提供了有關六七暴動起因的一些線索。我們是否可以這樣說：

一、香港左派長期受「極左」思潮影響，希望早日解放香港，但這願望既不符合香港的實際民情，也不符合中央對港政策。

二、這種希望早日解放的思潮，更因為澳門「一二三事件」而受到鼓舞，希望能夠在香港複製(澳門在「一二三事件」後，被香港左派稱為「半解放區」，足見香港左派對這種「解放」的憧憬)。

三、在文革的影響下，中央對港澳政策的控制力有所不足(因陳毅、廖承志等靠邊站)，以至出現一個政策空窗期，使大陸的和香港本土的「極左」的思潮有機會發展成為具體行動，遂形成六七暴動。

吳荻舟的遺文，提供了大量訊息證明在中國大陸「極左」思潮影響下，香港左派從思想上、情緒上已經種下「通過暴力手段達至解放香港」的根苗。這為人們認識六七暴動的背景和動機以及暴動本身的性質，提供了不可多得的資料。

第三章

六七暴動的發動及進程

　　大陸學者大多認為周恩來是六七暴動的發動者，這方面的專家包括[1]：余長更、冉隆勃與馬繼森、田恬、余汝信等。他們的著作不約而同都力證周恩來主導此事。余汝信更列舉十多個證據證明周恩來在六七暴動中所扮演的主動性及主導性角色 (筆者按：關於這周恩來的責任問題，請參閱本書第五章「周恩來在六七暴動中的角色」)。但是，從香港左派的角度看，暴動的發動者卻是港澳工委。很多暴動的當事人如梁上苑、金堯如、羅孚、黃文放、吳康民等，都力證暴動是由港澳工委發動的[2]。

甲　暴動的發起者

一、暴動的發起者不是中共中央，也不是周恩來

　　從吳荻舟的遺文來看，有一點可以確定的，是暴動的發起人並不是中央，具體來說不是周恩來總理。因為從吳荻舟的筆記可以清楚看出，在暴動發起之後，周恩來是反復批判中共港澳工委的「極左」做法 (詳見《六七筆記》注釋5月27日條) 的，

1　余長更，即是冉隆勃，時任外交部西歐司官員；馬繼森，時任外交部翻譯；田恬，即馬繼森筆名；余汝信，文革歷史學者。他們的觀點發表在其著作內，見參考書目。

2　梁上苑，時任港澳工委常委、新華社香港分社副社長；金堯如，時任港澳工委委員，《文匯報》總編輯，負責香港新聞工作；羅孚，時任港澳工委委員，《大公報》副總編輯，負責統戰工作；黃文放，時任新華社副秘書長；吳康民，時任培僑中學校長。他們的言論見諸其著作，見參考書目。

而且慨歎他們是想「迫中央上馬」。除了吳荻舟記錄下的這些生動的語言外，還有兩個佐證：

1966年5月16日，當中共中央發出《五一六》通知、正式啟動文革時，周恩來就明確表示香港不搞文革，他說：「香港不同於澳門，在香港動武不符合我們現在的方針。我們不拿澳門是保持一個口子在那裏，市場是我們的。香港的鬥爭是長期的，我們不能急，搞急了，對我們不利。」[3]

1967年2月6日，當內地文革已經進行得如火如荼時，周恩來批發外交部起草的對駐外使館的電報，明確指出：內外有別，駐外使領館一律不准搞「四大」(即大鳴、大放、大辯論、大字報)，國內搞運動，不能把外國人牽連進來。陳毅也規定幾條，如：不得揪外國人來批鬥；不得強迫外國人接受我國的宣傳品；不得強迫外國人背語錄。周總理將此電報呈送毛主席審批。2月7日，毛主席簽發了這份電報，明確規定我國大使館和一切駐外機構不得成立造反組織、不許奪權、不許由造反派監督當權派等等，制止駐外使領館文革運動向逆境發展[4]。

據羅孚回憶說 (他當年是《大公報》副總編輯兼《新晚報》總編輯，更身兼鬥爭委員會執行小組組長)，「文革」剛開始時，大家還搞不清楚是怎麼一回事，但到了八九月份，香港就有人響應了，並在新華社內部張貼大字報。他說，當時周恩來總理非常不高興，甚至下令貼大字報的人立刻到北京，當面訓斥了好幾個小時，其中一個是已故的黃文放 (筆者按：他曾經是新華社副秘書長)。周恩來當時明白地指出，「文革」只對內不對外[5]。

3　根據《周恩來年譜 (1949–1976)》。

4　見鄒一民：憶想毛主席對外交部的《九·九批示》，載「文學城」http://blog.wenxuecity.com/blog/frontend.php?act=articlePrint&blogId=43607&date=200909&postId=2335

5　見《香港的「文化大革命」》，載「地方文革史交流網」，2011–11–11。

這些資料都可以證明暴動的發起者不是中共中央，也不是周恩來。

二、暴動的發起者應該是港澳工委

如果不是中央主動發動，那麼發動暴動的責任就只能落在港澳工委身上。這方面的證據有三：

其一：澳門發生「一二‧三事件」後，港澳工委組織了左派團體到澳門「學習」他們的「鬥爭」經驗。這種「取經團」從1967年一月開始到三月左右是絡繹不絕的。據黃文放的回憶[6]：

> 澳葡屈服後，港澳工委先後組成了三個代表團前往澳門進行交流學習，分別是港九各界慰問澳門同胞代表團、港九各業工人慰問澳門同胞代表團和港九文化界慰問澳門同胞代表團。港九各界慰問澳門同胞代表團共有成員12人，由工人、工商、教育、出版、新聞、電影和知名人士等組成，團長是工聯會會長陳耀材，副團長為中華總商會副會長王寬誠。港九各業工人慰問澳門同胞代表團團長為楊光，副團長為海員工會吳廣理，港九文化界慰問澳門同胞代表團團長為《大公報》社長費彝民。

這種「取經」活動的頻密程度已經引起港英的注意，從而研究對策以防備左派在香港照辦煮碗。

其二：新蒲崗膠花廠工潮發生前，已經用「文化大革命」模式，預演了幾次小規模的工潮。筆者所謂的「文化大革命」

---

http://difangwenge.org/read.php?tid=6669

6　見黃文放：《瞻前顧後》，明報報業有限公司，2000年。

模式，就是指示威時背誦毛語錄，或者要洋人經理聽示威群眾背誦毛語錄，完全違背了上述周恩來關於「不得強迫外國人背語錄」這條規定。(周恩來的規定，見上文，資料來源見本章注4) 這些都是正常勞資糾紛中不會出現的招數。

而且，在新蒲崗膠花廠工潮後，示威工人根本就拒絕勞工署的調停。根據英國解密檔案顯示，港督戴麟趾在1967年5月24日向英聯邦提交的報告說：

> 目前的形勢主要是政治原因造成的。雖然 (暴動) 由一宗真正的勞資糾紛引起，它也可能因為任何同政府有關的事情引起。這宗勞資糾紛從一開始就被共產黨報章和機構利用了。雖然資方尋求勞工署協助平息糾紛，共產黨拒絕資方此一努力，強調政府在勞資事務上沒有任何角色。(見戴麟趾致電英聯邦特急電第688號，載 FCO 40/46, 304379)

這是否意味着示威工人正等待着事件的擴大、惡化？筆者認為這個可能性是存在的，根據前《文匯報》編輯周奕的回憶：

> 3月21日，海員工會部署了一個規模龐大的呈遞道歉書儀式，整個過程跟澳門事件別無二致。四個月內，在香港和澳門所發生的兩次事件，表面來看，都是以群眾持續鬥爭取得徹底的勝利(「徹底」這兩個字是應當加上引號的)，這樣，無疑是對某些人腦袋中「左」的觀念產生助燃劑。換言之，左傾盲動的思想抬頭。這個時候發生了：南豐紗廠蔣幫分子打人事件，風行、中央、上海的士公司除人事件和青洲英坭反對關廠事件，這些事件有的解決了，有的拖了下來，其間或多或少都沾染了「左」的思想的影響。

對於接着發生的三宗工潮，周奕這樣形容：

上述三宗事件 (指風行的士、青州英泥、和南豐紗廠的勞
資糾紛)，筆者都是處於採訪第一線，掌握到它的緣起和發
展，筆者認為這三宗事件可歸納為三個類型：一、在風行
的士、上海的士事件，傳媒報道的調子比實際情況高，在
澳門事件的影響下，新聞報道把鬥爭的勝利歸結於毛澤東
思想。二、青州英泥事件，在「士打馬力加」事件取勝的
影響下，把外籍職員打人拔高為保衛民族尊嚴。三、南豐
紗廠事件比較難辦，一開始我就看不到有解決的可能，但
是在一連串事件中以南豐紗廠的調子最高。[7](頁221)

作為「港九各界同胞反對港英迫害鬥爭委員會」(以下簡稱
「鬥委會」)成員之一的周奕，支持暴動態度鮮明，但他基於記
者尊重客觀事實的基本特點，也看得出左派工會的鬥爭策略是有
點誇大實情。這可見有些人是有意使形勢走向更極端的方向。

從這兩個證據可以看出，在內地出現了文革武鬥 (並宣揚
「紅色恐怖萬歲」，見第一章) 已一年後的香港左派，必然受到
這種「極左」氣氛的薰陶，早已經鍛造出一股隨時準備鬥爭的
態勢，這種狀態促使他們在伺機找尋一個爆發點，而新蒲崗的
工潮因為有警察的介入，就理所當然地成為一個爆發點。

從上述分析，港澳工委的責任是明顯的。那麼工委為什麼
要發動暴動呢？香港左派圈子流傳一個說法，認為工委的書記
梁威林和副書記祁烽，是因為懼怕被調回大陸接受批鬥，從而
在香港發動暴動，使自己可以繼續留在香港[8]。這個說法的依據

---

7 見周奕《香港左派鬥爭史》，利文出版社，2002年。

8 為落實毛澤東1966年9月9日一項指示 (即「九九批示」)，周恩來提出，駐

是1967年1月25日周恩來下令駐外使館三分之二的人員回國參加文化大革命。這是為了落實毛澤東1966年9月9日對駐外人員的一個批示「來一個革命化，否則很危險」而作出的決定。根據這個指示，駐外機構多數人員陸續回國參加文化大革命。當時中國共有48個駐外單位 (46個大使級，與2個代辦級關係。此外在奧地利、意大利、巴西、智利和黎巴嫩等國建立商務代表處，在香港設立新華社香港分社。除黃華 (駐埃及大使) 外，所有駐外機構的第一把手和過半數的工作人員都陸續回國參加運動[9]。這些駐外人員往往在回國後就遭到造反派批判。(詳情見馬繼森《外交部文革紀實》第三章)

這個說法遭到梁威林本人的強烈反駁[10]，據資深傳媒人關慶寧在1996年秋對他的訪問說：「他斷然否認有關他和祁烽 (新華分社副社長) 為避免被揪回國內批鬥，刻意挑起暴動的說法」。他說：「事件由新蒲崗膠花廠的工潮引發，那是工人的自發抗爭，他們事前完全不知情」。梁還說，「新華社不可能自把自為，幾乎每天都要向北京匯報，重要事情會直接報告總理辦公室。北京和其他大城市同時舉行大規模的聲援香港同胞反英抗暴大會，都是中央授意的」。他還說，「周恩來對香港的鬥爭一直很支持，後來發生外交部奪權和火燒英國代辦處，總理的態度才有所改變。梁威林還說，香港新華社完全沒參與姚登山等極左派奪外交部大權的行動，倒是極左派企圖利用香港局勢實現其陰謀」。梁威林這個自辯，雖然有一定的道理，因為按

　　外使館三分之二的人員回國參加文化大革命。事實是：他們返回中國後，卻受到紅衛兵的殘酷鬥爭。

9　見鄒一民：憶想毛主席對外交部的《九·九批示》，載《文學城》http://blog.wenxuecity.com/blog/frontend.php?act=articlePrint&blogId=43607&date=200909&postId=2335

10　關慶寧：《誰是「反英抗暴」真正領導者？》，《明報》2015年5月21日。

照中共的領導體制，若非有中央的首肯，一個地方局級幹部(梁當年的級別只是正局級)是不可能發動這麼一場大規模的暴動的，但他把責任全部推給周恩來，則是極之不負責任的。先不論他作為港澳工委負責人，曾經動員大批左派人士到澳門「取經」從而助長「左」風的蔓延，就看他在暴動開始時的做法也可以看到他應該承擔的領導責任。

乙　暴動的發動過程

迄今為止，對整個暴動發動過程最早、也是最詳盡的描述，是時任工委新聞戰線負責人、《文匯報》總編輯金堯如的回憶。他在上世紀九十年代就在《當代月刊》發表了十篇文章，回憶這場暴動的發動過程[11]。現在根據這批回憶錄整理出這個過程。

一、關於毛澤東「炮打司令部」的部署及香港不搞文革的批示

一九六六年八月，中共八屆十一中全會開會，毛澤東突然發表了《炮打司令部——我的一張大字報》，直指劉少奇和鄧小平是中共黨內兩個「最大的走資派」，是黨內資產階級司令部內兩個司令。這一張大字報便把劉鄧拉下馬來。當時在全會上，全黨內是人人驚心動魄的大事。全會上又通過了《中共中央委員會關於無產階級文化大革命的決定》。這個決定說：「在當前，我們的目的是鬥垮黨內走資本主義道路的走資派」。

對於當時港澳工委全體黨員幹部來說，也是一個極為震驚

---

11 這些文章詳細見參考書目，在《當代》月刊發表的文章，從1992年中旬寫到1994年中旬，爾後又在《開放》月刊再寫。

的消息，三日後，梁威林在新華分社舉行港澳工作會議，梁在會上號召要好好學習中央關於「無產階級文化大革命的決定」，要堅決擁護、堅決執行。大家更要好好檢查自己身在香港，有沒有自覺或不自覺地走資本主義道路。否則就會變成牛鬼蛇神，身敗名裂。

梁又說：我自己就在嚴肅而痛苦地思考，我究竟是什麼樣人物？是走資派還是仍有可能當左派？這席話使舉座黯然。散會之後，大家搖搖頭，都有「大劫難逃」之感。

正在我們憂心忡忡之際，八月下旬，北京傳來了中共中央外事室副主任廖承志給中共港澳工委的指示：中共八屆十一中全會上，毛主席親自發動了「無產階級文化大革命」，你們要好好學習，思想上要努力緊跟，改造自己，改進工作。但是，必須記得這場文化大革命只是在國內社會主義社會的基礎上進行。周總理特別要我告訴你們：香港在海外，還是資本主義社會，你們在香港不能照搬國內一套。請同志們記住周總理最後一句話：我們在香港的黨組織和群眾務必要懂得，避免在香港搞鬥爭發生大亂子，毀掉我們在香港長期工作的深厚基礎和戰略部署：「長期打算，充分利用」這八字真言。周總理這個指示的目的，就是要把毛澤東發動的「文化大革命」從一開始便限止在大陸上，不出國門。實為上策！

聽了廖承志傳達周總理這個指示，我們在新華分社舉行的中共港澳工委上的二三十個人當場笑逐顏開，「一天光曬！」(以上見金堯如《我所知的反英抗暴鬥爭》)

二、香港新華社內部的造反激情以及工委領導層轉移視線避免被鬥

到了九、十月間（筆者按：指1966年的9、10月），北京的紅衛兵運動已經如火如荼，震盪海內外⋯⋯（提出）「把地球上還有三分之二的人口從帝修反腳底下解放出來」。這些極左狂熱而富革命盲目煽動性的口號傳到香港，在新華社內煽動起「紅衛兵」情緒。許多中下層幹部就已經自己不能控制自己，有躍躍欲試的衝動。他們開始三三兩兩地談論並且用「小字報」責問社領導，黨在香港的組織機構裏有沒有走資派？社會主義的國內有，資本主義的香港反而沒有，這符合邏輯嗎？在香港我們要不要反對走資派、帝修反？香港是不是中國的領土？是不是毛主席黨中央是領導的革命土地？為什麼不容許我們「造」帝修反的「反」？香港的黨是不是毛主席的，組織機構裏有沒有帝修反的代理人？

這時，新華社的領導層如梁威林社長、祁烽副社長在國內文革形勢和社內群眾衝擊下也按捺不住。他們看到社內群眾已衝着他們要幹起來了，已暗指他們為「走資派」和「帝修反」的代理人了。造「帝修反」的反？革「帝修反」的命？這是一條出路！⋯⋯這是變被動為主動的最好辦法，是革命造反保自己權力地位的最佳選擇。

於是，九月（筆者按：指1966年）下旬在新華社一次會議上，梁威林就透露一個意思：在香港和澳門，我們不能打內戰自亂陣腳，要上下團結，一致對外。所以我們要抓反帝的問題，要看準時機。抓住時機發動群眾開展運動。這樣我們就和國內的文化大革命聯繫在一起了⋯⋯從梁威林社長的話裏，可以聽出兩重意思：一、在港澳如果搞起反

帝反殖鬥爭，新華社的革命群眾就不會在內部造他們的反
了；二、中央也就不會在香港陣前易帥，把他們調回大陸
接受文化大革命的考驗。(以上見金堯如《反英抗暴——香
港的「文革」》)

金堯如這個分析，相當程度上反映了當年港共的共同看
法。例如，在港澳工委負責統戰工作的《大公報》副總編輯羅
孚，就有相同的看法，他說：

> 這時新華社分社裏正醞釀着一股暗流，要求把文化大革命
> 正式搬到香港。大字報已經貼出來了，逼着當時領導梁
> 威林、祁烽表態……不能搞文革，滿身革命的勁往何處使
> 呢？既不內鬥自己，那就外鬥港英，這是一個邏輯上很合
> 理的發展。而港澳的領導，梁威林、祁烽在1966年領導
> 澳門左派鬥敗了澳葡，使它低頭以後，由新華社的群眾情
> 緒，考慮到港澳的群眾情緒，澳門的群眾已經鬥了一場，
> 鬥得很過癮，香港的群眾也正在鬥志昂揚，不能引火燒
> 身，搞文革鬥自己，那就順理成章地，想到不如去鬥港
> 英，「反英抗暴」由此而生。(見《羅孚說周公》)

三、外交部被奪權後，港澳工委歸中央文革管，工委遂伺機在港發動文革

一九六七年一月，上海革命造反派奪權的「一月風暴」
後，中央外辦的革命造反派也奪了外辦主任陳毅和副主任
廖承志的權，成立了「國務院外辦革命領導小組」。他們
向港澳工委書記發出(革)字第一號通令宣佈：「國務院外
辦革命領導小組」已上報「中央文革領導小組」批准。特

此通知港澳工委，以後接受「國務院外辦革命領導小組」的領導……

這個通知又指示港澳工委：應立即傳達和學習中央文革支持奪權的精神，揭發原國務院外辦主任陳毅和副主任廖承志在指導港澳工作上的右傾錯誤，並肅清自己頭腦裏的右傾遺毒，立刻糾正工作中的錯誤，重新走上革命道路。當前的重要任務是特別要重新研究今後香港工作在文化大革命中的任務是什麼，把港澳工作推上新的歷史階段……

梁威林在傳達這個通知後說，同志們都聽到了，在這場史無前例的文化大革命中，我們怎麼跟上去，重新走上革命的道路，把港澳工作推上歷史新的革命階段……

由此可見，從一九六七年一月國務院 (外辦) 革命造反派奪權起，港澳工作完全歸「中央文革小組」領導之下，所謂要「把港澳工作推上歷史新的革命階段」，就是要香港也搞文化大革命，把英國殖民主義者掃進歷史垃圾堆……

在這樣的方針路線指引下，在港澳工委各級領導要「重新走上革命的道路」的活思想醞釀之時，香港任何一件突發的政治事件，港英當局與香港同胞偶然的衝突事件，都可能演變，或被港澳工委用來發動香港文化大革命的機會。

(以上見金堯如《香港反英抗暴發動的內幕》)

四、暴動發生後，中央文革插手香港的暴動

(新蒲崗暴動) 當日，新華分社梁威林社長和祁烽副社長立即指示我領導新聞戰線的八家報紙，《文匯報》、《大公報》、《新晚報》、《商報》、《晶報》、《香港夜報》、《田豐日報》和《正午報》全線出擊，號召香港工人群眾和廣大愛國同胞集會，遊行示威，起而鬥爭，不勝

不休。(以上見金堯如《我所知的反英抗暴鬥爭》)

一九六七年五月二十三、四日，新華社梁威林社長召集總指揮部會議，正式宣佈：一、中央文革領導小組批准我們發動「反英抗暴」鬥爭，並批准成立「香港各界同胞反英抗暴鬥爭委員會」；二、外交部西歐司與國務院外辦革命小組成立「香港反英抗暴鬥爭聯合指揮部」，直接受中央文革領導小組的領導……

梁威林又傳達，中央文革領導小組認為，這場「反英抗暴」鬥爭是一場保衛毛澤東思想的鬥爭，是無產階級司令部領導的文化大革命的延伸，是一場反帝反殖的革命鬥爭，是一場香港前途和命運攸關的革命鬥爭……。

出席會議的有「香港反英抗暴鬥爭聯合指揮部」的一位聯絡員鄭偉榮，他就是原國務院外辦港澳工作組的秘書，參加「一月風暴」奪權的革命造反派成員之一。顯然是他帶來了中央文革的指示。(以上見金堯如《香港反英抗暴發動的內幕》)

五、暴動初期港澳工委拒絕港英和談的建議

本來在這場暴動初起時，港英本擬透過同港共接觸共同解決因為勞資糾紛而惡化成為暴動的事件，可惜被港共一口拒絕。根據金堯如透露[12]：

一、在5月20日港英拘捕在港督府前的示威者後 (筆者按：此處金堯如記憶可能有誤，日期應該是5月22日，即發生「花園道流血事件」後)，便通過《華僑日報》主筆李志文找金堯如，表達希望雙方和解，請金堯如轉告新華社。

12　見金堯如：《新華社拒絕同港英和談》，載《當代月刊》1993年9月15日。

香港六七暴動始末｜綜論

港英方面擬出席的人包括港府姬達、滙豐銀行總經理桑達斯、《華僑日報》社長岑維休、地產商利銘澤等。倘若新華社也有這個意願的話，請新華社派代表或者再提名社會人士參加會議。

二、金堯如馬上打報告給新華社，認為值得接受港英這個和解建議。

三、工委書記梁威林反對和談，他說，[反英抗暴]是一場嚴肅的國際階級鬥爭，是我們在祖國大門口的香港維護文化大革命的戰略任務。現在我們只有鬥，同他們鬥，鬥到底，鬥到他們低頭投降！擺在我們面前只有這條路：鬥爭，直至勝利。他還說：你知道李志文是什麼人？是人還是鬼？他不正是港英戴麟趾派來說降的嗎？對於他傳來的話，總之，你當作耳邊風，什麼都不必回答他。

從上述金堯如這些記述中可以看出，即使人們接受梁威林的說法，即新蒲崗工潮發生時(工委)他們完全事先不知道，但他當日已經指示整個新聞戰線八家左報要「全線出擊」，而且在向北京匯報情況時往往有言過其實、誇大事態嚴重性之嫌(見《六七筆記》4月27日條)，並且拒絕和談。這對事態的迅速惡化負有不可推卸的責任。

丙　暴動要達到的目的

一場聲勢浩大的反英抗暴運動，筆者細心閱讀了《人民日報》、《大公報》、《文匯報》所有的社論、評論；和鬥委會主任楊光的多次發言，都沒有找到有任何文宣明確指出這場運動目的何在，最高目標和最低目標是什麼等等。文宣的主要

內容是譴責港英，雖然像「港英不投降，就叫它滅亡」這類口號比比皆是，但是不是指要收回香港，亦沒有進一步說明。從吳荻舟《六七筆記》可以看到，直至暴動發生後兩個月大家還在追問「究竟這場鬥爭要達到什麼？最高什麼？最低什麼？」(詳見《六七筆記》7月24日條) 沒有明確目標，或者目標含糊不清，這是六七暴動以失敗告終的重要原因之一。

筆者猜測，暴動的主導者很可能只有一個含糊的想法，即希望達到澳門「一二三事件」的效果，即在香港取得有實質性話語權的一種地位，就同澳門共產黨在「一二三」中的地位一樣。

筆者的根據有二：

第一，從1959年五十天整風會議中，已經批判了工委這種嘗試把工委變成香港的「第二權力中心」這種錯誤做法 (詳見第二章)。所以到1967年這種潛移默化的想法會導致工委發動或推動這場暴動。

第二，從澳門「一二三事件」中可以看到香港左派的雀躍。1967年2月3日，澳門舉行「澳門各界同胞慶祝反對澳葡迫害鬥爭勝利大會」時，港澳工委派出以陳耀材、王寬誠、楊光、費彝民等組成的「香港各界慶祝澳門同胞反迫害鬥爭勝利代表團」前往參加慶祝。陳耀材在會上說：「港九愛國同胞要學習澳門愛國同胞的寶貴經驗，要高舉毛澤東思想偉大紅旗，在鬥爭中活學活用毛主席著作，為愛國反帝反修的共同事業奮勇前進」(見《文匯報》1967年2月4日)。這番話是否意味着香港左派也躍躍欲試，希望在香港複製出一個類似澳門的「半解放區」？

從中央的角度來看，則香港左派發動這場暴動，目的是想迫使中央出兵解放香港。上文提到吳荻舟在1966年對港澳工人的講話，就是要平息香港左派急於要求早日解放的問題。暴動發生後，周恩來就曾經斥責左派的做法是「想迫中央上馬」。

(見《六七筆記》4月27日條)而他在審閱工委提交的鬥爭方案時，就表示擔心「搞不好，要搞出一個提前收回香港」[13]的問題。到了1978年北京總結「六七暴動」的教訓時仍然説：「反英抗暴鬥爭中，實行『反英第一』、『收回香港第二』，在香港搞『同盟罷工』、武鬥，企圖迫使中央出兵收回香港，後果極其嚴重。」(見上文所引)

如果這個分析靠譜，則港澳工委發動這場暴動的目的，可能就是達到澳門效應(鬥垮澳葡)，以鬥垮港英為目的，使得香港實質統治權落到港共手上。但由於它的種種做法都趨於極左，以至中央擔心港共是以提前收回香港為目標。

在吳荻舟《六七筆記》中，有提到「最終目的是經過鬥爭達到更有利於『長期打算』『充分利用』香港的政策」(見7月24日條)，但看來只是在暴動發生之後中央要找出一個理由來支持暴動，而不是為了長期打算的目的而要向英國施壓的行為。

走筆至此，我們不妨引述一位當事人的看法，他是當年投奔台灣的原鬥委會成員吳叔同。吳氏服務出版界有年，在投奔台灣之前，是中華書局的負責人，而且被任為中共「廣東省政協委員」；暴動開始後，他除了擔任「各界鬥委會委員」之外，而且兼任「出版印刷界鬥委會主委」，在二百四十多個「鬥委」之中，雖不是「掛頭牌」的角色，至少也是一個重要「演員」。因此，他對暴動的解釋值得重視。他在抵達台灣後的記者招待會中説：

> 港九左派發動的暴亂行動，與中共大陸的「文化大革命」具有密切關係。換句話説，也就是中共「文化大革命」的「輸出」。他們企圖以暴亂行動，提高「聲勢」，使香港

---

13 見余長更：〈周恩來遙控「反英抗暴」內情〉，《九十年代》1996年5月號。

成為「澳門第二」，但並不想用武力來奪取……左派分子在領導指使下，於澳門當局變相投降之後，喜不自禁，全心伺機在港九點燃暴亂火頭。香港人造花廠的勞資糾紛，因此就成了他們千載難逢的機會。左派領導人以為祇要製造暴亂，一方面可以向中共「邀功」，提高他們的「政治地位」，一方面可迫使港英當局，步澳門後塵，向他們低頭。左派既缺乏群眾基礎，又錯估了港英當局和港九居民的抗暴意志，結果遭受了「失敗再失敗」。面對如此情勢，中共處境十分尷尬。如果不支持左派，等於「自滅威風」；如果支持，卻心勞力絀，中央有「騎虎難下」的感覺。(見《工商日報》社論1967年8月11日)

吳叔同這個說法，相信反映了當年工委為何要發動暴動的一些真相。

丁　暴動的進程

為期八個月的暴動，按港共鬥爭手段來劃分，基本上可以分為三個階段：第一階段是示威遊行為主，這是由五月六日新蒲崗人造花工潮開始到五月底。第二階段是罷工罷市罷課，從6月3日《人民日報》發表社論到七月初為止。第三階段是恐怖主義襲擊，是從7月8日沙頭角槍擊開始到11月底。最後是周恩來在12月底下令停止暴動。這只是一個粗略的劃分，以方便讀者掌握整個暴動的主要特點。這個劃分不是硬性的或排他性的，也就是說在第二和第三階段裏，可以同時出現不同的手段。從第一到第三階段可以說是鬥爭手段的逐步升級的過程。

第一階段 (1967.5.6 – 1967.5.31)：示威遊行

在這個階段，主要是港共發動左派機構進行遊行示威，而北京則加以聲援。這期間主要的發展就是香港在5月16日成立了公開的、以楊光為首的「港九各界反迫害鬥爭委員會」(以下簡稱「鬥委會」)，而北京則在5月25日成立了「反迫害聯合辦公室」(簡稱「聯辦」)，以及在香港成立不對外公開的、掛靠在新華社的「反迫害鬥爭指揮部」。(以上詳見《六七筆記》5月26日條，以及本書第三章)

直到北京成立專門處理香港暴動問題的「聯辦」前，香港左派的鬥爭手段主要是挑釁性的遊行示威及抗議，期間最重要的衝突是「五二二花園道事件」。這一期間北京的支援包括三方面：外交照會、官方輿論、以及組織群眾集會等。

在第一階段的鬥爭裏，左派很早已經在採取暴力手段，這是一個必須從一開始就說清楚的事實，因為左派的說法是「鎮壓在先，暴動在後」(即所謂「先鎮後暴」，是他們用來為自己大搞暴力行動而作出的辯解)。對這種說法我們不妨從事件發生的時序來加以駁斥。

首先，在新蒲崗膠花廠事件前，左派已經在摩拳擦掌，準備大幹一場。據當時出任工聯會副理事長的潘江偉，在2013年工聯會一次座談會上承認：

> 1967年導致反英抗暴的主要原因：一、是我們時常遭港英鎮壓，港英警察貪污腐敗，與小販、基層發生矛盾，相當尖銳；二、是受極左思潮影響，人人期望因此而有所改變；三、是受澳門12.3事件影響，加上一批又一批人到澳門學習，起推波助瀾的作用；四、原本工會上上下下也想鬥一鬥。[14]

---

14 潘江偉的發言見《工聯會與您同行——65周年歷史文集》第二部分專題訪問，頁170–171。

從他這句話：「原本工會上上下下也想鬥一鬥」就可以看出，港共早已經是蓄勢待發，摩拳擦掌，隨時準備發動暴動，所以，很明顯，挑釁的一方應該是港共，這是筆者判斷是「先暴後鎮」的一個依據。

第二，看看當時具體事件的時序。在暴動中第一個遇害的左派工人是徐田波，是6月8日在黃大仙警署被活活打死，這時距離暴動已經足足一個月。但是，左派卻早在5月12日（也就是暴動發生後六日）就對黃大仙公務員宿舍一日之內縱火三次，公務員宿舍住的，隨了公務員外還有他們的家眷，其家眷未必都是政府官員。換言之，都是無辜地成為暴動的打擊對象。事件中雖然沒有造成傷亡，但已製造了廣泛的恐慌感。光從這兩件事的時序看，就可以得出結論：是左派挑釁在先，才有後來的鎮壓，這是「先暴後鎮」的一個證據。

第三，左派經常以工人被警察打死為理由，發動恐怖襲擊。這其實也是一個藉口。如上所說，第一個遇害的工人是徐田波，他是6月8日在黃大仙警署拘留期間被打死。但是港澳工委早在5月下旬就已經上報中央擬在香港搞暗殺。根據余長更的記憶，周恩來痛斥了這個暗殺計劃，余說：

> 5月30日，周恩來在中南海西花廳他的會議室內召開會議，討論外交部和「港澳工委」的方案，參加會議的有陳毅、廖承志、國務院外辦人員、外交部「港辦」和「港澳工委」人員共三、四十人。周恩來仔細看過放在他面前的與會者名單後，馬上就批評「港澳工委」提出的一條建議。建議說，香港防暴警察打人兇狠，群眾恨之入骨，「工委」要求中央批准他們在香港有選擇地襲擊幾個警察站，殺他幾個最壞的警官，以起「殺一儆百」之效。周恩來批

評説，「什麼『殺一儆百』，簡直是荒唐！共產黨是搞政
治鬥爭的，不搞暗殺。」「殺一儆百」之議被否定了。

　　換言之，在還沒有左派工人遇害前，工委已經部署要在香
港殺警察，被周恩來喝停才沒有進行。這又說明，這是「先暴
後鎮」。

　　第四，在暴動期間遇難的左派工人共17人，港共的說辭是
「他們打死了我們的工友，我們被迫拿起武器復仇」，可惜這
個說法也是經不起事實的驗證。在遇難的工友中，除了徐田
波、黎松、曾明三人是6月8日遇難之外，第四個是鄧自強，是
在6月23日遇難，其餘遇難的時間都是更後的。但是，根據金堯
如的回憶，早在6月10日，他在新華社召開的「指揮部會議」
中，就已經有一位暴動的領導人向指揮部報告他已經成功地研
發出小炸彈，金堯如的回憶說，有某個機構的負責人向指揮部
報告：

　　今天凌晨二時，我令人將紙包的小小炸彈放在北角電車站
　　駛出英皇道的電車軌道上。這樣只要四點鐘第一輛電車駛
　　出來，便會立即爆炸，試驗便告成功。以後就可以在香港大
　　擺「菠蘿陣」，叫港英防暴隊疲於奔命……(這樣) 一可以動
　　搖港英統治，二可以威懾香港右派，三可以鼓舞群眾進一步
　　擴大鬥爭……可惜無知的掃街阿嫂把我們的試驗品掃走了，
　　而當時恰恰沒有爆炸。(金堯如《香江五十年憶往》)

　　從這裏可以看到，6月8日才開始有左派工人遇難，6月10日
已經試爆第一枚炸彈 (雖然不成功)，其準備工作肯定在6月8日
有工人遇害前已經進行，從時序可以看得很清楚，暴力行為早

就在醞釀，所以，這絕對是「先暴後鎮」不是「先鎮後暴」的問題。

據金堯如的回憶，對這個放炸彈的建議他當場就提出反對，以其會傷害無辜市民，結果他被訓斥：「對敵鬥爭只能掌握好大方向，只能考慮到是否能給敵人以最沉重的打擊，怎能首先考慮會不會傷害自己人的問題？」(見金堯如《「反英抗暴」的「菠蘿戰」》) 從這段回憶可以看到，早在6月10日港澳工委就已經在考慮採用城市恐怖主義的做法。

第五，根據「鬥委會」發表的《香港風暴》所記載，港英對左派的反擊(指大規模搜查左派機構)是從1967年7月中旬以後陸續開始的，工會線最早被搜查的是摩總(7月12日)，學校是紅磡勞校(7月14日)，國貨公司系統是華豐(7月11日)，銀行系統是僑榮大廈銀行職員宿舍(7月16日)，社團是華革會(7月18日)，唯一早於七月的是文化線的銀都戲院(6月9日)。但是根據吳荻舟的《六七筆記》，早在7月之前就有工委領導背着中央，擬私運武器到香港，幸好被他及時制止。(詳見《六七筆記》6月27日條)

以上這五條證據都說明左派「先鎮後暴」的觀點完全經不起事實的驗證的。相反，筆者在第八章「英方應對暴動的策略和方法」將列舉更多的實例證明是左派挑釁在先。

關於第一階段的發展，吳荻舟的《六七筆記》沒有太多的記載，只是記載了「聯辦」的成立經過和周恩來對這一階段工作的不滿。從筆記中可以清晰地看到周恩來對此一期間港共的做法非常不滿。(詳見《六七筆記》5月26、27日條)

第二階段 (1967.6.1–1967.7.1)：罷工罷市罷課

當第一階段的鬥爭未能令港英屈服後，鬥爭手段就升級到所謂的「三罷」，即罷工、罷市、罷課。

這一階段對港共來說最大的鼓舞是6月3日《人民日報》社論:「堅決反擊英帝國主義的挑釁」,號召香港同胞鬥垮鬥臭英帝,準備響應祖國號召,粉碎英帝統治。這篇社論被港共視為北京全面支持港共的反英抗暴鬥爭,這在當時引起香港社會很大的關注,被認為是中共或許會考慮提前收回香港。

由於《人民日報》發表了措辭強硬的社論,周恩來就需要為軍事解決香港問題做好準備,所以他就召見廣州軍區副司令員溫玉成等人到北京討論對香港動武的問題。但是待他們到京後,周恩來已經確切知道毛澤東此時尚未要收回香港,所以反而向他們傳達了不對香港動武的決定。

花園道事件後,港共拒絕和談[15](詳上文),並且在5月30日向北京「聯辦」提交把運動升級的建議,這就是發動「三回合」的罷工,直到港英投降為止。第一回合擬在6月10日開始,集中在香港公共交通運輸。如果港英不屈服,就發動第二回合,時間在6月24日開始,人數在30–40萬之間。如果港英還不投降,就發動全港性總罷工罷市,直到癱瘓整個香港。(詳《六七筆記》6月26日條)

對於此建議,周恩來認為不可行,要工委再擬,但不知何故,此建議未經周恩來批准就在下面執行了。(詳《六七筆記》6月26日條) 周恩來要工委再草擬另一個計劃,但再草擬出來的計劃比「三回合罷工」的計劃更為「左」,因為它聲稱要:

1. 香港癱瘓;

2. 九龍大亂;

3. 陳兵邊境;

4. 打破邊界。(詳《六七筆記》6月30日條)

---

15 見金堯如:《新華社拒絕同港英和談》,載《當代月刊》1993年9月15日。

從這裏可以看出，暴動正朝着向摧毀香港的方向發展。

而按原來「三回合罷工」方案而推動的罷工，可以説是慘敗收場，這種慘敗的情況可以從吳荻舟《六七筆記》7月2日及7月27日兩條，窺見一斑。罷工的失敗，驅使港共向更極端的方向發展。

第三階段 (1967.7.8 – 1967.12.15)：發動恐怖主義式的襲擊

由於罷工失敗，港共最後訴諸武力以及城市恐怖主義手段，此一階段從沙頭角槍擊事件開始直到1967年12月中旬為止。

沙頭角槍擊事件，是六七暴動以來第一次發生軍事衝突，也是香港自從1842年割讓給英國以來第一次發生的邊境衝突。這件事在中國內地文革背景下，是由周恩來主導的，是中國人民解放軍直接策動的，而不是事後中、英、港英、港共等四個方面齊聲所説的所謂「華界民兵」越境所為。(詳見本書第五章「六七暴動中周恩來的角色」) 這次事件被港共解讀為中央即將要武力解放香港，所以使他們更傾向於使用暴力手段。

此一階段的暴力事件按時序排列包括：

7.7　　《香港夜報》披露有一個「四人暗殺名單」，港共擬對徐家祥、李福樹、彭富華、查良鏞等四人「執行民族紀律」(即暗殺)，並且揚言這份暗殺名單陸續有來；

7.8　　沙頭角槍擊事件 (詳見第六章)；

8.20　清華街炸死兩姐弟事件；

8.22　北京紅衛兵火燒英國代辦處 (此事的原因和結果都與香港有關，所以列於此)；

8.24　火燒林彬事件；

11.27　中華中學在校內製造炸彈，炸傷學生；

11.25　「港九人民游擊隊」宣佈成立，當天即炸毀一艘天
　　　　星小輪。在此之前已經成立「元朗十八鄉反英突擊
　　　　隊」。這是恐怖主義從「獨狼式」活動走向組織化
　　　　的發展[16]。

　　幸好到11月左右，周恩來已經把港共和暴動的頭頭召集到
北京開會對暴動實行先降溫後停頓，否則這一支城市游擊隊和
一支鄉村游擊隊的出擊，將會造成更大的傷害。

　　作為主角衝鋒陷陣的工聯會有反思嗎？

　　在這場暴動中衝鋒陷陣的港九工會聯合會在其創會60周年
時，出版紀念刊物《光輝歲月薪火相傳——香港打工仔的集體
回憶工聯會歷史圖片1948–2008》，對「六七暴動」有這樣的論
述：

　　1967年5月，新蒲崗人造膠花廠發生勞資糾紛，港英竟出
　　動荷槍實彈的軍警，用鎮壓、槍殺、逮捕、監禁和遞解出
　　境等手段，對付工人群眾和愛國人士！激起了工人和各界
　　市民的極大憤怒，遂演變成一場社會性的反英抗暴鬥爭。
　　「六七事件」爆發的原因，是港英長期以來對香港市民和
　　愛國工會採取高壓手段，在香港只是攫取利益，不管市民
　　福祉的殖民地統治政策導致的必然結果。因為港英這種手

16　「港九人民游擊隊」的成立，筆者僅從《六七動力》網站的大事記中看到
　　有此一事，該網站是由一班至今認為暴動是對的人建立的，所以他們的資
　　料應該有所根據。至於「元朗十八鄉反英突擊隊」見諸《新界同胞反英抗
　　暴鬥爭綱領》，載《仇視、鄙視、蔑視英帝國主義》宣傳參考資料(九)，
　　由澳門各界同胞支援港九同胞反對港英迫害鬥爭委員會編印。

段和政策，造成了與市民的尖銳矛盾，社會缺乏公義，經濟落後，市民沒有民主，生活艱辛，民生困乏，民間不滿情緒瀰漫。即使沒有「六七事件」，這種矛盾的不斷累積而導致的對抗，遲早也會發生。「六七事件」是哪裏有壓迫，哪裏就有反抗理論的印證。[17]

五年後，該會在其65周年紀念刊物上，仍然形容這場暴動為「愛國、反殖、反迫害、要求人權」的鬥爭，它說：

1967年的反英抗暴，是哪裏有壓迫，哪裏就有反抗理論的印證，其性質是一場香港市民不滿港英高壓統治及民生困乏而進行的反擊，是愛國、反殖、反迫害，要求人權、生存和維護權益的鬥爭。[18]

上述的表述，是工聯會的「官方立場」。可見他們沒有絲毫自我反省的能力，但是當年的當事人，卻隱隱吐出幾句真話。當年鬥委會主任楊光就承認：「反英抗暴出現『三脫離』」（原注解釋：即脫離群眾、脫離社會、脫離實際）。時任工聯會副理事長的潘江偉也說過要鬥一鬥的話，見頁55引文。

綜合楊光和潘江偉的話，則六七暴動的發起原因可以說是「真相大白」，即是：在社會存在尖銳矛盾的情況下（潘江偉的第一點），香港左派由於受到文化大革命極左思潮的影響，期望改變英國殖民統治的現狀（他的第二點），加上受澳門奪權成

---

17 見《光輝歲月薪火相傳——香港打工仔的集體回憶工聯會歷史圖片1948-2008》，書的總編輯是工聯會副會長、立法會議員黃國健，寫序的是工聯會榮譽會長、行政會議成員鄭耀棠。

18 見工聯會印發《工聯會與您同行——65周年歷史文集》，2013年12月。

香港六七暴動始末｜綜論

功的鼓勵(他的第三點),使到上上下下都想鬥(他的第四點),於是做出楊光所說的「三脫離」(脫離群眾、脫離社會、脫離實際)的妄動行為。

這兩位朋友走到了生命的盡頭時,總算説出一句良心話。

[第四章]
六七暴動的指揮和組織機制

　　整個六七暴動是如何組織、指揮、運作的？這是外界無法確切清晰瞭解的，這同中共素來強調的保密作風有關。吳荻舟的《六七筆記》在一定程度上提供了一些資料供人們研究。

　　其一，在吳荻舟的筆記中，經常出現「工委」、「城工委」這兩個組織，也經常出現「四處」這個稱號，這就為我們瞭解和分析六七暴動的組織機制提供了線索。其二，筆記明確記載一個稱為「聯辦」的機構的成立情況，這是中央級別的協調機關。其三，筆記本身多次提到暴動期間的組織協調問題，足見這個組織不是一個高效率而運作暢順的組織。

　　長期以來，整個港澳工作本身就顯得架床疊屋。早在1959年「五十天整風會議」時期就提出來了。在中央有：中央外事小組、國務院外事辦公室、外交部、僑委；在省級有廣東省委管理香港事務的部門；在地方則有港澳工委。這種架床疊屋的混亂局面到了「文革──六七暴動」時期就更甚了，對此，在暴動期間擔任新華社統戰部部長的何銘思有如下的描述：

> 共產黨內的組織非常複雜，由不同的線組成，各成體系，你管不着我，我也管不着你，相互之間亦不溝通。軍委一邊不讓你知道他們的行動，國務院一邊也不讓你知道他們的舉措，所有部門都一樣，不讓其他人知道自家的事情。就算是軍委當中的政治部、情報部和參謀部之間，都互不溝通。大家都不會讓其他系統的成員知道自己系統內的事

情。而就算部門裏的行動組執行了行動，都只有部門的主管才知道。

當時香港的銀行，如南洋銀行、交通銀行等分行的行長，都是由大陸派來的人擔任，他們有些人是村委書記，沒有銀行工作背景，完全不瞭解金融工作，有些可以說連加減乘除都不懂，只會說革命口號，他們只是「根正苗紅」、貧下中農出身。那是銀行業務啊！在這些情況下，如何運作呢？(《何銘思口述史》頁72)

由於這些組織架構、指揮運作的問題，在暴動期間很多對全局有重大影響的事件，其出台的過程其實是充滿難以理解的「荒謬」，這裏僅僅舉三個比較嚴重的例子：《人民日報》6月3日社論的出台過程、港澳工委的罷工計劃、導致火燒英國代辦處的最後通牒，這三件事都源於整個指揮體系出現嚴重的溝通問題而造成的難以彌補的錯誤(筆者將在其他篇章詳細分析)，幸好沒有釀成更悲哀的大錯。所以很有必要探討這個組織架構的問題。

甲　暴動前港澳工作的原有組織架構

在1967年暴動前，在中共的組織系統裏，涉及對香港工作的有三個層級：

基層級：有中共香港工作委員會(簡稱「工委」，從中共黨史看，這個機構在不同時期有不同的名稱，1958年後稱「港澳工委」)、中共香港城市工作委員會(簡稱「城工委」)。基層級是執行機構[1]。

1　吳荻舟《六七筆記》5月27日提到，周恩來聽取「工、城兩委匯報後指示」。

省級：在廣東省這一級，分別由省委組織部四處、省委宣傳部四處負責香港事務。這兩個四處是省級的是協調機構[2]。

中央級：中央外事領導小組、國務院外事辦公室，這是中央級的是決策機構[3]。

表一：六七暴動前涉及香港事務的三個層級的機構及負責人

組織	中央	廣東省	香港
機構 領導	中央外事領導小組 周恩來	省委組織部四處 1952–57年是祁烽	香港工作委員會 梁威林
機構 領導	國務院外事辦公室 陳毅	省委宣傳部四處 1961年時是吳荻舟	香港城市工作委員會 李生

資料來源：廣東省及香港部分，綜合吳荻舟文稿、廖承志傳等。[4]

在這個三層級的結構中，外界比較熟悉的是中央兩個機

2　廣東省委的組織部和宣傳部各自有「四處」，前者見吳荻舟《對港澳工人「五一」觀光代表團的談話記錄》這分文件的發放範圍有「廣東省委組織部四處」的字樣，後者則見吳荻舟《在從化溫泉的訪問記錄》，他稱自己是「港澳工委常委兼廣東省委宣傳部四處處長(實際是港澳工委後方辦事處主任)」。

3　前者是黨系統，後者是國務院系統，但其實兩者是「一個機構、兩個牌子」。中央級的除了處理港澳問題的決策外，還包括外交、僑務等涉外事務的決策。

4　筆者從吳荻舟遺文中有一次用「工委、城工委的梁威林、李生」這個表述，判斷李生是城工委的負責人，見吳荻舟《在從化溫泉的訪問記錄》，1986。至於這個李生是誰，筆者判斷應該就是港九工會聯合會 (工聯會) 的理事長李生，因為吳荻舟曾經說過：「教育線的工作主要是城工委管……同工會方面沒有組織上的關係，只是工作上的聯繫，有些工作非配合不可……儘管組織上沒有關係，橫向關係還是有的，最早我跟陳耀材、李生、楊光、吳理廣、張振南等都有聯繫。同樣群眾線 (工會) 也支持了文教交通、貿易銀行線」(出處同從化訪問記錄)。如果此推測不錯，則李生就是城工委的領導人。李生 (1902–1988)，廣東惠陽人，早期參加中共在南洋的工作，二戰期間參加中共領導的抗日游擊隊。1957–62期間擔任工聯會第10–14屆理事長，1977–83任第四屆廣東省政協常委。

構，但這兩個機構，實際上是「一個班子、兩個牌子」(這在中共的組織中屢見不鮮)，所以這裏無須詳細解釋，但基層兩個「委」、廣東省委兩個「四處」，都必須加以解釋。

一、基層

在基層，是兩個平行的單位：工委和城工委，前者是「半公開」，後者則是保密的。對於筆者來說，吳荻舟遺文最令我詫異的是中共原來在香港有兩套平行的地下組織，一個是「港澳工作委員會」(簡稱「工委」)，另一個是「香港城市工作委員會」(簡稱「城工委」)。過去我們只知道香港的地下黨組織叫「港澳工委」，因為它是「半公開」的。它在1997年之前以「新華社」名義出現，1997年之後改稱「中央政府駐特區聯絡辦公室」(簡稱「中聯辦」)。但是很多人，包括與筆者同齡的中共黨員，都不知道「城工委」這個系統的存在，因為它是不公開的，很多接受筆者查詢的地下黨朋友，問他們知不知道自己入黨時是入了哪一個系統，他們都茫然不知，有些則能夠記得自己曾經被「轉換關係」，從一個系統轉到另一個系統，都以為同屬工委下的不同系統，卻都不知道原來這是兩個平行的組織。

這兩個組織的來源要追溯到1949年之前中共在香港的部署。根據中共資深黨員譚天度[5]的回憶，抗日戰爭勝利後，中共

---

5 譚天度 (1893–1999)，廣東高明人，是廣東省最老資格、黨齡最長的中共黨員。他在1920年參加革命，是中共「一大」期間的創黨黨員，曾經同周恩來、陳延年、彭湃、鄧中夏、蘇兆徵等領導了省港大罷工。以後長期在廣東與香港地區工作。他在《我所走過的五四道路》中回憶道：「陳獨秀曾多次對我說：『廣東是有革命傳統的，歷史上曾出現過不少先進人物，如康有為、梁啟超、孫中山等。廣東人敢想、敢説、敢幹、敢闖，所以在這裏最有條件建立革命的大本營。』」他曾代表中共與香港總督談判允許中共在香港半公開活動，並被委任為香港政府漁政司官員 (詳見《百度百

已經對香港形成了「長期打算、充分利用」的政策，所以主動把活躍在新界的抗日游擊隊「東江縱隊港九大隊」撤出香港，以交換港英允許中共在香港半公開活動。所謂半公開活動，「即不論是秘密和公開活動均不以共產黨名義出現，我們的活動也不以推翻港英政府為目的」[6]，港英答應了中共上述要求[7]。

但是，中共為了加強香港的城市工作，卻在英國默許的半公開系統 (工委) 之外，繼續保留一個秘密系統 (城工委)。根據譚天度的回憶[8]：

> 為貫徹中共中央關於開展香港城市工作的指示和談判決定，廣東區黨委於1945年9月起陸續派出大批幹部進入香港，並劃分為秘密和半公開兩大工作系統，分別由區黨委委員梁廣、黃康及連貫、饒彰風負責。1946年1月15日及2月5日，廣東區黨委和東江縱隊領導機關分別遷入香港。6月，設立了半公開工作機構中共港粵工作委員會，由廣東區黨委書記尹林平兼書記。根據中央及南方局指示，1946年秋至1947年夏之間，黨的大批專業幹部章漢夫、潘漢年、夏衍、許滌新、喬冠華、廖沫沙、龔澎、馮乃超、邵荃麟等人陸續由內地轉移至香港，我黨利用香港的有利條件，廣泛開展了統戰、文化、宣傳、財經、外事、僑運、

科》譚天度條 https://baike.baidu.com/item/%E8%B0%AD%E5%A4%A9%E5%BA%A6)。

6　見譚天度：《抗戰勝利時我與港督代表的一次談判》，載《中國共產黨歷史網》2016年06月29日 http://www.zgdsw.org.cn/n1/2016/0629/c244516-28507748-4.html

7　這是一個重要的，但不為人知的協議，是英國默許中共在香港活動，條件是中共的活動不以推翻英國統治為目的。有關這個協議的詳情見本章附錄：《中共在1945年9月與英國達成的秘密協定》。

8　同注4。

情報等工作。1947年5月，成立中共中央香港分局 (1949年
4月改稱華南分局)，方方為書記，尹林平為副書記，章漢
夫、梁廣、潘漢年、夏衍、連貫為委員；隨即港粵工委改
稱中共香港工作委員會，章漢夫為書記；廣東區黨委城委
改稱中共香港城市工作委員會，梁廣為書記。香港成為華
南人民解放戰爭的指揮中心。

這是迄今為止筆者找到的有關兩個工委由來的最清晰說
明。根據譚天度的描述，筆者試圖重組這兩個系統如下表：

表二：中共在香港的兩個地下黨組織

香港黨組織	中共香港工作委員會	中共香港城市工作委員會
性質	半公開	秘密
前身	中共港粵工委	廣東區黨委城委
成立日期	1947年5月 1949年遷回廣州 1958年下放香港 (吳荻舟資料)	1947年5月 有沒有遷回廣州不詳 應該是一直在港
早期領導人/書記	章漢夫 區夢覺	梁廣 黃施民
1967年時的領導人	梁威林	李生(詳見本章注5)
工作範圍	統戰、文化、宣傳、財經、外事、僑運、情報	由於屬秘密系統，故不知詳情。從吳荻舟遺文只知工會及部分教育工作歸它管。
1949年前主要事蹟	護送大批親共的「民主人士」到北京參加第一屆全國政協，認可了中共政權的「合法性」	領導了1947年的香港六萬多工人的罷工運動。

資料來源：見譚天度：《抗戰勝利時我與港督代表的一次談判》，載《中國共產
黨歷史網》2016年06月29日 http://www.zgdsw.org.cn/n1/2016/0629/
c244516-28507748-4.html

香港六七暴動始末 | 綜論

「香港城市工作委員會」(城工委) 究竟是一個什麼樣的組織？它和「香港工作委員會」(工委) 有什麼不同？這是一個值得探討的問題。

「城工委」的設立可以追溯到1944年6月5日。為準備日後解放大城市，中共六屆七中全會第二次會議在延安召開，會議決定由劉少奇、彭真、陳雲等14人組成城市工作委員會，彭真任主任委員。「城工委」發出《中央關於城市工作的指示》，同年7月中央要求各級黨組織成立城市工作部。從這些文件我們可以看到，「城工委」的建立是為了配合軍事上佔領大城市而設的。它的具體工作包括：

1. 群眾工作：在大城市內發動學生、工人以及其他親中共組織，做到「裏應外合」，從內部支持、配合解放軍進城；
2. 保護大城市裏的重要公共設施，免遭敵人破壞；
3. 物色適當人才以便日後該城市「解放」後能馬上有人可以協助管理大城市。

可以看出，城工委的設立完全是着眼於大城市的「解放」。所以，「香港城市工作委員會」的設立，應該也是着眼於對香港的「解放」。問題是：根據譚天度的回憶，上世紀四十年代中，中共已經形成「暫不解放」香港的決定，那麼為什麼仍然要建立一個需要保密的「城工委」呢[9]，而且至少還有效運作到1967年暴動發生時？

根據譚天度的回憶，抗戰勝利後，中共已經與英國達成默

9　根據吳荻舟《從化溫泉訪問錄》：「1949年上海解放前後，曾有五年內解放香港的打算，工會線佈置過護廠準備，1951年以後周總理指示新的港澳工作方針：『長期打算，充分利用，宣傳愛國主義』」。所謂「工會線佈置過護廠準備」，根據過去中共解放大城市的經驗看，這項工作正正是「城工委」的任務。筆者估計那個時候中共是採取兩手準備，一是解放香港，另一是不解放香港，所以到1949年之後還保留「城工委」這個組織，只是不知道原來這個秘密組織一直保存到1967年。

契，允許中共「港澳工委」以半公開身份活動。為什麼中共在取得這個地位後，仍然要保存一個秘密的組織呢？筆者沒有更多資料可以解釋這個問題，但也許可以從共產黨的組織原則來說明這個問題。

與「工委」的半公開性質不同，「城工委」是絕對保密的，這也是令我們無法知道中共在香港除了「工委」之外還有一個「城工委」的原因。早在1949年前，中共已經規定[10]：「在城市與一般敵佔區的具體工作計劃及具體組織工作則應完全保密⋯⋯每個黨員及幹部，只應知道他們必須知道的事，不應該知道他們所能夠知道的事」。

中共理論家辛向陽[11]說：「無產階級政黨的組織機構和組織體系有自己的特點，在非法秘密鬥爭和合法公開鬥爭條件下成長的黨又有各自不同的特點⋯⋯要實現這樣的目標[12]，無產階級政黨應當建立秘密的和公開的、集中的和民主的相結合的制度。馬克思恩格斯指出：『工人，首先是共產主義者同盟⋯⋯應該努力設法建立一個秘密的和公開的獨立工人政黨組織⋯⋯並且應該使自己的每一個支部都變成工人協會的中心和核心。』〔引自《馬克思恩格斯選集第一卷》，1963〕（頁369）」

根據這個組織原則，中共雖然已經在香港取得半公開地位，但仍然決定建立一個秘密組織，這大概是它的組織本性決定的。

這樣兩個平行組織，如果沒有明確的分工或強而有效的協調，必然會出現矛盾。從吳荻舟《六七筆記》以及其他一系列的文章中，可以看出這些矛盾是明顯存在的，導致在處理香港六七暴動問題上出現頗為混亂的情況。

---

10 見中共中央《中央關於城市工作的指示》1944年6月5日。

11 見辛向陽：《民主集中制：列寧確立的黨代會組織和召開原則》，載《思想理論教育導刊》，2012年10月23日。

12 筆者按：實現共產主義的目標。

1997年香港回歸後，「港澳工委」仍然保持地下狀態 (因為至今未有正式掛出「中共香港特區黨委」這個招牌)，但它披上「中聯辦」的外衣，所以也就實際是公開了。至於「城工委」是否仍然存在？筆者認為，如果按照過去職能來看，它應該是融入了香港工會聯合會 (工聯會)，也有可能併入中聯辦成為它的地區工作部則不得而知。這是一個有趣的問題，但非本書的主題，故無法在此探究。

　　走筆至此，有兩個相關的「題外話」，可以證明六七暴動違背了中共政策的初衷。其一是中共與英國達成默契，作為允許中共在香港半公開存在的條件，是「我們的活動也不以推翻港英政府為目的」(見上文引述譚天度的回憶錄)，則六七暴動時港共效仿澳門「一二三事件」嘗試奪取港英的統治權，實際上就違背了中 (共) 英之間的協議。根據譚天度這個回憶，廣州體育學院社會科學部教授袁小倫在《戰後初期中共利用香港的策略運作》[13] 一文中，詳細列舉了這個協議的內容後説：

> 中共利用蔣英矛盾對港英當局開展了卓有成效的外交、統戰工作，使英方同意中共在香港的合法地位，允許中共以半公開的形式在港進行各項活動，而中共也承諾其活動不以推翻港英政府為目的。這樣，中共有了在香港生存的政治環境，也使國民黨當局對中共在港活動鞭長莫及，無可奈何。(關於中共與英國之間的秘密協議，見本章附錄)

　　可見得，當年中共對港英是有承諾的，即其在香港的活動不以推翻港英政府為目的。

　　其二是中共中央曾規定了「城工委」的工作方式。例如在

13　載《近代史研究》，2002年第6期。

關於領導群眾鬥爭的方針上規定：「基本上我們不主動的製造鬥爭，如必要發動與參加群眾鬥爭時，應以不暴露組織，不妨害長期埋伏，有理有利有節為原則，以取得勝利速戰速決為原則，以推動全體群眾不孤立突出為原則，應堅持獨立自主的退卻政策，不為一時環境的順利而妄動[14]。從這個指示看，港共是明顯地違背了中共中央關於城市工作方法的規定。

二、廣東省委兩個「四處」

在廣東省一級，負責港澳事務的則有省委組織部四處和省委宣傳部四處。這兩個機構究竟是做什麼事的？

關於省委宣傳部四處，吳荻舟《在從化溫泉的訪問記錄》中稱自己是「港澳工委常委兼廣東省委宣傳部四處處長（實際是港澳工委後方辦事處主任）」(1962年之後就不是了)。換言之，省委宣傳部四處實際上就是港澳工委的後勤基地。

關於省委組織部四處，吳荻舟文稿中沒有任何資料，但據筆者訪問一個資深地下黨員，他是這樣解釋的：

> 從中共南方局的沿革看，1949年之前中共南方局（部分成為中共廣東省委），一直有機構領導香港地區的黨組織，也有華僑工作組、南洋工作組等黨組織。1949年之後，這部分遂併入廣東省委組織部四處。

綜合上述資料，則省委宣傳部四處是負責支援香港黨委的工作，而省委組織部四處則是負責支援華僑及南洋黨組的工作[15]。

---

14 《中共中央城委關於敵後大城市群眾工作的指示》，1941年4月4日，載《中共中央文件選集十三(1941–42)》。

15 組織部四處處長是誰？吳荻舟遺文沒有線索。2015年9月1日祁烽逝世。當

根據江關生《中共在香港》（下）引述內地黨史資料[16]説：祁烽在1952年任廣東省委組織部第四處處長，任務是掌握香港情況。後來長期擔任新華社香港分社副社長。換言之，這兩個「四處」都是負責香港事務的。

這兩個組織都是見諸吳荻舟的遺文（見本文注釋2）。「四處」這個詞在吳荻舟的遺文中多次出現，究竟他用這個縮略語時是指那個機構的「四處」，很難判斷。筆者初步判斷，吳荻舟既然作為廣東省委宣傳部「四處」的處長，則他所説的「四處」應該是省委宣傳部的「四處」。但是，吳荻舟有一處提及的「四處」，卻極有可能是指組織部的「四處」，因為它涉及的內容都是同秘密戰線的組織工作有關的，相關證據詳第十章「讀吳荻舟遺文有感」頁237–238所引述吳荻舟在1967年6月7日的筆記。[17]

從吳荻舟的筆記可以看出，到60年代中期，這兩個機構是負責香港和海外的黨工作的。今天這兩個「四處」是否仍然存在，筆者不得而知。但是，文革後期成立的廣東省革委會出現了很多不對外公佈的、以數目字命名的「辦公室」。其中作為港澳工委後勤基地的叫做「廣東省委第八辦公室」，目前香港中聯辦的副主任黃蘭發和何靖，都曾經是省委八辦的官員。筆者認為，「八辦」的前身應該就是吳荻舟時代的廣東省委宣傳

時《南方日報》報道其經歷時説：「1953年，祁烽任中共中央華南分局統戰部處長。華南分局撤銷後，改任中共廣東省委統戰部處長、副秘書長。1957年調任新華社香港分社副社長，歷時29年」。此段報道故意略去第幾處。鐵竹偉《廖承志傳》則明確地指出他從1952年至1957年出任「廣東省委統戰部四處處長」（第344頁）。

16　見該書第351頁。他引述的資料包括：《中國共產黨深圳市組織史資料》，1995年12月，99–101頁；《中國共產黨寶安縣組織史資料》，1989年7月9日等。

17　見《香港1967補充資料之一》。

部四處 (工委後方辦事處)。至於原來組織部四處,應該是現在的廣東省委第四辦公室,因為目前廣東省委「四辦」據瞭解是負責海外情報的。

乙　暴動期間建立的機構

根據吳荻舟的筆記,暴動期間共成立了兩個機構,在中央級的是「反迫害聯合辦公室」,在香港前線的是「反迫害指揮部」。

一、「反迫害聯合辦公室」(中央機構)

吳荻舟在《六七筆記》中5月26日記載:「26/5. 聯辦:港澳辦公室今天成立。負群眾鬥爭組」。這則筆記顯示,為應對香港的暴動,中共中央成立相關的組織。該機構的成立,標誌着整個香港暴動的領導工作直接由北京掌握了。

1. 關於機構的名稱和組成

根據吳荻舟的記錄,該機構稱「反迫害聯合辦公室」(簡稱「聯辦」),但是,根據冉隆勃[18],該機構稱「外交部港澳辦公室」[19]。名字雖有差別,但筆者認為中共習慣「一個機構、兩個招牌」。對內稱「反迫害聯合辦公室」,對外改稱「外交部港澳辦公室」,這種情況比比皆是。

---

18 當時冉隆勃任外交部西歐司,文革期間被批鬥,1980年起出任中國社會科學院西歐研究所研究員,曾以余長更的筆名在香港《九十年代》1996年5月號發表題為「周恩來遙控反英抗暴內幕」的回憶。

19 見冉隆勃、馬繼森:《周恩來與香港「六七暴動」內幕》,明報出版社2001年8月。

2. 關於機構的組織以及領導體制

　　根據吳荻舟的另一份回憶材料說：「5.23會議[20]後，周總理指示由外辦的我、鄭偉榮、鄧強、外交部的羅貴波、張海平和中調部的兩位同志組成『反迫害聯合辦公室』，羅貴波任聯辦主任，我任群眾組組長，並由我通過總理秘書錢家棟向總理匯報前後方情況。香港方面成立了『反迫害指揮部』，由工委祁烽同志負責。」(見吳輝整理的《吳荻舟回憶香港工作》1986年11月14至16日，即本書丙部分《在從化溫泉的訪問記錄》)

　　他又在另一份回憶材料中說：「1966年 (筆者按：應為1967年的筆誤) 香港進行反迫害鬥爭時，外辦與外交部成立了聯合辦公室，處理反迫害的有關事務。辦公室主任是羅貴波，下設三個組，我以外辦港澳組副組長身份參加，擔任群眾組組長。我每天到聯合辦公室辦公。聯辦的工作是由總理直接領導的，我通過錢家棟 (總理秘書) 與總理聯繫。每天晚上用電話把情況報告錢家棟，由他向總理匯報」。(見余汝信《香港，1967》第146頁引述《吳荻舟同志回憶香港工作》1986年11月14至16日)

　　關於「聯辦」的組織架構，吳荻舟的回憶與冉隆勃的回憶也有差別，茲將兩人差別列表三如下。

20　這裏吳荻舟的記憶可能有誤，他在這裏說是5.23有此會議，但他筆記寫的是5.24會議 (即《筆記》所記載的5月24日會議」，但經過吳輝的校勘，這天應該是5月27日。

表三：對暴動期間新組建的「聯辦」的不同表述

「聯辦」具體情況	吳荻舟的説法	冉隆勃的説法
機構名稱	反迫害聯合辦公室	外交部港澳辦公室
機構負責人	聯辦主任羅貴波	港澳辦主任羅貴波
組成單位及人員	外辦港澳組： 吳荻舟、鄭偉榮、鄧強 外交部： 　羅貴波、張海平 中央調查部： 　兩人，名字不詳	外辦港澳組： 外交部西歐司 中央調查部 中央聯絡部 總參 新華社和《人民日報》
下設機構	三個組，具體名稱不詳 (只知道吳荻舟是「群眾組」組長	五個組，分別是： 政治、外交、新聞、聯絡、材料 (沒有提及群眾組)
領導體制	周恩來 ↑ 錢家棟 ↑ 羅貴波 ↑ 吳荻舟	周恩來 ↑ 羅貴波 ↑ 宦鄉 (協助羅貴波)
制定的政策	《總理關於反迫害鬥爭的主要指示》，但沒有具體內容	未有提及

資料來源：

吳荻舟部分：吳輝整理吳荻舟遺文：《回憶香港工作》及《在聯辦的日子》。冉隆勃部分：冉隆勃、馬繼森：《周恩來與香港「六七暴動」內幕》，明報出版社2001年8月。

兩人的記載差別相當大。為什麼會出現這種情況，筆者無法解釋。關於「聯辦」的性質和運作模式，吳荻舟女兒吳輝小姐在通讀父親大量文稿後，補充了以下的意見：

　　(聯辦) 不能說是指揮機關。計劃由工委或城工委提出，周恩來批准，我理解聯辦肯定不是決策的。聯辦是在中間上傳下達，幫周收集、綜合情況和把關，在職責範圍提意見。吳不是指揮，羅有沒有指揮我沒有足夠資料。吳看到危險，向羅提出，羅基本都同意，他就執行了，這也不能說是指揮。外辦和外交部還有本身的業務，他們不是只做聯辦的事，都是兼顧的，幾個人互相走位，有時候出現了真空。如果說周親任主任，那就是指揮機關了，現在最高就是羅。周不直接和香港來人開會的時候就通過錢收集情況和下指示，有時候讓錢轉達給吳，吳轉達給羅而不是直接指示羅，這些可以說是架床疊屋，有時不暢通，但是也難以想像取消聯辦這一層，香港方面不可能直接聯絡周恩來或者錢家棟，甚至不直接打給吳，聯辦其中一個接電話的人是鄧強，不知道還有沒有其他人。因為怕港英監聽，新華社每天派人到深圳給聯辦打電話匯報和接指示。這是當時的環境和固有的做法決定的。而六七暴動的亂，是由本身的性質決定的，誰領導、怎麼領導都不會有好結果。(以上是吳輝與筆者討論聯辦性質時的覆函，錄之供參考)

二、「反迫害指揮部」(香港層面)

　　吳荻舟在《六七筆記》裏說，「反迫害指揮部」這個地方(即香港) 組織是根據「關於香港鬥爭的方針和部署」所提出的由港澳工委和城工委協商組織指揮部的精神而建立的。但是它建立

後，出現很多溝通上的問題，以至他們要專門討論這個問題。

吳荻舟遂於一九六七年六月七日晚和朱曼平、楊松、馬士榮、呂樹林、劉汝民等人商討，其要點錄之如下：

二‧關於指揮部的問題

關於這個問題商談的時間比較長，約莫四十分鐘，綜合起來有以下幾個主要問題：

1. 指揮部的性質問題

2. 指揮部與城工委、港澳工委的領導關係問題

3. 指揮部的領導問題

4. 上下線通氣問題

其中有不同意見的是第二個問題，有的說指揮部的決定，應由工委或城工委討論批准再上報請示，有的認為這樣行動就慢了。

我根據「關於香港鬥爭的方針和部署」所提關於港澳工委和城工委協商組織指揮部的精神，提出了以下意見：

1. 指揮部應該是一個權力機構，相當於臨時黨組。北京現在根據總理的指示建立的「港澳辦公室」只是一個辦事機構，參謀機構。這次香港的反迫害鬥爭，總理親自抓。這樣，我的體會，指揮部就是直接向總理負責，是工委和城工委在協商的原則下，各派幹部 (當然是主要幹部) 參加這個組織，統一領導這次反迫害鬥爭。重大的決定，經過民主集中制，作出決定後，直接報中央 (經港澳辦公室) 請示。我認為，這樣的戰鬥體制，是最便捷的，緊急的問題，總理還同意連報告也可以不寫，只要電話請示。

2. 既然指揮部作出的鬥爭計劃，重大鬥爭措施……直接報中央請示，那麼，工委和城工委就不是指揮部的上級領

導，他的決定就不要經過四處或工委核轉上級領導，否則，周轉就慢了。(朱說過去是這樣做)

(談到這裏，楊松同志問) 那麼，工委和指揮部的關係怎樣呢？過去是每個問題都由工委常委討論決定的。

(馬士榮同志說) 今後就不要送四處批准上報，我們堅決貫徹和執行指揮部的決定 (當然經中央批准)。

(我說) 當然工委、城工委還是應該關心，提意見，保證鬥爭勝利的實現，組織保證，保證中央關於鬥爭的方針、政策……的貫徹……取得鬥爭勝利。

(楊松同志說) 如果這樣，指揮部那裏有一個辦事的班子呢？不過這個可以利用工委的。

(朱曼平同志說) 過去許多決定，還要得到廣州 (四處) 同意才貫徹下去。時間很慢。

(馬士榮同志說) 今後我們不要他們報了，指揮部做了決定，就直接報中央批准，批准後，就直接向下貫徹執行。

(朱曼平同志說) 過去上下線通氣很慢 (以下缺頁)

根據吳荻舟這個陳述，我們可以把中央和地方兩個不同層面在「反迫害鬥爭」中的不同分工如下表四：

表四：中央和地方新建的「反迫害鬥爭」組織

級別	中央	香港
名稱	反迫害聯合辦公室	反迫害指揮部
負責人	主任：外交部羅貴波	主任：工委祁烽
緣起	周恩來聽取匯報後於5月26日成立	根據「關於香港鬥爭的方針和部署」所提由港澳工委和城工委協商組織指揮部的精神而成立
組成	外交部西歐司 中央調查部 中央聯絡部 總參 新華社和《人民日報》 (筆者按：這個組成是採納冉隆勃的記載)	港澳工委、香港城工委 共同協商組成
性質	吳荻舟意見： 聯辦是一個「參謀機構」	吳荻舟意見： 指揮部是一個權力機構，相當於臨時黨組
指揮		吳荻舟意見： –指揮部就是直接向總理負責； –統一領導這次反迫害鬥爭； –重大的決定，直接報中央。
與原系統的關係		吳荻舟意見： 既然指揮部直接報中央請示，那麼，工委和城工委就不是指揮部的上級領導，因此指揮部的決定就不要經過四處或工委核轉上級領導。

注：上表整理出來的僅僅是吳荻舟的意見(是否正式通過無從考證)。

資料來源：吳荻舟部分：吳輝整理吳荻舟遺文：《回憶香港工作》及《在聯辦的日子》；冉隆勃部分：冉隆勃、馬繼森：《周恩來與香港「六七暴動」內幕》，明報出版社2001年8月。

根據吳荻舟上述的意見，可以看到這整個指揮系統大概是這樣的：

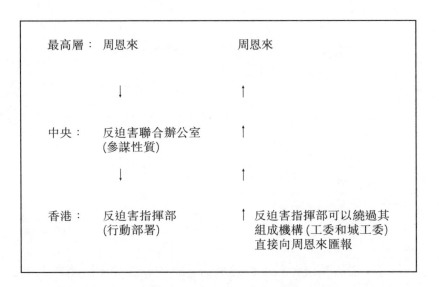

從吳荻舟筆記可以看出這個組織指揮體制極端混亂。在筆記中探討組織指揮的筆記就多達九天(見下表)。在《六七筆記》僅僅記載了23天的事，其中就有9天是涉及這個組織指揮體制的，佔筆記篇數幾乎是三分之一。可見這場暴動的組織指揮體制是倉促成軍的。本文開端引用《何銘思回憶錄》，就是對當時組織領導體系極端混亂的寫照。

表五：吳荻舟《六七筆記》中涉及組織指揮機制的記載

日期	表述
5.26	成立「聯辦」商討工作
5.27	周恩來批評組織工作
6.7	是日晚吳荻舟和朱景平、楊松、馬士榮、呂樹林、劉汝民等人的談話
6.14	談工委與指揮部的關係
6.21	張告了一狀：關於指揮部
6.26	強調統一領導、希望有一個統一指揮
6.30	核心未建立起來，問題研究未透就做決定
7.10	辦公會議討論存在的問題
7.24	領導及其他問題

注：除了6月7日外，其他都是《六七筆記》所記載的。

這種混亂情況是很可以理解的。首先是結構上的問題，在整個組織結構中就內置了(built-in)不協調的因素：

第一，基層的兩個工委之間的關係

不論從組織沿革或者吳荻舟筆記的行文可以看出，工委和城工委是兩個平行的互不統屬的機構。他們在暴動前的分工、協調關係如何，我們很難推測，但估計不會很密切，因為中共組織工作的保密原則是「單線聯繫」，在城工委屬保密組織的定性下，大家甚至彼此互不認識 (除非是兩個單位的高級黨員，否則根本不可能互通聲氣)。

這樣兩個平行的組織，平時狀態下可能各自根據其分工範圍獨立運作，但一旦涉及「反英抗暴」總動員時，要他們在香港前線協調出一個「聯合指揮部」來，就會出現一個以誰為主或者各自為政的問題。我們看到有人私自運武器到香港，就可

以看出這個「各自為政的問題」。這個指揮部顯然是以工委為主導的(因為由祁烽掛帥),但城工委卻是發動工人學生的機構,他們很自然就希望能夠動員更多人出來支持暴動,所以不惜把所謂「三線」黨員幹部(筆者按:這是中共術語,泛指在敵人心臟機構長期埋伏的中共黨員)的名單也發動起來,卻遭到吳荻舟的反對。吳荻舟《六七筆記》中提到的很多問題,就是屬這類問題。(詳見第九章「吳荻舟對六七暴動的反思」一文)

第二,前線指揮部同他們原先省級領導系統的關係

即使當前線兩個基層單位組成「聯合指揮部」,那麼共建而成的這個新組織,他們跟各自的上級是什麼關係,聯合指揮部做了決策之後,要不要經由原先匯報途徑,即廣東省委一級各自的上級(reporting channel)再轉報中央呢?吳荻舟根據《關於香港鬥爭的方針和部署》的精神,提出為了解決上傳下達慢的問題,繞過原有途徑「直接報中央」的建議,實際是架空了同廣東省的原領導體系(過去香港的事務要報廣東省委宣傳部四處及組織部四處),這樣必然導致兩個「四處」的不滿,加深指揮部跟各自的上級產生矛盾和阻力。吳荻舟筆記中記載了曾經有人告了指揮部一狀(6月21日),雖然具體內容我們無從知曉,但相信就是同它顛覆了原先匯報途徑,產生了矛盾有關。

第三,中央「聯合辦公室」的作用

到了中央一級,仍然出現兩個匯報系統,一個是吳荻舟所描述的、由吳荻舟經錢家棟到周恩來,另一個是冉隆勃所描述的、由宦鄉經羅貴波到周恩來[21]。雖然最終都是到周恩來,但

---

21 對這兩個匯報系統,吳輝有這個看法:「一個可能,港辦、聯辦是同一個組織,冉只是略去了群眾組到羅貴波這條線,或者不知道這條線?另一個

有些訊息在傳達過程中就有所不同，例如周恩來是否已經批准了鬥爭方案等，吳荻舟就完全在狀況外。(見本書丙部分吳荻舟《幹校日記》)另外吳荻舟建議「聯辦」作為一個參謀機構，既不是決策機構，也不承擔前線的具體指揮任務，那麼這個機構的具體作用在哪？是否有點架床疊屋呢[22]？它是有利於或者不利於訊息的溝通和指揮的暢順呢？這些都無法確定。

這些結構上的問題，在正常情況下當中央還能夠掌握強大的管控力時，矛盾就比較容易克服，但一旦中央的管控能力有所削弱時，例如文革期間主管港澳工作的陳毅、廖承志都不約而同的靠邊站，問題就會出現(例如誰都可以自作主張)，更重要的是文革時期的無政府狀態，使很多乖乎常規的事(如擅自私運武器)都發生了。

其次是人員的質素及其政策水平的問題。

這樣一個架床疊屋的組織結構客觀上就為一些「次質素」的人員進駐創造了條件。六七暴動期間這個問題特別嚴重。一來中央級出現「奪權」。顧名思義這就是由質素較差的人(包括人品、道德、業務水平等各方面)來取代原有比較好的班子(否則不叫奪權)，最突出的例子就是姚登山做了四天「代理外長」(詳第五章「周恩來在六七暴動中的角色」)，終於釀成火燒英國代辦處的事件。二來廣東省實現軍管，由完全不懂業務的軍人接管各級各類政務(見本文開首引何銘思的回憶)，不出問題才怪。

從吳荻舟的文稿以及其他人的記述可以看到，在「六七暴

可能，這是兩個組織」。(資料來源：筆者與吳輝之間的通信)

22 對此吳輝有以下看法：在平時，香港都要通過四處再聯繫到外辦。例如吳在香港的時候，一次出了事他先上四處解釋，四處再陪他去北京解釋。省去要四處批准而是直接報外辦報周恩來，可以理解為「戰時」措施。(資料來源：筆者與吳輝之間的通訊)

動」期間，幾個重要的「事件」都是由於組織、協調、溝通機制出現了問題而發生的，例如：

例子一：關於《人民日報》6月3日社論的出台過程

這個社論被香港左派視為中央有可能收回香港的重要暗示。社論發表後，產生了嚴重的惡果，它使香港左派有恃無恐，局勢因而迅速惡化。關於這個社論的出台過程，詳見第五章「周恩來在六七暴動中的角色」一文。本來周恩來是要修改得更溫和的，但已經來不及了。根據馬繼森的回憶[23]：

> 1967年6月3日《人民日報》社論「堅決反擊英帝國主義的挑釁」對香港鬥爭起了火上澆油的作用。它的產生有一番曲折。
>
> 6月2日新華社記者常愈超給港辦的陳秀霞送來一份王力接見《人民日報》造反派的講話稿和一份《人民日報》根據講話稿寫的社論清樣。社論是根據王力講話起草的，調子極其激烈。社論標題為：「行動起來，粉碎港英的反動統治」，這簡直是一道號召香港居民推翻英國統治的動員令，同周恩來猶豫不決的態度顯然不同。
>
> 港辦人員看到社論清樣時，接到通知：總理接見。他們就帶着王力講話和社論清樣趕到中南海西花廳⋯⋯陳毅說⋯⋯等一會兒總理要宣佈決定，他會來說服造反派。這個意思顯然是：上次會議後，周對香港鬥爭有了新的考慮，鬥爭或者降溫，或者不搞了。正猜測間，周恩來回來了⋯⋯港辦人員問外事秘書錢嘉棟有沒有看到《人民日報》社論清樣，總理是否知道王力講話。錢都說不知道，

---

23 馬繼森：《外交部文革紀實》，香港中文大學出版社，2003。

他向陳秀霞要了這兩份東西送進去。待周恩來來到會議室時，沒有落座，意外地宣佈他下午還有事，今天的會取消。為什麼突然取消這次會，是否同社論清樣有關，不得而知。但是，第二天，6月3日，《人民日報》社論發表了。頭版頭條，通欄大標題，佔了整整半版……「六三社論」在香港造成了可能收回香港的假象。

這篇社論的標題比原稿緩和了一些，內容也有多處修改，紅衛兵式的「砸個稀巴爛」之類的言辭刪去了一些。不過總的精神還是號召加強鬥爭。周恩來事後曾說過，那篇社論是他改過的，但改得很不夠。

從這裏可以看出，由於整個組織架構的不健全，政出多門，使到當時與香港業務沒有太多關係的中央文革小組的王力可以擬定一篇完全背離中央對港政策的《人民日報》社論，而周恩來只能被迫倉促地作出不盡人意的修改。這樣一篇產生非常惡劣影響的社論，原來是這麼兒戲的，這也實在太危險了。

例子二：港澳工委提出的罷工方案其實中央尚未批准就傳達執行

根據吳荻舟的回憶，港澳工委提出的三回合罷工的方案，是未經中央批准就向下傳達執行的。而這樣一個重要的行動計劃，竟然是可以如此貿貿然地通過。根據吳荻舟的回憶：

更使我吃驚的是：總理並沒有批准「反迫害鬥爭總部署」，可是姜海之流竟利用我當總理叫我和四處的同志去起草另一個問題的方案 (關於四處業務領導的問題) 而未聽到總理最後關於「總部署」的意見，於次晨寫了一個條子說「總部署已批准，馬上行動起來」(只記得大意)，要我批

發 (我當時想到朱楊是參加會的,總理「批准」的情況他們知道,而且他們帶了一份總部署下去,無需通知下去,更主要的港澳辦公事是羅貴波負責,我無權批那樣的條子,所以把這一部內容改了,只事務性地通知下面來接車部分,條子就是電話稿)。現在看來,這是一個陰謀,是他們想利用我沒有聽到總理的最後意見 (我中途退席) 讓我批這樣的電話稿,以便他們幹一些反總理的陰謀。可怕!!(見吳荻舟《幹校日記》1971年8月31日)

例子三:有些單位未經請示便打算私運武器到香港

根據吳荻舟回憶:他曾經兩次阻止了有些單位未經請示便擅自私運武器到香港準備作武鬥用,一是以華潤公司總經理的名義訂購了出口七百打大鐮刀,準備裝備遊行隊伍;二是廣州海運局一批護航的槍支被提上岸準備武裝新華社、中國銀行和招商局。他也阻止了暴露三線骨幹幹部名單使中共在海外的情報工作不致受損 (詳見第九章「吳荻舟對六七暴動的反思」)。這些都是在雜亂無章的組織體系內出現的非常危險的「意外」。

由於機構架床疊屋,本身就已經會造成「政出多門」的弊病,加上各單位之間又是互相保密,於是整個暴動過程中便險象環生,經吳荻舟親自制止的足以產生災難性的錯誤做法,就是在這種組織混亂的情況下發生的嚴重錯誤。在這種混亂狀態下,香港不出現更大的災難已經是萬幸了!

附錄：中共在1945年9月與英國達成的秘密協定

以下附錄摘輯自《戰後初期中共利用香港的策略運作》，載《近代史研究》2002年第6期，作者為廣州體育學院社會科學部教授袁小倫：

二戰結束時，香港總督楊慕琦仍被關在東北的集中營，直到1946年5月，他才由英國重返香港復職。在這段時間香港實際處於半真空狀態。英國人既擔心國民黨收復香港，也不願意中共在香港繼續擴大勢力。中共中央原計劃收復包括上海等大城市在內的失地，1945年8月11日，中共中央發出由周恩來起草的致廣東區委電，指示華南黨組織要根據具體情況採取行動，港九、汕頭、廣州等大城市不要勉強去打，但可能取得武裝時，必須取之。然而形勢很快發生重大變化。8月22日，即延安決定派毛澤東等人赴重慶與蔣介石談判的前一天，中共中央、中央軍委發出關於改變戰略方針的指示，決定放棄收復大城市的計劃，但要求各地黨委和軍隊仍應派出得力人員，進入大城市開展各項工作，去發動群眾，爭取偽軍，出版報紙，佈置秘密工作，爭取我黨在城市中的地位。

針對國民黨和英國都力爭收復香港，而中共在華南的力量尚無力接收和管理香港的情況，中共中央就利用香港的問題向廣東區委發出一系列指示，要求派出代表與港英當局談判。1945年8月23日，中共廣東區委書記尹林平致電周恩來並中共中央，根據廣東實際，提出以香港為中心開展城市工作的設想：目前局面下，區黨委不宜全部集中在部隊，而各大城市(包括廣州、香港、澳門、廣州灣、汕頭、廈門等)中之文化宣傳、組織工人、團結華僑、推廣民主等工作，又極為重要。為此擬以

香港為中心，由梁廣(正)、黃會齋(副)用特派員名義，專責指導城市工作。將來有必要時，再成立完善的領導機構。8月27日，中共中央覆電區委和尹林平：同意以香港為中心建立城市工作，但上中層統戰工作與城市工作必須嚴格區分，不能混合，領導人亦須定兩套，直屬區黨委。梁黃兩同志可至香港工作。9月8日，尹林平致電中共中央，提出調連貫回港任半公開系統的統戰工作與華僑工作，與梁廣的地下系統分開。稍後，中共廣東區委又致電中共中央，彙報有關情況：城市工作：可能回城市的幹部，都派回城市去。領導上分開兩個系統：秘密組織系統，除已確定梁廣、黃會齋負責外，半公開系統決定派連貫、蒲特二人負責。以宣傳和華僑、統戰工作去開展兩個系統，並附一電臺，以便領導，都以香港為中心。9月17日，中共中央致電尹林平，同意東江縱隊港九大隊撤回內地，並指出：英與蔣爭香港，究落誰手尚不知，你們應利用矛盾，便利自己工作，但不可反對收回香港，只可聲明某些事件與我無關。中共中央的有關指示精神正如當年擔任中共香港工委統戰委員會委員的譚天度晚年所回憶的：收復香港是英國的既定目標，但它將面臨與國共兩黨的鬥爭。我們在這場鬥爭中必須有所取捨。在公開宣傳上，我們不能反對國民黨收復香港，以免在政治上處於被動；而一旦國民黨收復香港，又將使我黨處於十分不利的地步。只要能在香港站穩腳跟就可以對其利用。因此，黨中央指示我們，應利用國、英、美之間的矛盾，利用我黨在抗戰期間打下的基礎，迫使港英當局實現若干民主改良，造成便利民主分子活動之條件，並將其建設成為華南民主運動的基地。黨中央同意港九獨立大隊撤回內地，就是為了便於我們與港英當局建立良好的合作基礎。

根據中共中央指示，9月28日東江縱隊港九獨立大隊發表《撤

出港九新界宣言》並宣佈一個星期內撤退完畢。與此同時，中共方面派出代表與港英當局談判。談判中，中共代表提出如下6點要求：(1) 我武裝撤退後，尚留下之非武裝及傷病員，應予保護；(2) 在港設立辦事處，進行撤退事，與我協商及以後聯絡；(3) 大鵬灣海面，我隊因保護商旅，撤退時間須稍遲；(4) 希予港九人民以武裝自衛、維持治安之權利；(5) 我擬組織戰後救濟會，希望贊助進行；(6) 非得我同意，英軍不得自由進入我地區。港英當局談判代表對這些要求，表示完全同意……港英代表又提出：(1) 現英軍兵力單薄，希我隊再留九龍以西及大嶼山之地區，待將來再逐步撤退；(2) 協助英方組織及武裝港九之人民，由其供給武器及經費。中共代表為爭取外交統戰關係，展開宣傳民主運動，同意港英代表的要求，答應港九大隊暫留駐五個月。1945年10月2日，中共廣東區委致電中共中央，彙報上述與港英當局談判情形，並請示港九大隊現撤回，在外交上是否適當，且應再提什麼意見及要求事，應如何運用此一條件。

中共中央馬上來電做進一步指示：盡量利用英蔣矛盾，保存我之幹部和武裝，並利用港九法律進行華南民主運動，力爭我之武裝偽為港九員警巡捕及義勇隊等，並秘密打入一切武裝組織，利用此時與港督成立某種諒解，我以後不再在港九作非法活動，而港督允許我黨合法存在，並保障我出版日報，獲得各種職業及人員往來等自由。但不能有反對收回港九之文字宣傳。10月3日，中共中央又致電中共赴渝談判代表團(此時毛澤東仍在重慶，在延安的中共中央由劉少奇任代理主席)，轉達10月2日廣東區委電報的主要內容，並詢問：你們對此有何指示？你們可否為此與英大使館方面接洽，以便為東縱謀一條比較安全的出路。電報還強調此事應急辦。

根據中共中央的指示，中共廣東區委繼續派代表與港英當局談判。1945年10月9日，尹林平致電中共中央，彙報談判初步結果和進一步開展活動的意見：(1) 英方允許我方人員在港、九居住、來往、從業的自由，並指定醫院數處(安)置我傷病人員約三百人，醫藥、膳食均由他負責；(2) 同意我隊之人員組織四個區域的民眾自衛武裝，槍械、給養、管理均由他負責，人數尚未商定。我們擬將現在隊伍撥一部去，以掌握武裝，並安置一批身體較弱的幹部，另設兩個秘密電臺在附近山地(市內台不在內)，以便內戰嚴重時，黨(的)機(關)轉移到那裏；(3) 在新界週邊幾個區，要求我們暫緩撤退武裝，但不同意我所提改變名義的辦法(由他指揮我整理的義勇軍或後備員警)，我擬答應他的要求，但須確定三個月至四個月的時間，須由他幫助經費。他同意我武裝船 (隻) 在馬士(百)灣海面活動，但陸上據點尚未答應；(4) 他應允救濟新界人民，由我協助進行；(5) 同意我在香港設辦事處與他聯絡，對於秘密聯絡，我擬要求他幫助我建立電臺；(6) 九龍最高軍事負責人菲士廷將軍想會見曾、王，我們正探其來意，必要時擬與之會晤；(7) 我擬利用時機，在港九進行募捐經費，並進行秘密內線工作。後來根據談判的結果，港英軍方同意在九龍彌敦道172號二樓和三樓設立東江縱隊駐港辦事處。就這樣，中共利用蔣英矛盾對港英當局開展了卓有成效的外交、統戰工作，使英方同意中共在香港的合法地位，允許中共以半公開的形式在港進行各項活動，而中共也承諾其活動不以推翻港英政府為目的。這樣，中共有了在香港生存的政治環境，也使國民黨當局對中共在港活動鞭長莫及，無可奈何。

以上是筆者所接觸到的中方資料，至於英國方面有沒有相關的資料？筆者來不及尋找英國當年的解密檔案，在此不敢妄下判斷。

［第五章］
周恩來在六七暴動中的角色

在香港「六七暴動」中，時任國務院總理的周恩來究竟扮演了一個什麼角色？這一直是研究「六七暴動」史一個爭議比較大的問題。

「六七」研究先驅張家偉寫道[1]：「新華分社負責人為何『陽奉陰違』，違背北京高層自五十年代以來的香港政策，以及文革爆發後周恩來及國務院外事辦公室(中央外辦)副主任廖承志傳達『香港不搞文化大革命』、不搞『四大』(大字報、大辯論、大批判、大串連)的指示……最具說服力的解釋是面對極左思潮狂飆的新華分社高層官員，為求自保而主動發起鬥爭，矛頭指向殖民政府，並在騷動中不斷煽動群眾」。張家偉認為北京不希望在港發動大規模鬥爭，暴動出現是新華社(即中共港澳工委)在文革氣氛下「陽奉陰違」的結果。筆者不敢苟同，因為大凡瞭解中共組織運作原則的，都不會相信一個正局級幹部(當年新華社社長在中共體制內的行政級別)能夠發動一場得到全國支持的暴動。

張家偉的書出版於2012年。但早在1996年，曾在中國外交部西歐司港澳辦公室處理六七暴動的冉隆勃，就以筆名「余長更」，在《九十年代》1996年5月號發表題為《周恩來遙控「反英抗暴」內幕》的長文。後來冉隆勃和馬繼森合著一書《周恩來與香港「六七暴動」內幕》，由明報出版社出版，作者直接點出周恩來在這場暴動中負有不可推卸的責任。在前人的基礎

1　張家偉：《六七暴動：香港戰後歷史的分水嶺》，頁7。

上，余汝信在《香港，1967》一書中列舉了十三個例子，證明這場暴動是周恩來直接領導的。

余汝信的證據，充分可靠。但看了這些堅實的證據之後，讀者卻很容易得出一個錯誤的印象，即：周恩來是這場暴動的策劃者和推動者，由頭到尾的所有重大決策都是他作出或主導的。由於余汝信提出的13個證據具有無可置疑性，必然會引導出這個硬梆梆的結論。但是，這似乎又不是事實。筆者認為，必須區分主動領導或是被動領導。主動領導，是指他從一開始就刻意去發動這場暴動，所以暴動是有明確的目的，而推動則是有條不紊的，效果也是可以預測的。被動領導則是指當暴動發生後，他是被動地因應局勢而做出相應的對策。筆者不認同周恩來是主動領導，至多是被動地、被迫負起領導責任 (即作為總理，有些決定只能由他來做)。在整個六七暴動的過程中我們都看不到暴動有明確目的，而組織是混亂的，效果也不是預期的，到最後是突然剎停。而在暴動期間不時出現一些反復動搖甚至前後矛盾的做法。筆者無意為周恩來辯護，只是力求實事求是地分析周恩來在整個暴動過程中的作用。

如何客觀看待周恩來在六七暴動中的角色？筆者認為，高文謙在其《晚年周恩來》一書中的這一段話很有參考價值，他說[2]：

> 鄧小平後來在黨內高層談到周恩來在文化大革命中的作用時，曾說過兩句值得玩味的話。一句是：如果沒有總理，文化大革命的局面可能更糟。另一句是：沒有總理，文化大革命也不會拖得那麼久。儘管歷史是無法假設的，但鄧小平對周的這段評價卻切中要害，點出了周氏在文革期間

2　見高文謙：《晚年周恩來》，明鏡出版社，2003年，頁208–209。

所扮演的雙重歷史角色——既減輕了歷史災難，又延長了歷史災難，周恩來所扮演的這種近乎悖論的矛盾角色，正是目前人們在評周時見仁見智，各執一端，結論判若天淵的原因所在。在可以預見的將來，這種站在不同的立場，出於不同的動機對周恩來其人的爭論仍將繼續下去。

周恩來在文革中表現出來的「兩重性」，在處理文革的派生物——「六七暴動」上也充分表現出來。所以如果把高文謙的話更改一下套到六七暴動身上同樣也是十分貼切的：「如果沒有總理，六七暴動的局面可能更糟。如果沒有總理，六七暴動也不會拖得那麼久」。

周恩來的這種兩重性，在田恬的回憶中確實如此。田在2001年7月發表的《香港「六七暴動」與文化大革命》一文對周恩來這種雙重性格説：

> 周恩來不僅通過他的辦公室工作人員同外交部西歐司港澳辦公室聯繫，並且在中南海西花廳多次接見外交部有關領導、港辦工作人員和港澳工委的人員，直接瞭解情況，探討對策，給與具體指示。在內部討論中，周的態度同官方的對外表態顯然是有距離的，周的態度有搖擺，整個案件處理過程有曲折。

據高文謙的分析，周恩來在「二月逆流」之後，這種雙重性格就表現得很明顯，他細心分析了「二月逆流」對周恩來的影響[3]：

3　見高文謙：《晚年周恩來》，明鏡出版社，2003年，頁207–208。

二月十八日午夜，毛澤東召集部分中央政治局委員開會，其中包括周恩來、康生、李富春、葉劍英、李先念、謝富治以及代表林彪出席的葉群。會上，毛發了雷霆震怒，指責「大鬧懷仁堂」的矛頭是指向他和林彪的，是為劉少奇、鄧小平黑司令部的復辟鳴鑼開道，是為王明、張國燾翻案，等等。其實，這還是後來在傳達時經過周恩來修改得比較委婉的說法。毛的原話遠比這個厲害得多，大意是：中央文革小組執行八屆十一中全會精神，錯誤是百分之一、二、三、百分之九十七都是正確的。誰反對中央文革，我就堅決反對誰！你們要否定文化大革命，辦不到！

接下來，慣於逢場作戲的毛澤東又故意對葉群說：你告訴林彪，他的地位不穩啊，有人要奪他的權哩。然後又危言聳聽地說：這次文化大革命失敗了，我就和林彪離開北京南下，再上井岡山打游擊，讓劉少奇、鄧小平上台，陳伯達、江青槍斃，康生充軍，文革小組改組，讓陳毅當組長、譚震林當副組長，余秋里、薄一波當組員。再不夠，把王明、張國燾請回來。力量還不夠，請美國、蘇聯一塊來。

在場的人無不被毛澤東這一番盛怒之下說出的充滿要挾的語言所震懾住，一個個面面相覷，沒有人敢吭聲。用後來康生的話說是：我跟主席這麼多年，從來沒有見過主席發這麼大脾氣，主席發的是無產階級的震怒。其實，毛發這樣大的火，有相當成份是在做戲，因為不如此就無法壓住黨內強大的反對聲浪，文革運動也將半途而廢。同時，毛做得十分老到，有意不點周恩來的名字，把他與黨內元老派分割開來。這樣對周既是一種拉攏，也是一種警告，讓他好自為之。

在這種情況下，一直試圖在政治上走鋼絲的周恩來已經沒

有迴旋餘地：或是跟着毛澤東走而與直言諫諍的老總們劃清界限，或是站在老總們一邊而與毛決裂，兩者必擇其一。周在認明形勢後，既為「保持晚節」的心態所困，也深知硬頂無異於以卵投石。為了緩和當時會上的緊張氣氛，周恩來出來打圓場，為幾個老總緩頰轉寰，主動檢討承擔了責任，說在懷仁堂會議上，他們幾個對文化大革命不理解，發了脾氣，講了過頭話，這主要責任在於他自己沒有掌握好會議，懇請主席息怒。

毛澤東則趁勢下台階，要求政治局立即開會認真討論這件事，一次不行就開兩次，一個月不行就兩個月，政治局解決不了，就發動全體黨員來解決，並責令陳毅、譚震林、徐向前三人「請假檢討」。就這樣，這場文革期間在黨內高層中僅有的一次集體抗爭，在毛澤東的淫威和周恩來的幫襯下，頃刻瓦解，整個形勢隨之逆轉。

周恩來這種在政治上對毛澤東的隱忍屈從和幫襯迎合一直是最為人詬病之處，同時也是目前海外評周分歧的焦點。褒者認為這是周氏實出無奈，不得已而為之，是一種「以柔克剛」的鬥爭方式。貶者則認為恰恰是由於周的屈從和退讓，逢君之惡，毛才更加一意孤行，為所欲為，因此周恩來實乃毛澤東禍國殃民的幫兇。

這個分析有助於我們理解六七暴動中周恩來的一些自相矛盾的做法。下文筆者將根據從吳荻舟遺文中看到的周恩來，結合其他歷史見證人的回憶，梳理出周恩來在整個六七暴動中所扮演的角色。

周恩來在六七暴動中的表現，有以下幾個特點：

一、5月24日周恩來在聽取港共的匯報時，對他們的做法極端不滿，認為他們是想「迫中央上馬」。這些不滿，在吳荻舟的筆記中形象地表達出來。(詳吳荻舟《六七筆記》5月27日的注釋及其解讀)

從吳荻舟5月27日的筆記中可以看出周恩來對香港左派非常不滿，因為：

1. 他認為左派宣傳有誇大過火之嫌，例如「五二二事件」裏，明明沒有人死亡，卻一而再地用上「大屠殺」的標題。

2. 他覺得左派行動有盲動之嫌，不講究策略，對港英鬥爭欠缺通盤考慮：「佈置工作，就先得考慮後果」。問如不接受，你們如何辦？例如在中國銀行安裝高音喇叭一事，到港英當局以「非法廣播」治罪時才停止廣播，批評這種行為是「形左實右」。

3. 他批評左派把香港搞到「紅彤彤」，把《文匯》、《大公》辦到同內地差不多，脫離了群眾。

4. 他最遺憾的，是左派的做法暴露了中共在香港的實力，一句「都捅出來了」，反映他的無奈。

5. 他對左派最嚴厲的批評，就是他們「迫中央上馬」。從他這句話可以看出，所謂「反英抗暴」並不是從一開始就是由北京策劃、鼓動的。

另外根據吳荻舟自己在1986年在廣東省從化溫泉休養時回憶當時的情況，他說：

五月二十三日總理在北京召開會議，當時廖承志受隔離保護未參加，而城委、工委領導同志李生、梁威林等十餘人參加。周恩來同志指出不能在香港打戰。這只能是群眾運

動，還是有理有利有節，政府絕不參與。但「文革」左的風吹下去，影響了工委對總理指示精神和港澳長期方針政策界線的分寸。(見吳荻舟《在從化溫泉的訪問記錄》)

吳荻舟事隔20年之後的回憶，與當年的記載互相印證，故可足信。這些記載反映了當時香港左派的做法完全是偏離了以周恩來主導的中共中央對港澳的方針，使周恩來極端不滿。

根據余長更的記憶，周恩來還痛斥港澳工委提出的暗殺計劃，有關此情節已見第57頁。

從這些記錄及回憶看，筆者無法得出周恩來主動發起六七暴動的結論。他顯然是不滿港共的種種行徑，才會責備他們想「迫中央上馬」的話來，並且痛斥極左行為。

二、令人不解的地方是：5月30日周恩來對港共提出的暴動方案 (分三階段罷工、一浪高於一浪，直到港英投降) 表示不滿，認為不夠實事求是，卻又叫工委按照這個方案辦。這究竟是組織溝通方面出問題還是他改變主意，則不得而知。更令人不解的是，既然他認為原方案不夠實事求是而感到不滿，為什麼會在後來擬定出一個更「左」的方案。由於我們無法看到第一和第二個方案的具體詳情，我們無法比較哪個會比較好，但從余長更的回憶，我們明顯地看到一個前後矛盾的周恩來。

根據余長更的回憶：在五月三十日周恩來在討論第一個方案 (即三個回合的罷工) 時：

談話中，周憂心忡忡地幾次提到，「搞不好，要搞出一個提前收回香港。」看來，周對這個方案並不滿意。外交部「監督小組」代表提出，把方案拿回去修改後再報中央。周卻出

人意外地說，不用了，方案留在他那裏，由他來修改，「工委」來人不要停留，馬上回去，先按照方案所說的辦。

他既然對方案不滿，為何又叫工委先按照方案所說的辦？這是很矛盾的。關於第二個方案的出台過程，余長更說：

周恩來指定外辦另一個副主任劉寧一參加會議後隨即離去。與會者認為，周並沒有說停止這場鬥爭，所以新方案的目標仍然是爭取這場鬥爭的勝利。實現這個目的，迫使港英當局屈膝投降，大家建議採取更加激烈的措施。劉寧一聽完討論後，把提出的意見歸納為四句話，叫做：1. 香港癱瘓；2. 九龍大亂；3. 陳兵邊境；4. 打破邊界。方案按這四點內容寫出後，於當天上報周恩來。

周恩來一方面譴責港共「迫中央上馬」、擔心「搞不好，要搞出一個提前收回香港」，但卻沒有適時叫停暴動，而港共卻再設計一個聲稱要「香港癱瘓、九龍大亂、陳兵邊境、打破邊界」的「極左」方案(當時吳荻舟就說過，這不是決定，不能傳達下去)，這是難以理解的。

筆者認為，這是周恩來在六七暴動中犯的第一個錯誤。這個錯誤導致暴動能夠持續下去。

三、周恩來錯誤地批准了《人民日報》6月3日的社論，這個「六三社論」對六七暴動起了推波助瀾的作用。他對沒有修改好就發表這個社論感到遺憾。

《人民日報》的這個「六三社論」是十分錯誤的，因為它吹響了港共起來奪取港英管治權的號角，使港共摩拳擦掌，進

入一種毫不理性的亢奮。對於這個社論的出台過程，周恩來負有不可推卸的責任。根據余長更的回憶：

周恩來突然於6月初召見外交部「港辦」人員。此時，「港辦」得到《人民日報》一篇香港鬥爭的社論清樣，社論的調子極其激烈，簡直是一道號召香港居民，起來推翻英國統治的動員令。它的大標題是：《行動起來，粉碎港英的反動統治》，社論熱烈讚揚香港愛國同胞反英抗暴的正義鬥爭，號召他們進一步行動起來，開展更大規模的鬥爭，充分發揮革命造反精神，「衝破一切禁令，打破一切條條框框」，在香港「大幹一場」，要把港英的統治，「打個落花流水，打個稀裏花啦」，社論最後號召，香港愛國同胞要作好準備，「隨時響應祖國的號召，起來粉碎港英的反動統治」。在文化大革命中，由於黨的組織已經癱瘓，以毛為首的無產階級司令部，採取直接向群眾轉達命令的方式，這就是通過《人民日報》或「兩報一刊」（《人民日報》、《解放軍報》，《紅旗》雜誌) 的社論，向人民發號施令。這篇社論給人的信息明白無誤，中央下定了決心，在香港問題上要大幹！甚至要結束英國在香港的統治！這與周恩來猶豫不決的態度顯然是不同的。社論清樣是《人民日報》記者帶來的。

在中南海西華廳的會議室裏，陳毅、李先念、廖承志等人已經先到。外交部「港辦」人達到後，廖承志、羅貴波等人請陳毅先談。陳毅說，他不用談了，等一會兒總理要宣佈決定，他會來說服造反派。這是什麼意思？陳毅的意思顯然是：上次會議以後，周對香港這場鬥爭有新的考慮，鬥爭或者是降溫，或者是不搞了。周的意思同《人民

日報》社論，為何相距如此之遠？正猜測間，周進入會議室，「港辦」的人把《人民日報》社論清樣送給周，請他過目。周仔細地看了一遍，一言未發，此時他與秘書說了點什麼，接着就宣佈有事，當天的會議不開了，然後匆匆離去。周的突然宣佈休會，是否同社論有關，不得而知。次日 (6月3日)，社論在《人民日報》上發表，標題改得比較普通，不帶號召性，內容有不少修改，那些尖銳的、激烈的、煽動性很強的句子刪去了。周恩來事後說，他看到社論的清樣後，立刻就找了「中央文革小組」組長陳伯達，說宣傳上的調子可以比政府聲明的調子高，但是也不能太高，陳對社論作了修改。

筆者認為，批准這個社論是周恩來在六七暴動中犯的第二個錯誤。這個錯誤使得暴動有如脫韁野馬走向不歸路。

四、「六三社論」發表後，為了體現「以實力說話」的一貫思維，他多次部署研究對香港動武，但卻又多次重申對香港不動武的方針。正是周恩來這種矛盾心態，使他無法有力地反擊「極左」勢力。

「以實力說話」是周恩來素來的外交風格。根據陳揚勇的回憶：

6月6日，周恩來召集有關部門負責人談香港的鬥爭問題。會上，周恩來就我方起草的在給英國的抗議照會中「中國政府將採取必要的措施」的措辭提出批評：我們採取必要的措施是什麼？你們跟總參商量了沒有？外交不和國防聯繫，照會上寫上就是放空炮，這不符合毛澤東思想。1950

年我們對美國侵略朝鮮發表聲明說，中國不能置之不理。當時加這一句話時，我國在東北已經調動部隊了。(見陳揚勇《苦撐危局——周恩來在1967》，第355頁)

因此，當《人民日報》「六三社論」發表後，他意識到不能「放空炮」，所以即研究對香港動武的問題。但是他在理性上又明知不能或者不應該對香港動武，所以在整個六七暴動期間，對香港動武問題，顯得有很大的反復。筆者根據眾多當事人的回憶，整理出周恩來在暴動期間就對香港動武問題的考慮表列如下：

> 6月6日，周恩來召見廣州軍區副司令員溫玉成談關於收復香港問題[4]
> 6月7日，周恩來接見溫玉成傳達毛澤東「現在不打」的四點指示[5]
> 6月9日，周恩來再與溫玉成談(中港)邊界的情況[6]
> 7月8日，批准了沙頭角槍擊事件[7]並表示滿意，卻禁止廣州軍區再乘勝追擊
> 7月10日，周恩來在北京接見黃永勝，指出香港不適宜武力解決[8]

4　周恩來年譜1967年6月9日有記錄周與溫的見面，但只記錄兩人談廣州文革問題，沒有提及香港問題。說這次會議觸及軍事解決香港問題，見余汝信《香港，1967》第156頁。

5　見余汝信《香港，1967》第156頁引用作者在2011年1月30日對李維英(時任廣州軍區辦公室主任)的訪問記錄。

6　見余汝信《香港，1967》第157頁引用廣東省軍管會辦公室：《周恩來總理聽取溫玉成副司令員匯報時的指示》，1967年6月9–10日。

7　詳見第六章「中共對香港動武的考慮」。

8　見《周恩來年譜》1967年7月10條。

7月12日，周恩來再次召集總參和外交部，強調對香港不動武[9]

7月30日，廣州軍區召開會議研究對香港動武的三個方案，即：中印邊境式、沙頭角式、武工隊式[10]。

從以上記錄可以看出，從六月初到七月底將近兩個月的時間裏，周恩來都在反反復復考慮對香港動武的問題。他在7月8日之前已經傳達了毛澤東關於香港保持現狀的指示，但為什麼又批准了7月8日沙頭角的槍擊事件？槍擊事件之後翌日，他表示「只此一次，下不為例」，而且再召集總參和外交部強調香港不動武的問題，卻在7月30日要廣州軍區研究對香港動武的方案？這些矛盾與反復都是難以理解的。唯一可以解釋的，是他受到7月20日武漢事件後「極左」勢力登峰造極的刺激，從而影響到他的判斷和決策。

關於7月30日廣州軍區研究對香港動武的方案，這是在整個六七暴動中香港最貼近戰爭的一刻，詳情請參考第六章「六七暴動期間中共對香港動武的考慮」。

從周恩來反復強調不對香港動武的情況看，香港當時的確是「險過剃頭」（粵俚：命若懸絲之謂也）。這是香港在六七暴動中逃過的第一劫，而批准槍擊沙頭角也可以説是周恩來在六七暴動中的第三個錯誤決策。

五、為減輕中央對六七暴動背負的重擔，周恩來曾經力圖促成廣州兩派紅衛兵團結起來共同支援香港的暴動。但由於兩派無法團結起來，最終無法實現這個設想，但在這個過

9　陳揚勇：《苦撐危局──周恩來在1967》頁354。

10　見葉曙明：《支援香港反英抗暴鬥爭》，載其私人博客。

程中，已經令到部分紅衛兵試圖衝過香港。

周恩來為什麼希望廣州兩派紅衛兵聯合起來共同支援香港的暴動？目前還找不到確切的資料來分析。不過，從一些當事人的回憶，看得出他是想把香港的暴動控制在地方層面、在民間層級，以免事事都要迫中央出頭。

根據葉曙明《廣州文革三年史》的記載，7月10日，也就是周恩來在北京接見黃永勝，指出香港不適宜武力解決的同一場合，他在談到「中南局」的問題時說：

> 我在廣州講過，中南局不行使職權了，(向秘書) 通知各個口[11]：不要給他們發報了……再交代一下：你們一個是抓支援港九鬥爭，一致對外；一個抓批陶、趙 (紫陽)，先搞批陶。(原注資料來源：《周總理聽取黃永勝等同志匯報時的指示紀要》)

不過，他應該看得出這是很不智的一招，因為紅衛兵到香港，只能帶來更大的混亂。筆者這裏舉一個例子說明紅衛兵是怎樣胡來的。根據陳毅元帥的兒子陳小魯的回憶[12]：

> 香港左派組織在黨領導下和港英當局鬥爭，我們報紙上報道以後，紅衛兵義憤填膺，廣州紅衛兵要組織人衝香港，當時他們怕氣勢不足，跟我們講願不願意支持香港的愛國同胞，當時我們都年輕，血氣方剛，有人組織，去啊。
> 當天他們準備兩輛大巴，去的人太多了，光外地的人就把

11　筆者按：內地習慣以「口」字來表達不同範疇以及不同部門的工作。

12　以上資料見《搜狐財經訊》2013年12月29日，是陳小魯在中國金融博物館書院的一次演講。

大巴佔滿了，他們說算了，大巴先走，我們隨後找車，
主持人留在廣州搞車，當時要過三條河過深圳，每條河都
要擺渡，擺渡到第二條的時候，我們有人就說了不能再走
了，說後面老不來，主事老不來，我們去了怎麼辦？

大家商量商量就等，等了以後就來了五輛吉普，下來一個
軍隊老幹部跟我們談判，但紅衛兵肯定不聽他的。他反復
說，中央政策這個什麼，你們不能去，千萬不能去啊，然
後過了一會又來輛車，來了一個參謀樣的人，下來跟老頭
講了兩句話，老頭一下就傻了，說三個兒子都在車上。

這幫小子搞了輛羅馬尼亞嘎斯69吉普車，擠了28個人，然
後開車的人從來沒開過汽車，只看過司機怎麼開，就敢在
中山路上開快車，把車翻了，全部受傷，來不了了，這個老
頭他的三個兒子就在那個車上，後來他兒子跟我講，總理給
黃永勝下了死命令，一定要把紅衛兵截住，黃永勝對那個老
頭說，他是廣州軍區後勤部長，你截不住，就別回來！

他看他三個兒全倒在那了，他根本不理我們了，走了。我
們這幫人就跟着走了，我那天睏了睡覺，他們都走我不知
道，到班人，紅衛兵，小兵醒醒。醒了沒人了，他們都走
了，我們截輛車跟司機說好，給你拉回廣州，要不然你這
車也走不了。

當時像我們那個地方確實非常幼稚也非常衝動，一想這個
事就是很簡單，反映年輕人那種盲動、衝動的那種心理。

　　這裏舉陳小魯的自白，是因為他是陳毅的兒子，而陳毅是
主管香港工作的，大家會比較熟悉。但類似罔顧政策界線的試
圖衝擊邊防以達到香港支援「反英抗暴」的紅衛兵不計其數 (這
就如越過國境到東南亞國家去搞「革命」一樣)。所以，筆者很

不明白老成持國的周恩來為什麼會想到鼓勵紅衛兵團結起來支援香港左派這一損招。

筆者認為，這是周恩來在六七暴動中犯的第四個決策上的錯誤，幸好這個決策失敗了，否則香港將不堪設想。天佑香港！這是香港在六七暴動中第二次逃過劫難。

六、周恩來錯誤地起用了姚登山[13] 這個「極左」的人，姚一心向上爬，不惜靠攏中央文革的筆桿子王力 (時任中央文革宣傳部長)，替王力宣傳「王八七講話」(詳見第七章「六七暴動的落幕」)，間接導致紅衛兵火燒英國代辦處。

周恩來起用了姚登山，是最錯誤的一着。他把姚推薦給毛澤東之後，姚就開始向王力靠攏，煽動外交部造反派奪權，煽動外事口的極端行動，終於導致火燒英國代辦處的事件。他還煽動外交部造反派封他做了幾天「外交部長」。周恩來在事後怒批姚登山：

> 9月18日下午5時，周總理接見國務院外事辦公室、外交部和對外文委有關領導幹部、部 (委) 業務監督小組代表和群眾代表。姚登山參加接見。當批評姚的錯誤時，周總理說：「你對外鬥爭時是勇敢的，我對你的估價是足夠的了，是我派你出國的，你回來我去接你了。我又推薦給毛主席接見了，報上還登了照片。不料你卻昏昏然了。結果你干擾了外交部。你不僅到外貿部，到第一、第二外國語

13　姚登山 (1918–1998)，文革前是中國駐印尼的代辦，1965年因反抗印尼排華，被譽為「紅色外交戰士」，因而在文革中冒升。關於其人在文革中大起大落的過程，原外交部行政辦公室主任鄒一民在其回憶文章《文革中外交部曇花一現的姚登山》有非常詳細的記錄，讀者可自行參閱多維網之「多維歷史」2014-08-05。

學院作報告，而且到處作報告，個人主義膨脹了。你是司級幹部，你儘管對我說你承認錯誤，要檢討，但你沒有認識錯誤。」周又說：「那天（指8月27日）上午，我接見外交部『聯絡站』等組織的代表時，他們逼我到了這個情況（當時總理很生氣，氣得心臟病復發。——筆者注），你坐在一邊，一句話也不吭……我的醫生都看不慣了，要造你的反了。你一點階級感情都沒有了。我對你是有感情的。許多同志看見都非常氣憤，你就沒有感覺，處之泰然，奇怪！」

10月18日，周總理在接見完外賓後對翻譯說，「8月份『聯絡站』犯了那麼多錯誤，是十八年（指1949–1967年）所沒有過的。」「八月份打擊一大片，極左思潮氾濫，燒代辦處，奪政治部權都是錯誤的。政治部奪權後造成駐外機構的極大混亂。」「我8月25日講話不靈了，8月27日反我到了極點，姚登山非常猖狂。」「我現在不去外交部講話，我去講話，把8月份的事情拿出來，王中琪、姚登山就會垮台。」

另外《周恩來年譜》也記載了周面斥姚登山的事。《年譜》說：

8月31日同陳毅談話後，接見外交部造反派代表和部黨組成員，重申外交大權屬中央，並嚴厲批評那個在外交部「奪權」後代理「外交部長」一職的「革命領導幹部」，說：你最近到處講話、作報告，散佈「打倒劉、鄧、陳」的口號，你這樣做等於站在對抗中央的地位。現在，國內的極左思潮和極左行動，已經影響到我們的外交工作，損害了我們的國際信譽。（筆者注：文中「代理外交部長」的「革命領導幹部」就是指姚登山）

火燒英國代辦處後，毛澤東下命令逮捕王力、關鋒、戚本禹之後，姚登山的後台就垮了。之後外交部舉行批姚大會，姚承認以下錯誤：

一、煽動「五一一」遊行 (1967年5月11日造反派去中南海揪陳毅示威遊行——筆者注)，公開向中央示威。

二、破壞支港抗英鬥爭，進行「反軍亂軍」的罪惡活動。

三、緊密配合圍困中南海，積極支持在外交部「安營紮寨」。

四、參與炮製「八七」大毒草，瘋狂煽動反革命奪權。

五、篡改中央口號，破壞毛主席偉大戰略部署。

六、姚登山是砸外交部政治部的總指揮。

七、姚登山是篡奪中央外交大權的主謀。

八、參與策劃火燒英國駐華代辦處，瘋狂破壞毛主席的革命外交路線。

九、猖狂破壞革命大聯合，殘酷鎮壓革命群眾。

十、策劃和指揮圍攻總理、摧殘總理健康。

在這十項罪狀中，就有三項 (第二、第四及第八) 跟香港有直接關係。

可見周恩來起用這個人，對香港六七暴動走向極端產生了直接的推動作用。這是周恩來在涉及香港六七暴動中犯下的第五個錯誤。

七、周恩來批准了外交部向英國發出最後通牒，限期釋放港共新聞工作者，最後直接導致紅衛兵火燒英國代辦處。

從很多當事人的回憶來看，周恩來批准發出這個最後通牒時，是在身心極之疲憊的情況下很違心地批准發出，之後他多次向毛澤東作自我檢討。這可以說是他在涉及香港暴動問題上犯的第六個錯誤。根據吳荻舟的回憶：

還有一點就是火燒英代辦處。那是有些人奪了外交大權後的事。事件發生前幾天,我被撤下來了。我還在「聯辦」時就看到了那個請示,內容大意是限港英四十八小時內把抓的人全部放出來,否則一切後果由港英負責。報告已送到總理秘書錢家棟同志處。當時羅貴波去深圳開會(原來我也要去,行李已拿到辦公室,鄭偉榮同志突然通知我別去,說是總理要我留守)。我馬上打電話給錢家棟同志,要他把該報(告)暫時壓下來,過兩三天後羅貴波同志回來了,我馬上報告羅貴波,這樣的報告要陷政府於被動,要他同意把它撤回來。我又打電話給錢,把報告撤回來。可是就在這事發生後一兩天,我就被通知回外辦受隔離審查。回到外辦沒兩三天,火燒英代辦處的事就發生了。後來知道是姚登山等包圍總理,逼總理在報告中簽字,僵持兩、三十小時,醫生護士給總理送藥時說總理有病,不能這樣做,要讓總理休息,他們就是不聽,搞疲勞轟炸,最後總理被迫簽字。總理為此一再向毛主席自我檢討。毛主席說外交大權旁落了四天,你是被迫簽字的,別再檢討了。我進了牛棚,後來反迫害鬥爭如何發展,如何結束,完全不知道了。(見吳荻舟《在從化溫泉的訪問記錄》,1986年)

八、火燒英國代辦處後,周恩來趁機向毛澤東揭發王力意圖奪權外交部權力的陰謀,導致毛澤東下令將王關戚三人隔離審查,從而抑制了文革極左思潮,為終止香港暴動問題提供了客觀條件。(這個過程詳見第七章「六七暴動的落幕」)

這個決策可以說是周恩來在整個文革(包括六七暴動)中最果斷的一着,它壓制了「極左」言行的氾濫和蔓延,也為結束六七暴動提供了有利條件。

九、從1967年11月起，周恩來召集香港左派人士到北京開會總結經驗，為期長達2個月，並宣佈結束六七暴動。(詳見第七章「六七暴動的落幕」)

在「極左」言行遭到壓制後，周恩來果斷地終止香港的六七暴動，使香港局勢可以轉趨平靜。這也是我們應該給與肯定的。

筆者覺得，這是對周恩來在香港六七暴動過程中的功與過的客觀陳述。在分析周恩來為何會有前後矛盾的決策時，不能不考慮他當時也是一個備受毛澤東懷疑，因而自己隨時可以成為一個階下囚的處境。

前引高文謙的敘述，可見一斑。高文謙指出，毛澤東那個時候也是藉「二月逆流」的盛怒向周恩來發出警告。他雖然當時放生了周，沒有點周的名，但他對周允許老幹部在懷仁堂發難仍然是耿耿於懷，這種不滿，表現為不久之後，社會上就傳出批判周恩來的聲音。

根據《天翻地覆慨而慷——無產階級文化大革命大事記 (1963.9–1967.10)》這本由紅衛兵編輯的資料[14]可以看出，「二月逆流」才結束不久 (2月16日)，社會上馬上出現批判周恩來的大字報。它說 (筆者按：在引用該書時，內容略有刪節、時序有所調動)：

> 早在二、三月份，社會上就掀起一股炮打周總理的逆流。
> 三月二十四日早晨，師大的蘇東海等人貼出題為「給周總理貼大字報」的反動大字報，明目張膽地把矛頭指向周總理，攻擊堅定的無產階級革命家周總理。
> 五月初鋼院張建旗等一夥，積極策劃炮打周總理的反革命活動。農大出現了「五一六兵團」。在二外，以張光武為

---

14 作者自稱「首都部分大專院校、中等學校毛澤東思想學習班」(寫於1967年9–10月)。

首的一小撮公開發表「開炮聲明」。在商學院跳出了一個「火線縱隊」，迫不及待的把矛頭針對周總理，並暗地策劃建立反革命五一六兵團。

五月十六日，「五一六」(筆者注：北外一個批周組織) 拋出反動大字報《戳穿一個大陰謀》，惡毒誣衊周總理是「反革命兩面派」。

五月底，反革命「首都五一六兵團」的前身——「鋼院五一六兵團」成立。

六月二日，反革命小丑張建旗拋出他兩個月前 (三月三十一日) 寫的大毒草《給周總理的一封公開信》，並以鋼院五一六兵團》的名義貼出《二十三個為什麼？》，喪心病狂地攻擊傑出的無產階級革命家周總理。

六月十四日，北外「六一六」頭頭劉令凱和《鋼院五一六》頭目張建旗等人密謀後，在北外「六一六」成立了「首都五一六兵團」。鋼院，農大，二外，商院等地不時出現攻擊總理的反動大字報，大標語、傳單，反革命氣焰十分囂張。

五月二十九日，陳伯達等中央首長接見紅代會核心組，嚴肅指出：目前社會上出現從右和極「左」方面來動搖無產階級司令部的嚴重情況，要提高警惕。指出周總理是毛主席司令部裏的人，是毛主席、林副主席之下總管事務的參謀，反對總理是嚴重的政治問題。

六月三日，陳伯達、江青等同志再次向北外「五一六」提出警告：「把矛頭對準毛主席司令部的人是極端錯誤的，必須懸崖勒馬，否則是很危險的。」

根據這個記錄，周恩來面對着由毛澤東煽動起來的反周壓力，一方面他不能表現得太右，另一方面又多少要乞憐於中央文革小組的「保護」，這就決定了他在整個六七暴動中的矛盾表現。

第六章

六七暴動期間中共對香港動武的考慮

六七暴動期間，香港可謂命若懸絲，與戰爭擦身而過。在不足四個月間 (五月六日到八月底)，周恩來最少有三次傳達了毛澤東不對香港動武的指示。如此頻繁地重申最高領導人的一個政策，這是十分罕見的，足見當時對香港動武的壓力是非常之大。

甲　周恩來三次傳達毛澤東不對香港動武的決定

首先，在暴動初起時，大家 (包括周恩來在內) 都摸不透中央最高層 (毛澤東) 的具體意向。所以，在吳荻舟的《六七筆記》中，我們看到這段話：

> 朱談到敵人的看法，和估我不解放，要搞世界革命時，總理「那也不一定，中央下決心的問題」。(見5月27日條)

接着又說：

> (周恩來說)「即使要收回，也要選定時機。」和「要出其不意的一擊(舉了反擊印度)。」(出處同上)

把這兩條聯繫起來看，顯示了六七暴動時，北京曾經考慮過通過武力收回香港，但沒有收回，那是「中央下決心的問

題」，中央指毛澤東，他說了算。「中央下決心問題」即是只待毛澤東下決心。

但毛澤東在此期間表態不通過武力收回香港。周恩來便得在三個不同場合反復傳達這個決定。

第一次：1967年6月上旬

這次的背景，是《人民日報》發表了「六三社論」，給人一種中共即將收回香港的感覺。為此周恩來必須作出相關的軍事安排，由於該社論是由時任宣傳組長的王力起草，而王力是中央文革小組成員，當時仍然備受毛澤東信任。王在社論中表達的立場是否確切地代表毛澤東的意圖？周恩來需要摸清楚，在這個背景下，他一方面作出軍事安排，一方面又親自去請示毛澤東。

根據文革史專家余汝信對原廣州軍區政治部副主任、原廣州軍區黨委辦公室主任李維英的訪問錄[1]，其經過是這樣的：

> 1967年6月初，周恩來電告廣州軍區，關於收復香港問題要談一談。廣州軍區副司令員溫玉成當即率吳瑞林（廣州軍區副司令員兼南海艦隊司令員）、吳富善（廣州軍區副司令員兼廣州軍區空軍司令員）乘專機赴京。廣州軍區司令部辦公室主任兼廣東省軍管會辦公室主任李維英等隨行。
>
> 溫、吳、吳三人在轉機上討論一旦中央決定採取軍事行動時的具體部署。吳瑞林稱，收復香港，連南海艦隊也不必動用，42軍兩個團加省軍區一個邊防團就夠了。但三人抵京後，中央的態度已有了180度的大轉變。
>
> 6月7日（或8日），周恩來單獨接見了溫玉成，向溫傳達了毛

1　見余汝信：《香港，1967》頁156–157。

澤東的四點指示：一、弄不好，把第七艦隊弄來了；二、拿回香港，幾百萬人口要吃飯，我們目前沒有這個力量和精力；三、國際口岸只剩下一個，需要出口一些物資、進口一些物資；四、香港是國際情報城市，它搞我們，我們也搞它的。毛澤東最後拍板：「現在不打」。(原書注：訪問李維英記錄，2011年1月30日)

6月9日下午……周恩來與陳伯達、康生、楊成武等接見溫玉成……在談到香港問題時，周恩來稱：香港問題，考慮到中近東的形勢不會發展那麼快，阿聯已經接受停火，要防止美國在香港搞一下。群眾運動還是按計劃進行。部隊移動的問題暫時停一下。周恩來問：邊界線是否都守了？有多少兵力？有沒有鐵絲網？是不是平地？(楊成武插話：按方案作點準備就行了。) (原書注：廣東省軍管會辦公室整理：《周恩來總理聽取溫玉成副司令員匯報時的指示》，1967年6月9–10日)

第二次：1967年7月9日

這次的背景，是在7月8日發生了沙頭角槍擊事件之後的翌日 (關於此次事件的詳情見下文)，當時解放軍擬乘勝追擊，再來一次更大規模的軍事行動，但被周恩來喝停。根據馬繼森的記載[2]，這個過程是這樣的：

次日 (指 (沙頭角槍擊事件後翌日，即7月9日) 周恩來召集港辦人員開會，聽取派赴沙頭角人員的口頭匯報，周對此次計劃的實施表示滿意。當港辦人員報告，沙頭角駐軍打算在這次勝利的基礎上，再組織民兵採取一次更大的行動

2　馬繼森：《外交部文革紀實》頁160–161。

時，周恩來回答説：「不行，只此一遭，下不為例。」然後，他向港辦人員宣佈，他已就香港問題請示過毛主席，主席指示説：「香港還是那個樣子。」周解釋説香港現狀不變，即對香港「長期打算，充分利用」的方針不變。目前的鬥爭要適可而止。

第三次：1967年7月10–12日

除了向港辦傳達外，周恩來還要向總參和外交部傳達毛澤東的指示，據陳揚勇的記載，其過程如下[3]：

7月10日、12日，周恩來召集總參、外交部有關負責人談香港問題，再一次批評在香港鬥爭問題上的極左做法，説：在香港動武不符合我們現在的方針。昨天，主席又講了，還是不動武。如果我們打了過去，那就是主動出擊。香港問題，現在是群眾運動，又是在文化大革命期間，如果出動正規部隊，群眾一推動，就控制不住了，你打電話也來不及。香港鬥爭是長期的，我們不能急，搞急了對我們不利。對主席這個方針，我們要取得一致的認識。7月下旬，周恩來還派外交部一位副部長專程前往廣東，向負責香港工作的有關部門傳達毛澤東的指示，糾正在香港鬥爭問題上的極左做法。

從以上的記錄可以看出，不通過軍事行動來提前收回香港的決策是很明顯的。特別是在沙頭角槍擊事件後，周恩來兩度重申毛澤東這個政策，可惜由於「極左」思潮的原因，這種對香港動武的意圖還不時出現。

---

3 陳揚勇：《苦撐危局——周恩來在1967》，頁355–56。

乙 對香港動武的呼聲仍然很高

雖然周恩來不斷重申毛澤東對香港不動武的決定，但在文革期間對香港動武的呼聲還是很大。首先是在中央一級。當時的中央文革小組成員之一的王力曾經要解放軍出兵香港。據王力自己說[4]：

> 1967年8月30日下午，在整我的會上，總理一句也未批評我，只是有兩次發言。一次是楊成武發言說逼總參向香港派一個營這件事，要王力負責。總理說這事王力不知道。第二次是吳法憲說火燒英國代辦處是王力搞的。總理說：48小時最後通牒王力根本不知道。總理自己承擔了責任。而且，即使沒有這個通牒，因為香港問題激化了，也可能在別的事情上爆發出來。

這顯然是王力為自己辯護的說法。但即使他否認自己有向軍隊施加壓力，我們也可以看出當時在中央文革高層的確有人企圖迫使解放軍總參謀部出兵香港，否則總參謀長楊成武不會在批判王力的會議上提出這個問題。所以，姑勿論此建議是否出自王力，反正當時有高層人士有此企圖則是事實。

高層懂政策的人尚且如是，則民間不懂政策者就可以更亂來。根據文革歷史專家葉曙明的記載[5]：

---

4 楊永興：《「王、關、戚」被打倒之謎》，載《長江週刊》2010年3月5日，文中引用王力本人的話見《王力反思錄──王力遺稿》。

5 葉曙明：《支援香港反英抗暴鬥爭》，載「地方文革史交流網」，2009–11–12http://www.difangwenge.org/read.php?tid=343關於上述內容，葉曙明也在其《廣州文革三年史》第3卷1967年7月30日條有相同的記載。

據支港辦反映，群眾組織「對支援香港愛國同胞反英抗暴鬥爭的艱巨性、長期性認識不足，有的說：『英國佬算老幾，轟幾炮就可以把它消滅！』有的說：『黑鬼兵不頂用，廣州紅衛兵衝過去幾千，就可以解放香港！』一個青年工人反映：『解決香港問題容易，只要中央說一句話，一個團操正步，一個晚上就可以解決問題。』」人們對香港問題，就是普遍抱着這麼一種輕蔑態度，並不看得很嚴重。

當時不僅有群眾主張對香港動武，軍隊內也有這種意見。「解放香港」的標語和口號，時有見聞。深圳沙頭角地區，中港雙方，已經發生過幾場小規模的武裝衝突了。7月10日，周恩來在北京會見黃永勝，在談到香港問題時，他指出，香港不同於澳門。在香港動武不符合我們現在的方針。我們之所以不拿澳門，是保持一個口子在那裏，市場是我們的。香港鬥爭是長期的，我們不能急，搞急了，對我們不利。

7月30日，由廣州軍區晏福生副政委主持，在廣州召開了一個關於當前港九對敵鬥爭問題的座談會，外交部副部長羅貴波、廣州軍區司令部副參謀長胡繼成、廣東省軍區副司令員王道全和深圳地區對敵鬥爭領導小組組長王文德等人，參加了會議。對於廣州地區的文革來說，支港問題雖然沒有什麼影響，但它畢竟是1967年的一件重要事情，也是中英關係、中港關係的一件重要事情，故把會議的大致情況和精神照錄如下，讓人們感受一下，在難忘的1967年，粵港之間，曾經有那麼一霎間，戰爭離我們如此之近，就像風一樣從我們身邊掠過：

羅副部長談了如下意見：

……港英當局鎮壓進一步升級，可能還會更瘋狂些，這是

鬥爭必然規律，但究竟要升到多高？現在很難說，估計最大的可能把我在港九所有的機構搞掉，進行大規模屠殺，現在看這種可能性還不大。如果搞到這個程度，英帝就可能：一、放棄香港，準備中英關係破裂；二、實行美英聯防。目前英帝還不敢這樣做。但我們要做最壞的打算，準備它升級。如果出現這種情況，我們就要在邊境上鎮壓敵人、但究竟怎麼搞？根據大家的意見，軍事上的配合可有三種設想，回去向中央提出建議方案：

一、中印邊境式的；

二、沙頭角式的；

三、武工隊式的。

中印邊境式的，規模就比較大，準備把新界的敵人主力吃掉，這樣做，對敵人及在世界上震動太大，逼迫敵人太緊，這不符合我們當前的鬥爭方針。

沙頭角式的，就是在沙頭角地區出擊，把沙頭角地區的敵人吃掉。這比中印邊境式的規模小一點，很容易組織，不那麼費勁，打得痛，但在世界上震動不大，使他啞子吃黃蓮，有苦說不出。上次我們說邊防部隊哨兵打了，他就不敢承認嘛！如敵人再升級就迫使我們這樣做。我主張以這種形式給敵人以打擊。回北京請示總理和軍委，但建議軍區應擬定方案和做必要的準備，否則就會錯過機會。

關於搞武工隊的問題，原則上目前不大合適，主要是進去後不易控制，在鬥爭形式發展後也有可能。沙頭角過來的122人中，有60個人要求訓練，請領導小組幫助一下，至於他們什麼時候回去，發不發裝備，待請示中央再定。現在可先搞些訓練，主要做好思想工作，搞射擊、投彈兩大技術及學點簡單的戰術。

四、群眾越界，仍按總理指示，盡可能不越界，不要挑起糾紛。但港英鎮壓升級，或敵人挑釁激起群眾義憤，就可能把事端挑起來了。這方面要估計到，要做好準備，決不能示弱，敵人開槍，我們開槍，敵人打炮，我們開炮，一定要壓倒敵人。(原注釋資料來源：廣州軍區司令部作戰部整理《關於當前港九對敵鬥爭問題座談會紀要》)

從這裏我們可以看到，雖然周恩來已經三次傳達了毛澤東不通過武力提前收回香港的決定，但是受到「極左」思潮的影響，廣州軍區還是不斷在做動武的沙盤推演。

走筆至此，筆者想一提中共《黨史縱橫》1997年第8期的文章：《高瞻遠矚　果斷英明──「文革」中周恩來阻止進軍香港》，作者厲松 (身份不詳)。文章說六七暴動時毛澤東如何部署進軍香港。文章已經被很多學者指出是偽作，例如余汝信在《明報月刊》2017年九月號的文章《一九六七年武力收回香港？》作出全面的考證證明其為偽作，理據確鑿可信。與此同時，曾任廣州軍區司令員黃永勝秘書的遲澤厚發表文章《流言止於智者》也提出五個原因[6] 反駁《黨史縱橫》的文章。遲澤厚稱他當時是黃永勝身邊的工作人員，從未聽說過此事。他說：

我曾在 (廣州軍區) 作戰部工作多年，分管作戰方案。我曾奉命擬制過多個作戰方案，但從未制定過對港英當局的作戰方案。(頁620)

但是這種偽作之所以得到流傳，確實也反映了當年從中央

6　此文寫於2012年5月17日，收錄在遲澤厚《非常真相》(下冊) 頁619，該書由香港知青出版社出版。

到地方都有人躍躍欲試想以武力解放香港這一情緒，方才會傳出這種虛假消息。

另一件值得提出來的事是對英軍炮艇射擊的事，當時的報章已經有報道中共軍艦進入香港水域的事，但港英都截然否認。根據當時是南海艦隊司令員的吳瑞林回憶，他確實從毛澤東、周恩來處得到指示炮擊英軍艦艇以示懲戒。他在接受朝鮮戰爭問題專家徐澤榮的訪問時[7]，這樣說：

> 我曾兩次負責將解放軍中的朝裔官兵遣返回朝事宜。兩次遣返總數約為五萬人，其中18000人帶武器。他們基本上都願意返朝，只有極少數要做說服工作。第一次遣返是在1945年，在安東。當時接待金日成及其下屬幾千人（大部分是原解放軍中的朝裔官兵）。我陪他做帥服，給其餘人做軍服，讓他們回去開國。第二次在1950年，在鄭州。遣返費我記得是每人五元。朝裔官兵分佈於各野戰軍，但以四野總部機關負責遣返工作。由於負責遣返工作，故我對要打仗一事曾有所聽聞。
>
> 1960年代中反英抗暴時，毛、周曾交代我：率三五艘炮艇駛入香港海面，炮擊英海軍艦艇，斃、傷其20至30人；如其追擊，則返身將其擊沉。炮擊任務圓滿完成，不過英艦沒有追擊。陸上黃永勝受命集中100門炮轟擊對方邊界陣地，但結果連一輛吉普車都沒傷着。此舉的目的是支援香港地下黨和左派。雙方都沒公開事件。
>
> 周還曾交代我和印尼共第三把手面談，勸其將部分黨員移居

---

7 下文引自徐澤榮《面訪有關朝鮮作戰中共官員談話記錄》，被收入台北的中共研究雜誌社於1999年出版的《前蘇聯政府檔案朝鮮戰爭文電摘要》一書，構成該書的第二部分。

蘇門答臘，西伊里安等山高林密地區，以利今後發動游擊戰爭。印尼共黨員原集中於爪哇，該地地形不利於游擊戰爭。印尼共沒怎麼聽進這個建議，只移居了一部分人到那兒。

我曾於1950年7月初朝鮮戰爭爆發十來天後，率領兩位參謀人員到北朝北部勘察地形。1951年春毛曾單獨約我談了一個小時，瞭解朝鮮戰況。

(以上是徐澤榮在1993年8月29日在北京訪問朝鮮戰爭時任廣州軍區42軍軍長吳瑞林的記錄。六七暴動期間吳瑞林已經是南海艦隊司令員。據徐澤榮對筆者解釋，他訪問吳主要重點在探討朝鮮戰爭問題，香港暴動和印尼共產黨問題則是吳自己主動提供的。筆者全文引述這段訪問，就是讓讀者自行從其職務及歷史判斷其說話的真實性。)

在筆者所接觸到的英國解密檔案中，尚未找到相關的報告。所以這件事的真實性如何，有待歷史學家進一步考證。事實上當時確實經常有很多有關中共炮艇進入香港水域的傳聞，而且有一宗傳聞是最終導致火燒英國代辦處，所以筆者也不敢完全排除前南海艦隊司令員吳瑞林所說的事情，認為有必要錄下供讀者參考。下面筆者根據金堯如的回憶，說明火燒英國代辦處是如何由這些傳聞 (或事實) 導致的。

根據金堯如的回憶，沙頭角槍擊事件後幾天，某日中午時分，《香港夜報》社長胡棣周接獲消息說解放軍炮艇進入香港鯉魚門，他向當時新聞戰線領導人金堯如請示可否刊登這消息；金堯如不敢作主，馬上向工委副書記祁烽匯報，祁表示他也無法證實。金問他怎辦，祁答道：「《香港夜報》這類報紙不是我們《文匯》、《大公》，他們可以有聞必錄，即使是個謠傳，他們傳一下我看也無所謂，多傳一傳這類消息，我剛說了，鼓舞香港

同胞嘛」。金堯如把祁烽這個意見轉達給胡棣周，胡說，老祁的話我明瞭，即是說謠言也可以發表，於是他就發稿。當天下午三時，《香港夜報》頭版通欄標題大書：鯉魚門外突出現中國炮艇，駛向香港水域。(詳情見金堯如《「反英抗暴」的「菠蘿戰」》)

以後的發展就很清楚：8月17日港英以經常發放虛假消息為由，勒令《香港夜報》、《正午報》和《田豐日報》停刊，並拘捕三報領導人，是為「三報事件」。此事成為嚴重的矛盾激發劑，北京外交部在8月20日向英國政府發出最後通牒，限令48小時內釋放三報負責人並撤銷三報停刊令。8月22日晚限期一到英方未有回應，紅衛兵立刻火燒英國代辦處。

從這裏可以看到火燒英國代辦處的事件鏈：

傳聞中共炮艇進入香港水域，
《香港夜報》社長胡棣周請示金堯如；
↓
金堯如請示新華社副社長祁烽，
他表示謠言也可以照發藉以鼓勵同胞；
↓
《香港夜報》照發，
港英以經常發放虛假消息為由，勒令三報停刊；
↓
中國外交部向英國發出48小時最後通牒，
要求釋放三報負責人並撤銷停刊令。
↓
限期過後英國沒有回應，紅衛兵遂火燒英國代辦處。

這個事件鏈說明，在高度緊張的環境下，任何傳聞，處理得不適當的話，都會誘發重大的危機。

丙　沙頭角槍擊事件

在整個六七暴動期間，唯一一次真正動武的是7月8日的沙頭角槍擊事件。但是，除了港共大事宣傳此一事件外，中英雙方卻都刻意迴避此事，雙方都不約而同地有意把它貶為一宗偶發性的、民兵層次的事件而已，事實當然不是這樣。

7月8日發生的沙頭角槍戰，既是整個暴動期間第一次動用正規軍的事件，更是香港150多年來第一次發生的中英之間的槍戰。對此英方官方有詳細的記載，並且已經解密，中方沒有公佈任何官方文件，但當事人的回憶錄也頗為詳細，而且中外報章 (無論左、中、右) 都有廣泛報道，所以此事已是眾所周知。唯一外界尚未知的，是這場槍擊是由解放軍正規軍執行，而不是所謂的民兵。

當年參與指揮這場槍戰的「解放軍7085部隊」參謀葉騰芳曾經發表長篇回憶文章，詳細憶述了此次事件的一些細節。作為這事件一個歷史檔案，筆者把該文全文附錄在本章之後。但為方便讀者掌握情況，筆者把葉文濃縮為以下幾點：

一、槍擊主力

解放軍7085部隊(廣東省軍區守備部隊的一個團，駐守在邊境第一線)的第6連 (沙頭角駐軍)，該團團長：李廷閣 (同文另一個說法李經閣)，團參謀長為石長福。本文作者葉騰芳當年是團參謀。

二、經過

- 6月26日下午該守備團已經接到戰鬥任務，葉參謀當晚趕到深圳。

- 6月26日晚成立一個臨時指揮部，臨時指揮部由6個人組成：參謀長石長福和我（筆者按：指葉騰芳本人）、兩個警衛員、兩個通訊員。並且建立指揮系統。

- 指揮系統靠3部電話：一號直通中央軍委，二號通團部和廣州軍區，三號是指揮部與所屬戰鬥部隊通話用的。3部電話全都不用搖機，拿起話筒就能直接對話。

- 當晚擬定作戰方案，並且馬上獲中央軍委批准。

- 連夜召集營、連、排幹部開會部署作戰方案細則。

- 從6月26日到7月5日這10天，被形容為形勢最緊張的10天，部隊增派了3名參謀。

- 7月6日晚，第一次衝突，民兵張天生被港方擊斃。

- 7月7日，沙頭角群眾舉行了集會抗議。

- 7月8日凌晨2時，電話報務員在試機，以確保中央和前線的聯繫暢順。

- 7月8日早晨，我方群眾又集會遊行。有幾個民兵越界到距聯鄉會大樓400至500米處的稻田裏觀察動靜。不料很快被聯鄉會裏面的英警防暴隊發現，敵人見有荷槍實彈的民兵，立即用機槍掃射。團長李經閣聽了很生氣，問是誰叫他們過界去的？民兵連長羅九結巴了。

- 下午4點左右，指揮部接到開火的命令。於是，我向作戰部隊正式下達「開火」命令。幾十挺機槍同時射擊，由於事先研究定下了戰鬥方案每挺機槍對準一個窗口射擊，命中率相當高。我方的機槍足足打了15分鐘，把對方打得鴉雀無聲。

- 7月8號以後，雙方都不願將事態擴大，再也沒有打槍了。
- 8月9日，臨時指揮部撤銷。

三、作戰方案

1. 目前敵人還沒有動作，雙方正在對峙着，我方正在嚴密監視，及時掌握敵情動態並採取相應措施。同時，不主動挑起事端，不打第一槍，部隊多帶些機關槍在陣地前沿隱蔽好，防止敵人突然襲擊；

2. 若敵人首先發起進攻，我軍不要急於堵回去，要放進來打，誘敵深入後，則命令部隊，從北面的伯公坳向西南方向直插敵境內的沙頭角與聯和墟交界處的石涌坳，切斷敵人退路和阻擊敵增援部隊，要多捉俘虜；

3. 我方群眾越界惹事引起敵人開槍射擊，並有向我發起進攻的跡象，對此我們有兩個辦法，一是我軍換上便衣越界出擊，二是將部隊的武器發放給民兵，讓民兵越界戰鬥。軍委首長說：「很好！但是，部隊絕對不能換上便衣化裝越界出擊。」

四、作戰方案獲批准

一號電話鈴響起。對方說：「軍委同意你們的作戰方案，但要定具體實施辦法。外交部羅貴波副部長也同意你們的方案，他要求你們注意掌握分寸，掌握民兵的情緒，不要隨便越境鬧事，授人以柄。」

三號電話又響了，是梧桐山觀察哨報告英軍炮兵調動情況，我立即向上級匯報。

連夜召集營、連、排幹部開會部署作戰方案細則。

五、部署

英軍佈防：英軍的武器裝備大多是輕、重機槍和炮。這時候，英警的防暴隊又增加了100多人進駐聯鄉會，加上原有人馬共有200多人，而且配備了幾十挺機槍。我把這些情況向上級作了匯報

中方佈防：處在第一線的仍然是我團的2、3營和機炮連。我們在戰地和陣地上進行了周密部署：在沙頭角鎮所有高建築物上都堆上沙包，架起輕、重機槍和高射機槍。(邊界) 南北部的所有村莊與我方陣地相距很近，均在機槍和六零炮的射程之內。

為了與民兵配合作戰，我找來沙頭角鎮民兵連長羅九，要求他作好全體民兵和群眾的思想工作。一要做好戰鬥準備，二要嚴守紀律，千萬不可先打第一槍和主動挑釁。

這時雲集深圳的，除了部隊各級的軍事指揮員外，還有地區、縣、公社的一些地方幹部(他們負責後勤供應工作)。

只要敵人的大炮一響，深圳正面就沒有邊界了。我軍只需用一個軍的兵力就能徹底地佔領香港。

六、戰果

當天晚上，我們獲悉，共打死防暴警察和英軍42人，絕大部分是胸部中彈。(按：實際上港英方面犧牲的是五死十一傷。) 今天，香港警察銀樂隊在隆重儀式 (General Salute) 時奏的曲目名《沙頭角頌》，就是為悼念五位死者而作的。葉文顯然嚴重誇大了戰果。

中方傷亡本文沒有披露，但據新華社7月10日報道，「我方群眾一人中彈當場光榮犧牲 (即張天生)，8人光榮負傷。」

通過葉文，我們可以看出：

第一，中方對出現這場槍戰，早有準備：槍戰 (7月8日) 開

始前12天 (6月26日)，中方已經部署好開戰的準備。他們甚至作好主動挑釁的準備，如解放軍偽裝民兵進入港境等。

這次槍擊事件是早有預謀的證據是：6月30日外辦副主任劉寧一把工委提交的鬥爭新方案的討論歸納為四句話：香港癱瘓、九龍大亂、陳兵邊境、打破邊界。這就證明動武是早有計劃的。

此外，周奕的回憶，也是明證。他說：

當日港英警察不知收斂，他們發射的催淚氣體漫向華界，華界群眾義憤填膺，紛紛提出給予港英一個打擊，挫挫他們的氣焰。這個建議去到周總理那裏，得到周恩來的批准。據《周恩來遙控「反英抗暴」內幕》一文所載：「具體辦法是動員更多群眾在邊境示威，並且組織一隊武裝民兵，越過邊界去襲擊港英的一個警察所，同時向邊境調動部隊，作為民兵的後盾……。這個計劃由駐該地的邊防軍一位師長組織實施。」(《周恩來與香港「六七暴動」內幕》頁45)其實華界的群眾在此之前就計劃給予香港的愛國同胞以實質的支持。早在6月10日，即是沙頭角同胞第一次集會遊行時，華界群眾也準備了標語和旗幟，所有標語杆都是削尖了的竹竿或木棍，隨時準備大打出手。一隊民兵則隱蔽在一家商店的閣樓，必要時開火掩護群眾撤回華界。不過當天港英沒有動手，集會遊行和平散去。6月18日全港漁民集中在鹽田舉行抗議集會，筆者採訪完畢，深圳的老友回程時順道把我帶到沙頭角(華界)去看一下。那家商店是座落在中英街上，門面頗為寬闊的糖煙酒門市部，閣樓有兩扇狀似射擊孔的狹長窗戶，居高臨下，正面控制着英界的入口，窗口的下面堆滿糖鹽之類的麻包袋權充沙包。

給我介紹情況的幹部深以當日未能動手為憾。想不到三個星期後這裏就派上了用場。(見周奕《香港左派鬥爭史》)

第二，槍戰是中央軍委直接領導，由廣州軍區的正規軍(7085部隊)直接執行。整個部署都經過中央軍委批准，而且開火的命令也是中央軍委下達。

第三，幸虧當日港英沒有主動反擊，否則香港情況不堪設想，因為中共已經作好「深圳正面沒有邊界」的準備，隨時南下「徹底佔領香港」。

葉文反映的情況基本可信，因為外交部馬繼森也有相類似的記載：

> 「六三社論」發表後，周曾經設想多種辦法，企圖克敵制勝。如派聯絡站(筆者按：指外交部系統不同造反派之間的聯絡站)代表到廣州爭取組成一個民間的「廣東各界人民支持香港同胞正義鬥爭委員會」，但由於廣東兩派群眾組織達不成一致而作罷。
>
> 周也考慮過軍事行動，讓總參搞一個沙盤作業。為此廣州軍區做了準備，把已經下鄉幫助農民夏收的部隊抽調回來；軍長帶着幾個師長到邊界勘察地形。
>
> 7月初，沙頭角中英邊界上的中國群眾示威聲援香港「反英抗暴鬥爭」。港英警察向群眾投擲催淚彈，落到了中方境內，邊防未採取強力措施。周對邊防有所批評。隨後，7月8日，武裝民兵按計劃越過邊界，襲擊對方警察所。雙方開火。但中方民兵退路被港英的火力封鎖。埋伏在中方一側的部隊只得用重機槍向港方射擊，掩護民兵撤退。港英5個警察被打死，中方死2人。次日周恩來召集港辦人員開會，

聽取派赴沙頭角人員的口頭匯報，周對此次計劃的實施表示滿意。當港辦人員報告，沙頭角駐軍打算在這次勝利的基礎上，再組織民兵採取一次更大的行動時，周恩來回答說：「不行，只此一遭，下不為例。」

然後，他向港辦人員宣佈，他已就香港問題請示過毛主席，主席指示說：「香港還是那個樣子。」周解釋說香港現狀不變，即對香港「長期打算，充分利用」的方針不變。目前的鬥爭要適可而止，不要不斷升級，不要搞出一個武裝收回香港。他也沒有指示這場鬥爭如何收場，香港鬥爭遂處於自流狀態。(見馬繼森《外交部文革紀實》，頁160–161)

對於沙頭角槍擊事件，港英政府則盡量淡化事件的嚴重性。這可以從它的解密報告《香港騷亂：1967》看出。該報告第106段強調三點：一、此事件為民兵所為而非正規軍；二、此事件為深圳地方行為而未必同市區的騷亂有關；三、此事件更非北京的策劃和命令。由此可見港英當局是盡量減輕此事件對整個局勢的影響。葉文則完全推翻港英這個論述(見插圖)。

葉文雖然詳細記載了整個槍擊事件的來龍去脈，但必須指出他也有失實之處，一是嚴重地誇大了戰果(被擊斃的僅5人，他卻聲稱有42人)；二是記錯了部隊開槍時間，他說是下午四時，但無論港英的報告或者是香港左中右報紙的報導都是上午11點左右；三是他說大陸民兵張天生在7月6日晚被港方擊斃，但據《香港01》引述廣東省檔案館解密文件《關於授予張天生同志革命烈士稱號》，張是在7月8日上午在沙頭角提兩罐汽油擬燒港英警察局時中彈犧牲，而並非葉文所說的7月6日(見《香港01》2017年5月17日)。雖然如此，他的記載仍然是迄今為止

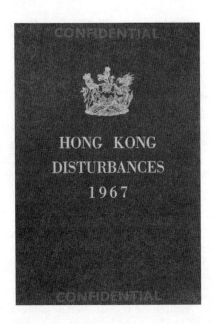

插圖一：香港政府發表的保密的報告：《香港騷動：1967》(本圖由《消失的檔案》提供)

101. A crowd of about 300 people remained in sight in the Chinese side of the village but all remained quiet. Later in the evening a Police platoon engaged in recovering the damaged armoured cars received a shower of stones and bottles and was fired at by air guns. There were no casualties and the night passed without further incident.

102. This incident was followed by a protest from the Peking Government (the first official protest since the start of confrontation) which alleged that tear gas shells had been fired into Chinese territory and reiterated that the demands made by the communists in Hong Kong in May must be accepted.

103. During the following days there was an uneasy calm. The trial of the Sha Tau Kok rioters at the Fanling Magistracy attracted a crowd but there was no trouble. On 27th June a procession which grew to some 5,000 persons, including members of the militia armed with rifles and automatic weapons, demonstrated in the area opposite Lo Wu. They marched through the railway station on the Chinese side and then dispersed. More processions were seen on subsequent days; there was some mild stone throwing at Sha Tau Kok and on 30th June a bomb exploded in front of the Police post producing a loud report and a cloud of smoke but doing no damage.

104. This period of comparative calm ended on 8th July when the communists returned to the attack in force. During the morning crowds built up in the whole border area. At Lo Wu there were about 600 people shouting and singing and their numbers were increasing; and a mob of about 10,000 people was seen marching South from Shum Chun. There were hostile and menacing crowds during the day at both Lo Wu and Man Kam To but the attack was confined to Sha Tau Kok. More machine guns were set up and an anti-aircraft gun was sited in the Chinese side of the village. Soon after 11 a.m. a mob streamed across the border and, after brief demonstrations during which they shouted, sang and waved banners, attacked the Police post. One company of Police fired tear gas and baton shells and succeeded in dispersing part of the crowd but then came under machine gun fire and had to retreat to the Rural Committee office. Both this company and the company in the Police post were then subjected to a hail of machine gun and rifle fire. The main attack fell on the Police post. An attempt was made to blow up the perimeter wire and an incendiary bomb set fire to some tents behind the post. The Police retaliated with greener guns and killed at least one of the attackers but were immediately fired at as soon as they appeared at the windows of the post. By 11.30 a.m. two policemen had been killed at the post and there were a number of casualties both there and at the Rural Committee office.

32

105. Shortly before 1 p.m. the army was called upon for assistance and two companies of the 1/10 Gurkha Rifles, with armoured cars of the Life Guards in support, advanced towards the village which they reached at 3.30 p.m. As the army units approached, the attacking crowds fell back; although desultory firing continued, the Gurkhas did not open fire nor did they suffer any casualties. The Police were relieved and the post was taken over by the army. A curfew was imposed with effect from 4.30 p.m. and there were no further incidents. The total Police casualties were five dead and 11 injured.

106. These events attracted wide publicity in the world press and a number of alarmist reports were put out. It was an extremely serious affair but it was not a planned invasion of the Colony. Units of the local Chinese militia took part in the attack (though not in uniform) but no member of the regular Chinese army was involved. The available evidence suggests that the attack was organized and executed by local villagers in the border area, that it was probably not even co-ordinated with the activities of the urban communists in Hong Kong and that it was certainly not planned or even approved by the authorities in Canton or Peking.

107. On the following day the Peking Government lodged a strong protest with the Chargé d'Affaires in Peking referring to 'serious armed provocation by the British' and alleging that the Chinese frontier guards had only fired in self-defence. A simultaneous protest was delivered by the Chargé d'Affaires. Neither was accepted.

108. After 8th July the border area remained unsettled, and the army took over from the Police the responsibility for patrolling the area. There were no further major attacks but there were a succession of provocative demonstrations and minor incidents. For a long period stones were thrown almost daily at army patrols in Lo Wu, Man Kam To and Sha Tau Kok as well as at the immigration office at Lo Wu. Much of it was done by children; on 20th July a boy swam across the river at Man Kam To to stone the Police post, to the loud applause of the militia watching from the Chinese side.

109. A number of incidents arose from the display of posters in British territory. It is not an offence to display portraits of Chairman

33

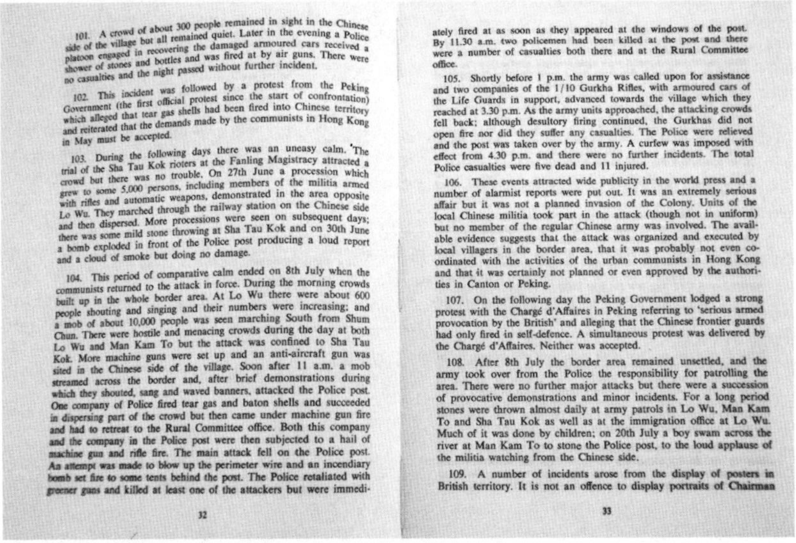

插圖二：香港政府報告中關於沙頭角槍擊事件的敘述，留意其第106段強調此次事件並非正規軍所為，更非北京中央政府下令，同葉文所敘述的事實完全相反，令人覺得當年香港政府盡量淡化事件的意圖非常明顯。(本圖由《消失的檔案》提供)

There is also the HKP ballistics report which is indisputable as to the weaponry used to kill and injure the police that day. This is the report dated 11 July 1967 from Norman Hill, Police Ballistics Officer:

"The STK police post bore evidence of having been attacked with stones, bottles, explosives and automatic weapon fire. The items recovered there were: a gelignite anti-personnel bomb, five bullets, five bullet jackets, one piece of lead.
The explosive was 'Sakura' Gelignite mixed with nails.
The rifle bullets were 7.62 mm weighing 122 grains. One of the bullets could be matched to the weapon from which it was fired.
The cupro-nickel jackets were of the same calibre. These bullets could have been fired from any of the following weapons or copies thereof: Soviet AK Assault rifle, Soviet SKS carbine or a Soviet RPD LMG. The lump of lead recovered from the wall of the observation tower weighed 71.4 grains and it was assumed had been fired from a shot gun.
The holes in the observation tower on the outer and inner walls were all consistent with 7.62 rifle bullets. A line of sight measurement showed that the weapon was fired from the Chinese side of Chung Ying Street, probably from an upper floor or roof of the building.
There was a bullet strike on the bottom of the No 3 Weapon Port and blood splashes on the wall and ceiling. There were numerous bullet holes in the outside wall of the STK Clinic facing the police post. Again, they are consistent with 7.62 mm rounds.
There were also numerous holes in the STK Rural Committee Building also consistent with 7.62 mm rounds. The angle of fire in this case was more difficult to assess but could have been from the end of STK Road or from the area of Kong Ha Village. Additionally 10 bullet jackets and 3 bullet cores were recovered from this site. Again, they were the same type as those already mentioned, namely 7.62 mm rifle rounds.
At Fanling HQ two Land Rovers were found to have bullet holes in them and a mild steel core from a 7.62 mm rifle round was found. Completely identifiable bullet particles were recovered all having been fired from similar weapons.
The conclusion is that at least three different automatic weapons were used as well as the weapon which fired the lead shot."

The EUNT, PTC and Frontier Division officers who were there have a varied opinion as to who was responsible, most feeling that it was the work of the *Man Bing* or Militia, only one feeling that it was the work of the PLA. The official version of events, both by the British and Chinese governments at the time, was that it was hot-headed Militia who were responsible. It was in neither side's interests to suggest otherwise at the time.

One PTC officer, present on the next day, saw a PLA soldier, being relieved by a Militia and hand over his weapon, the implication being that the Militia was in fact himself PLA. Senior PLA officers were observed by the Intelligence Corps prior to the incident studying the area closely and 500 plus PLA were observed moving into the area during the incident.

The general officer commanding 42 Army Group of the PLA in Kwangtung, Huang Yong-sheng, was known to favour the invasion of Hong Kong and belong to the Lin Biao faction opposed to Chou En-lai. He commanded all 15,000 PLA and Militia in the HK Border area. Nothing could happen in the area without PLA approval. He was later relieved of his post but later in the decade became Mao's PLA Chief of Staff in Zhongnanhai. (see "The Private Life of Chairman Mao")

插圖三　　港英當局事後的彈道分析報告
本插圖由退役警官 Guy Sanderson Shirra 提供，見 The Sha Tau Kok Incident, by Guy Sanderson Shirra, RHKP, 2017. 這位退役警官根據現場指揮官的描述，得出事件是由解放軍執行的結論，但雙方為了使局勢降溫，盡量把槍擊一事淡化為民兵層次的事件。

筆者看到的對沙頭角槍擊事件最具權威性的記錄，有力地戳穿了中英兩國力圖把事件淡化為民兵擦槍走火的意圖。

值得指出的是，沙頭角槍擊事件並沒有影響香港市民對港英的支持，從當年的輿論來看，事件反而激發市民更支持港英，例如當年的《華僑日報》就發表社論《面對艱難冷靜堅決》說：

> 昨日沙頭角事件，是香港市民必須記取的教訓。應付任何性質的威脅，香港市民只有更冷靜的接受，同時是更堅決的對付。只有冷靜的態度與堅決的措施，香港才能永遠站起來，不為任何威脅者所恫嚇。
>
> 香港總督戴麟趾爵士已經指出過，香港事件可能演變為長時期的困難局勢。四百萬香港市民一定要冷靜，不可衝動，不可憤怒，才可以採取適當的措施。同時，四百萬市民一定要堅強，絕不動搖，亦無幻想，才可以抵消任何壓力。其實，四百萬市民早已預料到了，類乎沙頭角事件，或是比沙頭角事件更為惡劣的新事件，在港九任何地方，任何時間，都可能發生的，或連續發生的，但四百萬市民絕對不會畏懼，絕對不會退縮，正如李福樹議員所呼籲的，我們必須堅決抵抗任何煽動與威脅，四百萬香港市民方能渡此難關。
>
> 我們現在面臨空前未有的困難，要解決困難，一定要經過一個時期，付出努力代價。絕對不是幻想，乞憐，屈服可以解決困難的。四百萬香港市民只求生存，這是每個人最神聖的要求。但今天的事實證明，我們要生存便要奮鬥，我們要生存便要更勇敢的接受任何威脅，堅持到底。四百萬香港市民並非罪犯，香港並非戰場，可是我們卻要抱着

九死一生的精神來奮鬥，來求取生存，人生至此，天道寧論，此和平善良，勇敢自由的四百萬香港市民所以痛哭流涕仰天呼號也。

但我們可以告訴全世界善良的人民，你們應該看得更遠一點，世界大局之演變是很難預料的，四百萬香港市民今天的艱苦奮鬥，如果最後能夠抵消任何壓力，維持香港安寧，恢復過去繁榮，香港前途固然未可限量，就是亞洲和平，推而到世界和平，亦必然賴此得以維持，人類賴此避過一次戰爭之浩劫。所以我們有此自信，四百萬香港市民今天的艱苦奮鬥，不單純為了自己，同時亦為了別人，為了亞洲，為了整個世界和平。歷史將是我們的證人，香港四百萬市民今天為世界和平，為人類幸福，擔當了更大的責任，從事了十分艱苦的努力，作出了非我們所能想及的偉大的貢獻！

所以我們一定要冷靜，一定要堅決，來日方長，艱難正多，和平善良，勇敢自由的市民們！我們必須作最壞打算，更忍辱，更委屈，更沉默，更艱苦的努力罷！

香港四百萬市民正以萬分沉痛的心情，哀悼沙頭角事件殉職的香港警察，香港四百萬市民將永恆的記着，他們是為了鞏固秩序，保衛香港安寧而壯烈殉職的，對殉職警察的家屬，四百萬市民當然寄予同情與關切。如何撫恤殉職警察家屬，照顧其生活，教養其子女長大成人，是香港政府及全體市民之共同責任，必須好好的完成這個責任。同時，我們同樣關切受傷的香港警察，我們一定要好好的照顧他們，以表示香港政府、香港市民是衷誠的、堅強的支持香港警察勇敢的、無私的執行職務！(見該報1967年7月9日)

《華僑日報》是一份中間偏右，立場偏港英的報紙，它的觀點可謂反映當時大多數市民的看法。

中共在考慮對香港是否動武時，曾經提及中東戰火，換言之，當時決定不對香港動武，也是鑒於中東戰事速戰速決，中共擔心因而美國有能力兼顧亞洲，根據余汝信引用廣州軍區資料：

> 在談到香港問題時，周恩來稱：香港問題，考慮到中近東的形勢不會發展那麼快，阿聯已經接受停火，要防止美國在香港搞一下。(原書注：廣東省軍管會辦公室整理：《周恩來總理聽取溫玉成副司令員匯報時的指示》，1967年6月9–10日)

這裏需要交代一下中東戰火如何影響中共對香港動武的決定。1967年6月5日爆發第三次中東戰爭，史稱「六日戰爭」，是近代戰爭史上的神話。以軍戰機不到190分鐘就摧毀了阿拉伯軍事強國埃及的空軍力量，突如其來的「閃電戰」令埃及軍方政界茫然不知所措。出於道義，約旦國王侯賽因被迫投身這場戰爭。約旦的捲入徒然擴大了以色列的戰果：以軍佔領了約旦河西岸，也佔領了宗教聖地–東耶路撒冷。南線和東線戰事的完勝令以軍士氣高漲，全然忘掉了來自聯合國、華盛頓和莫斯科的壓力，開戰四天後對北部敘利亞發動進攻，一口氣奪取戈蘭高地。六天中，以色列與三個阿拉伯鄰國交戰，其中包括最為強大的埃及；僅僅六天，以色列將其領土版圖擴大三倍，戰略縱深全面增大。

以阿戰爭爆發後，中共及港共的輿論一直把美英在中東的困境同香港的暴動聯繫起來，希望中東戰爭會拖住美英使其無暇兼顧遠東，這樣中共在香港的行動就可以更加自如，當年的《大公報》就刻意把中東戰爭與暴動相提並論。它的一篇社論說：

中東戰訊傳出後，倫敦的股票市場立起波動，英鎊跌勢尤大……這個老朽虛弱的帝國主義顯然被阿拉伯人民的槍砲聲嚇破了膽。不管它真的介入或不介入，它的中東的日子也不多了……

這樣虛弱不堪的英帝，竟要勾結美帝蔣匪幫在香港推行反華大陰謀，堅持對港九愛國同胞施行鎮壓，悍然向七億中國人民挑戰，它顯然活得不耐煩了。

港九同胞現在響應祖國的號召，實行反擊它的瘋狂挑戰，仇視它，鄙視它，蔑視它，清算它百年來的滔天罪行，從政治、經濟、文化各方面，採取一切可能的行動，向它的殖民統治發動強大的反擊。各行各業的愛國同胞已加緊進一步組織起來，行動起來，等候祖國一聲號召，就把英帝在香港的反動統治加以粉碎。日來新華社香港分社和其他我國駐港機構以及各社團等紛紛舉行誓師大會，人人鬥志昂揚，表示最大決心，做好準備，迎接搏鬥。

港英氣息奄奄，還在搬弄「法令」，不斷進行法西斯鎮壓，甚且把那些紙紮戰艦當什麼活寶似的，一再拿來演習，向中國人民挑戰。你們還有什麼玩意兒就統統拿出吧，中國人民已經被你們激怒了，收拾你們的決心是下定了。你們身上發癢，我們就不吝力量讓你們早日舒服。

(《從中東到香港　英帝末日近了》1967年6月6日社論)

很明顯，港共想借英美在中東的困境，有意放手在香港大搞。根據《工商日報》[8] 社論分析：

在以、阿雙方劍拔弩張之時，中共宣傳除了全力慫恿阿聯

8　《以、阿戰爭爆發了——分析英、美態度和蘇俄企圖》1967年6月7日。

向以色列用兵之外，同時不斷暗示美國將面臨「窮於應付」的窘境，自言自語，預料美國「無兵可調，無艦可派」。這種宣傳方式，目的在動搖亞洲人民 (特別是浴血抗共的越南軍民) 對美國維持和平與反抗侵略實力的信心，同時也暴露北平迫切希望中東大戰，能夠爆發。至於港九左派分子，在一連串慘敗之後，更盼望中東發生大戰，既可藉此作為攻擊英國藉口，又可乘機在港九散播污衊英國的煽動宣傳，企圖沖淡自身的「敗績」，把港九居民的視線轉移至中東地區，漸漸鬆弛應有的警惕，左派分子然後再度製造騷亂，加深社會的不安。

該報又說：

美、蘇之間的協議 (筆者按：指互不擴大中東矛盾)，意義重大，一方面，可使已處於極度動盪的世界和平，不致受到全面破壞，避免了另一次大規模的流血。一方面，它對中共的唯恐天下不亂毒計，亦加以沉重打擊。北平連日來大聲喊叫「支援」阿聯，又對蘇俄謾罵，指莫斯科「出賣」阿剌伯國家。香港的左派分子，原本想利用以、阿戰爭，製造中東大戰的戰爭恐懼心理，來配合他們的惡毒謠言攻勢，使社會產生新的不安情緒，掩飾他們的節節慘敗。例如前天一份左報，在其「評論」中就露骨地表示：「英帝不僅要敗在阿剌伯人民之前，也將敗在港九的中國同胞之前」。這樣生硬而且牽強的把中東與香港扯在一起，唯一的企圖就是一心希望中東大戰爆發，他們可以在此繼續製造新的騷動，拯救慘敗的命運。[9]

9 見《工商日報》社論：《中東已無大戰危機——左派製造戰爭恐懼心理和

以阿戰爭速戰速決，阿聯陣營慘敗，這對當時反美反英的中共和港共來說都是極之尷尬的。北京馬上停止對香港動武的考慮，因為周恩來擔心美國「會在香港搞一下」。

不過，周恩來的擔心也沒有必要，因為當年美英之間並沒有協防香港的安排。根據已經解密的美國檔案，美國不承諾協助香港防衛，1967年7月17日，研究遠東外交問題的國務院官員 Robert W. Barnett，向英國《泰晤士報》記者表示，「我不覺得港英政府會想由外力協助她維護香港的安全。」Barnett 指出，美國政府與港英政府在防衛上沒有「合同關係」(contractual relation)，與華府跟南韓、台灣、菲律賓、日本的關係不同，「認為倫敦、香港、華盛頓三者有關係，是妙想天開，並不實際。」[10]

天佑香港！國際局勢的演變，令中共當時投鼠忌器，不敢悍然對香港動武。

謠言又告碰壁》，1967年6月9日 星期五。

10　見盧曼思：《六七暴動白宮密檔之二：美國情報揭中港軍力懸殊》，載《眾新聞》，2017–5–5。

附錄　20世紀60年代發生在沙頭角鎮的中英磨擦[11]

1967年初，香港九龍一家塑料製品廠部分人(絕大多數與台灣國民黨有聯繫和站在國民黨反共立場)舉行反共大暴亂，他們攻擊的對象是有愛國主義思想和親近大陸的工人。自英國在香港實行殖民統治後，歷史上「左派」工人從來都是受港英當局的排擠、壓制。因此，左派與右派工人的力量對比，前者顯得勢單力薄。在暴亂的初期，左派工人受到嚴重的攻擊，當時港英當局採取袖手旁觀、坐山觀虎鬥的態度，放任自流讓雙方打架鬥毆。為此，我國政府向港英當局提出嚴正抗議，要求港英政府制止右派工人對左派工人的迫害。

與此同時，左派工人也迅速組織力量進行反擊。雙方除了使用器械打架鬥毆外，還使用土製炸彈進行四處爆破活動。鬥爭的雙方互不相讓、對立摩擦愈演愈烈。在這種嚴峻的形勢下，港英當局對我國政府的嚴正抗議置若罔聞，對左派工人一方進行鎮壓，不但出動警察和防暴隊(裝備精良的警察)，而且出動了英軍。

名曰維持治安，實則偏重於鎮壓左派工人。

首先挑起事端的右派分子一方，由於得到了港英當局的偏袒而受到保護，氣焰更為囂張。隨着事態的發展，港英當局的武裝力量竟然代替了右派分子的角色，從事鎮壓行動。在這種情況下，右派分子逐漸退出了打鬥，並在一旁看着港英當局鎮壓左派工人的熱鬧。左派工人面對嚴峻的形勢，樹起了「反英抗

---

11 原載「深圳政協網－深圳文史第五輯」(日子不詳) 作者：葉騰芳 (原廣東省軍區守備部隊某團參謀) (按：應該是7085部隊參謀) 轉載：轉載題目：揭秘1967年香港邊界中英衝突：解放軍擊斃英軍42人，轉載者：http://military.china.com/history4/62/20170316/30332953_all.html#page_22017-03-16 14:19:05 葉騰芳。

暴」的旗幟，不屈不撓地與港英武裝警察展開了英勇的鬥爭，反抗鎮壓。

1967年，正好是內地「文革」的第二年。對全國人民發號施令的是「無產階級司令部」，統一全國人民思想和傳達信息的權威報刊是《人民日報》、《解放軍報》和《紅旗》雜誌(當時統稱「兩報一刊」)。當時的情況是，正在港英當局鎮壓左派工人的時候，「兩報一刊」不斷發表消息和評論，在輿論導向的影響下，全國人民紛紛舉行集會和遊行示威，聲討港英當局的暴行。北京的紅衛兵造反派還放火燒毀了英國駐北京代辦處(當時尚未升格為大使館)。惠州地區的寶安縣縣城深圳鎮的民眾亦頻繁地集會和示威遊行。在遊行隊伍行進到了羅湖、文錦渡等邊界地區的時候，大家高呼口號，群情激昂。遊行示威的深圳民眾對邊界上敵方炮樓的英警英軍怒目而視，遊行隊伍久久不願離開。

中英關係進入了極度緊張狀態。此後，我方深圳屬下的羅湖、羅芳、蓮塘……等地的農民在通過境界線耕作時，常常被英警無故刁難或打罵。農民群眾為此怒髮衝冠，在英警無理打罵下亦不示弱。於是，生產隊挑選青壯年社員過界耕作，在遭到英警野蠻逞威時，就用鋤頭扁擔作武器揍對方。有一天，在文錦渡從事過境搬運工作的工人(頭戴紅帽子作標誌，無需通行證件，雙方守關人員都不用檢查就可讓他們自由進出，人們叫這些搬運工為「紅帽子」)還將兩個巡視邊境的英籍警官捉了過來。在這種雙方互相敵視的氣氛日益增加的情況下，香港英警防暴隊和英軍大量集結在邊境線地區，從元朗落馬洲至沙頭角一帶都駐紮了大量英軍。我駐軍7085部隊(廣東省軍區守備部隊的一個團)也做了相應的作戰準備工作。當時我任7085部隊團部作戰參謀，親身經歷了整個事態的發展變化。上級指示要

抽調一部分「三支兩軍」(支援左派、支援工業、支援農業，軍事管制簡稱軍管，軍事訓練簡稱軍訓)的軍官歸隊，我就是被抽調歸隊的人之一。

我回到團部後，立即部署各營、連集結前沿。由於我所在的邊防部隊——7085守備團長期駐守在邊境第一線，邊境地區的作戰地形環境較為熟悉。同時，部隊官兵也對英軍的所作所為非常憤怒。全團都作好了隨時隨地作戰準備。除增加崗哨和巡邏以外，也做了最壞的打算——戰鬥打響後，團部軍官的家屬小孩撤出深圳，到廣東省北部的連平、和平等山區隱蔽。

6月26日，時值盛夏，天氣格外的熱。酷熱難耐，我在作戰處忙了一天，感到精疲力竭。傍晚6點半左右，我正端起飯碗吃飯，突然一輛吉普車急停在家門口。通訊員陳德才進屋二話沒說就拉着我的手，要我立即上車，說去沙頭角有緊急任務。聽說沙頭角有戰鬥任務，我即刻意識到問題嚴重，飯也顧不上吃，急忙收拾了幾件衣服塞進軍用挎包，背起軍用水壺和手槍上了吉普車。在開往沙頭角的路上，團參謀長石長福歉意地對我說：「老葉，叫你連飯都吃不成，實在對不起，咱們到了6連(沙頭角駐軍)後，我讓炊事班給你做餃子吃。情況匯報說沙頭角鎮有一民兵被英軍開槍打死，我方群眾無比激憤，看來要出大事。團部領導班子剛才研究決定，成立一個臨時指揮部。你是我特意點的將，因為你是老作戰參謀，對沙頭角的情況又較熟悉，擔當此重任非你莫屬。」我聽完參謀長的話後，對他開玩笑說：「有什麼樣的『好事』，你總是忘不了我。」他用拳頭捶了我一下：「誰讓你是我的老戰友呢！」晚上8時，我們的車子到達沙頭角。

臨時指揮部由6個人組成：參謀長石長福和我、兩個警衛員、兩個通訊員。下車後，立即選房子、接通電話、佈置作戰地圖

和建立指揮系統。一切就緒之後立即向上級報告：臨時指揮部的人員和指揮系統已經就位。接着連夜召集駐軍幹部開會討論，瞭解敵軍新動態和基本情況。之後我們佈置了任務。

剛剛散會，電話鈴就響了，我拿起話筒一聽，原來是中央軍委打來的。我當時真有點緊張，因為自從1949年入伍以來，打過交道的最高機關就是軍區。作為多年的作戰、偵察參謀，我深知上級領導對下級機關發問時，從來不准下級軍官說些模棱兩可的話。如什麼也許、可能、或者、不太清楚等用語，而且數字也必須絕對準確無誤，不能用××多個或××左右等回答。由於我們剛剛開始工作，人員剛到不久，生怕軍委首長提出什麼難以回答的問題。話筒裏只聽見軍委首長問了我的姓名、職務後，接着問：「你們現在有幾部電話？」我回答：「3部。」對方說：「那好，你把它們編上號，1號直通中央軍委，二號通團部和軍區，三號是你們指揮部與所屬戰鬥部隊通話用的。3部電話全都不用搖機，拿起話筒就能直接對話。」軍委首長接着又說：「把你們的作戰方案簡要地說一下！」我當時心慌意亂。因為指揮部根本就沒時間研究作戰方案，但又不敢實說。

我只好用眼睛瞟了一下參謀長，沒料到這時候的石長福額頭上冒出了冷汗，他接過話筒嘴唇動了一下連話也說不清楚。在這種尷尬的情況下，我急中生智搶過話筒說：「我們的作戰方案主要有3點：①目前敵人還沒有動作，雙方正在對峙着，我方正在嚴密監視，及時掌握敵情動態並採取相應措施。同時，不主動挑起事端，不打第一槍，部隊多帶些機關槍在陣地前沿隱蔽好，防止敵人突然襲擊；②若敵人首先發起進攻，我軍不要急於堵回去，要放進來打，誘敵深入後，則命令部隊從北面的伯公坳向西南方向直插敵境內的沙頭角與聯和墟交界處的石涌

坳，切斷敵人退路和阻擊敵增援部隊，要多捉俘虜；③我方群眾越界惹事引起敵人開槍射擊，並有向我發起進攻的跡象，對此我們有兩個辦法，一是我軍換上便衣越界出擊，二是將部隊的武器發放給民兵，讓民兵越界戰鬥。」聽完了我的這番話後，軍委首長說：「很好！你們團指揮部想得很周到。但是，部隊絕對不能換上便衣化裝越界出擊。」通話完畢，站在一旁的參謀長聽了我的這番話臉上頓時露出了笑容。他高興地將我抱起來。把我放下後，他指着我的鼻子說：「我還不知道你小子有這兩下子，快把你剛才說的寫在作戰日誌上。」當我認真地寫完後，炊事班長端來了一大盆餃子，我剛吃了兩個，一號電話鈴響起。對方說：「軍委同意你們的作戰方案，但要定具體實施辦法。外交部羅貴波副部長也同意你們的方案，他要求你們注意掌握分寸，掌握民兵的情緒，不要隨便越境鬧事，授人以柄。」然後我記錄好電話內容。這時參謀長對我說：「我在這裏守電話，你抓緊時間吃晚飯。」不料我剛端起碗，三號電話又響了，是梧桐山觀察哨報告英軍炮兵調動情況，我只好放下飯碗將情況做了詳細記錄，在作戰地圖上做好標記。然後，立即向上級匯報。為此，又忙碌了一個小時。這時已經是深夜12點了。也許是餓的時間過長加上沒有歇息——哪怕是短暫的歇息都沒有，我這時候連餃子也不想吃了，只想喝水。參謀長見此情景，細聲地對我說：「不管怎樣你還是要盡量吃點東西，看情況這種局面短期內不會結束，別把身體搞垮了！」他又吩咐炊事班長把涼餃子煎了再端上來，我只好胡亂吃了幾個，便和他一道研究作戰方案的細則並及時向上級匯報。上級經過仔細研究後批准了我們的方案。於是我們連夜召集營、連、排幹部開會部署作戰方案細則。部署完畢後天已經亮了。極度緊張的第一天就這樣度過了。這時我剛想躺下合一下眼，

又有連隊幹部進來報告：「沙頭角鎮內有幾十個青年人在追趕中英街的英警，把他們攆回炮樓後，還向對方扔石頭和玻璃瓶……。」聽完報告後，我急忙與連隊的幹部前往現場。在現場，我耐心地規勸民兵們：「不要主動挑起事端，令自己有理變成無理，對方的暴行和挑釁行為，我們部隊會處理的。」民兵們聽了我的話之後便很快散去。其實，「文革」期間，軍人說話特別管用。可是，我們離開之後，一些民兵和群眾還是照樣向對方扔石頭和玻璃瓶，不分白天黑夜地扔。所幸沒有造成傷亡。他們採取分散流動的打擊方法，使對方的炮樓底下、街道和公路變成了垃圾堆，對方沒有人敢出來清掃。

沙頭角雖說是彈丸之地，但是其為名揚四海的世界上4個分裂地區(點)之一：朝鮮三八線將朝鮮半島分裂成兩個國家——朝鮮和韓國；越南北緯17度一線也曾將南北方分成兩個政權——南越和北越；德國的柏林牆又曾將德國分成兩個國家——聯邦德國和民主德國；再就是我國的深圳沙頭角中英街了。前3個分裂地區是第二次世界大戰(1945年)以後形成的；而沙頭角中英街則是清朝光緒年間所定。昔日朝廷所立的高1米寬0.4米的石碑立於中英街的分界線上，將一條長約300米、寬5米的街道分成兩個世界。我方當時的行政區劃上屬沙頭角公社，是惠陽地區所屬的寶安縣境內地域範圍最小、人口最少(約1000人左右)、地理位置偏僻的一個公社。沙頭角公社只有7個自然村：徑口、田心、沙井頭、沙攔下、庵上、官路下和沙頭角鎮村，沙頭角鎮村內只有10多間商店和200個居民。從內地進入沙頭角鎮從東向西經過一座長10米、寬5米的水泥橋便是中英街口，街口中間就立着那塊分界碑。界線以南是中方，面積約0.5平方公里；北面為英方轄區。來往的人們按照國際慣例，港英居民和軍警靠北面走，中方居民和解放軍值勤人員靠南

走，兩方來往人員幾乎可以並肩行走。自東向西走到中英街的盡頭轉向南，為海旁路(雙方同名)，路中間有一條寬5米深6米的水泥結構水渠，長400多米，直通到海邊。以渠道為界，西面為英方轄區，街兩邊全是店鋪；東面為中方轄區，沿着水溝有一條行人道，人行道的下面分佈着全都背向西面的住房。南面就是大鵬灣，在大鵬海岸上，我部1營6連1排的營房就坐落在那裏。按規定，凡是海水所到之處均屬英方。大鵬灣時常有英軍艦和水上警察的巡邏艦艇四處遊弋，我方僅限於漁船能在大鵬灣海面活動。

英界香港範圍內的沙頭角僅有鄉的建制。在香港境內有一條水泥公路從上水向東直達沙頭角地區。公路兩旁有很多商店，除了中英街有30餘家商店外，從海旁街出沙頭角往上水方向1000米處店鋪林立，沙頭角聯鄉辦事處、警署和一些大商店就設在這裏。在雙方的商店裏，除了吃用的日常消費品應有盡有外，還有金鋪、鐘錶店等高檔商品。在當時我方老百姓看來，黃金和鐘錶均屬奢侈用品。英界沙頭角鄉附近的村莊分佈大致是：北部有山嘴、擔水坑、鹽寮下；南部有榕樹坳、鳳坑、雞骨樹下等。南北部的村莊皆與英界沙頭角陸地相連，而與中方沙頭角則由小海峽相隔。南北部的所有村莊與我方陣地相距很近，均在機槍和六零炮的射程之內。香港居民歷史上從未屈服和認同過英軍的佔領，祖先曾因反抗英軍暴行而遭到大屠殺。在抗日戰爭時期，日寇佔領香港後在此肆意殘殺老百姓。於是，這裏的青年男女紛紛加入了抗日游擊隊(東江縱隊所屬的武裝力量)，到內地參加抗日救國或在當地打擊日寇。他們和自己的祖先一樣，歷來都認為自己是中國人。英軍、英警鎮壓香港左派工人和在邊界製造事端的行徑使他們怒不可竭，男女老少天天成群結隊到防暴隊駐地——聯鄉會大樓抗議，並到中英街附

近地區遊行示威，只要英軍英警有什麼新的動向，就及時派人過來向我方報告。為了阻止雙方老百姓的匯合示威，英警將處於中英街街口的一座高30多米的大炮樓，在樓下用鐵絲網封鎖起來，企圖阻擋管界兩方的群眾匯合聚集。可是，雙方的群眾經常派人去扒開，對此，英警就施放催淚彈或從炮樓下來用警棍追打群眾，這樣的情形一直延續到7月5日。

我們臨時指揮部的工作就是及時瞭解並掌握敵情，向上級機關報告。在緊張局勢最嚴重的10天裏，團部增派了3個參謀，不然的話，縱然我是三頭六臂亦難以應付嚴峻的局面。7月5日下午，英軍大量增兵，附近的村莊都住滿了英軍。英軍的武器裝備大多是輕、重機槍和炮。這時候，英警的防暴隊又增加了100多人進駐聯鄉會，加上原有人馬共有200多人，而且配備了幾十挺機槍。我把這些情況向上級作了匯報。與此同時，我軍也採取了相應措施：駐紮在橫崗、鹽田等地的野戰部隊視情況變化，隨時待命出發增援。處在第一線的仍然是我團的2、3營和機炮連。我們在戰地和陣地上進行了周密部署：在沙頭角鎮所有高建築物上都堆上沙包，架起輕、重機槍和高射機槍。此時此刻，火藥味愈來愈濃，戰事一觸即發。為了與民兵配合作戰，我找來沙頭角鎮民兵連長羅九，要求他作好全體民兵和群眾的思想工作。一要做好戰鬥準備，二要嚴守紀律，千萬不可先打第一槍和主動挑釁。7月6日傍晚，我方有一家群眾的小孩子得了急病，沙頭角公社衛生院的醫療設備簡陋而無法醫治。按當地人的習慣，要到英界內的香港醫院醫治。但是由於進出口處被英警嚴密封鎖，根本無法通行。我方派出聯絡人員懇求炮樓上的英警放行，他們對此無動於衷、不屑一顧。我方群眾忍無可忍，於是派了10多個青年人用鎬頭去扒障礙物，英警見狀隨即施放催淚彈。民兵張天生從商店裏取出一桶火水(即柴

油)澆濕棉被扔到炮樓底下，正準備點火時，炮樓英警用機槍向他射擊，張天生立即倒在血泊裏。面對敵人的殘暴行徑，我方軍民極為憤慨。但當時又沒有得到上級的命令，我軍不能擅自開槍。這天晚上，團長李廷閣來到前線，省軍區某師白政委等人也來了。7月7日，沙頭角群眾舉行了集會抗議，甚至連沙頭角鎮以外的村莊和鹽田公社的群眾都來參加集會遊行，整個籃球場擠得滿滿的，群情激奮地聲討港英當局的罪行。當天，英界那邊各村莊群眾也自發地集合起來，數百人到聯鄉會前強烈抗議，他們不顧英警施放催淚彈，振臂高呼：「打倒港英當局！血債要用血來還！」等口號。一直堅持到下午才散去。

7月8日凌晨2時，我剛躺下床，突然電話鈴聲響，我立即拿起話筒。電話裏傳來一位女同志的聲音：「我講話的聲音清不清晰？」我回答：「很清晰。」之後對方什麼也沒說了。我心裏明白這是話務員在試機，同時也深知這個時候舉國上下都在關注着沙頭角。因為長時期處在緊張狀態，我感到十分疲勞，但又無法入睡，我躺下來強迫自己睡覺，哪怕是合一下眼也好，以防疲勞過度造成精神恍惚出差錯，可不管怎樣就是無法入眠。於是，我乾脆下床起來把行軍水壺灌滿茶水，軍用挎包裹裝上一些壓縮餅乾。此時，司務長走進來送來兩隻熟雞。我這時候根本就沒有食欲，就對司務長說：「你去把雞切開7、8塊，整隻雞太難吃了。」司務長下樓去不久就加工好了，還送來幾十個饅頭。自從進入沙頭角以來，我們已經沒有一日三餐的概念了，反正感覺餓了就吃，不分白天黑夜。最難受的就是睡眠不足，實際上是睡不着覺，經常覺得口乾舌燥，只是一味地想喝水。

這時候的沙頭角，各路人馬匯集。除了部隊各級的軍事指揮員外，還有地區、縣、公社的一些地方幹部(他們負責後勤供

應工作)，同時還有《人民日報》等報社的記者。一切跡象表明，大有「山雨欲來風滿樓」的感覺。

7月8日早晨，我方群眾又集會遊行。遊行示威的隊伍從中心球場出發，經中英街到海旁路，之後轉到海邊，然後再回到中英街。大家搖旗吶喊直到中午。在群眾遊行示威期間，有幾個民兵經過悄悄商議，決定從英界中英街後面大菜園角(地名)插到距聯鄉會大樓400至500米處的稻田裏觀察動靜。不料很快被聯鄉會裏面的英警防暴隊發現，敵人見有荷槍實彈的民兵，立即用機槍掃射。民兵就是民兵，他們不懂得利用地形地物前進或後退，只好死死地臥在稻田裏不敢動彈。幸好稻田裏有稻草作隱蔽，不然的話就會有去無回。敵軍機槍的槍聲大作時，我們指揮部不知道發生了什麼事情，一來我方沒有彈着點，二來又不見敵人運動。用望遠鏡一看，聯鄉會大樓裏人頭攢動，我們知道那裏是出事地點，但又不知道出了什麼事。於是，我命令距離聯鄉會大樓比較近的十多挺機槍分別各就各位，一挺機槍瞄準一個窗戶，嚴密監視敵人的動靜。不一會，民兵連長羅九氣喘吁吁地跑來報告，說有幾十個民兵越過邊界，躲藏在稻田裏現在撤不回來。羅九問，怎麼辦？團長李經閣聽了很生氣，問是誰叫他們過界去的？民兵連長羅九結巴了。遇到這種事情，真是棘手難辦。進軍肯定不行，100多人的民兵出擊也不行。我當時提議：「最好的辦法就是叫民兵們潛伏不動，待天黑後再偷偷地潛回來！」團長同意我的辦法，就問：「誰去通知？」我聽這麼一說，又啞口無言了。是啊，到達民兵的潛伏地點要經過一片開闊地，它在敵人的射程之內。派誰去通知都不合適，都有危險。指揮部裏的每個人都為此事傷透了腦筋。對方打了一陣子槍後，見民兵沒有動靜，也就不再打槍了。幾十個民兵在稻田裏泡了幾個小時，心裏非常着急。到了下午4

香港六七暴動始末｜綜論

點，對方可能認為天黑後事情不好辦，一來擔心民兵會借助夜色偷襲；二來他們又想捉俘虜做證人，抓住我方入侵的把柄。於是，從聯鄉會大樓裏出來了幾十人，分兩路包抄民兵。與此同時，大樓窗戶前站滿了英軍在觀看。從大樓出來的英軍向稻田裏猛烈開火。在這千鈞一髮的時刻，指揮部接到開火的命令。於是，我向作戰部隊正式下達「開火」命令。說時遲，那時快，幾十挺機槍同時射擊，子彈投向大樓的所有窗戶和正在向民兵隱蔽地點進發的兩路敵人，由於事先研究定下了戰鬥方案——每挺機槍對準一個窗口射擊，命中率相當高。我方的機槍足足打了15分鐘，把對方打得鴉雀無聲。對方的公路上遺留下10多具屍體。稻田裏的民兵也撤回來了，沒有任何損傷，只是有一個民兵摔得像泥猴似的，連槍桿裏也塞滿了泥巴。當天晚上，我們獲悉，共打死防暴警察和英軍42人，絕大部分是胸部中彈。估計聯鄉會大樓窗戶前的敵人一個不剩。後來，香港同胞逢人就說：「解放軍真是神槍手，個個都是打中胸部。」第二天一大早，英方下半旗致哀。軍警儀仗隊站在中英街口的炮樓下，面向我方，打鼓吹喇叭和奏風笛，表示哀悼。英國倫敦的報紙發表文章：《中國老虎真地吃人》，港澳同胞為此揚眉吐氣。

其實，在我方的機槍響後，深圳梧桐山我軍觀察哨來電報告：「英界沙頭角幾個村莊的炮兵陣地上大炮紛紛將炮口對準我方。」在我身邊的通訊員和司機兩人得知這個情況後，驚恐地問：「葉參謀，仗打起來後我們往哪退？」我對他們說：「不能退，也沒有路可退。我們全在敵人的炮火和機槍的射程之內，唯一的退路就是去見馬克思。」他們聽了我的話都低下頭，深沉地咽了幾下口水。我知道他們害怕，就安慰說：「你們放心，仗不會打起來的。英國人真要發動戰爭，就不會在這

個彈丸之地開戰。只要敵人的大炮一響，深圳正面就沒有邊界了。我軍只需用一個軍的兵力就能徹底地佔領香港，到那時，你們說英軍往哪裏退？」他們聽了這番話後，高興地笑了。

當天晚上，野戰軍機關領導不斷來電話詢問：「要不要什麼支援？如果需要支援可隨時來電。」我們說暫時不需支援，如果情況惡化，會馬上請求支援。這時，地方政府機關和群眾送來了大量餅乾和罐頭，這在當時對我們軍人來說，算得上是奢侈品了，因為當時的市場上是買餅乾憑糧票、買罐頭憑領導的批條。

7月8號以後，雙方都不願將事態擴大，再也沒有打槍了。英警也不敢上中英街巡邏。我們只是警惕地注視着敵人的動靜。直到8月9日，臨時指揮部撤銷，我才離開沙頭角回到團部與家人團聚。

［第七章］
六七暴動的落幕

六七年曾經是香港警察的電影明星陳欣健在《消失的檔案》中說：「暴動來得突然，去得也突然，像拴水喉一樣，說停就停」。這句話很形象地描繪了這場暴動的落幕。

「六七暴動」的高潮，在內地是以1967年8月22日深夜紅衛兵火燒英國代辦處為標誌，在香港則是以1967年8月24日清晨左派暴徒火燒商業電台播音員林彬為標誌（筆者相信，香港的暴行是受到北京的暴行鼓勵的，雖然現在沒有確鑿的證據說明兩者的關係）。事物的發展，往往是在高潮時就孕育了落幕的因素。對內地文革也好，對香港的暴動也好，「火燒英國代辦處」一事，既扭轉內地「極左」思潮的勢頭，同時也為結束香港的暴動提供了條件。

火燒英國代辦處既是大陸文革一個轉折點，更是六七暴動的一個轉折點。事件發生後，周恩來趁機向毛澤東陳述「中央文革小組」組員王力如何煽動紅衛兵奪取外交大權，釀成嚴重外交事故。毛澤東當即下令逮捕王力、關鋒、戚本禹，剷除了中央文革小組的三枝專門煽動「極左」思潮的筆桿子。這就大大挫敗了中央文革小組的威信，使周恩來地位轉趨穩固。而在剷除王關戚後，在外交部奪權過程中冒起的、被外交部造反派擬擁立為「代理外交部長」的姚登山也就失去了他在中央文革的靠山。這樣，當周恩來地位轉趨穩固後，他就果斷地部署結束這場「六七暴動」。這個過程筆者將分三部分來加以說明。

甲　火燒英國代辦處

火燒英國代辦處之前，「中央文革小組」組員王力在1967年8月7日有一個所謂的「八七講話」(王力下台後，大家都習慣稱之為「王八七講話」)，極盡煽動的能事，鼓動紅衛兵奪外交部的大權。以下是這個講話的部分內容[1]：

一九六七年八月七日，王力對外交部革命造反聯絡站代表姚登山等同志的談話 (摘要版)

你們一月份奪權，奪了多少權？業務監督權有多少？能監督得了嗎？部黨委班子沒有動吧？革命不動班子？！這麼大的革命，班子不動還行？為什麼不能動一動班子？戚本禹那天對姚登山同志講的話是對的。總理不是講過「三結合」嗎？老、中、少「三結合」，為什麼外交部班子不可以搞「三結合」？……

你們要充分運用監督權，人事也要監督，幹部路線是政治路線的保證。挑幹部就是要挑革命派，不能挑保守派。不合理的挑選幹部，你們監督就要把它監督掉。挑幹部出國也好，幹什麼都好，第一條看他是不是革命，是不是擁護毛主席革命路線的，沒有這一條什麼都不行，不看這一條，只看什麼級別，什麼資歷，什麼長，這個統統打倒 (說到這裏時王力同志坐了起來，用手揮了一下，很激動)……。

我看你們現在權沒有掌握，有點權才有威風。出國首先提

1　全文載：《文革與現當代史資料》，1967年8月7日王力對外交部革命造反聯絡站代表姚登山等同志的著名的「八七講話」http://www.difangwenge. org/simple/?t3745.html

出要什麼「長」，多少級，不管是擁護毛主席的還是擁護劉少奇的，這不行，這是原則分歧，要是這樣，革命就不要革了，以後出去要革命派來挑選，來審查。我們革命派，首先看你站在那一邊？你不革命，什麼長，多老的資格都不行，當然我們也要負責全面審查，保證不出亂子。

看來現在外交部還是原班人馬，原封未動……

監督小組不能成為花瓶、點綴品。要真實地監督，在一切重大原則問題上要提出看法，意見可能對，也可能不對，凡是重大的原則性爭論問題，應提到黨中央，要堅持原則……

姚登山同志在印尼造了帝國主義、反動派的反，回國後也要造修正主義的反，修正主義就是走資派，你旗幟要鮮明，態度要明朗，支持革命派，我們堅決支持你……

王力繼續說：揪陳毅大方向當然對，為什麼不可以揪？！他犯了錯誤又不到群眾中來接受批判，做檢查，就可以揪。一月份他檢查了，後來他自己又翻了，翻了後他不到群眾中來，揪他有什麼不對？不是革命行動，是反革命行動？堵了外交部大門……「紅旗造反團」、「六一六」揪陳到外交部門口安營紮寨大方向有什麼錯？！一點也不錯。

王力這個講話發表後，馬上把「極左」思潮推向高峰，終於導致火燒英國代辦處的極端行為。

火燒英國代辦處後，以王海容（毛澤東的表侄孫女）為首的一些外交部官員聯署了一個大字報[2]，指出王八七講話的要害是向中央奪權，大字報說（摘要）：

2　來源：《文革十年文獻庫》大字報類。

王力「八七」講話的要害是向中央奪權

王力八七講話是什麼東西？他利用自己的地位，擺着革命的架式採取煽動性的語言，放出遮人耳目的煙幕，欺騙群眾，蒙蔽青年，蠱惑人心，企圖達到他不可告人的目的，假的就是假的，偽裝的應當剝去，我們必須撕破王力八七講話冠冕堂皇的外衣，徹底批判他的八七講話，批判他背離毛主席的革命路線，背離毛主席的戰略部署的實質內容。八七講話的要害是奪權。

他聲嘶力竭，鋒芒畢露，以為時機已到，「有權又有威」向中央奪權。八七講話是從極「左」的方面破壞和分裂以我們偉大領袖毛主席為首的黨中央的一發炮彈。

八七講話是懷疑一切的活標本，全盤否定八七以前我部運動的光輝成績，全盤否定不該否定的東西。

八七講話是不相信群眾，不相信黨的醜惡表白。別的人都不行，唯我最革命，要聽我指揮。

八七講話給抓革命促生產造成嚴重損害，造成很壞的國際影響。

八七講話私字當頭，助長了資產階級個人主義的發展，造成了無政府主義思想的氾濫。

認真回顧，仔細分析，難道八七講話所造成的嚴重後果還不明顯，還不叫驚人嗎？

我們要鋤八七講話這株毒草，肅清它的影響和流毒。挽回它所造成的損失。

外交部：王海容、周興貴、馮聯傑、陳徒和、王永華、
　　　　方華鋒、李奉陽、陳員芳、方仲英、劉華秋

1967.9.8

文中所説的「難道八七講話所造成的嚴重後果還不明顯，還不叫驚人嗎？」就是指火燒英國代辦處。至於火燒英國代辦處的具體細節，中英雙方的當事人和學者已經有很詳細的記載，這裏不贅[3]。

據資料顯示，毛澤東對這個「王八七講話」極之不滿：

其一，8月26日，毛澤東説：「王力這篇講話極壞，現在叫「王八七」(因八七講話得名)膨脹起來了，會寫幾篇文章，膨脹起來了，要消腫。」「王關戚是破壞文化大革命的，不是好人，你只向總理一人報告，把他們抓起來，要總理負責處理。」(見楊成武回憶錄)

其二，毛澤東對「八七講話」的批示：「大、大、大毒草(據《周恩來年譜》1967年8月26日條)

其三，9月24日，王海容去向毛澤東匯報王力「八七講話」在外交部如何不得人心，毛澤東吟出了兩句古詩：「時來天地皆同力，運去英雄不自由」。王海容請教其爺爺王季範老先生，才知道這是出自晚唐詩人羅隱《籌筆驛》詩中的句子。原詩是：「拋擲南陽為主憂，北征東討盡良籌。時來天地皆同力，運去英雄不自由。」[見宗道一《「王八七講話」與外交部「奪權」鬧劇》(載《中華兒女》2002年第一期35-42頁)]。毛澤東以此詩暗喻王力的「運」已去，他要趁機斬斷同王力的關係。

3　例如：馬繼森：《外交部文革紀實》，香港中文大學出版社，2003。以及其後的陳揚勇：《苦撐危局──周恩來在1967》，中央文獻出版社，2008年。

乙 王、關、戚下台抑制了「極左思潮」的惡化

火燒英國代辦處事件的嚴重性，令周恩來下決心要徹底扳倒王力。

據《毛澤東傳》(中央文獻版)[4]敘述：

八月二十五日凌晨一時，周恩來單獨約見剛從上海毛澤東處到北京的楊成武，向他談了對近來一系列事件的看法，特別談到王力的「八七講話」，並把一份談話記錄交給楊成武，要他立刻送給毛澤東看；還談了關鋒主持起草的《紅旗》社論中「揪軍內一小撮」的問題。楊成武當天上午立刻直飛上海，向毛澤東匯報。楊成武回憶當時細節：

次日上午，毛澤東對我說：「你馬上去準備飛機回北京，準備好了再來。」

毛澤東喝了一口茶，說：「我考慮好了，我說你記。」我準備好筆和紙後，毛澤東繼續說：「王(力)、關(鋒)、戚(本禹)是破壞文化大革命的，不是好人，你只向總理一人報告，把他們抓起來，要總理負責處理。」毛澤東將記錄過目後，說：「就這樣，你回去請總理馬上辦。」

當我走出客廳後，毛澤東又把我叫回去，說：「是不是可以考慮一下，戚暫時不動，要他作檢討，爭取一個。」

中午，我回到北京，立即趕赴釣魚台，單獨向周恩來匯報了毛澤東的決定。周恩來決定，事不宜遲，馬上開會。

當晚，在釣魚台，周恩來主持召開中央小碰頭會，陳伯達、康生、江青等人參加。周恩來說：「今天的會議，是

4　見《毛澤東傳》(中央文獻版) 第六卷 第76章〈在全面奪權的日子裏〉第1503頁)。

傳達毛主席的一個重要決策。」他嚴肅地逐字逐句地宣讀毛澤東的指示。隨後便把王力、關鋒隔離起來。

後來，又根據毛澤東在一次會議上的指示把戚本禹也抓了起來。

此外，馬繼森的《外交部文革紀實》也有更細緻的描述：

毛澤東因「7.20事件」離開武漢後到了上海。北京城內，圍困中南海，王力講話引起了外交部和中央各部奪權之風，火燒英國代辦處造成很壞的國際影響。八月下旬，承受了很大壓力的周恩來感到是到了請示毛澤東表態的時候了。關鍵是王力的八七講話；要解決問題，必須有毛澤東的指示。

當時，繼羅瑞卿之後任人民解放軍總參謀長的楊成武擔任毛澤東和周恩來之間的聯絡員。8月25日凌晨1時，周恩來將需要請示毛澤東的事情和文件向楊成武一一交代。其中就有關於王力8月7日對外交部講話的記錄。周恩來特別囑咐：「外交部王力八七講話，你交給主席就行，只談情況，你不要評論，不要露任何個人看法，就客觀地如實地反映情況，請主席指示。」楊成武接受命令，表示明白。周恩來站起身來，將楊送到門口，握着楊的手，又叮囑一遍：「記住，對王力講話，只談情況，一定不要加任何評論，叫主席自己決斷。」

8月25日上午9時，楊成武飛上海，向毛澤東做了匯報並將文件交給毛澤東。第二天，8月26日上午9時，毛澤東召見楊成武，對他說：「王力這篇講話極壞。現在叫王八七，膨脹起來了，會寫幾篇文章，膨脹起來了。要消腫。王的

錯誤極大。我的看法：此人書生氣大些，會寫幾篇文章，不大懂政治。王的破壞性大些。關鋒聽王力的話。王力的興趣不是什麼部長、副總理。這個人愛吹。」毛略作沉吟，手指輕輕敲在茶几上放着的白紙，對楊成武說：「我考慮好了，我說你記。」楊成武已經在記。

毛澤東接着說：「王、關、戚是破壞文化大革命的，不是好人。你只向總理一人報告，把他們抓起來，要總理處理。」毛又點點頭，說：「就這樣。你回去，叫總理馬上辦。」毛又強調：「只同總理一人講。」

楊成武退出毛澤東的客廳，回到自己住的房間，立刻通知工作人員，準備返京。此時，毛主席身邊的護士長吳旭君又來通知他：「楊總長，主席叫你再去一下，還有事。」楊成武匆匆回到客廳，毛澤東仍然坐在原來的沙發上沒有動，吸着香煙，做了個手勢。楊成武重新坐下，拿起紙和筆。

「我又考慮⋯⋯」毛澤東始終是若有所思的神情，緩緩地說：「你回去跟總理講，戚本禹是不是爭取一下？這三個人是不是可以分化一個？但是要總理狠狠地批，要批透。不然的話，就爭取不了，分化不了。」毛澤東停頓了一下，又說：「怎麼處理，由總理決定。」楊成武讓毛澤東核對他的記錄後，毛澤東看了，說：「對，就這樣。飛機什麼時候起飛？」「一個鐘頭之後。」楊成武回答。「馬上去辦吧。」毛澤東將記錄還給了楊成武。

中午12點40分，楊成武降落在北京西郊機場，立刻趕往中南海西花廳，周恩來總理正在急切地等着他從上海帶回的消息。楊成武拿出記錄唸了一遍，然後將記錄交給周總理。周恩來匆匆看了一遍，左手捧着記錄，右手在上面輕拍了一下，說：「好！事不宜遲，馬上開會！」

接着，在釣魚台16號樓，周恩來召集中央文革碰頭會。他說：「宣佈偉大領袖毛主席的一個決定：王、關、戚是破壞文化大革命的，不是好人。把他們抓起來。」

中央文革所有的人都很驚嚇，這時四名衛兵已經出現在會議室。周恩來接着說：「毛主席又説，這三個人是不是可以分化一下？戚本禹是不是爭取一下？但是要狠狠地批，要批透。」

王力和關鋒當場被逮捕，然後開始狠批戚本禹。過了半年，1968年2月，毛澤東親自主持一次中央文革的碰頭會，沒有叫戚本禹參加。毛澤東說戚本禹改不了，由周恩來把他立即像王力、關鋒一樣處理。接着戚本禹也就被抓了起來。

至此，促使「文革」走向「極左」高峰的三個風雲人物王力、關鋒、戚本禹，相繼被捕，瞬間跌落。姚登山，這位自印尼歸來而深深捲入外交風雲的「紅色外交戰士」，隨即也在公眾視野裏消失，在九月散發的「文革」小報上，《當了四天「外交部長」的姚登山幹了些什麼？》這篇檄文，標誌着這顆外交新星的隕落。(筆者按：1971年姚登山被打成「五一六分子」被捕，關進秦城監獄) 局勢由此大逆轉。「文革」從此走出狂熱，歷史走向，為之改變。

當大陸走出「文革」極左狂熱，香港的「六七暴動」也到了落幕時候。

丙　周恩來下令終止「六七暴動」

扳倒王、關、戚，扭轉了「文革」極左勢頭，為結束香港

的「六七暴動」創造了條件，但具體這場運動是如何收場的？
馬繼森的《外交部文革紀實》有如下的記錄：

> 火燒發生後，香港鬥爭不能不拐彎了。港辦否定了港澳工
> 委還要對香港繼續搞真假炸彈、罷工加碼以及國慶前在香
> 港海面搞漁船示威。港辦的文件由周總理批示同意後報送
> 毛主席和林副主席圈閱。在這種形勢下，港辦工作人員又
> 和宦鄉商量 (時羅貴波在阿爾巴尼亞訪問) 建議請港澳工委
> 領導人來京開會，打通思想，以便貫徹拐彎的指示。這個
> 建議上報後也經周總理批准。香港赴京開會人員先在廣州
> 集中，並開預備會議。他們大多仍然頭腦很熱，一時難以接
> 受拐彎的指示。下面的鬥爭積極分子更是焦躁不安。有人多
> 次寫信給周總理，反映港辦執行了右傾投降路線。周要他們
> 的主要代表人來京，先由宦鄉同他談，未能說服；後來周恩
> 來親自同他談了5個小時，他終於表示認識到自己錯了。
> 1967年港辦和港澳工委等有關人員集中在北京飯店，用了兩
> 個月時間進行香港鬥爭總結。其間，周恩來3次接見與會人
> 員。最後一次會，外交部政治部的軍代表韓立業也參加了。
> 周恩來說：之所以把你們扣在這裏兩個月，就是要你們把頭
> 腦冷靜下來。已經報告毛澤東主席和林彪副主席批准：在香
> 港，不要搞真假炸彈，這對人民有害，對港英無用；不要上
> 街遊行；不要罷工。由於香港領導鬥爭的主要人物都在北
> 京，當地的鬥爭也就逐步降溫以至收場了。[頁67–68]

陳揚勇的《苦撐危局──周恩來在1967》也有同樣記錄：

> 12月初，周恩來接見參加港澳會議的港澳工委負責人時，

香港六七暴動始末 | 綜論

再一次批評了在對港英鬥爭中的一系列極左做法，説：「這些做法是脱離群眾的，要盡快糾正」。此後，中央對香港問題的方針政策得以正確貫徹。(頁366)……1972年11月，周恩來會見來訪的英國外交大臣霍姆時説：「我國政府對極左分子在1967年的活動和他們在香港採取的政策是不贊成的」。(頁367)

由於這場暴動結束得比較突然，筆者經過長時間的搜索，終於找到一位參加北京會議並親身聆聽周恩來叫停暴動的老地下黨員。這位老地下黨員在香港很有知名度，他對筆者表示，可以談，但不可以公開他的身份。他正在撰寫自己的回憶錄，屆時會把這些細節披露出來。以下是根據筆者對這位老地下黨員的訪問筆錄，對這個結束過程作出以下的描述。由於無法找到第二證人或其他旁證，請讀者自行判斷以下內容是否可信[5]：

火燒英國代辦處以及火燒林彬以後，香港的武力暴動 (以炸彈為標誌) 沒有一刻停過。這情況維持了兩個月左右，直到有一天北京召集香港左派各條戰線的頭頭到北京開會。當時大家都「熱火朝天、鬥志激昂」地分批出發 (因為要避過港英監視)，先在廣州集中，一併抵達北京。當時大家一心以為北京會藉着火燒代辦處後的氣勢，一舉收回香港。

抵京後，港澳辦一位官員 (筆者按：這個港澳辦應該是暴動時成立的外交部的港澳辦，而不是指今天我們熟悉的正部級的港澳辦) 出來接待，説總理這幾天忙，叫大家好好休

5　筆者在2015年末對一位不願公開身份的地下黨員的訪問記錄，地點在他的辦公室。

息，因為在前線鬥爭尖銳，大家神經繃得很緊，所以叫大家先休息一會。當時大家都感謝周恩來總理的體貼，所以抵京後先休息一個禮拜左右，這也正常。

沒有料到的是，港澳辦開始安排他們到北京動物園、西山、頤和園、長城這些地方遊覽參觀，又叫他們學習馬克思如何過家庭生活，他如何在繁忙的革命工作中，也抓住機會進行親子活動，例如經常帶女兒到郊外旅行等等。這些題目對來自「反英抗暴」鬥爭第一線的港共來說是格格不入的。

這樣過了整整三個星期左右，到大家都悶得發慌的時候，有些官員就來同他們一道總結經驗，方式是重溫中央對港「長期打算、充分利用」的方針。這樣慢慢把大家的思想撥回到原來中央的軌跡上來。換言之，中共用很委婉的方式告訴大家，暴動搞錯了！這時，這些地下黨員才知道原來前三個星期的作用，是要把他們調離鬥爭的第一線，使他們發熱的頭腦能夠冷卻下來。

接着是廖承志出來接見他們，一方面讚揚他們英勇的鬥爭精神，一方面則指出這違背了中央對香港政策的精神，這實際上就是否定了整個「反英抗暴」鬥爭。當時有人很不理解，私下說：「怪不得王力要奪周恩來的權！」、「原來國務院外交部真的出現嚴重右傾問題」。

再過幾天，廖承志提出在香港鬥爭的方式方法：要政治鬥爭，不要武力鬥爭；要通過統戰爭奪人心；要大力開展有益身心的文娛體育運動，通過這些活動團結香港居民，擴大左派影響。

他要求各條戰線的領導人回去傳達這次會議精神。為了保護群眾的愛國熱情及勇敢精神，不要怪責下面，因為責任在中央。

到了12月底，周恩來接見了他們，重申了「群眾是英勇的，路線是錯誤的，責任在中央」這個精神。(筆者按：在李後《回歸的歷程》一書中，略去了「責任在中央」這一句，改而寫上「損失是嚴重的」)周恩來並下令結束暴動。至此，肆虐香港長達八個月的「六七暴動」正式結束。

筆者再次強調，這個落幕的版本，僅僅是根據一個人的記憶，不同人對事情的時、空、過程也許會有不同的記憶，故其可靠性有待讀者自己去判斷。希望日後我們能夠看到當事人自己親筆寫的回憶錄，以補遺這段幾被淹沒的歷史細節。

根據這位地下黨員的回憶，周恩來接見他們時是1967年12月底，只有一次。但根據《周恩來年譜》，周恩來在1968年1月1日、3日及10日都有接見他們。《年譜》在這幾天的條目說：「接見港澳會議代表。在談到1967年夏季的對外工作時說：六、七、八、九這四個月國內報紙對香港的宣傳是有毛病的，對香港用的口號同國內的差不多，把國內紅衛兵的口號也用到香港問題的報道上了」。《周恩來年譜》作為官方的出版物，只能夠避重就輕地說些輕描淡寫的話了。

就這樣，一場持續長達八個多月，造成51人死亡，832人受傷，1936人被檢控的暴動就正式落幕。這期間，左派放置了8074個真假炸彈，其中1167個是真的。香港的《明報》在當年聖誕節報道了這則消息，讓香港人舒了一口氣。

1967年12月26日《明報》，
梁威林、祁烽攜北京命令，
港共正式決定即日停止武
鬥，左派各界連日開會傳達
指示。

香港六七暴動始末｜綜論

［第八章］
英方應對暴動的策略和方法

在六七暴動中，港英能夠成功平息動亂，歸根結底是北京沒有下決心收回香港，這是最關鍵的原因。因為如果中共那時就決定收回香港，則無論英方軍事上如何強大，政治上如何高明，都是無法阻擋的。所以，這是港英得以成功平亂的根本原因。

在當時中共沒有意圖收回香港這個大前提下，也需要英方(包括在倫敦的中央政府和在香港的港英當局)在整個暴動過程中的應對得宜才能成功平亂，因為一旦應對失當，刺激了中共，則中共在文革時期那種決策極端非理性化的背景下，隨時會實行武力收回香港。筆者認為，從事後孔明的角度看，英方當年的應對堪稱為「危機管理學」中一個成功的範例，總結它能成功管控暴動危機有賴以下的策略：

一、有居安思危的意識：對即將到來的危機早有警覺

二、樹立堅定的統治意志：抗拒「澳門模式」

三、作最壞的打算：包括緊急撤退和採用核武

四、謀最好的結果：各種策略的運用恰到好處

五、心戰奏效：內提民氣、外樹形象

六、重要的領軍人物

下文將逐一分析。

甲　強烈的危機意識：對撤退早有預案

澳門「一二三」事件後，港英已經意識到港共會在香港照

辦煮碗，所以在六七暴動未發生前已經未雨綢繆，做定準備應付突發危機。根據前《文匯報》編輯周奕的記載：

在這段期間它搞了一連串的軍警聯合演習，其規模之大、範圍之廣，超過歷年水平。單是1967年2月份就出動英國航空母艦在沙螺灣進行海陸空軍攻防戰，在粉嶺鐵路沿線進行軍警野戰演練。此外，主要服務團出動1,700多人和100部貨車進行糧食配給演習；民安隊與軍警在大澳門進行海陸搶救演習，顯然港英要為將會發生的事情作準備。(周奕《香港左派鬥爭史》，第224頁)

筆者相信，1967年2月已經舉行這類演習，說明港英當局已經預計到一場類似澳門的奪權風暴會席捲香港，所以提前做好各類準備。

另外，根據許崇德的研究，港英對如何應對危機也有所分析，而且事後證明他們對左派將會採取什麼鬥爭手法也作出相當準確的分析。他說：

香港政府驚覺香港有可能出現相類似的騷動，有急切策劃對策的需要，故此，布政司署在澳門「12.3事件」步入尾聲之際，便急不及待召集部門首長在1967年1月25日聽取政治顧問分析文化大革命和澳門「12.3事件」將會對香港帶來的影響。1月19日和2月7日，又先後發表兩份由「基要服務團」(Essential Services Corps) 總監希拉德 (John Hilliard) 分析澳門動亂的文件，探討澳門當局處理動亂的手法，讓香港政府日後面對這類動亂時可資借鑒。這些文件特別提出香港必須做好充分準備以面對左派引起的騷動。

希拉德參考澳門、越南胡志明市和印尼的騷動事例，認為暴徒以十幾二十歲的青少年為主，人數一般在2000至5000人之間。騷動以一些組織（例如工會、各種學生組織或者紅衛兵）提供好戰的骨幹成員為基礎，由他們引發騷動，並吸引和組織群眾參與。至於鼓動群情，以報刊、絕食、自焚或原因不明遭槍殺的「烈士」皆可。

在平息有組織的騷動時，希拉德認為執行宵禁令是最有效的方法；執行宵禁令須當機立斷以避免傷亡。他又指出參與騷動的死者會被暴徒稱為「烈士」，死者的遺體和葬禮會被用作號召民眾的道具。同時，因應有組織騷動的特質，他提議要直搗對方的巢穴，並且暫時拘留暴徒的首腦，但也要確保他們的人身安全，以免引起烈士效應。希拉德進一步指出，當出現騷動時，法律在維持社會如常運作方面自有其局限性。例如當面對罷市時，政府不能對參與者進行法律制裁，只能依賴市民合作。[1]

希拉德對左派可能採用的策略的評估，事後都證明非常準確。事實上，這種未雨綢繆的部署，早在中共建立政權開始就一直有種種預案，例如很多學者都提到，六七暴動期間英國有一個從香港緊急撤退的計劃，以為這個計劃是針對六七暴動而制定的，其實不然。英國自從1950年代初開始（那時中共剛剛建立政權）已經制定好一個必要時從香港緊急撤退的計劃，這個計劃在1963–64年因應內地局勢發展又再檢討更新一次。這些方

---

1 許崇德：《攻心為上：香港政府應對「67暴動」的文宣策略》載《二十一世紀雙月刊》2015年2月號，總第147期。他文中引用希拉德的分析，見其原注 John. L. Hillard, *Analysis and Study of Macao Riots with Comments on Suggested Implications and Lessons*, 19 January, 1967；及 *Analysis and Study of Macao Riots* (Continuation) 7 February, 1967。.

案，都是備而不用，但到了1967年暴動時就正式提到議事日程上來，外界遂以為是因應六七暴動而制定。

從英國解密檔案[2]可以看出，在暴動前英方已經在考慮更新這個計劃，筆者接觸到的第一份討論這個計劃的絕密檔案是1967年1月23日，由運輸大臣 Clayton 致函殖民地大臣 Carter 要求檢討這個撤退計劃(由運輸大臣出面催促開會，估計是因為撤退涉及運輸工具的運籌)。暴動前關於撤退的電文有三則：

一、1967年1月23日：運輸大臣 Clayton 致函殖民地大臣 Carter

鑒於目前中國不穩定的局勢，我們想知道DIGIT (筆者按：1950年代已經制定的撤退方案的代號) 的進展情況。在12個月前，我看到文件說這個計劃幾乎是日久失效了。(見FCO40/92, 327545)

二、1967年2月3日：英國遠東駐軍總司令致電英國國防部和香港英軍總司令

我收到香港總督關於撤退的函件。這是關乎一旦香港受到嚴重威脅甚至攻擊時的應對……。(他要求召開會議檢討具體計劃，資料來源同上)

從這兩則電報的發出日期可以看到，早在暴動發生前英國就對其固有的撤退方案進行檢討，而這時暴動還未發生。

2　除了特別注明之外，本章所引述的文件資料來源都是檔案號為FCO 40/92, 327545 的解密檔案。

　　　　香港六七暴動始末｜綜論

三、1967年5月8日：英國遠東駐軍總司令致國防部參謀長會議主席

英國駐遠東總司令 Michael Carver 致國防部參謀長會議主席 (Chairman, Chiefs of Staff Committee) 的電文說：

我與總督及駐港英軍司令[3]共同檢討了我們對香港的計劃。

我們同意一旦出現突發性危機我們缺乏足夠的時間及資源來允許我們進行整體性的撤退。在一個持續緊張的局面下，大規模的撤退會破壞香港的士氣。無論什麼情況下撤退，都會因為必須選擇 (撤退什麼人) 而導致出現道德上的問題，特別是歐洲人不會比當地人更加危險。最後，一旦發生戰爭，我們也不可能為了保護撤退工作而分散駐軍的主要任務。

基於上述原因，我和港督都認為撤僑只能限於那些專業情報人員以及特別容易受損害的公民。我們制定計劃時只能限於列出這類人的名單，並在必要時能迅速集中並保護他們直至撤出為止。港督及駐港英軍司令將負責制定這個名單，作出各項安排並不時予以更新。(文件號：CINCFE. 1671/6070/11。資料來源：同上)

發出這封電報時，是暴動發生後兩天，但從電文內容看，所有的安排和討論都是在暴動發生前，所以直到這一刻為止所有關於撤僑的計劃均與暴動無關。

另一份文件也能夠說明英國從50年代開始就有撤退的準備。在暴動發生後的5月23日，英國貿易部 (Board of Trade) 的

3　香港總督為英國君主代表，擁有駐港三軍總司令及駐港海軍中將 (Commander-in-Chief And Vice-Admiral of Hong Kong) 頭銜。實權則由英國遠東駐軍司令 (Commander British Forces / CBF) 行使。

D.F. Riley 致電給聯邦事務部(Commonwealth Office)的 W. S. Carter
說:

> 目前香港的暴動使我要提醒您,根據聯邦事務部 FED
> 528/400/02 (TS)的指令而發出的、由港督保存的發給 BOAC
> (筆者按:British Overseas Airline Corporation,即英國海外航空
> 公司)總經理的密令已經非常過時,必須讓港督知道這點。
> 該密令是說一旦發生要從香港緊急撤退婦孺時,可以把
> BOAC 在遠東地區的資源置於港督的支配下。這份指令最
> 後一次更新是1962年,它涉及的飛機機種,BOAC已經不再
> 使用了。因此BOAC必須更新它的計劃才能執行任務。(貿
> 易部文件 EL/153/093,資料來源同上)

這就清楚無誤地說明,早在一九六七暴動前,英國已經有
緊急撤退的預案。暴動開始後,這項制定了10多年的預案才被
正式提上議事日程上來。1967年5月16日,三軍參謀長委員會秘
書致電各參謀長及國防部:

> 三軍參謀長委員會秘書 Gibbon 致電各參謀長及國防部,向
> 他們遞交了一份有關從香港撤退的計劃,請他們審批。(文
> 件號:COS 1437/16/5/67。資料來源:同上)

在整個暴動期間,港英一直在研擬這個撤退計劃,直到
1967年的年底。筆者在解密檔案中看到的有關撤退的文件最後
一份是1967年12月20日。這時周恩來已經勒令停止暴動,所以
以後也就再沒有看到英方就此問題的討論。

從這個簡單的回顧可以看出,自從中共奪取全國政權後,
英國就開始有這種居安思危的危機意識,所以從1950年代開

始，就秘密制定一個緊急撤退計劃以防萬一。這種危機意識使到港英在處理暴動時能夠比較主動。

乙　堅定的統治意志：抗拒任何奪權的圖謀

從英國解密檔案可以看到，英國從一開始就認為暴動旨在使港英接受所謂「澳門模式」，而英國是不會接受這個模式的。而且在日後的電文來往中，反復強調了這點。

1967年7月21日 (即7月8日沙頭角槍擊事件後兩周) 英國內閣召開第二次跨部門香港小組會議 (會議代號：K(67)2) 傳閱一份有關香港問題的中期報告 (Interim Report by Officials，見FCO 40/78 C330301)，解釋了「澳門模式」的實際含義。報告的附件說：

今年一月，在本土共產黨 (筆者按：指港澳工委) 和廣東省當局的極端壓力下，澳門葡萄牙當局接受了由土共提出的一系列恥辱性的要求，最主要的有以下幾點：

(a) 處罰葡萄牙駐軍司令和警務處長；

(b) 賠償因為警察行動而造成的損失 (估計超過12萬5千英鎊)；

(c) 釋放所有在示威中被捕人士；

(d) 由澳門總督發表書面和公開的道歉，承認「罪行」。

除此之外，葡萄牙接受廣東省外事處一個額外要求，交出1963年在澳門被捕的國民黨特務，並承諾從今之後保證國民黨不能在澳門立足。此一項要求是在葡萄牙政府立場有所弱化時追加的。

今天雖然澳門殖民地名義上的管治權仍然留在葡萄牙，但很明顯他們對在澳門實施管治的權力幾乎喪失殆盡。所以：

(a) 當英國駐澳門領事館被示威者包圍時，葡萄牙當局不願意提供實質性的保護；

(b) 他們不願意制止綠邨電台播放極端反英的宣傳；

(c) 在反英示威中，一名葡國士兵因所謂行為不當而被 (澳門) 共產黨「拘捕」，為此澳督需要向土共道歉才能使他獲釋。

報告說：

(「澳門模式」) 不可能提供不流血的保證，卻會使我們處於一個毫無談判能力的狀況，並且會使我們處於長期的恥辱。我們在香港的人將會成為中共的人質，中共將會肆意驅使他們來迫使我們作出持續的讓步。所以我們排除這個可能性因為它是不可能接受的。(以上文件見FCO 40/78 C330301)

從英國的解密檔案可以看到，英國政府以及港英當局，在應對暴動的過程中表現出一股強大的統治意志，這使得香港避過「澳門化」的一劫，從而謀得後來的發展空間。對比之下，葡萄牙當局由於缺乏統治意志，過早地屈服，使澳門提早進入一個「半解放區」狀態，從此停滯不前。筆者曾經撰文比較兩者由於應對文化大革命的不同態度和手法，導致到兩個殖民地後來的不同命運[4]，這裏不贅，僅僅摘錄該文的對比表，讀者就可以看出兩個不同的應對得出兩個不同的結果。

---

4 見程翔：《「一二三事件」，港澳殊途命運的起點》，原載《端傳媒》，2016–12–3。

丙　作最壞的打算：包括緊急撤退和採用核武

從解密檔案中可以看到，英國是做好了最壞的打算，包括從香港緊急撤退以及必要時部署核武以防中共侵入。

A 撤退方案

根據解密檔案，英聯邦事務部負責香港的W. S. Carter 在1967年6月20日正式提出一個有限度撤退計劃，其要點如下：

香港：撤退計劃(原文：Hong Kong: Evacuation)

英國駐遠東軍總司令向參謀長委員會提出一個應急計劃以便有限度地將某些會遭受中國報復或壓力的人士撤離。他們包括特別情報人員、警隊部分人士 (特別是政治部)、以及眾所周知忠於英國的華人。我建議批准這個計劃。

從香港撤退的計劃可以回溯到1950年代……到1963-64年間重新檢討時，港督強烈認為一個全面性的撤退是完全不現實的，但假如只限於人口中的非華籍人士，則是不道德的和不理想的。在中國採取敵對行動前或後來進行撤退會為香港公眾和警隊的士氣帶來災難性的影響，香港將馬上出現一個我們的保安力量不足以應付的內部保安問題……在此情況下，保安部隊將無力擔負起保護撤退的工作。中國有能力使香港面臨嚴峻的軍事壓力。一旦她決定收回香港，任何撤退計劃都無法實行。

此外，撤退計劃要成功執行的話，必須涉及多個部門和人，因此將不可能保密。一旦大家知道有撤退計劃，這本身就會對香港的公眾信心帶來負面的影響，從而對內部安全構成一個難以接受的危險……所以我們的建議只局限於

一張人數極有限的名單 (原文：a very short list of names)，
在必要時為他們提供海軍及空軍的設施以便把他們撤出香
港。(資料來源同上)

雖然英方確定了一個有限度的撤退計劃，但對整個撤退工作則作
出詳細的可行性研究和具體部署，從目前筆者接觸到的解密檔案
看，可以知道當年英國部署的撤退的研究是很全面的，包括：

一、軍事行動
　　英國國防部在一份題為《從香港撤出英國人的軍事支援》
(Military Assistance to Evacuation of British Subjects from Hong
Kong) 的文件 (具體時間不詳，估計是1967年8月) 裏，對撤出問
題作出全面部署，包括：

- 撤退的條件假設、
- 需要撤退的人數估計、
- 通道保障 (空路是從啟德機場到新加坡樟宜機場的通道
  保障、海路是維多利亞港以及港島南區的沙灘)、
- 海軍的運送能力 (能夠搭載12,000人)、
- 皇家空軍在遠東可以動用的飛機數量及機種清單、
- 空軍的運送能力 (每天能運走3000人，在21天內可以運
  走63,000人)、
- 各種運載工具的最短預告執勤時間、
- 撤退的目的地，包括新加坡、馬來亞、台灣、菲律賓等、
- 完成撤退所需時間：評估在 × 天 (原文在天字前只有
  一個空格) 之內能完成撤退計劃，如果能夠徵集民營資
  源，則時間可以縮短。

二、經濟和金融緊急措施

英國國防和海外政策委員會 (Defence and Overseas Policy Committee，以下簡稱OPD) 在1967年8月29日提交一份題為《香港：為撤退而作出的應急計劃 (金融和經濟)》(Hong Kong: Contingency Planning for an Evacuation: Finance and Economic) 的備忘錄中列出若干問題：

1. 英國在香港的資產

一旦撤出香港，英國將損失在香港的不動產，這批不動產的估值是：

* 迄1964年的賬目上價值是2600萬英鎊
* 1963–65年間新增投資是710萬英鎊
* 1963–65年這三年間從直接投資取得的回報是1580萬英鎊
* 可移動資產：另行處理

2. 香港在英倫銀行持有的金融資產

一旦中國收回香港，中國政府必然要收回香港存放在英國的資產，迄1966年底香港存放在英倫銀行的存款共3億3000萬英鎊，其中屬私人的是1億3000萬英鎊，屬香港政府的是2億英鎊。為免中國政府提出收回這筆錢，必須從速擬定方案凍結這筆存款。該份文件有三個附件：

* 附件一：詳細列明香港在英國存款的構成以及最近期的變動；
* 附件二：列出一些必要的措施以謀求凍結這筆屬香港人的金融資產；
* 附件三：一旦 (因局勢惡化) 出現資金外流時必須採取的措施。

該文件的最主要結論是：在被迫撤退時，不要寄望能夠保護不動產，但必須在24小時內凍結香港在英國的資產。

由於發生了7月8日沙頭角槍擊事件，撤退的部署就更加積極，英國政府在1967年7月24日成立了一個跨部門的「香港小組」(Working Group on Hong Kong) 來統籌其事。到1967年9月6日，英聯邦事務部向英國內閣的國防和海外政策委員會(OPD)下轄的防衛檢討工作組 (Defence Review Working Party) 提交了兩份文件，一是《從香港撤退的可行性研究》；另一是《香港：長遠研究》，前者在上文所述的政策外，進一步落實了軍事上的準備，並探討了請美國出動幫助撤退的可能性；後者則落實了經濟上的準備，包括研究英國撤出後香港是否仍然保留英聯邦成員的身份等。

三、評估英國在失去香港後會對英國經濟帶來的影響

在1967年9月22日，英國財政部應 OPD 的要求提交了一份題為《失去香港後對英國造成的經濟影響》(Economic Consequences to the United Kingdom of the loss of Hongkong) 的報告，評估了一旦失去香港對英國有可能造成的打擊。報告根據英港之間的雙邊貿易數據，英中之間的貿易數據等，得出如下結論：

1. 失去香港這件事本身不會對英國帶來太大的影響，因為根據1966年的英港貿易，英國對港的逆差是1千300萬英鎊；所以失去香港影響不大。

2. 但是如果失去香港的同時，由於英中關係惡化而造成雙邊貿易停滯，則英國將要損失為數達3千萬英鎊的貿易順差。

3. 如果英國被迫要解除對港人存英資產的凍結，則這將會

對英鎊帶來「損害性的影響」(damaging effect，指可能迫使英鎊迅速貶值)。

　　但是，英方很快就決定放棄這個撤退計劃。研究撤退問題的專門小組是在1967年7月24日成立的 (在文件上會議的代號是K(67) First Meeting)，但是四個月後，這個小組在同年11月17日召開第二次會議時 (在文件上會議的代號是K(67) Second Meeting)，就已經有人建議放棄這個撤退計劃。會上傳閱了一份由 OPD 提交的備忘錄，在其建議部份說：

第八點：我因此建議：
(i) 暫時停止所有撤退的計劃，只在有必要時啟動一個「緊急行動」(crash operation) 來盡量撤走敏感性或易受迫害的人士。
(ii) 如有必要，毫不含糊地表明我們並無意撤離香港。
(見OPD草案：關於香港的應急計劃 Draft Paper on Contingency Planning: Hongkong)

　　主要的理由，還是因為任何撤退計劃都不可能保密，一旦風聲洩露，香港的信心馬上崩潰，導致香港內部保安問題無法維持下去，而且會導致大陸人蜂湧強行進入香港，屆時香港將處於無法管理的狀態。

　　到了1967年12月20日，由 OPD 送交英聯邦事務大臣的文件《緊急計劃：香港》(Brief for Secretary of State on Contingency Planning: Hongkong) 正式提出取消這個撤退計劃，文件解釋了取消的原因，說：

根據港督以及本部門的意見，消息走漏的危機實在太大，這也是外交部和國防部的擔心⋯⋯我們必須陳述為什麼一旦公眾知道我們正準備撤離香港其後果是災難性的。首先，當人們對我們留在香港的信心存疑時，對於大多數不能離開香港的中國人來說，他們會尋求與另一方 (筆者按：指策動暴動的一方) 妥協。與他們目前堅定支持政府的做法不同，好的話他們會保持中立，不好的話會支持中共。這將會釋放出大規模的排外情緒和社會動盪，而大陸的共產黨人將會煽動他們並利用這個機會來對我們造成最大的羞辱。這將很快導致一個我們無法處理的內部安全問題。其次，一旦出現撤退的跡象，中國內部那些熱衷於收回香港的人比那些主張維持現狀的人將受到更大的鼓舞，這將增加中國直接干預香港的可能性。

就這樣，研究了足足一年的撤退計劃就正式取消了。

B 死守方案：核打擊計劃

在各種最壞的打算中，最極端的設想是計劃以小型核彈對付中國。1967年7月25日 (也就是沙頭角槍擊事件後兩周)，英聯邦事務大臣向 OPD 提交一份題為《香港：中期報告》的文件 (文件編號為 OPD (67) 61)，其中提到：

核打擊力量
5. 據悉國防大臣將會提出可行的辦法以阻止中國對香港進行軍事攻擊。在部長會議上討論了在香港駐紮一支小型的核打擊部隊的可能性，就如同與印尼發生衝突時我們在新加坡所駐紮的一樣。

6. 這個建議必須予以最小心的考慮，因為在香港這塊中國認為是屬她的領土上駐紮這樣一支部隊會被認為是一個嚴重的挑釁行為。(解密檔案編號：FCO 40/78, C330301)

這個計劃詳情如何？從解密檔案中無法知悉，但解密文件顯示，在沙頭角槍擊事件後，7月24日英國內閣大臣會議，與會的包括聯邦事務大臣Herbert Bowden、國防大臣Denis Healey、不管部大臣 (Minister without Portfolio) Edward Shackleton。會議認為：

> 在此情況下 (指一旦中共派軍隊攻港) 必須竭盡所能阻止中國出兵，其中一個方法是在香港設置小型核武器，以震懾中國，類似英方在新加坡設置以對抗印尼的規模。
>
> In these circumstances consideration should be given to all possible ways of deterring the Chinese from a military attack on the Colony; for example, the stationing in Hongkong of a small nuclear strike force similar to that stationed in Singapore at the time of confrontation with Indonesia might be studied. (see K[67]1st meeting) (解密檔案編號：FCO 40/78, C330301)

但這個計劃具體內容如何則不得而知，我們只知道它最終未見付諸實踐。

除了考慮自己設立一支核打擊力量外，英國也曾經考慮過引入美國的核保護傘。在1967年8月22日召開的香港跨部門會議上傳閱了一份題為《香港：初步報告》，其中第五部分討論了「有什麼辦法可以阻止中國的意圖？」裏面提到引入美國的核保護傘，它說：

> 一個令中國不敢對任何鄰近國家動武的因素是懼怕美國對她進行核打擊⋯⋯。因此，美國對她進行報復性打擊的

威脅將可以制止中國對香港採取行動⋯⋯雖然中國聲稱核武器是「紙老虎」，但他們也是很認真地考慮核打擊的威脅⋯⋯要採取這個核威脅的策略，只能夠在中國採取一些明顯可以被認為是「中國侵略」的行動時方可以使用⋯⋯。但是中國會精準地部署其行動使到她(對香港)的滲透顛覆活動不足以構成(美國)對之採取核報復的理由。雖然美國希望我們留在香港，但我認為他們不準備為香港公開作出任何接近核保障的承諾。(以上見解密檔案編號：FCO 40/78, C330301)

英方聯邦事務部在1967年9月6日提交給內閣的另一份報告《香港：長期研究》也是這樣評估：

鑒於香港的情報價值以及作為自由世界在中國大陸的一塊飛地 (a Free World enclave on the mainland of China)，美國希望我們能夠在香港停留越長越好。但是由於國際及國內原因，他們不太可能為香港提供一個公開的核保障，而從我們的角度看，我們也未必願意他們這樣做。(見Doc OPDO (DR)(67)56 的附件，資料來源：見FCO40/92, 327545)

事實上，根據美國的解密檔案顯示，美國並無意軍事介入香港。在沙頭角發生槍擊事件 (1967年7月8日) 後，《倫敦時報》(*London Times*) 記者 Ian McDonald在7月17日致電美國國務院查詢美國是否有意在軍事上協防香港？國務院當時提供的答案是：「沒有這回事」。但國務院內部則傳閱一份由負責東亞及太平洋事務的助理副國務卿 Robert Barnett 更詳細的理由來說明美國無意這樣做，該文件說：

1. 我不知道香港政府在保護其安全的問題上是否有意尋求外援。

2. 我可以高度肯定地指出，在防衛問題上，美國政府和香港政府之間並無合同性的關係，不同於我們同韓國、台灣、菲律賓、或者日本般。

3. 我指出鑒於香港和共產中國的軍事實力對比，決定了香港政府首先必須採取克制和決斷來處理內部問題，其次應看到一個全面的軍事對抗除了確保優勢的一方迅速勝利外別無其他結果。

4. 我認為：
   (a) 製造一個印象令人覺得香港與海外有軍事聯繫對香港政府並無好處；
   (b) 從法律或者歷史的角度看，政府的權利不可能轉移或與他人分享；
   (c) (有關協防香港的) 報道在倫敦、香港和華盛頓都會被認為是無中生有而不是根據現實情況。

5. 我的印象是倫敦和華盛頓政府……各自對新加坡的承擔和對香港在條約下的佔領是嚴格區分的。(見美國解密檔案 NSF, Files of Alfred Jenkins, "CHICOM – HONG KONG", Box 1 #6 memo H.W. Jacobson to Jenkins, 7/17/67)

這可以説是美國無意在軍事上介入香港問題的最清晰的説明。

丁　謀最好的結果

英國和港英當局雖然作了最壞的打算和相應部署，但他們在具體處理暴動時卻是力求爭取最好的結果——挫敗港共使

「香港澳門化」的企圖。從事後分析，他們的成功有賴於以下幾個因素：

 * 準確判斷形勢
 * 策略得當：堅定但不退讓、強硬但不挑釁
 * 既動手(鎮壓)又動腦(心戰)

一、準確判斷形勢

筆者覺得，由於對即將到來的暴動早有預感並且為此作了最壞的打算(見上文)，港英在具體應對暴動時反而更顯得冷靜沉着，正因為能夠保持冷靜沉着，所以能夠準確判斷當時的形勢。從大量解密材料可以看出，港英對當時形勢的掌握，相對於港共來說是更加準確的，例如：

 * 對暴動性質的認知：這場暴動是內地文化大革命的延伸；
 * 對暴動目的分析：它是港共企圖複製澳門的經驗，奪取港英的管治權而不是中共中央要收回香港；
 * 對北京態度的分析：北京對港共在香港的很多做法是不滿的；
 * 對北京支持港共力度的分析：不能不支持，但不會有太實質(例如軍事上)的支持；
 * 對港共在香港實力的分析：認為它沒有能力發動一場足以癱瘓香港的暴動；
 * 對香港前途的分析：短期來看，由於香港對中國具有重大經濟及情報價值，中國不會提早收回香港，長期來看，1997年之後，英國必須要離開香港。

從英國解密檔案中，可以看到很多文件都反映了港英當局上述比較合乎事實的判斷。這裏筆者僅列舉其中一份，就足以說明問題。在暴動初起不久的「五二二花園道事件」後(即筆

者在第一章「概略」部分所稱的暴動的第一階段），港督戴麟趾在向英聯邦事務部遞交的一份文件，分析了這場暴動的來龍去脈，他說：

> 在目前文化大革命向外延伸，以及在此期間中國傾向非理性的情況下，我們並不確知他們對香港的真正意圖，也不知道他們對任何事件的反應會是什麼。從這裏看（筆者按：指從香港的角度看），我們不認為北京意圖在現在就迫使我們離開香港。我們的評估是本土共產黨覺得他們必須跟得上文化大革命的原則（而他們認為香港政府一個「罪行」就是限制文化大革命對香港的影響），因此藉着一個膠花廠事件以及其他事件而發難。這看來是本土共產黨一個錯誤的主動，反映了他們認為要緊跟大陸發生的事情，而不是一個來自大陸的故意的指令。但是一旦本土共產黨行動了，北京在錯誤訊息誤導下，不但覺得需要對這些行動表示支持，而且認為可以藉此羞辱我們以確保在未來我們對北京的壓力會顯得更加敏感（例如有關美國軍艦來港事宜），甚或迫使我們接受一個澳門式的狀況。（見《港督戴麟趾向英聯邦事務部發出的內部電文》，特急電第688號，1967年5月24日，文件收藏在解密檔案號FCO 40/46, 304379）

這是暴動爆發不久後港督戴麟趾第一篇發回倫敦的對香港局勢的評估（之前發回的多是匯報每天香港發生的事情）。從這評估中可以清楚地看到，他認為：

- 香港的暴動是文革的外延；
- 本土共產黨錯誤地為了要跟得上文革而發難，
- 北京是被迫支持港共，並不是要迫使英國現在就離開；
- 整個目的在迫使英國和港英接受一個澳門式結果

這幾點認知，構成倫敦和港英對整個暴動的性質的認識從而決定了對暴動的對策。在往後香港和倫敦的函電來往中，以及香港對國際社會的局勢匯報中，這幾點都是反復強調的。

對比吳荻舟《六七筆記》5月27日記載周恩來對本土共產黨的不滿 (詳見本書第二部分《六七筆記》5月27日條注釋)，就可以看出港督戴麟趾上述這個判斷——即北京是無奈被迫支持港共發動的暴動——幾乎是百分百準確。

這份報告接着談到港共如何錯誤估計形勢，戴麟趾說：

本土共產黨似乎錯誤估計香港市民的情緒，他們是強烈反對把一個澳門式狀況強加到香港，並且在港府鼓勵下，出奇地坦率表達對政府挫敗共產黨壓力的支持。有跡象顯示共產黨 (本土和大陸的) 對香港民眾對暴動的反抗程度感到意外。(資料來源同上)

這份報告接着評估港共今後的鬥爭策略，戴麟趾說：

如果共產黨決定再進一步強力推進他們的運動，他們可能採取的措施包括：
+ 在公共事業和政府部門發動罷工；
+ 利用婦孺為屏幕 (像澳門一樣) 發動更強烈的暴動性示威遊行；
+ 營造緊張氣氛，例如高音喇叭和大字報運動、散播謠言、發出恐嚇性電話和信件、在邊界發動紅衛兵式的示威等；
+ 採用任何辦法來策反警隊以及使他們疲於奔命；
+ 對外國人或者知名華人進行襲擊。
如果 (共產黨) 強力推行上述措施並延續四個星期的話，則

警察將會疲憊不堪而到時必須動用軍隊……他們將被迫使用更多的武力才能恢復秩序，這將會導致更大的傷亡甚至生命的損失，使局勢失控進入一個惡性循環。(資料來源同上)

戴麟趾在5月24日對局勢發展的評估，被證明完全準確，港共的確如他所預料的開展了上述五項鬥爭辦法，因而造成日後的大規模傷亡(戴麟趾呈交這份報告時，暴動尚未造成死亡事故)。

筆者翻閱解密檔案時，就發現不少港英當局準確判斷形勢的資料，限於篇幅不一一的引述。

二、由於能夠準確判斷形勢，所以應對的策略剛柔得當

從解密檔案中，看到香港和倫敦之間有很多函電來往，討論如何應對暴動，閱讀這些電文後，筆者總結港英當局的整個對策是：立場堅定但態度忍讓、手段強硬但絕不挑釁。

1967年5月22日發生花園道事件後的同一天，港督戴麟趾向英聯邦事務部發出緊急電文請他們同意他將會在香港採取的措施，戴麟趾說：

3. 我們討論了應付局勢的各種新措施，包括：

(i) 逮捕目前運動中的已知的領導人 (共24人) 並考慮如有可能遞解他們出境；

(ii) 採取行動中立化某些用以指揮運動的據點，包括中國銀行和工聯會，措施可以在其建築物附近宣佈宵禁，或者根據公安條例第245章予以封閉；

(iii) 以煽動顛覆為由對 《文匯報》這份共產黨在香港的官方喉舌採取措施；

(iv) 部署航空母艦「堡壘號」訪問香港。

4. 以上每一項都會帶來某種程度的局勢升級的風險，並且使與北京關係惡化。我們面臨一個進退維谷的局面，即：

(a) 我們當然希望盡量避免採取一些會導致中國政府介入的行動(而有證據顯示中國政府本身也想避免介入)；但是

(b) 要能夠控制局勢需要政府本身擁有主動權。

鑒於 (b) 是極為重要，我們必須準備面對着 (a) 項所帶來的風險。基於這種考慮，我們對上述第三段提及的各項措施的好處和壞處分析如下：

路徑 (i)

5. 破壞領導系統最少在短期內有一個明顯而正面的好處。我們此間的朋友會認為這是堅定的行動。但中國不可能接收這些被遞解出境的領導人，因此他們很可能會被無限期拘留在香港。這將會為本土共產黨及北京製造一個存在的不滿，從而必然導致他們提出更多的要求。

路徑 (ii)

6. 這將嚴重破壞共產黨領導的反政府行動。在一段時間內他們很可能被困在一角而無法同外界接觸。這樣做最低限度可以中斷他們同外界的通訊(例如政府可以逮捕他們的所有信使)……另一個好處是這樣做我們可以孤立中國銀行大廈而無須對該建築物採取直接行動從而導致北京介入。作為一項臨時措施我已經下令廣播一些中國輕音樂來蓋過中國銀行發出的煽動性宣傳。但這是不足夠的，因為該銀行大廈已經變成示威遊行的一個聚集點，而且也是主要的共產黨控制點。

路徑 (iii)

7. 如果我們對於每天都在違反法律的最惡劣的共產黨報紙不採取行動的話，可能會被視為軟弱。但這樣做將會被北

京視為一個挑釁。此外,還有另外九家共產黨報紙仍然可以繼續這樣做,除非我們也採取行動對付他們。

路徑 (iv)

8.《堡壘號》來港需時三天。它的出現無疑會增加公眾的信心和警隊的士氣,因此警務處長和英軍駐港司令員都強烈贊成此舉。它的到來將會被北京視為軍事挑釁。當然我們不會公開說它是來港增援,而僅僅說它是常規性的訪問。

(見《港督戴麟趾向英聯邦事務部發出的內部電文》,特急電第662號,1967年5月22日,文件收藏在解密檔案號FCO 40/46, 304379)

最後戴麟趾強調這些都是應急性措施提出來供大家參考。從這電文可以看出,港英當局是做好了各種應變措施並詳細考慮了每項措施的優劣點。可見港英的反應是相當理性的。

從事後的結局看,上述四項反制港共的措施中,只有第四項,即派遣《堡壘號》來港提升士氣的建議是付諸實踐了,其餘三項對港共策動暴動具有致命打擊的措施都只是「備而不用」。這就體現出港英從一開始對應付暴動採取的「堅定回應但不主動挑釁」(firm but not provocative) 的總原則 (此一原則在其他文件則稱為 steady but restraint「堅定而克制」)。

立場堅定但態度忍讓。

從解密文件中,可以看到港英反復強調絕不容許澳門事件在香港重演。有了這個堅定的立場後,在具體處理暴動時卻是盡量忍讓,例如:

+ 容許左派群眾連續多天把總督府圍困並張貼大字報
+ 容許中國銀行以高音喇叭煽動群眾,只在拱北行政府新

閒處播放音樂加以淡化

✦ 容許左派報紙天天煽動群眾,直到散播虛假消息才繩之
以法。

手段強硬但絕不挑釁。

　　還有一例子說明港英當時是極端克制避免挑釁的,是總督
懇請倫敦不要關閉新華社駐倫敦分社。當時北京為表示支持港
共,關閉了英國駐上海的代表處,迫使英國考慮關閉新華社倫
敦分社作為報復措施。港督戴麟趾獲悉後馬上致電倫敦懇請不
要這樣做,他說:

> 從這裏看,關閉新華社倫敦分社將會對香港局勢帶來嚴重
> 的影響。
>
> 這裏一個重要的考慮是不讓緊張局勢失控。除非我們面臨
> 一個非不得已的情況,否則我們會避免任何足以使北京進
> 一步介入的行動。雖然關閉新華社駐倫敦分社是作為報復
> 他們對上海行動的一個好辦法,我們的擔心的是北京會將
> 香港一併考慮從而增加對香港的壓力。
>
> 還有,如果我們只關閉在倫敦的新華社而不關閉香港的新
> 華社,那麼這裏的人(包括共產黨和非共產黨)都會視為我
> 們不敢對新華社採取行動⋯⋯。但我們認為關閉香港新華
> 社將會被視為一個重要的升級,它會不可避免地挑起北京
> 一個強烈的反應從而影響香港。
>
> 所以,為了香港的利益,如果您不採取這個行動,我會感
> 到更為高興。[5]

5　見《港督戴麟趾向英聯邦事務部發出的內部電文》,特急電第682號,1967
　年5月24日,文件收藏在解密檔案號FCO 40/46, 304379

從這個電文本身，可以看到港英在危機之時仍然是保持極端克制的態度，盡量避免一些會被視為挑釁的行動。

港英在處理整個暴動過程中，當然也不可避免地採用「暴力鎮壓」的手段，但客觀地看，它從來都不是挑釁者，這點是可以肯定的。港共堅持的一個觀點是：「先鎮後暴」：即先有港英的鎮壓，之後才有群眾起來暴動，也就是說，港英是挑釁者，港共是被動反抗者。這個說法完全經不起事實的考驗，相反，筆者認為是「先暴後鎮」，理由詳見第三章，這裏不贅。

如果細心分析各項被港共稱為「港英鎮壓」的事件的時序，幾乎所有被港共視為鎮壓的行動，港英都不是挑釁者，例如：

- ✦ 先有對港督府持續多天的鋪天蓋地大字報張貼潮，才有「五二二花園道事件」；
- ✦ 先有涵蓋全港的炸彈浪潮，才有大規模的搜查工會及左派機構的行動[6]；
- ✦ 先有以學校來製造炸彈並發生爆炸，才有封閉中華中學之舉；
- ✦ 先有左派報紙捏造解放軍炮艇進入香港的謠言，才有後來封三報事件；
- ✦ 沙頭角槍擊事件中，更是明顯左派蓄意挑釁製造藉口以便解放軍可以有機會介入，而解放軍的介入也是早在計劃中，這件事的真相已經大白 (見本書第六章)；
- ✦ 雖然明知中共駐港機構是整個暴動的事實上的策劃鼓動者，但鑒於其具有大陸政權的象徵性意義，港英都不去觸碰它們。

6　根據港九各界同胞反對港英迫害鬥爭委員會1967年11月編印的《香港風暴》所列的統計看，如果以第一枚炸彈 (7月12日) 劃界，只有港九樹膠塑膠業總工會是在炸彈浪潮開始前被搜查 (6月23日)，而兩巴工會則是在7月12日同一天被搜查，其餘160多個被搜查的左派工會和機構都是在炸彈浪潮開始後才被搜查的。

這種「立場堅定但態度忍讓，手段強硬但絕不挑釁」的應對策略，使港英的行動顯得合情合理，故能收取民心，這是它能夠致勝的重要原因。

三、硬的一招：鎮壓

在具體應對暴動時，港英一方面是「治亂世，用重典」，但同時也深明「攻心為上」的傳統智慧，故能有效應對局面不致被港共「澳門化」。

1. 鎮壓手段
A 頒佈各種緊急法律

在整個暴動期間，港英共頒佈了五個緊急法律，以時間先後為序，計有：

1.「防止煽動性言論」緊急條例 (五月廿四日)；2.「防止煽動性標語」緊急條例 (六月一日)；3.「防止恐嚇」緊急條例 (六月廿四日)；4.「九項緊急法令」(包括：虛偽報告之散播、檢查武器之權力、內庭不公開審訊、啟封或封閉屋宇之命令、表明身份、驅散集會之權力、阻礙罪行、集會罪行、破壞罪行。)(七月二十日)；5.「修訂一九六七年緊急 (主要) 規則第四十條條文」，任何獲授權人員，不需持有搜查令，可進入屋宇、車輛或船隻，搜查任何武器或軍火，同時可截查可疑人物；此外，任何人如獲悉別人藏有攻擊性武器者，須向警方檢報 (七月廿二日)。

這些法律擴大警權，使逮捕、搜查、封閉場所、檢控工作等都更加容易。

走筆至此，筆者想談一點題外話。筆者讀到葉健民的大作《1967年我們曾經站在政權暴力的一邊》(見《明報》2017年3月24日)，很不以為然。葉健民引述這些緊急法律後說：

> 回頭看這段歷史，最令人感慨的是當年的群眾，實質上是站在這些政權暴力一邊。暴動開始，便有包括香港大學學生會在內的400多個社團，聯署要求港英恢復秩序。那個時候，警員對示威者拳打腳踢警棍扑頭差不多是指定動作，也有被捕人士在拘留期間死於警署之內。但警隊依然得到主流民意支持，例如各界對商界成立的「警員福利基金」反應熱烈，短時間內便籌集到數百萬元捐款。有趣的是，在40多年後的佔中運動期間，客觀上警方在執行職務時所採用的暴力程度，其實根本與六七期間的執法手段完全無法相比，但今天的群眾卻是對此反應激烈口誅筆伐，與當年的民情走向形成強烈對比。

葉健民當年尚未出生(他在《中英街一號》劇本座談會中的表白)，不可能理解當年的環境，才會說出「當年群眾是站在這些政權暴力一邊」這種風涼話。當年絕大多數非左派群眾都日日提心吊膽地生活，既恐懼(不知道什麼時候會被誤炸)，又焦慮(不知道局勢會惡化到什麼程度)，更多的是不便(因為拆炸彈需要封路，而罷工更造成生活上的不便)，老百姓那種盼望警察早日平暴的心情絕不是現在時過境遷後很輕率地被指責為支持「政權暴力」。

港共現在經常說，在暴動中，警察的暴力導致51人死亡。然而，根據「港九各界同胞反對港英迫害鬥爭委員會」1967年11月編印的《香港風暴》所列的統計，被殺害的左派工人共

有17人，換言之，還有34人是無辜市民（包括警察、拆彈軍人等），他們是因為港共的炸彈及暗殺而犧牲的，那麼是警察的暴力大還是港共的暴力大呢？筆者無意與葉教授「抬槓」，只惋惜這種沒有切膚之痛的說法現在正被左派廣泛引用來證明他們的無辜。

B 向英廷申請更大的「備用權力」

　　從本章上文所引述的解密檔案顯示，港督還要求英國政府授權他在必要時可以遞解港共領導人出境、查封《文匯報》、以及「中立化」港共標誌性建築物如中國銀行大廈等。雖然這些權力全部都不曾使用，但對他來說已經能做到萬一需要時也可以有足夠授權去行使極端權力（詳上文，這裏不贅）。

C 制定一個「遞解出境」的計劃

　　從英國解密檔案中可以看到一份港英在1967年12月向倫敦提交的報告：《因對抗而被監禁/扣押的人：遞解出境的可能性》（Confrontation Prisoners/Detainees – Possibility of Deportation，存放在檔案 FCO 40/64），報告雖然在12月才提交，已經是暴動鳴金收兵的時候，但報告的內容肯定是在5月戴麟趾獲准倫敦授權必要時可以遞解最多24人出境的時候（見上文）就開始草擬的。換言之，制定這個計劃也是港英當局的硬手段之一。

　　這份報告有以下內容：背景、目的、可行性、影響成功遞解的因素、能成功遞解的好處、能成功遞解的壞處、不能成功遞解的好處、不能成功遞解的壞處、適合的人選、中國的反應、提出的方式、本地反應、結論及建議。從這個目錄可以看到港英對這件事是有很周全的考慮的。

這個計劃應該是港英釜底抽薪的行動計劃，因為只有這樣才能夠癱瘓暴動的領導機構和領導人。

在「適合的人選」這一部分，報告列舉了四類人：

1. 兩名來自大陸的特務

2. 兩名電影明星

3. 兩名新華社官員

4. 如果有需要，可以擴大名單到第四類，包括：

   (a) 學校領導

   (b) 工會領導

   (c) 沒有太重政治色彩的普通犯人

報告多處強調要考慮中國的反應，例如不能用「遞解出境」這個詞，而要改用「釋放到大陸」這個中國比較容易接受的名詞，務求做到能夠順利遞解出境。

但是，縱觀整個「六七暴動」，除了傅奇石慧兩人「遞解出境但不成功」外，並沒有因參加暴動而被遞解出境的個案。

這裏又有必要指出葉健民上文失實的地方。據他說：

1960年代，大部分香港人都並非在本地出生，港英因此有法律基礎對這些「不受歡迎」的人下「逐客令」。在六七期間，有不少只是犯了輕微罪行，例如參與集會的青年，在出獄後被勒令驅逐出境。這些年輕人不少在內地無親無故，要把他們趕回去，終身與在香港的家人分開，是完全不合乎人道的做法。更大的問題是，當年北京不承認三條不平等條約，原則上堅持香港是中國領土，所以認為港府無權把中國人從一個中國城市驅逐出境。但按港英法律，假如無法執行驅逐令，便可以把相關人士拘押至命令有效落實為止。這種變相加刑做法，很多時造成罪行與懲罰完

全不成比例，絕不合理。(見上引《1967年我們曾經站在政權暴力的一邊》)

　　筆者必須指出，葉健民這個說法，完全是沒有事實根據的，他可能是忽略了法庭判決和執行之間的差距。法庭對參與暴動的人士，除判處徒刑之外，往往會建議刑滿後遞解出境，例如在1967年7月25日，警方搜捕摩總位於九龍砵蘭街的分會會所，拘捕包括曾洪(即現任新民黨中委曾向群)在內的42人，期間在會址裏繳獲不少攻擊性武器，各人均被控以「處身於藏有攻擊性武器之場所」。當中35人被建議於刑滿後遞解出境。但事實上港英當局從未有執行法庭的遞解出境令。據筆者不完全的統計，整個暴動期間大概有200多人被判服刑後遞解出境，但都沒有執行。

　　葉健民這個說法，被當時是「鬥委會」成員之一的周奕毫不含糊當地駁斥了。他說：「在這場鬥爭中，沒有一個左派人物被遞解出境」。關於遞解出境的問題，根據周奕的分析，這很可能是港英的心戰技術，他說：

　　這個時候(筆者按：他是在6月10日和13日之間插入這一段話)港英成立了心理作戰室，通過政府新聞處發佈消息⋯⋯心戰室一再向報界說，列入出境的黑名單從60多人增加到360人。只是這個問題已經擾攘了許多天，都是「只聞樓梯響」，經不起報界的追問，心戰室放出消息說，《文匯報》的周奕經已被遞解出境。但是沒有幾家報社相信這則消息(也許因為我不是什麼大人物)，只有《工商日報》將之刊出，我是第二天看到該報才知道自己已給「遞解出境」了。翌日外出採訪，在街上碰到英文《虎報》記者黃銘源

(Bill Wong)，他見到我為之大吃一驚，囁嚅地説：「你不是已經被遞解出境了嗎？」可是他不等我的答覆，已尷尬地轉身離去。可能他亦上當受騙撰發了這則謊言。在這場鬥爭中，沒有一個左派人物被遞解出境。(筆者按：周奕最後這一句話有力地駁斥了葉健民所説的有暴動參與者被遞解出境的説法。)

很可惜葉教授基於錯誤資料的立論又被左派利用來誇大他們如何受到迫害。

唯一一宗接近遞解出境的是影星石慧、傅奇夫婦，但由於大陸方面拒絕接收，港英當局還是無法成功遞解出境。

在吳荻舟的《六七筆記》中，有一天是用來討論「遞解出境」問題的 (見1967年6月14日條)，但被遞解出境的共27人，分別是24名國民黨特務和3名中共特務，而後者變節要求前往台灣。嚴格來説與暴動本身無關。

從英國解密檔案中，的確曾經發生一宗「遞解出境」的個案，那是1967年11月底中英雙方就文錦渡邊界事件妥善解決後，港英當局向中方交還五名越境被捕的深圳居民。當時港英官方稱此為「遞解出境」，中方《大公報》則稱之為「送回被港英非法綁架的五名村民」(見該報11月30日社論)，嚴格來説這也不是真正意義上的遞解出境。所以，可以這樣説，在整個六七暴動期間，除了一次不成功的個案外，並沒有發生真正遞解出境的事件。

心戰奏效：內提民氣、外樹形象

港英能夠戰勝港共，可以説是「心戰奏奇功」。英國解密

檔案中有兩卷是專門存儲有關宣傳和心戰工作的，分別是 FCO
40/105 C413377 以及 FCO 40/106 C414201，足見心戰在平息
六七暴動中所扮演的重要角色 (本章以下各項引用都是來自此兩
檔，不一一說明)。筆者認為，由於這是一個勝利的、實戰的個
案，它非常值得所有從事心戰的人好好觀摩學習，即使你不是
軍事人員，但只要你是從事心理輔導、公關宣傳的文職人員，
都應該好好研究港英在戰勝港共這一戰役中致勝之道。

一、「心戰」的由來

《人民日報》6月3日社論發表後不久，英國外交及聯邦事
務部在6月21日向英國若干駐外機構發出第154號指引 (Guidance
No 154)，內中提到：

> 該社論 (筆者按：指《人民日報》6月3日社論) 的文本令人
> 感覺到北京建議採取一個長期的運動來對抗英國在香港的
> 管治，當前急務是建立一個廣泛的群眾基礎⋯⋯ 6月13日
> (中國) 外交部就香港問題發出第二項聲明⋯⋯。雖然措辭
> 激烈，它反映北京只是想向香港開展一場宣傳戰而不是 (對
> 香港) 採取任何直接的行動。

由於英國和港英當局研判未來與港共鬥爭中，宣傳方面會越來越
重要，所以向英國國防部提出派人協助港英打這場「心戰」。

解密檔案中有一份文件是駐遠東英軍總司令發給國防部
的電文「SEACOS 98」(筆者按：SEACOS 全稱 Security and
Communication System，是英國軍方一個保密通訊系統)說：

> 鑒於目前的形勢有可能再持續下去，因此香港政府及駐軍

司令向我提出心理戰的支援。目前的情況是雙方都想盡量在城市人口中鞏固自己的支持者和爭取對方陣營的人。在新界，則開展傳統的爭奪民心的工作。

作為一項臨時措施，我會調派我的「參謀1(心戰)」(原文：GSO 1 Psyops, GSO = General Staff Officer) 前往策劃和進行相適應的軍事心理戰，並幫助策劃和執行他們自己的心理戰行動，更長遠一點可以調派現有的「參謀2(聯絡)」(原文：GSO 2 Liaison)，出任「政治戰協調員」(原文：political warfare co-ordinator)。

這就是開展「心理戰」的緣由。

二、「心戰」的機構組織

在解密檔案中，很多文件都提及，在判斷北京無意藉暴動收回香港，暴動只是香港本土共產黨受文革影響而胡來後，要戰勝這場暴動，對內必須靠團結香港大多數市民來支持政府，同時要維持警隊的士氣；對外則需要國際社會認識這場暴動的性質、以及港英維持有效統治的決心，從而不至喪失對香港的信心。這就需要及早制定一套有效的宣傳政策。

有鑑於此，港英在1967年5月16日 (換言之，在港共「港九各界同胞反對港英迫害鬥爭委員會」成立的同一天) 就成立了一個「宣傳委員會」 (Publicity Committee)，並在6月13日成立一個「特別宣傳單位」(Special Publicity Unit)，作為前者的執行機構；在8月21日又成立一個「海外宣傳委員會」(Overseas Publicity Committee)；然後再成立一個「秘密宣傳小組」(Clandestine Propaganda Group) (沒有注明日期，只寫上「後緊急」post-emergency 字樣)，從事公關宣傳工作。

	宣傳委員會	海外宣傳委員會	秘密宣傳小組
成立日期	1967.5.16	1967.8.21	緊急狀況後
主席	副輔政司 (特別任務)	副輔政司 (特別任務)	政治顧問
成員	新聞處副處長 D.C. Rivett-Carnac 香港電台台長 副教育司 助理工商處長 大學資助委員會秘書 署理副經濟司 助理華民政務司 總警司 (政治部) 英軍參謀部參謀 (心戰)	香港旅遊協會執行董事 香港總商會執行董事 香港工業總會秘書長 貿易發展局執行董事 署理新聞處長D.C. Rivett-Carnac 工商處副處長 經濟司副司長	副輔政司 (特別任務) D.C. Rivett-Carnac 英軍參謀部參謀 (心戰)
會議	每週二次	每週二次	不定期
目的	維持公眾士氣 加強/恢復對香港及其前途的信心 對青年人做反滲透顛覆的宣傳	促進和協調在海外的宣傳工作 改善香港的海外的形象 修補過去四個月暴動對香港貿易和旅遊的損害 鼓勵外國投資者恢復對香港的信心	
對象	香港公眾 海外香港人 (包括海員)	全世界特別是英、美、加、澳、歐洲、日本和東南亞	
功能	主要功能是促進對香港的正面公關。不會進行沒有資料來源的工作。各成員不代表其所屬的部門，要求他們提供意見並向高層提供建議。委員會將進行田野調查。它將發展成為一個中央組織以便協調香港境內宣傳和反宣傳，以及在境外對海外香港人進行反顛覆宣傳。	主要負責正面宣傳。目前正在討論如何界定香港的「中心形象」，以便在所有對香港經濟有重大影響的國家和地區增強公關工作的基礎。	主要從事沒有資料來源的情報工作。最近來港訪問的 (英軍) 情報研究部負責人將向 (聯邦事務部) 香港小組作單獨的報告。
資料來源	D.C. Rivett-Carnac致上司函的附件B	同左，附件C	同左，附件D

1967年9月14日，從英國外交部「情報政策暨指導聯合部門」(Joint Information Policy and Guidance Department, J.I.P.G.D) 借調到香港政府新聞處工作的情報官員D.C. Rivett-Carnac 向其上司報告在香港進行情報戰的組織，簡單介紹了這些部門的性質和工作，見諸他寫給J.I.P.G.D 負責人 G.S. Littlejohn-Cook的信件，ISD 21/62 (CR)，存於解密檔案 FCO 40/105 C413377。這三個小組詳情如左頁所示。

　　至於作為「宣傳委員會」執行機構的「特別宣傳單位」，執行由宣傳委員會交托的指令和建議，同時與警察和其他政府部門保持密切聯繫。據這份文件解釋，「他們早期的工作集中在香港境內，但近期已經擴散到以香港為家的四萬名海員，他們的船隊四散全球，故特別容易受到共產黨威脅或滲透」(見D.C. Rivett-Carnac致上司函的附件E)。

　　除了在香港設立心戰機構外，倫敦也成立了一個「香港工作組」配合香港方面的心戰。1967年7月12日，外交及聯邦事務部香港委員會 (Committee on HongKong) 召開會議，決定成立一個「香港工作小組」負責在英國中央政府角度進行各種「心理戰」。這個小組由外交及聯邦事務部的「情報研究部」(Information Research Department, 簡稱IRD) 負責人 J.H. Peck 領軍 (他的職銜是「次官」under-secretary)，成員包括：

+ J.B. Denson，外交及聯邦事務部遠東局；
+ A.W. Gaminara，外交及聯邦事務部香港和西印度局；
+ G.S. Littlejohn-Cook，外交及聯邦事務部J.I.P.G.D 負責人；
+ Col Wilde，國防部；
+ C. Wilson，IRD

從這個小組的人員構成可見都是外交和國防以及專責情報工作的官員。關於在香港和在倫敦的心戰室組織架構，詳見本章附錄。

三「心戰」的內容

「心戰室」提供一份工作計劃，詳細列明「心戰」的內容和對象，現摘錄其大綱如下：

I　目標：香港內部

✦　在香港的中國共產黨；

✦　香港的非共人士；

✦　香港的青年人。

香港以外

✦　東南亞國家(包括親英和反英國家)；

✦　在東南亞聚居的海外華人；

✦　其他對香港經濟具重要性的國家；

✦　英國國內的報紙和商界；

✦　與友好國家的溝通。

II　主題：一般性

(i) 反中國

a) 中國內部的暴力和混亂如何影響香港：

✦　外交部受到極端思想影響，外交政策領導層有嚴重分歧；

✦　文化大革命對廣東省的影響尤其對該省能否控制極端分子以及他們對香港的聯繫；

✦　文化大革命對中國的危害，特別是經濟方面，使中國更加仰賴香港來獲取外匯。

b) 中國對其東南亞鄰居以及世界其他地方的大國沙文主義。(香港的問題) 並不是一場「反殖鬥爭」，而是中國有人為了內部原因製造一連串外交偏差。要把注意力集中在中國駐外代表為了營造對毛澤東的個人崇拜和宣揚文化大革命，在外國採取挑釁性的活動，導致無數事件並且影響到與尼泊爾、緬甸、柬埔寨、新加坡、蒙古、北朝鮮和北越等國的關係。

(ii) 親香港

✦ 發放有關香港政府的堅定立場的事實資訊；

✦ 香港經濟的穩定，見諸出口、資金流動情況、貿易前景樂觀、本地商家對香港表達出來的信心；

✦ 有關香港政府在社會和經濟方面的政策，例如徙置政策、房屋、勞工法例等。

(iii) 海外中國人

✦ 中國外交官及其他機構人員對當地華人的操控已引起本地人的反感；

✦ 宣揚海外中國人對香港政府的支持及對港共的批評；

✦ 這些海外華人在內地的親屬在文化大革命中備受壓迫的情況；

✦ 紅衛兵對中國傳統文化的摧殘；

✦ 發放有關大陸教育下降、要「紅」不要「專」的教育路線的資料；

✦ 發放有關中國對待「資本家」的資料，以及毛澤東的「非物欲主導」的經濟。

III　主題：針對香港

✦ 善用港共好戰分子、北京政府和廣東省政府之間的矛盾；

- ✦ 善用港共中的好戰分子和保守分子之間的矛盾；
- ✦ 揭露中共香港領導層的個人背景資料；
- ✦ 本地社團對香港政府的支持；
- ✦ 本地共產黨效仿「越共式」的鬥爭方法，並用私人軍火庫的照片來強化其說服力。

事後證明，當時採取這些心理戰措施，的確有效地打擊了港共的士氣，增強了港人對前途的信心，並且成功地使港人團結在港英政府周圍。這就使港共的暴動行為更不得人心。

己　重要的領軍人物：暴動中的港督戴麟趾

在平息暴動的過程中，必須提一下港督戴麟趾的個人領導作用。香港能夠避過「澳門化」一劫，同戴麟趾展現出的強大的統治意志有關。從他與倫敦的往來電文中可以看出，他作為一個殖民地官員，對英國負有維護英國宗主國尊嚴的責任，這從他多次表示絕對不容許澳門事件在香港重演這個觀點可以看出，不得已時，寧可撤出也不甘心接受澳門式的結果，所以英國必須制定一個撤退的計劃，這是一方面。他同時又是香港的最高領導人，對他管轄下的居民自覺地認為自己負有道義上的責任，但鑒於任何撤退計劃都不可能帶走幾十萬與英國有聯繫的中國人 (當時戴麟趾的估計是25萬人)，對這些中國人來說撤退是不道德和不負責任的。這是他矛盾所在。所以他向英國當局表示，萬一英國迫不得已真的要撤退時，他認為自己不是最合適執行撤退政策的人選 (筆者估計言下之意是辭職，因為他無法面對道德的譴責，見下文)。

港英對居港中國人的道義責任問題，在撤退計劃提出時便

已經成為他們一個難以迴避的問題。本章上文引述的英國駐遠東總司令 Michael Carver 在1967年5月8日致國防部參謀長會議主席 (Chairman, Chiefs of Staff Committee) 的電文就說：「在任何情況下，撤退會涉及到一個遴選的問題，而這會造成很大的道德問題，因為歐洲人不會比當地其他族群更危險。」另外據英聯邦事務部香港部主管 W.S. Carter 在1967年6月20日提交的一份報告《香港：撤退計劃》中提到，「如果撤退計劃只限於人口中的非華人，則在道德上這是無法支持的、不理想的和在大多數情況下不現實的」(An evacuation limited to non-Chinese elements of the population was morally indefensible, undesirable and, in most circumstances, impractical)。

　　左派人士可能會認為所謂對居港華人的道德責任問題只是港英惺惺作態而已。但實際上這是戴麟趾感到壓力很大的一個原因。在解密檔案中有一份文件是由當時聯邦事務部的 H.P. Hall 在1967年6月28日向內政大臣 (Secretary of State) 提交的一份專門報告戴麟趾精神狀況的文件 (存放檔案FCO 40/77, 327546)。當時戴麟趾剛剛返英休假後不久，文件引述戴麟趾的話，說他承受了極大的壓力，甚至懷疑自己在這種壓力下能否作出英明的判斷 (原文：doubted whether his judgment was as sound as it should be)。文件詳細匯報了戴麟趾在上述兩難處境 (既要維護英國的尊嚴，又要對香港人負責) 中的思想狀態，報告說：

> 戴麟趾爵士明顯地對香港局勢感到非常沮喪……(左派) 報章公然發表顛覆性及煽動性文章，要「吊死戴麟趾」和「燒死戴麟趾」等……特別令戴麟趾感到沮喪的，是因為他覺得自己在扮演着 Judas Iscariot 的角色[7]。香港的局勢有賴於公眾對政府的支

7　指猶大加略人西門之子，在《新約》中是耶穌最初的十二門徒之一。受猶

澳門和香港在「一二三事件」和「六七暴動」後發展軌跡迥異

	澳門1966年「一二三事件」	香港1967年「左派暴動」
文革因素	事件不直接因文革而起，但左派利用文革聲勢來迫使澳葡投降	澳門左派奪權成功後，香港左派刻意在港照辦煮碗，主動輸入文革因素意圖奪港英的權
暴亂結束方式	澳葡政府簽署認罪道歉文件	港英政府絕不妥協堅持到北京下令香港左派終止暴動為止
對宗主國影響	葡萄牙認為奇恥大辱，從而喪失管治意志，並於1974年主動提出歸還澳門	英國體現出強大的管治意志並且為了強化其統治合法性，推行各項改革順應民意
政治地位	澳門淪為「半解放區」，重要事務聽命北京	主動啟動各項政治改革，彌補了因政治不民主而造成的缺陷
行政管理	澳葡實質喪失領導地位，何賢成為「影子澳督」	設立專門機構強化與本地中國人的關係，主動建立與青年人的聯繫
經濟社會發展	由於澳葡政府缺乏實權，無心無力推動經濟社會發展政策，錯失了資本主義在70至80年代大發展的機遇	推動大規模有利於民生的社會經濟基本建設項目，並抓住資本主義在70至80年代大發展的機遇，使香港成為「亞洲四小龍」之一
對中國的價值	由於經濟社會長期停滯，對中國喪失戰略價值，因而不受中共重視	成為「四小龍」之一後，香港在經濟、政治、軍事上均能夠對中國提供龐大的戰略利益
民間社會	由於事實上已是「半解放區」，人民心態仍是「封建臣民」或「殖民地順民」，公民社會無從孕育並紮根	結束「借來的時間、借來的地方」的心態，建立以香港為家的意識，「獅子山精神」開始孕育本土意念，公民社會開始生根
對「回歸」的態度	由於事實上已是「半解放區」，故對「回歸」沒有抗拒；由於公民社會不發達，沒有從民主自由法治人權等角度看待「回歸」；由於自知缺乏戰略價值，所以也無本錢討價還價	大部分人以「心裏不願，嘴裏不講」的態度來面對「回歸」，有能力的都移民作為政治保險；即使基於民族主義而支持「回歸」的大學生，也提出「有條件的回歸」：在「民主的基礎上回歸」
對兩地《基本法》的影響	中共不必以普選為餌誘導民眾接受「回歸」，所以不必提供普選承諾	為求平穩過渡，中共必須以民主為餌誘導民眾接受「回歸」，所以必須有普選承諾

持，為了取得這種支持，他(筆者按：指戴麟趾) 已經越過常規
號召市民挺身出來支持政府並向他們保證一定會雨過天晴。當
民眾越支持政府時，他們越會遭到共產黨日後的報復。共產黨
已經揚言他們正在小心記錄任何(與港英當局的) 同謀者，並聲
言將來共產黨接管(香港) 後這些人就要為其(支持港英的) 言行
付出代價。但是，如果我們(對共產黨) 增強壓力，我們在香港
的地位會變得更不可守，我們將不可能維持正常的管治，而這
些(表態支持我們的) 人將會受害。

文件又說：

港督強調，若有任何關於他正在討論撤退的消息傳到香港，他
本人的地位將無法承受，而香港的信心將會崩潰。他覺得如果
他提出的撤退的建議獲得接受並如期進行自願性撤退的計劃，
則他由於太熟悉現行政策而無法有效執行新政策。

這裏可以看出，事實上戴麟趾不願意做「猶大」(出賣香港
人) 的情意結，主宰了他的應變措施。他的決心在於：如果英國
真的執行撤退計劃時，他會辭職，理由是「他由於太熟悉現行
政策而無法有效執行新政策」。這裏筆者估計他雖然迫於無奈
制定了英國的撤退計劃，但礙於道德的考慮，他認為自己將不
可能執行這個計劃，所以會考慮辭職。

為了解決這個矛盾 (既要維護英國的尊嚴，又要對香港人
負責)，戴麟趾索性把這對矛盾統一起來，這就是樹立強大的統
治意志，沉着應付各種壓力。關於他如何沉實地破解港共的壓
力、經濟的下滑、國際形象的惡化等，在英國的解密檔案中都

太公會三十塊銀錢賄賂背叛耶穌。他的名字常用來指「背叛」。

能夠找到相當豐富的材料來說明。由於本書主旨和篇幅問題，筆者不能在此展開來談，希望日後有學者能夠從這些解密材料中來作進一步的研究和闡述。

附錄：六七暴動期間港英的心戰運作模式

在英國政府解密檔案（FCO 40/105 C413377），有一個屬於「秘密」級（secret）的材料《緊急資訊工作組織圖》（Organization of Emergency Information Work in Hong Kong），透露了當年英國和香港政府是如何打這場宣傳戰。

甲　在香港，這方面的工作由三部分組成
一、負責總策劃的是香港政府政治顧問（Political Advisor）。
1. 在對外宣傳（對海外宣傳）方面，政治顧問負責協調英國外交部的情報機構「資訊研究部」（Information Research Department IRD）。它通過 IRD 在香港的辦事處（Regional Information Office RIO HK）和英國廣播公司（British Broadcasting Corporation BBC）的互相配合，開展針對東南亞華人以及海外中國問題觀察家的宣傳工作。
2. 在對內（香港內部）宣傳方面，政治顧問領導一個「秘密宣傳小組」（Clandestine Propaganda Group）負責制訂對內宣傳政策。
二、為負責協調、統籌海內外宣傳，港英設立了一個「副輔政司（特別任務）」（Deputy Colonial Secretary, Special Duty）負責執行。這位「副輔政司（特別任務）」負責三項工作：
1. 海外公關委員會（正面宣傳）：塑造對香港的正面形象從而影響世界對香港的觀感。辦法是通過貿易發展局、旅遊局等對外宣傳管道來影響世界輿論。
2. 香港內部公關委員會（正面宣傳）以及若干負面宣傳（其原文是「不能提供消息來源」的宣傳，筆者相信就是指提供「假消息」）：主要是從事反宣傳活動，針對香港境內外的華人。
3. 負責協調駐港英軍的宣傳工作，其重點包括，提升英軍

士氣、在中英邊界進行心理戰 (military psychological operations) 以及影響英國輿情等。

三、日常的具體運作就交由政府新聞處 (Government Information Office GIS) 負責。

該處透過直接控制的香港電台 (中波廣播)、可以間接影響的商業電台、麗的呼聲、本港中英文報紙等媒體影響民心。此外它還通過駐港外國記者影響世界輿情等。GIS 內設有「特別宣傳小組」協調與各個政府部門的關係。

從以上可以看出，反左派暴動的宣傳工作從一開始就包括對香港內部和對香港以外的宣傳。

有關這個俗稱「心戰室」的組織圖見下頁。

乙　在倫敦，這方面的工作由一個跨部門小組負責

在英國外交部下面成立一個跨部門小組 (Working Group)，由外交部遠東司 (Far East Department)、聯邦事務部香港及西印度司 (Commonwealth Office Hong Kong and West Indies Department) 以及國防部 (Ministry of Defence) 共同負責。這三個部門是資訊產生部門 (Information Producing Departments)。這三個部門負責向多個單位發放資訊，包括：

- 聯合情報研究部門 (外交部和國防部)
- 情報研究部門 (外交部)
- 英國報章及其他管道
- 英國新聞處
- 英國及外國記者
- 香港政府新聞處
- 其他新聞及商業機構的接觸

這些單位都屬於資訊執行部門。有關這個組織見下頁圖。

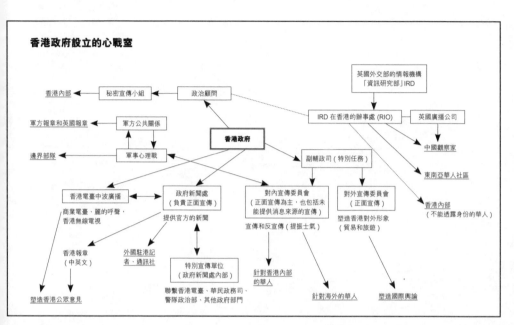

香港政府設立的心戰室

香港內部 ← 秘密宣傳小組 ← 政治顧問

英國外交部的情報機構「資訊研究部」IRD

IRD 在香港的辦事處 (RIO) → 英國廣播公司

軍方報章和英國報章 ← 軍方公共關係

邊界部隊 ← 軍事心理戰

香港政府

副輔政司 (特別任務)

中國觀察家

東南亞華人社區

香港電臺中波廣播

政府新聞處 (負責正面宣傳)

對內宣傳委員會 (正面宣傳為主，也包括未能提供消息來源的宣傳)

對外宣傳委員會 (正面宣傳)

香港內部 (不能透露身份的華人)

商業電臺、麗的呼聲，香港無線電視

提供官方的新聞

塑造香港對外形象 (貿易和旅遊)

宣傳和反宣傳 (提振士氣)

香港報章 (中英文)

外國駐港記者、通訊社

特別宣傳單位 (政府新聞處內部)

針對香港內部的華人

塑造香港公眾意見

聯繫香港電臺、華民政務司、警務政治部、其他政府部門

針對海外的華人

塑造國際輿論

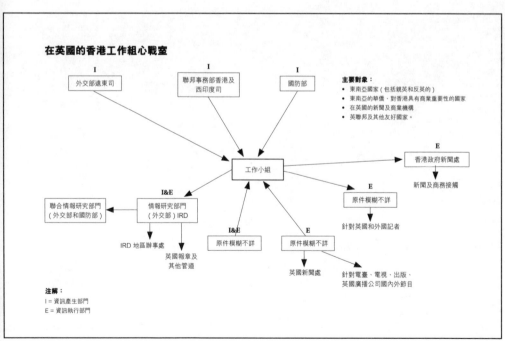

在英國的香港工作組心戰室

I 外交部遠東司

I 聯邦事務部香港及西印度司

I 國防部

主要對象：
• 東南亞國家 (包括親英和反英的)
• 東南亞的華僑、對香港具有商業重要性的國家
• 在英國的新聞及商業機構
• 英聯邦及其他友好國家。

工作小組

E 香港政府新聞處

新聞及商務接觸

I&E 情報研究部門 (外交部) IRD

聯合情報研究部門 (外交部和國防部)

IRD 地區辦事處

英國報章及其他管道

I&E 原件模糊不詳

E 原件模糊不詳

英國新聞處

E 原件模糊不詳

針對英國和外國記者

針對電臺、電視、出版、英國廣播公司國內外節目

注解：
I = 資訊產生部門
E = 資訊執行部門

［第九章］
吳荻舟對六七暴動的反思

在六七暴動期間，在中央層級負責日常處理暴動事件的吳荻舟，對整個事件究竟有什麼看法？他有什麼反思？有什麼心得？這對大家客觀評價六七暴動的性質及影響會有很大的幫助。

吳荻舟在六七暴動期間因為與造反派意見不一而被「隔離審查」，並被戴上「叛徒」、「特務」、「國民黨反動別動隊」、「假黨員」、「走資派」等五頂帽子，進入一個長達13年的政治審查期，直到1979年才獲正式「平反」。由於他的緣故，他一家人遭到株連，他本人、妻子張佩華及子女都被下放到農村，其次子吳建更不堪折磨而自殺。他和家人的惡運就因為在六七暴動中制止了幾宗極左派的行動而被他們視為眼中釘。

在吳荻舟的遺文中，不少是有關這場暴動的反思。

第一，吳荻舟對當時籠罩全國(包括香港左派在內)的「極左」思潮進行批判。

他在1970年4月19日針對這些「極左」思潮寫給妻子張佩華的信這樣說：

(1967年北京極左思潮)最高潮是5–8月，這期間，我的注意，主要集中在港澳反迫害鬥爭上，幾乎脫離運動，後來又住進外辦去了(軟禁在當時外辦的辦公地點養蜂夾道——筆者注)，那就根本與運動隔絕了，所以這次參加單位批極左抓

「五一六」運動，許多事情，聽來，就像聽新聞一樣。

1967年春秋之間，在無產階級文化大革命中，一些革命群眾組織（指沒有壞人插手、而自發出現的），由小資產階級知識分子掌握（領導），便出現了一股「左」的、派性的、無政府主義的行動，所謂的革命行動，其實指導思想就是小資的「左」傾思想。當時，我們也覺得許多過火行動都被自封為革命行動，想怎麼樣就怎麼樣幹，一個團體的領導人說了就算。其實許多提法都離開了毛主席的無產階級革命路線，違反了毛主席的戰略部署，離開了黨的、無產階級的政策。他們經常愛唱這樣的一句話：「造反就有理」。好像只要造反就有理，這是錯的。這句話實際是反馬克思主義，反毛澤東思想的。馬克思說的「造反有理」，是對資產階級、對反動統治造反有理。在今天的社會主義祖國，就不能籠統這樣說了，必須說「對反動派造反有理」。

由於當時有些群眾、群眾組織在小資產階級的這種極「左」的思想指導下鬧派性，強調自己是革命的，強調自己的這一「派」是革命的，不管黨的政策，不用毛澤東思想去分析自己的行動，固執地說自己的任何行動都是「好得很」，「革命得很」，所謂「唯我獨革」，把別人都看做「老保」。對自己的行動不加分析，對別人的行動也不加分析，總是把自己說成革命的，把別人的都說成是不革命的，保皇的。

本來，一個好人犯了這種認識上的錯誤，經過支左人員、軍工宣隊一幫忙，兩方坐下來一學習，開個學習班，提高了路線鬥爭覺悟，按照毛主席的指示，多檢查自己，別人的缺點錯誤讓別人自己講，在毛澤東思想基礎上統一起

來，兩個革命組織就聯合起來了。可是派性作怪，硬不肯聯合，有些小資產階級的領導人，一時面子問題，覺得自己一貫革命，忽然要自己檢查某些行動是錯的，或反動的，他就不幹，就堅持，就硬不與別人坐下來談，硬要別人向他靠攏，這種人當時愛唱「以我為主」的聯合，否則不幹。或則，談條件，聯合就要一邊一個，爭論不休，結果也是聯合不起來。

這些是指那些未受五一六分子所掌握把持或被五一六利用的，只是小資思想作為指導思想的革命組織而言。當時我記得中央強調雙方都是革命組織，一碗水端平，就是指這樣的革命組織(如果有五一六把持的又當別論了)。

當時，社會上曾出現過以下這些具體表現，極左思潮的具體表現(行動上表現出來的)：強調「群眾有自己的領導」，「不要黨的領導也可以革命」，「把所有的領導幹部都靠邊站，由群眾安排」，「砸爛一切機關」，「亂揪一陣」，「一切群眾說怎樣就怎樣」，「寧左勿右」，「燒英代辦處」(這行動可能有五一六分子在插手)，「衝檔案找黑材料(不是五一六反動分子指揮下搶國家機密，如果是為搶國家機密，那就是五一六反動分子之所為了)」，不願意聯合，搞武鬥，抄幹部的家，鬧派性，搞打砸搶等等。

這些小資產階級思想指導下，社會上出現一股極左的風氣，到處出現上述的行動，這就是極左思想氾濫的潮流，就叫做「極左思潮」。

這股思潮影響極廣，不僅許多領導人階級鬥爭、路線鬥爭覺悟不高、毛澤東思想不起統帥作用(口頭上也說毛澤東思想掛帥)的革命團體受到影響，怕做老保，怕右傾，跟着起哄，一些個人也受到影響，怕做老保，怕戴右傾帽子，於

是也跟着走，認為左比右好，於是看問題，定調子寧可定高點，寧左勿右，左比右好的思想狀態也出現了。於是明明看不順眼的、覺得不符合毛澤東思想的事，也不敢提意見了。自己也跟着走，這是受了社會上那股極左思潮影響。

以上是指單純的、根源由於小資產階級世界觀未改造而產生的「左」的思想，互相影響形成一股風氣（潮流、極「左」思潮）而言。這些思潮影響下的上述行動，當然是干擾了毛主席的戰略部署，當然是錯誤的。

一些革命群眾組織的這種極左思想，被五一六反動集團抓住作為掩護，有的安排了它的人，推波助瀾，有的，它就通過接近它的某些個人，壞人作為它在該革命組織中的代理人，利用群眾在那裏搞風搞雨。這就複雜化了，這個革命組織的行動，就不是單純的由於小資產階級「左」的思想指導幹出來的了，而是夾雜着五一六反動分子別有用心搞出來的因素了，它的目的是破壞文化大革命，破壞文化大革命的成就以達到它復辟資本主義（的目的）。

當時由於王關戚、楊余傅、蕭華等五一六反動集團分子未被揭發，許多革命群眾組織、革命群眾都被利用了。

犯極「左」思潮（錯誤）的人，和五一六反革命分子是不同的。因此這次運動的口號叫做「批極左，抓五一六」。「極左」思潮屬於批的範疇，五一六分子就要抓了。批就要查根子，一查根子就把五一六分子暴露出來了，就抓住了。問題就清楚了，比如火燒英代辦處，我們當時就不以為然，這是違反了毛主席的對外政策的，聽說已查出，當時就有五一六分子在場指揮，而絕大多數群眾是受了「極左思潮」影響和對英帝迫害港澳同胞的憤怒情緒下去參加的。

記得當時到處衝解放軍我們是不同意的，曾寫信給小牛（大

兒子——吳輝注），要他千萬不要跟着人去衝。當時我們是不瞭解這是反革命五一六集團妄圖破壞「長城」（指解放軍——吳輝注）的陰謀。在5-7月，我在工作上，也感覺到有股「左」的情緒在干擾，受到衝擊，個別問題上我根據過去中央定的方針加以阻止了，但，有的也怕右不敢阻止。這也是受極「左」思潮的影響。

第二，在全國都被「極左」氣氛籠罩下，他居然敢於挺身出來制止了某些的「極左」做法，避免了把香港推入一個血腥廝殺的局面，也減輕了中共在香港地下工作的損失。

吳荻舟在時過境遷後的1986年，在廣東省從化溫泉接受訪問時回顧了這場暴動時說：

一九六七年的「反迫害鬥爭」

這次鬥爭是由於膠花廠的勞資糾紛，港英拘捕工人，才引起該廠工人罷工，更由港英繼續武力鎮壓使事態不斷擴大，終於釀成大規模的反迫害事件，群眾遊行示威，我幹部及群眾數以百計被捕入獄，遭毆打及判刑，激起廣大港九同胞的義憤，紛紛捐款支援抗議，幾乎出現總罷工和流血鬥爭。

五月二十三日總理在北京召開會議，當時廖承志受隔離保護未參加，而城委、工委領導同志李生、梁威林等十餘人參加。周恩來同志指出不能在香港打戰。這只能是群眾運動，還是有理有利有節，政府絕不參與。但「文革」左的風吹下去，影響了工委對總理指示精神和港澳長期方針政策界線的分寸。

外辦抽調我、鄭偉榮、鄧強，外交部的羅貴波、張海平和中

調部的葉××等組成「聯辦」，香港方面也成立了指揮部。
當時受文革的影響，有些未經周總理批准也未經聯辦轉的
個人意見傳了下去，造成許多左的做法。我記得有幾點：
一是群眾線反映反迫害鬥爭指揮部要了三線兩百多個骨幹
的名單，這些名單擺在指揮部，準備示威遊行作為骨幹
用。我得到反映後，認為這與五二三會議時總理關於三線
力量決不能暴露的指示(不符)。當時恰好有反映港英警察在
九龍檢查行人時在我單位的一名幹部身上搜到一份名單。因
此緊急通知指揮部馬上燒毀該兩百名三線骨幹名單。
二是以華潤公司總經理的名義訂購了出口七百打大鐮刀。
當時外貿部劉今生同志問我知道是什麼用途否？並說已付
運。我說不知道，同時告訴他在未查清用途之前，先不要
往下運，到什麼地方就停在什麼地方。待我們查清是準備
組織遊行示威用，已運到深圳了，幸好及時截住。否則，
如果用七、八千大鐮刀武裝群眾示威遊行，港英一鎮壓，
勢必造成流血事件。
三是廣州海運局一批護航的槍支被提上岸——這是交通部
介紹廣州海運局一位姓齊的科長和一位業務處長向我反
映。齊說據船上反映，提取槍支時說是中央指示，問我知
情否？並說據說槍支提上岸是準備武裝新華社、中國銀行
和招商局自用。而且要海運局繼續供應武器。海運局不敢
決定，報告交通部，交通部認為這是有關港澳鬥爭的事，
他們沒有發言權，要問聯辦。他們說(應是筆誤，在其他
文件裏是吳荻舟說——筆者註)中央沒有這樣的指示，不能
再提供武器。提上岸也要馬上撤下來，並告訴齊等二人，
中央如有指示，一定經過聯辦。今後有類似情況，請及時
向我(曾任交通部招商局顧問，所以交通部介紹齊等來找

我）反映，我把電話給了齊，並提醒齊船上的武器是護航用的，不能離開船。我一面做了緊急處理，一面向總理報告。總理聽報告後很生氣，後來我進一步瞭解，就在那個時候香港《星島日報》刊登了一條消息，説香港政府正在追查招商局從廣州來的船上運香港的、不知下落的一個大箱子。我覺得這與提上岸的槍支有聯繫。如果被查出來那是違法的，港英甚至可以提出控告和查封我們的新華社、招商局、中國銀行。如出現這樣的情況，問題就大了。像這樣的事情究竟是什麼人假傳中央指示，我就不知道了。不過，運武器進香港武裝三個機構，這是違反總理這次鬥爭只能是群眾鬥爭，政府不參與，我們不能設想在這裏打戰的指示。如果鬥爭照這樣發展下去，勢必導致武裝衝突，使群眾性的鬥爭發生質的變化，逼得政府不得不出面干預，那就成了中英對立的問題了。

的確在五二三會後，在某次匯報會上，曾經有人説過要把香港打得稀巴爛之類的話，但那是個人的意見，不能作為指示來執行。

還有一點就是火燒英代辦處。那是有些人奪了外交大權後的事。事件發生前幾天，我被撤下來了。我還在「聯辦」時就看到了那個請示，內容大意是限港英四十八小時內把抓的人全部放出來，否則一切後果由港英負責。報告已送到總理秘書錢家棟同志處。當時羅貴波去深圳開會（原來我也要去，行李已拿到辦公室，鄭偉榮同志突然通知我別去，説是總理要我留守）。我馬上打電話給錢家棟同志，要他把該報（告）暫時壓下來，過兩三天後羅貴波同志回來了，我馬上報告羅貴波，這樣的報告要陷政府於被動，要他同意把它撤回來。我又打電話給錢，把報告撤回來。

可是就在這事發生後一兩天，我就被通知回外辦受隔離審查。回到外辦沒兩三天，火燒英代辦處的事就發生了。後來知道是姚登山等包圍總理，逼總理在報告中簽字，僵持兩、三十小時，醫生護士給總理送藥時說總理有病，不能這樣做，要讓總理休息，他們就是不聽，搞疲勞轟炸，最後總理被迫簽字。總理為此一再向毛主席自我檢討。毛主席說外交大權旁落了四天，你是被迫簽字的，別再檢討了。我進了牛棚，後來反迫害鬥爭如何發展，如何結束，完全不知道了。

可是，吳荻舟由於反對這些「極左」做法而招致迫害，甚至要被「停止黨籍，停止我的政治生命，是不能理解，不能接受」，所以他在1973年6月4日決定給老領導廖承志申訴。他在《給廖承志的信》說：

1967年5至8月初，領導派我到港澳辦公室（為處理反迫害有關事宜成立的「反迫害聯合辦公室」——筆者注）工作時，正是國內、外階級鬥爭非常尖銳、複雜的時候，當時毛主席黨中央關於港澳的長期方針受到嚴重干擾。一開始，便在香港反迫害鬥爭的方針上發生激烈的爭論。鬥爭的過程中不斷出現形左實右的做法和部署——不請示訂購700打蔗刀（我知道時，已運到深圳），挪用護航武器（已運進香港），要搞限期照會（請示報告已送到總理辦公室。不是8月下旬那一次）等等。我看到這些做法，嚴重違反中央方針和總理關於那次鬥爭的指示，將陷中央於被動，我都設法加以截留或撤回來。但由於我的世界觀未改造好，階級鬥爭、路線鬥爭覺悟低，幾十年，在革命實踐上我有許多缺點錯

誤，嚴重錯誤，要批判。但要停止我的黨籍，停止我的政治生命，是不能理解，不能接受的。

最後，吳荻舟的黨籍是幾經艱辛才獲恢復。(詳見本書吳荻舟年譜)

第三，他透露了在六七暴動期間中共對香港「長期打算、充分利用」的方針如何受到「極左」勢力的干擾。關於這方面，吳荻舟的《幹校日記》有很詳細的記錄。現在根據日記發表的時序逐一列舉。

1970年9月9日

1. 沙頭角事件時，歐陽到深圳，要駐軍收回沙頭角，軍隊不同意，歐陽還批評解放軍，說他們軍事不服從政治。
2. 歐陽在小鄭 (筆者按：指鄭偉榮) 的指使下去參加《人民日報》社召開的會，要港澳辦公室的人檢查宣傳報道上右的情況。
3. 有人把外交部副部長劉寧一在一次會上說「要搞得新界稀爛，打得香港混亂」之類的話，告訴工委。當時劉只是個人的意見，未經總理批准，卻作為指示傳下去。

1970年9月10日

第一次總理聽匯報時，問到××委 (筆者按：指城工委，下同) 匯報數字時，總理問，××委匯報的力量 (數字) 確實嗎？能組織起三個高潮、能堅持嗎？如果港英從台灣、從新加坡找工人怎麼辦，你們考慮到嗎？……當時我相信××委幾位同志的匯報，認為港英不可能從星、台找這麼多人來，肯定可以組織起三個高潮來。後來，逐步發

覺××委的同志匯報的力量不可靠，罷工堅持很吃力，有的未能完成罷工的計劃，比如有一個工廠計劃罷工三天，結果兩天就復工了。所以我一開始雖然相信他們所報的數字，但，我還是主張只宣佈定期罷工，一可以起可以落，符合此伏彼起的方針，二萬一罷不下去，復工也比較主動。這點，和×委的思想不一致，也和外交部的劉、姜等不一致。我聽信××委的匯報，肯定得太多了，影響了總理下決心，使後來鬥爭陷於被動，是對黨對人民，對總理不負責任……(這)不但因此招致經濟上的損失，更主要的，更嚴重的，是招致了政治上的損失，在港英面前暴露了我們的力量上的弱點，他就更敢於迫害我們了。

1970年9月12日

1. 關於在報上、群眾中揭發(清算)港英百年來侵華罪惡，增加對港澳同胞反英情緒(思想)是不是「極左」呢？這點思想上還不很通，1957年反葛量洪時也揭發過，雖然後來也認為那次反葛鬥爭左了，但，在這點上只批評在揭發時材料有些不真實和人身攻擊多了，未說不該揭。

2. 六三社論的確「左」了(我還同意香港方面組織學習)，對後來鬥爭上發生「左」的錯誤，是起了點火作用的。當時我只覺得該社論調子高，在宣傳上起鼓舞、打氣的作用，是對鬥爭的聲援，未認識到它的錯誤，更不知道是反革命兩面派王力之流的陰謀。說明我的路線鬥爭的覺悟太低。

3. 在港澳辦公室工作的時候，對那次反迫害鬥爭中出現的一些左的，違反長期方針和總理關於這次鬥爭的指示的事時，我還是站在長期方針和總理的指示提出不同意的意見，有些我是設法加以阻止，或背後和羅(羅貴波——筆

者注) 一起研究，取得同意後加以阻止了。比如把地下線力量集中使用問題，訂購七百打蔗刀問題，未經請示使用武器問題，及限期英帝放人的請示問題等等。

1970年9月26日

過去我就是看得太簡單，在港澳辦公室工作期間，像劉作業、姜海等搞極左，甚至直接受王關戚之流的操縱，妄圖通過破壞香港的反迫害鬥爭來反總理，可是我只把他們的做法看做是對長期方針不瞭解，因為他們不是一向搞港澳工作，雖然姜海是在香港工作過的，但，他是一般幹部，我也認為他是不瞭解長期方針。以為只是一個掌握政策不穩的問題，儘管會裏會外爭爭吵吵，也看到他們一些「左」的做法，卻總沒有提高到階級鬥爭、路線鬥爭上來看。現在回過頭去看，比如劉到廣州，竟沒有得到同意就把總理提到沙頭角某些做法 (指撤槍) 右了，去告訴駐穗部隊，引起對方很緊張，可能就是挑撥、離間中央和地方的關係。

1970年9月27日

今天⋯⋯同志們揭發的一些事，聽了真使人大吃一驚。比如章××在總部會上説××是「對總理要策略」，對領導同志、無產階級司令部的參謀長，能用這樣的手段嗎？又如，搭棚揪廖 (廖承志——筆者注)⋯⋯聯想到總理在一次會上很感慨和非常耐心地説，已幾次要他們不要在中南海外面用擴音器晝夜叫喊，就是不聽，令到領導同志和我睡覺和辦公都不能安靜了 (大意)，心裏很難受⋯⋯如果對總理，對領袖有無產階級感情，能在揪劉的棚拆後又來搭

棚揪廖嗎？至少今天回過去看，是嚴重的錯誤，何況當時總部召開研究這個問題有同志已提出那樣做是對總理施加壓力，為什麼不加考慮呢？還有為了批陳給總理寫報告要到檔案局查檔案，總理沒有批，竟以為了辦案去看檔案的名義騙取檔案局的同志同意進去看、抄檔案，這是很嚴重的錯誤，加之抄出來東西，現在不知去向，這就更加嚴重了。等等等等。

1970年10月3日

在1967年的香港反迫害鬥爭中，在掌握鬥爭的政策方針上，首先一個問題，就是我們的鬥爭和長期利用的矛盾。鬥爭必須服從長期利用。這是基本的、不能動搖的出發點。其次在這樣的原則上，我們開展這一鬥爭，並要取得勝利。當時我思想上是明確的，只能是政治鬥爭，只能是當地群眾的鬥爭。不管是罷工、集會、遊行示威、罷市……都是政治鬥爭的一種表現形式。

同時，思想上也很明確，不馬上解放香港。但是，當時受到極左思潮的干擾，和因為澳門反迫害鬥爭的勝利的影響。結果我在鬥爭目的上，同意了×委提出來的意見。而在決定鬥爭策略上，因對港英和澳葡這兩敵人的具體情況和主觀力量情況未加以分析，所以當極左分子干擾時，×委提出一些過左的做法時，自己心裏也無數，不敢堅決地反對，有的他們未請示做了，也不敢指出並向領導反映，提出及時批評。

尤其我對王力之流，利用了極左思潮的掩護，陰謀反總理，妄圖通過破壞這次鬥爭，而倒總理的嚴重的階級鬥爭，由於自己路線鬥爭覺悟不高，看不出來，結果，當

劉、姜違反總理的指示時，我雖然也感到不對頭，提了意見，但，一面又覺得他們不會在原則上反對鬥爭的長期性和破浪式前進這一基本方向的，而只是個別具體問題上和自己的意見不一致而已。由此，我除了一些嚴重違反長期方針、搞到被迫被動上馬的做法，加以阻止外，對那些具體鬥爭方式只要是「總部署」上有的，即使感到有問題，就不加反對。或認為不要「干涉過多」使他們束手束腳，就不在領導提出阻止，或，只提一下就算了。比如海員罷工，原批計劃是「定期的」，而且當×委報回來已宣佈「長期的」時，我向羅××反映了，羅未說什麼，我也就算了。

現在回過去看，實際上我只是看到一些具體鬥爭不對，卻看不到他們在另搞一套，即看不出鬥爭中的路線鬥爭這一主要矛盾。關於這一鬥爭，我要好好總結一下。

1970年11月16日

今天我利用補假寫了一天總結檢查香港反迫害鬥爭。

這兩天，我一直在想：「香港1967年反迫害鬥爭總部署」是否合乎客觀規律，我們既是主要矛盾方面，鬥爭如何才能保持始終主動，我初步看法，「總部署」是有問題的，是和黨的總方針有矛盾的，主要是如果按總部署鬥爭下去，可能搞亂我們長期充分利用，因為他的鬥爭目的是要港英完全低頭，接受我們的全部條件，自己把自己的手捆起來，他是不可能接受的，所以如果我們堅持按方案（總部署）鬥下去，即使主觀條件（罷工工人和群眾的組織、動員、鬥志等等，包括生活）能堅持下去，目前我們既不解放香港，港英的力量又比我們強（毛主席教導我們，「有時

候有些失敗，並不是因為思想不正確，而是因為在鬥爭力量的對比上，先進勢力一方暫時還不如反動勢力那一方，所以暫時失敗了，但是以後總有一天會成功的。」這只是指將來解放香港時，如果我們當時是決定解放香港，就可以這樣堅持下去，在鬥爭中宣傳群眾、組織和動員群眾，改變雙方力量對比，去取得勝利，否則，就要有理有利有節）堅持下去，就會出現不利我們利用的、長期的僵持局面。

何況，按「總部署」加上受極左思潮的干擾，鬥爭不可能實現總理指示的鬥爭方針：「長期的、波浪式前進的、也就是此起彼伏的、有理有利有節的」鬥爭。而是一股勁加碼（實際很難繼續加上去），那就必然陷我於被動，違反黨中央長期充分利用的總方針。

那麼怎樣做我們才能始終處於主動地位，實現總理關於鬥爭的指示呢？我這幾天，一直在想這個問題。也就是怎樣的鬥爭計劃和辦法才對呢？初步有這樣的設想。即，還是以膠花廠一個的鬥爭為好。但，全面此起彼伏地以定期的、視各線、各單位的主觀力量起來鬥爭，表示同情，聲援它，而長期鬥下去。

鬥爭目的是一樣，擊退港英對我進步群眾學習毛主席的著作，阻止和削弱我文化大革命對港九同胞的影響。港英如此採用打擊迫害一個廠來達到他的陰謀，我們以全力支持取得一個廠的反迫害勝利（這是可能的，膠花廠不是港英官方的廠，是私人資本的廠，它在相衡之下，可能犧牲一個廠的利益，也就是説，我們可能取得勝利。）

我決定在總結檢查上，把這作為經驗教訓寫進去。

1971年1月1日

毛主席指出左傾機會主義的錯誤是「由於不認識中國革命是在半殖民地的資產階級民主革命和革命的長期性這兩個基本特點而產生的」這點。我聯想到在香港工作上，也出現過這樣的錯誤，雖然還沒有發展到在較長的時間內一貫如此的成為路線的嚴重錯誤。

比如1958年的「左」的錯誤，盲目地在一年內搞了幾十次大小鬥爭，而且主要的鬥爭都是反港英的，這與中央「以反美為主」的方針政策 (實際上是毛主席的策略方針) 是不符的，違背的。嚴格說來就是路線上的錯誤。1957年冬提出要在香港澳門搞社會主義教育 (中央是提愛國主義教育)。但，根本性的根源是沒有區別香港澳門與英葡統治下的殖民地(指對英的鬥爭)。

1971年8月2日

上午運動開大會，三個總部成員 (高、王[甲芝]、章[永相] 和兩個非成員 (張冀、蔣榮昌)，在外辦總部重回批陳聯絡站的錯誤和罪行上是起了策劃作用的。

「批陳」矛頭是指向總理。

從五個人的交代中，暴露出來的問題，是嚴重的：

1. 五二九後總部在外辦革命群眾的反對下退出批陳聯絡站，可是到7月底8月初 (8.4會上決定) 總部違背群眾，秘密決定重返「聯絡站」。

2. 重返之前張、蔣、王三人背後策劃，其中提到當時在文革工作的李後 (筆者按：1978年廖承志復出重組港澳辦時，廖是主任，李後是副主任) 要他們 (外辦總部和群眾)

別站錯隊。當時是在7.20 (王力在武漢表演) 事件之後，王
力紅得發紫、猖狂的時期；

3. 當時，對外聯委 (批陳聯絡站的對立派) 已揭發了聯絡站
反總理的大量材料和陰謀，為什麼還考慮重返？

……

這些問題，我過去是完全不知道，當時一頭埋在港澳鬥爭
裏。現在看來，當時五一六也把手伸進港澳辦公室，干擾
總理對那次鬥爭的指示，也就是干擾毛主席對外鬥爭的總
路線。當時小鄭 (鄭偉榮，後為中英談判小組中方組長——
筆者) (在7月中下旬) 顯然也跟着劉作業之流走了，我阻止
「700打鐮刀」、「港英48小時放人」的照會、主張撤退
「武器上岸」和把「500個名單」投進公開鬥爭，當時還看
不出路線鬥爭，只是作為他們不理解中央對港澳工作的方
針，現在看來是路線鬥爭覺悟低，不能自覺地捍衛毛主席
革命路線的表現。

1971年8月7日

今天聽了歐陽 (副班長) 的交待和同志們揭發出來的他背
後和高國亮王甲之的串聯，妄圖抵制交待自己在外辦總部
(1967.4–8、9月一屆) 執行了王關戚等的反革命路線，干擾
和破壞毛主席革命路線的罪行，錯誤，使人氣憤。

他幾次在我面前也說，當時他搞業務，很忙，總部的會都
沒有參加，不瞭解……談到港澳辦公室的問題時，他一
再說，當時他是被排擠的，他雖是外辦派到那裏的業務監
督，但，他是受外交部派在那裏的監督人員排擠的……等
等，現在看來也是在製造輿論。

我當時 (他對我說這樣的話時) 一點也沒有提到這樣上來認

識，我相信他，但，我說，當時我看到一些不符合港澳方針、不符合總的指示的做法，看不出是路線鬥爭，只以為是同志們 (指外交部的同志) 不理解港澳的長期方針，對總理的指示體會不深的問題，根本看不出，他們是執行了王力他們的反革命路線。

這兩次會使我想到自己還是階級鬥爭觀念不強。以為歐陽、陳秋泉、高等都是總部的成員，都是群眾中選出來的革命積極分子，所以對他們一點懷疑都沒有。

1971年8月31日

聯想到港澳辦公室5-8月的對港英的反迫害鬥爭中，雖然，還能堅持毛主席關於港澳工作的長期方針和總理關於那次鬥爭的具體指示，阻止一些重大違反長期方針和違反總理指示的計劃 (如要把三線骨幹力量大批投到公開鬥爭中去，訂購700打鐮刀武裝遊行，等)，沒有造成重大的流血陷中央於被動，使中央被迫上馬，但，我當時只把 (根據前後文，「只把」應是手誤，他的原意應是說「沒有把」——吳輝) 劉作業、姜海等的一些過左的意見，和梁祁等的這些過左的行動計劃，看做是路線錯誤，更看不出王力之流在插手，妄圖藉破壞那次鬥爭來反總理，而只是把這些違反長期方針的情況，看做是他們 (劉、姜等) 對方針和指示掌握不好。

更使我吃驚的是：總理並沒有批准「反迫害鬥爭總部署」，可是姜海之流竟利用我當總理叫我和四處的同志去起草另一個問題的方案 (關於四處業務領導的問題) 而未聽到總理最後關於「總部署」的意見，於次晨寫了一個條子說「總部署已批准，馬上行動起來」(只記得大意)，要我批發 (我當時想到朱楊是參加會的，總理「批准」的情況他們

知道，而且他們帶了一份總部署下去，無需通知下去，更主要的港澳辦公事是羅貴波負責，我無權批那樣的條子，所以把這一部內容改了，只事務性地通知下面來接車部分，條子就是電話稿)。現在看來，這是一個陰謀，是他們想利用我沒有聽到總理的最後意見(我中途退席)讓我批這樣的電話稿，以便他們幹一些反總理的陰謀。可怕！！

1971年9月8日

歐陽的檢查我覺得有些虛假。在港澳鬥爭那一段，開始他還是穩的，只是後來才跟着姜海劉作業等走。他說一開始就跟着走，這是不夠實事求是的，是為了過關的。但是，同時，他又把應該作為錯誤和罪行的不說，比如7月中旬(？他過去提到一下，現在又縮回去了)參加當時在王力控制之下的《人民日報》某些人召集的一次關於反迫害鬥爭新聞檢查的會，現在回過去看，這是一個黑會，是想在新聞報道上1)找總理的「錯」，因為有部分反迫害的報導是經過總理同意的；2)準備在新聞報道上進一步向「極左」方面扭。據歐陽一次提到，那次會是檢查當時報道上的「右傾」，這不就很明顯了嗎？他們(王力)之流想通過往後的反迫害鬥爭新聞上搞得更左些來影響香港鬥爭行動，達到他們通過那次鬥爭來反總理(的目的)。過去他只說，小鄭拉他去參加，他沒有在會上發言，但，也記不起其他人的發言了。這是不老實的。

吳荻舟《幹校日記》這些回憶和反思，使我們可以更清楚地看到六七暴動的「極左」本質及危害性。根據這些反思，筆者嘗試歸納以下幾條：

一、整個事件本身嚴重違背了中央關於香港「長期打算、充分利用」這一方針政策，對國家造成很大的損失，包括政治上、經濟上，以及情報工作上的損失。這一點吳荻舟的反思多次提到。

二、暴動為各方奪權者提供了機會：中央的造反派藉着暴動，妄圖先奪陳毅的權，再奪周恩來的權。香港的左派也意圖藉暴動奪港英政府的權。前者吳荻舟的反思多次提到自己的路線覺悟低，未能洞悉造反派奪權的陰謀。後者吳荻舟提到澳門奪權成功對港澳工委的影響，說明香港左派也意圖以暴動為契機奪權港英的管治權。

三、中央和地方的「極左」派都盡量想將香港的局勢往死裏推，包括揚言要把香港打到稀巴爛，並且妄圖私運軍火武器到香港以達到武鬥的目的等。

四、香港的「左」由來已久，日記透露，早在1957年港澳工委已經提出要在香港搞「社會主義教育」，當時中央只要求「愛國主義」教育。關於「左」毒由來已久這一點，吳荻舟在反思文章中沒有太多着墨，但他在1959年五十天整風會議記錄中則有詳盡記載。筆者在第二章指出，自從1958年港澳工委進駐香港後，香港工作就一路向「左」轉。

五、無論北京或者香港左派都嚴重高估了自己的實力，也認識不到港英與澳葡之間的差別，以至暴動最終以失敗告終。

從吳荻舟自己的文稿看，這五點或許可以概括為他對這場暴動的反思。

［第十章］
讀吳荻舟遺文有感

　　吳荻舟在他的反思中，經常提到極「左」這個概念，什麼是極「左」？他在1970年給妻子張佩華的信中，就很詳細地解釋了什麼是極「左」。對於從未有在共產主義制度下生活的香港及海外讀者來說，這是一個不容易理解的問題，筆者在第一章就對左和「左」(沒有加括號左和加上括號的左) 作出初步的解釋以便讀者能夠繼續閱讀下去。現在為了更深入探討「左」的錯誤和危害性，筆者擬在此再作較深入的介紹。

什麼是「左」禍？

　　在政治活動中，左和右這兩個詞匯，是在法國大革命時候產生的。當時的國民議會，革命派坐在左邊，保皇派坐在右邊。自此以後，政治上、思想上追求進步、要求革命的，一般稱之為左派、左翼；反對革命、主張保持現狀甚至倒退的，一般稱之為右派、右翼。這個時候的左和右，都沒有打上引號。

　　打引號的左即「左」(有時也叫「極左」)，是國際共產主義運動中的專有詞(例如列寧就寫過《共產主義運動中的「左」派幼稚病》一書)。這是指左派隊伍中出現的超越歷史階段的思想和實踐的錯誤傾向，這種傾向是需要注意防止和糾正的。

　　對於共產黨人來說，左是革命的，因此其含義是好的，正確的。相反，右是保守的，因此是錯誤的，是壞的。但是，打上引號的「左」則是錯誤的，因為「左」的主張超越了時空的

可能性，會導致革命失敗。請注意，在共產黨的詞匯中，只有打上引號的左(即「左」)，卻沒有打上引號的右(即「右」)。

　　過去七十年，在中共統治下，全黨全國都出現一種「寧左勿右」的趨勢，因為在中共的觀念裏，犯「左」傾錯誤的，只屬工作方法問題、是認識上的問題，是人民內部矛盾的問題；但是犯右傾錯誤的，卻是政治問題、階級立場問題，是敵我矛盾的問題。因此雖然同樣是錯誤，犯「左」傾錯誤的，會輕輕放過，犯右傾錯誤的，則有殺身之虞。加上在毛澤東時代，右是屬要被鎮壓的「黑五類」之一(地、富、反、壞、右)，這樣一來，大家為規避災難，都選擇「寧左勿右」的處事做人態度，經過70年的薰陶，「左」毒便變成中共的制度性痼疾。

　　極「左」有什麼表現形式？筆者歸納為以下幾個方面：

　　一、思想上嚴重脫離客觀事實；

　　二、行為上違背了根據客觀事實而制定出來的方針政策；

　　三、錯誤地判斷形勢(包括對自己以及敵人的估計)；

　　四、為求目的，不惜採取極端措施(從縱容暴力到鼓勵武力)；

　　五、唯我獨革(命)，唯我獨正(確)，唯我獨愛國。

　　拿這五點來考察毛澤東所發動的「文化大革命」，或者香港左派在「文革」煽動下發動起來的六七暴動，都是十分貼切的，由此而造成的災難也是非常嚴重的。下面筆者將根據這五點，分析在整個「六七暴動」中「左」毒是如何給香港帶來災難。

六七暴動的極「左」錯誤

一、極「左」的第一個表現是嚴重脫離現實

　　「六七暴動」一個極「左」的表現就是嚴重脫離現實，包括香港和大陸的現實。從吳荻舟對《港澳工人五一觀光團的談

話記錄》(1966年) 可以看出，早在暴動前，香港左派已經渴望早日「解放香港」，所謂「觀光團反映：香港群眾迫切要求解放，觀光團成員也有這種感情」。吳荻舟的談話就是針對這種脫離現實的的訴求而作出的。

首先，香港市民絕對不會「迫切要求解放」。

只要稍為客觀的人都不會得出左派上述結論。戰後的1945年香港人口只有75萬。到了1950年馬上飆升到220萬人，1960年達到300萬人。根據李若建的《中國大陸遷入香港的人口研究》[1]，這種人口倍增的情況是由戰後四波從大陸來的移民潮造成的。這四波分別是：一、內戰時期；二、1949年初；三、大躍進時期；四、文化大革命時期。他估計到1960年中左右，從大陸移民到香港的人口約100萬，佔當時全港人口的三分之一。這四波移民潮基本上都是逃避共產主義災難而通過合法和非法途徑進入香港。這100萬人會是「迫切要求解放」嗎？吳荻舟《六七筆記》也記載了與會人士指出「有一百萬 (人) 是解放時逃出來的，是右，是統治者的社會基礎」(5月26日條)。吳荻舟的數字，還沒有包括才在五年前 (1962年) 發生的「逃港潮」。根據澳門《新華澳報》報道：

> 2005年12月，深圳市解密的檔案文件顯示，僅在1962年，就有10多萬人湧入寶安縣，6萬多人偷渡出境，5萬多人被收容遣返。2006年底，廣東省檔案館再次向社會開放檔案8萬餘件。原中共華南局的機密材料顯示，在1961年後的3年間，有近16萬人由內地偷渡到港。故紙堆裏，慢慢還原出當年「逃港潮」的歷史圖景。(見該報《「六十年代逃港潮」檔案解密》，2015-7-24)

1　見香港中文大學「中國研究服務中心」論文集。

所以左派工會代表説「香港群眾迫切要求解放」，如果不是撒謊，便是嚴重脱離客觀實際。説得更嚴重一點，是矇騙中央、誤導中央。

其次，香港左派對在大陸發生的共產主義災難視若無睹。從1949–1966年這17年間，中國大陸發生了一連串由共產黨造成的人道主義災難 (鎮壓反革命、三反五反、公私合營、反右、大躍進) 等等。在香港，只要不是選擇性接收訊息的人，都會知道大陸發生了什麼事，而香港左派無視這些現實，竟然得出香港人嚮往大陸希望早日解放的結論，這説明他們如何脱離實際。

筆者覺得，提出香港人希望早日解放這個訴求，反映了香港左派嚴重地誤判了香港和中國大陸的形勢。

二、極「左」的第二個表現是違背政策

1. 違背了中共對香港「長期打算、充分利用」的方針政策。

左派提出的子虛烏有的所謂「香港群眾迫切要求解放」訴求，本身就違背中共對香港「長期打算、充分利用」的方針政策。關於這一點，吳荻舟的文稿，特別是1966年對港澳工人的談話 (見丙部分) 已經有了很充分的反思，這裏不贅。

過去我們對中共「長期打算、充分利用」這個對港方針的理解，都側重在經濟方面，即：一、香港協助中國突破聯合國禁運；二、香港協助中國推廣國際貿易；三、香港協助中國取得急需的外匯。基於這些經濟理由，中國要實行這個方針。

通過吳荻舟的遺文，我們看到這個「長期打算、充分利用」的方針，在政治方面的重要性遠高於經濟領域，因為中共擬「通過香港拿到全世界」。

1966年5月4日吳荻舟在接見港澳工人代表團時説：「他 (筆

者按：指英國) 的目的，是要從香港多拿幾個錢，一年拿幾十萬。我們呢，要拿整個世界」。他強調：「從香港得外匯不是我們最高目的。最高目的是面向世界」。這句話清晰無誤地表明對中共來說，經濟上的得益 (外匯、貿易等) 遠遠不如政治上的收益(拿下全世界)。

如何理解這「要拿整個世界」句話？筆者從吳荻舟遺文中，總結出三點：

其一，通過香港輸出革命。吳荻舟說：

> 香港工作是世界工作的一部分，要通過香港跳出去。我們大批的東西、書報，毛主席的著作，從香港大批運出去，影響極大。非洲朋友打游擊，東西丟光了，唯獨主席游擊戰的書沒有丟。

其二，通過香港，掌握敵情。

吳荻舟在另一個場合提到他向周總理建議在六七暴動中要保護一些線人不曝光，以便他們能夠去一些中國不能去的地方，例如越戰時期只有香港海員工會的會員能夠去到越南首府西貢等。根據他的記載：

> (1) 一九六七年六月七日晚和朱景平、楊松、馬士榮、呂樹林、劉汝民等人的談話記錄：
> 一·傳達總理三點補充指示
> 大會結束後，我和四處的同志根據總理關於四處工作的指示另外擬了一個報告送給總理後，總理又單獨和四處的同志談了約半小時，除原則批准了四處那個報告外，還對「鬥爭」做了三點補充指示。

1. 這次鬥爭還要注意長期工作，不要把所有的力量都暴露出來，都使用上去，三線的力量不要暴露出來，不要使用。
2. 已經打進港英要害部門的力量，不要動，比如飛機場已安上的點子，或在港督身邊的點子，不要動（當時是四處同志提出來請示後，總理説）。
3. 安在美國機構和船上的點子不要動（吳曾向總理報告美國現在在香港有二百多艘小船和二十多家經營這些船的公司，他們是來往香港和西貢（越南——吳輝注）之間，過去有些船員拒絕去，都離船，失去了這些陣地。改僱了不屬我工會的船員。請示總理，如果現在還有這樣的情況，是不是也不要動，總理同意），能去西貢的，還要隱蔽下去。

其三，通過香港，滲透西方。

吳荻舟透露，中共有一個「白蟻政策」[2]。他説：

> 要像白蟻一樣做工作，一聲不響，把整個屋子咬爛。要學習白蟻的精神。做到了這樣，便是功夫下到了底。要如此，就要活學活用毛主席的思想。要學白蟻的話不是我説的，是中央同志説的。

所謂「白蟻政策」，説穿了就是「對敵對國家的滲透」，通過「白蟻精神」，默默地蛀蝕香港以及西方社會。這才能夠實現中共所期待的「拿下全世界」。

基於要「拿下全世界」這個長遠目標，吳荻舟反復強調了對香港「越遲解放越好」的觀點。

2　見1966年：《港澳工人五一觀光團的談話記錄》。

筆者從吳荻舟《六七筆記》和其他文稿中，感覺到左派搞暴動，違背了這個方針。

2. 違背了中共對城市工作的方針政策。

除了違背中共對香港的方針外，香港左派的鬥爭手段也違背了中共關於城市工作的方針政策。

中共早在抗日戰爭時期就制定了在白區的工作方針，1941年中共發出文件《中央城委關於敵後大城市群眾工作的指示》，其中提到如何領導群眾鬥爭，文件説：

> 基本上我們不主觀的製造鬥爭，如必要發動與參加群眾鬥爭時，應以不暴露組織，不妨害長期埋伏，有理有利有節為原則，以取得勝利速戰速決為原則，以推動全體群眾不孤立突出為原則，應堅持獨立自主的退卻政策，不為一時環境順利而妄動，不為漢奸托匪國民黨挑撥推動及各方的刺激而衝動，不為某一時群眾鬥爭潮流而盲目的追逐群眾自發鬥爭，如僅鬥爭條件可以勝利，但足以威脅黨與群眾的安全時，我們寧肯在群眾中的政治威信上暫時受些損失，不發動鬥爭而保存組織。(見《中央城委關於敵後大城市群眾工作的指示》1941年4月4日)

對照此文件，左派發動的「六七暴動」完全違背了這些原則，因為他們：

- 主觀製造鬥爭
- 暴露了組織
- 妨害長期埋伏
- 不遵從有理有利有節的原則

- 孤立突出
- 沒有退卻政策
- 為一時環境而妄動
- 威脅到黨與群眾的安全

中共關於城市工作指示中不准犯的錯誤，港共都全部犯了。

有人或許會反駁：在1941年制定的關於工作方法的規定，到1967年仍然適用嗎，仍然要遵守嗎？筆者認為，這些規定是中共為了在「白區」和「敵佔區」的長期生存而制定的。1941年前的政治環境固然適用，1949年後中共雖然已經執政，但香港在中共的定義中仍然是屬「白區」，所以在香港的地下工作都需要遵從白區的工作方針。此其一。1959年中共舉行「50天整風」時，批判當時港共的工作過「左」，因而威脅到中共黨組織的安全。會議記錄有這樣一段話：

> 金：形勢變化，忘記中央方針，如東壓西後 (筆者按：指毛澤東關於「東風壓倒西風」的論述)，就認為長期生存沒問題了，產生了冒險思想，對中央方針研究不夠。陳總說我們是半公開半合法半地上半地下。這話早就說過，57年十一狂歡七天，58年又來了。(見吳荻舟《五十天整風會議記錄》)

這就說明，中共視1967年的香港，他們仍然是處於半地下狀態的。所以仍然要遵從城市工作的各項規定。事實上，細心閱讀吳荻舟的記錄，可以看出，1959年所批判的極「左」現象，都是違反了中央城工委的上述提到的八個方面的問題。此其二。可見得，即使在中共奪取全國政權之後，對香港的政策仍然是根據四十年代擬定的對「白區」的工作方針。事實上吳

荻舟《六七筆記》中就記載了周恩來對香港工作表示不滿 (例如5月27日條)，為的就是違背了中共城工委發出的有關工作方針。

所以，左派發動的「六七暴動」既違背了香港的客觀事實 (所謂「渴望解放」)，也違背了中共對香港工作、對城市工作的方針政策。

三、極「左」的第三個表現就是錯誤地估計敵我形勢

由於上述的「雙違背」，必然導致對自己及對敵人的嚴重誤判。一方面是錯誤判斷「己方」的實力，另一方面錯誤地判斷「敵方」的決心。

暴動開始後不久，周恩來就對工委提出的三回合罷工能否動員二、三十萬人表示懷疑 (見《六七筆記》 6月12日條解讀)。他又指出不能引澳門的例子就以為可以照搬到香港 (見《六七筆記》 5月27日條解讀)。為什麼遠在北京的周恩來倒比在現場的港澳工委更瞭解彼此的實力？無它，香港左派被極「左」思潮蒙蔽而已。

另一個類似的問題是，當港英以及香港的輿論都看得出中央並無意在當時收回香港，因此不會全心全意支持港共的暴動時，反而與北京同屬一個陣營的港共卻看不出？同樣答案：香港左派被極「左」思潮蒙蔽而已。

暴動初期，港英當局就看出這場暴動只是港共一廂情願地搞出來的，並不是北京的意圖。港督戴麟趾在一封致電聯邦事務部大臣的電文[3]中這樣分析：

3　見英國解密檔案 FCO 40/46, No 304379 戴麟趾致聯邦事務大臣內部電報，1967年5月24日 FLASH SECRET NO 688

在目前文化大革命向香港溢出，以及在此時刻中國有傾向
非理想化的情況下，我們不知道中國的真正意圖……但
從這裏的角度看，卻不像北京意圖在此時刻迫使我們離開
香港。我們的評估是，土共自己覺得需要在行動上更加接
近文化大革命的原則……遂抓住人造花廠事件作為一個適
當的機會 (來發難)。因而這可以被視為土共一個錯誤的主
動，反映他們對大陸當前形勢的理解，而不是來自大陸權
威部門的故意行動。但一旦土共站出來，北京在虛假訊息
誤導下，只能表態支持。

與此同時，香港政府向英國內閣的海外政策和防衛委員會
(Overseas Policy and Defence, 簡稱OPD) 提交一份形勢報告[4] 中
說：

我們一貫知道香港的地位是不牢固的，但因為她對中國有
利因而維持現狀對中國有益。過去都有例子說明中央政府
曾經抑制本土共產黨的活動……最近事態有點變化……受
到文化大革命的影響，中央對土共的控制有所弱化。開始
時的一系列示威都是土共自己發動的，很機會主義式地希
望通過一個真正的勞資糾紛來謀求最大的收益。

港督戴麟趾向英國匯報的看法，竟然同周恩來的態度驚人
地相似 (見《六七筆記》注釋5月27日條)，可見得，本來就非常
明白的事實 (即中共當時無意收回香港)，港共由於被極「左」
思潮蒙蔽卻完全看不清楚。

例如，對同樣一篇《人民日報》六月三日社論，香港左派
解讀為中央全力支持暴動並有可能提早收回香港，因而採取更

4　見 Hong Kong: Outline of Paper for OPD 資料來源同注釋3。

　　　　　　　　　　香港六七暴動始末｜綜論

加激烈的行動。但香港的右派卻看得出中共無意借暴動來提前收回香港，例如《工商日報》社論說：

> 就「《人民日報》」這篇社論內容看，儘管它在前半段對香港政府作了一些「例行公事」式的謾罵，但在談到所謂「反擊港英挑釁」時，卻處處避重就輕，對香港左派絕不作任何「承諾」……
> 假如左派以為這篇社論是毛幫對他們的「大力支持」，這是百分之百的「表錯情」，又一次顯出他們的「愚蠢」。(〈「香港命運取決於香港同胞」！——《人民日報》明確表示對香港左派不予支持了〉，1967年6月5日)

這樣截然相反的解讀，只能證明香港左派被自己的極「左」思潮蒙蔽了其理性了。

在《人民日報》6月3日社論之前，中共封閉了英國駐上海領館向英國施加壓力，雖然如此，當時非左派輿論都看得出此舉並非要收回香港的前奏。當年《華僑日報》發表社論說：

> 就目前一般情勢來看，我們實在看不出北京有若何必要之理由，主動的造成與英國外交關係之惡化，因為北京與倫敦外交關係之正常化，是為了解決雙方許多問題，甚至為了解決雙方許多問題，香港不過是許多問題之中的一個問題而已。是故若謂因香港事件而促成北京主動的造成對倫敦外交關係之惡化，仍然是缺乏足夠之理由的。(《中共封閉英領館與香港事件》1967年5月23日)

換言之，竟然是「敵人」更看透北京不是真正支持港共搞

暴動，那麼可見港共被他們自身的「左毒」蒙蔽了作為一個人應該有的理性思維。

事實上，當年很多輿論都已經指出，暴動違反了中央對香港「長期打算、充分利用」的方針，例如《明報》，它發表社論[5]說：

> 連日來九龍的騷動此伏彼起，無有已時，全港人士都是人心惶惶，極大多數人心頭都存着一個問題：香港的前途怎樣？
>
> 香港的前途決於三個因素：第一，中共是否要在目前收回？第二，英國是否有堅守的決心？第三，香港大多數居民的意向和行動如何？
>
> 顯然，中共在目前並不想收回香港。中共如果要收回香港，問題簡單得很，中共外交部只須以一個正式照會交與英國駐北京的代辦，通知英國政府：香港是中國的土地，現在中國政府決定收回，請你的軍隊與行政人員於某月某日前全部撤出。相信在這種情況下，英國決計不會以武力強守香港，除了撤退之外，別無他途可循。
>
> 然而在目前的情形下，香港對中共有許多利用價值。中共能在香港賺得很多外匯，這是眾所周知的了。除了直接向香港的輸出外，中共經由香港而吸取了許多僑匯。中共開設在香港的銀行、保險公司、國貨公司、出口公司等商業機構有大筆錢賺回國去。中共目前與蘇聯交惡，對外貿易的重心逐年移向西方國家，香港是它最主要的外匯來源。
>
> 據統計，中共每年自加拿大、澳洲等國輸入大量糧食，但從香港得去的外匯，足可支付這些糧食的價款而有餘。那等於是，在香港不到四百方英里的土地上，中共每年可以

5　《中共是否即要收回香港？》1967年5月18日 星期四。

收穫五六百萬噸的糧食,這是中共一個極富庶的穀倉。但只有維持香港的現狀,這穀倉才能為中共生產糧食。

最近中共從倫敦運回大量黃金。這些黃金,都是用外匯買來的,而這些外匯,當然又有很大的一部份經由香港得來。黃金之多,連巴基斯坦航空公司也運輸不及,必須代為包了美國的波音飛機來運。則對於中共而言,香港又是一個金庫。

中共和蘇聯交惡後,科學技術的資料都須取自西方工業國家。要迅速工業化、現代化,科學技術非加速發展不可。在這方面,香港也有它的重要性,那是中共吸取西方科學知識的一道門戶。

中共在國際共產主義運動中,正和蘇聯力爭雄長,對東南亞,非洲,拉丁美洲各落後國家,力圖發展勢力。要從事這些活動,必須從香港間接派遣人員出去,才不受注意,才有活動的可能。蘇聯沒有香港,正正式式派出去的外交人員與武官一做活動便受監視。再者,中共經由香港向台灣做統戰工作,作「解放台灣」的準備。香港是中共「解放全人類,在全世界推行毛澤東思想」的一個極重要的前哨據點。

另一方面,中共收回香港有什麼好處?好處當然也有。第一、堵死了大陸逃亡者的出路。第二,香港是傳播資本主義思想的溫床,收回香港,大陸人民就極難接觸到資本主義世界的生活和思想。第三,驅除了在臥榻之旁酣睡的英美勢力,消除蘇聯一再冷嘲熱諷的藉口。第四,肅清在香港的右派勢力和資產階級勢力,整肅左派人士的修正主義生活和思想。

然而權衡輕重,對於中共,收回香港的好處較小而不收回的好處要大得多。只有當中共經濟繁榮,國力充裕,台灣

問題已經解決，在共產陣營中大握優勢之時，那時再來收回香港，對中共最為有利。

錯誤估計形勢的另一個例子是對港英缺乏足夠的認識，以為澳門葡萄牙當局的投降可以在香港複製。據周奕回憶：

> 平心而論，發生在澳門的「一二三事件」使港英引為鑒戒。退休前曾任港府助理輔政司的黎敦義(Dennis Bray)在他的回憶錄《歷變中看香港》中寫道：「不能想像，我們的總督會像澳葡總督那樣被迫向中國卑躬地道歉。」
> (注：原文是：In Macau, they had forced the Governor to go into China and make abject apology for the wrongs of the Portuguese government. Of course, our Governor would not dream of doing any such thing.)

這句話當可視為港英高層當年的共識，只是他們的手段卻是過於殘酷和血腥。

四、極「左」的第四個表現是利用謊言誇大事態的嚴重性以便訴諸武力

我們從吳荻舟的《六七筆記》中，已經看到周恩來對港共誇大事態非常不滿 (見5月27日條)。這種謊言策略在暴動期間俯拾皆是，例如：

一、五二二花園道事件後，「新華社」由香港發出的消息說，港九兩地最少有「二百人被殺死或重傷」，這起誇大事件直接被周恩來痛斥。

二、港共製造了滙豐銀行「擠提」的謠言，但眾目共睹「絕無其事」。

三、很多市民接到左派分子派發參加騷動的「紅包」(每封十元)，紛紛向報章揭發真相。

四、一名駕着空車向防暴隊猛衝而被逮捕的巴士工人，當日左派宣傳他已被「槍殺」，當這肇事工人被解法庭審訊，不僅未「死」，且未受傷，左派分子原來望他「早死早着」，以便製造暴亂藉口。

以謊言來誇大事態，目的是為暴力或武力製造輿論。所以犯了極「左」毛病的人動輒要訴諸武力來解決問題。吳荻舟的遺文以及其他人是回憶錄也不乏這方面的記載：

5月27日：(周恩來表態)「路邊藏槍」，不可能這樣 (指方便遊行隊伍可以武裝自己)。

6月27日：被吳荻舟制止的兩件私運武器的事。

6月28日：要考慮武鬥。

6月28日：(為實現罷工) 必要時採取強制手段，搞破壞如截斷電車天線。

6月28日：為了堅持罷工……武裝自己、邊境邊界、破壞敵方工業設備。(以上均見《六七筆記》)

5月30日：工委建議採取暗殺手段，當即被周恩來斥責。(馬繼森《外交部文革紀實》)

工委擬借烈士集體出殯、抬棺遊行 (學習澳門手法) 以營造更多仇恨，被聯辦多次推延 (聯辦討論出殯事之多超乎正常)

工委先後推出兩個鬥爭方案都是極左。第一個方案 (三個回合的罷工直接港英投降) 被周恩來批評為不切實際，因為不可能發動20萬工人罷工。第二個方案更揚言要「陳兵邊境」，使香港大亂。

五、極「左」的第五個表現是唯我獨革 (命)，唯我獨正 (確)，唯我獨愛國

文革期間，很多人都強調：「唯我獨革」，「唯我獨左」，「唯我正確」，「唯我獨馬 (克思)」，「唯我獨愛國」(以下統稱「唯我獨革」)。這些都是哪個年代很多人犯的錯誤。「唯我獨革」派認為，除了自己以外沒有革命者，或者說除了自己的道路以外沒有革命的道路，所以叫「唯我獨革派」。他們有一個非常明確的標誌：總是表現出自己比別人更革命。最要命的是，唯我獨革者的信念是「為了達到革命崇高目的，革命者確實是應該不擇手段的」。

「唯我獨革派」的思想來源分為兩種，一種是列寧說過的小資產階級的「左傾幼稚病」，一種就是毛澤東提出的「形左實右」，也就是左傾機會主義。也就是說，在「唯我獨革派」中一部分人是認識上的局限性，是真不懂；還有一部分人是出於個人利益的目的而做出的偽裝，是假不懂。真不懂的人，有錯到底的勇氣；而假不懂的人，是為了實現自己的利益而進行的投機，也為了實現自己的利益而改變自己的投機方向，所謂「沒有原則，就是機會主義者的原則」。

香港左派這種「唯我獨革」的思想毛病，充分見諸於他們把群眾區分為「進步、中間、落後」三個等級，動不動稱呼人家為「中、落群眾」，嫌其他人不夠進步。從吳荻舟1966年接見港澳工人代表團時，工人向他反映香港的工作難做，是因為「港澳工會工作主要困難是工人受資產階級思想腐蝕較深，覺悟低」這種看法，正正就是「唯我獨革」的思想的反映。

這種「唯我獨革命」的思想，必然導致樹敵太多，這一點，早在1959年五十天整風會議上就已經備受批判：

在香港不能樹敵太多。思想是客觀實際的反映，香港是資本主義世界，甚至會有一定的洋奴思想、崇拜資本主義。中國從政治經濟思想戰線上說消滅資產階級，但資產階級思想是長期存在的。國內以馬列主義改造，香港不可能，因之報上有自由主義存在是客觀反映……。把國內一套搬到另一環境，簡單化是左。(見吳荻舟《五十天整風會議記錄》)

由於「唯我獨革」者的信念是「為了達到革命崇高目的，革命者確實是應該不擇手段的」，所以他們動不動就訴諸恐怖主義式的暴力，甚至盡量製造事端迫使中央出動武力提早收回香港。

以上的例子充分說明左派被自己的「左」引導到暴動的歧途上。

1978年港澳工作會議清理「左」傾錯誤

「文革」後，中共中央着手解決文革造成的破壞，1978年初召開為期20多天的港澳工作會議，除中央各相關部委派人出席外，香港左派的新聞、出版、電影系統都派代表參加。這次會議主要解決香港左派的「極左」的思想問題。根據筆者對與會人士的訪談，瞭解到主持會議的廖承志提出幾個觀點[6]：

第一，要承認絕大多數人是愛國的，首先要承認非左群眾也是愛國的，要「打破紅白界線」。廖承志說：「做好港澳工作，很重要的一條，就是善於團結人，不斷鞏固和擴大統一戰線。不論哪個行業，都要徹底打破紅白界線。奉勸大家回去之後，要真正做到愛國不分先後。建國二十多年來，同朋友們經

6　見筆者以「萬里行」筆名發表的文章：《要信任港人　允許港人愛國》，載《當代時事週刊》1990年1月20日。

歷了各種困難，渡過風風雨雨，見了世面，我們對大家是信任的」。對那些原來是左派陣營，但因為文革看不過去而離開的人，也應該承認他們愛國。廖承志説：「每一次運動差不多都嚇跑了一些朋友。要爭取他們全部回來。幹革命多一個比少一個好。還要看到他們離開我們的機構，我們要負一定的責任，不能埋怨他們一嚇就走。嚇不走的固然是英雄好漢，你是一流好漢。可是二三流好漢應該讓別人去做嘛。對犯過錯誤的人，尤其是他們犯錯誤的原因部分責任在我們方面的，更應該歡迎他們回來。愛國不分先後，説來容易，真正做到並不那麼容易。不要動不動就同別人論資排輩，老是講自己當年如何……容許別人革命很重要，這樣港澳的愛國統一戰線就會大大發展」。

第二，對港英不應過激。

廖承志説：「香港雖然是我們的領土，但是現在是英國統治。英國屬於第二世界，我們要爭取……香港的現狀，看來要維持相當長的時期。香港問題將來可以用和平談判的方式來解決，但是絕對不是短期內的事情。這就要肯定兩條，一是現在不可能用任何其他的方式，比如用群眾運動的方式來解決香港問題，二是承認香港是在英國統治下，香港和內地是兩種不同的制度，這在短期是不可能改變的。所以香港工作必須承認這個現實」。

第三，明確要相信港人。

廖承志説：「港澳工作受到林彪四人幫的干擾，流毒傳到各個方面。首先表現在對同我們長期在一起工作，渡過了不少難關的朋友都不相信了。一定要派一些『馬仔』進去。這些『馬仔』是欽差大臣，一是當馬仔，二是打小報告。派個小特務進來打小報告，張牙舞爪，這是江青四人幫的作風，沒有比這更壞了，不能讓這種作風繼續下去」。

第四，凡事不能照搬國內。

廖承志針對文革以來報紙、電影等讀者觀眾數字直線下降等情況說：「只要不是違反愛國原則的，都可以做」。他並不要求各界的工作都要宣傳社會主義。

事實上，廖承志曾經在另一個場合提出：「不要把國內的那套搬到香港去，不要國內搞什麼運動，香港也模仿。我對開『搬家公司』是深惡痛絕的，因為任務不一樣。國內是社會主義社會，香港是資本主義社會，國內我們是宣傳社會主義，而香港只能是宣傳資本主義社會。你們一定要把握好這個界限。」

廖承志提出這四點，可謂切中香港左派的「極左」弊病。在20多天的會議中，廖承志與逐一界別都深入檢討他們在67暴動中的錯誤。廖承志在會議期間的糾正「極左」錯誤的發言很多都收入《廖承志文稿》，例如《努力搞好港澳地區的出版工作》、《香港出版工作要從香港的實際出發》、《新時期港澳新聞工作應注意的幾個問題》等等，讀者可以自行參閱，這裏不贅。

1978年8月12日，中共中央批轉《關於港澳工作預備會議的報告》。中央批示：「開展港澳工作必須深入調查研究，實事求是，一切工作都要從當地實際情況出發，不能照搬照套內地的做法，要解放思想，大膽放手，多想辦法，加快步伐，為實現我國四個現代化作出更大貢獻。中央決定成立港澳小組，以協助中央掌管港澳工作」。從此總算暫時扭轉了香港左派的「極左」傾向。

中共第二代領導人鄧小平在1992年的「南巡講話」中，要求大家要警惕「左」，他說：

現在，有右的東西影響我們，也有「左」的東西影響我

們，但根深蒂固的還是「左」的東西。有些理論家、政治家，拿大帽子嚇唬人的，不是右，而是「左」。「左」帶有革命的色彩，好像越「左」越革命，「左」的東西在我們黨的歷史上可怕呀！一個好好的東西，一下子被他搞掉了。右可以葬送社會主義，「左」也可以葬送社會主義。中國要警惕右，但主要是防止「左」。右的東西有，動亂就是右的！「左」的東西也有。把改革開放說成是引進和發展資本主義，認為和平演變的主要危險來自經濟領域，這些就是「左」。我們必須保持清醒的頭腦，這樣就不會犯大錯誤，出現問題也容易糾正和改正。

鄧小平作為曾經深受「左」害的人，提出這個被稱為他的政治遺囑的反「左」講話，難道不值得人們警惕嗎？

乙

《六七筆記》注釋

吳輝整理父親吳荻舟《六七筆記》（《消失的檔案》提供）

一、注釋的原則

　　詮釋學是一門很大的學問，古今文化的承傳有賴於每一代人能準確地詮釋上一代人遺留下來的典籍文獻，因此這門學術在中西方文化中都有非常悠久的歷史。在西方，詮釋學 (hermeneutics) 一詞源於古希臘神話中的天使Hermes，他是天神宙斯的使者，負責傳遞宙斯的訊息，並「主動地詮釋」宙斯的意思，可見這門學問在西方歷史的悠久。在中國亦然。以中國最古老典籍之一的《詩經》為例，這批成書於3000年前的作品，由於年代久遠，人們的文字和語言習慣等都有很大的改變，其之所以能流傳至今，是同歷代學者不斷對其作出詮釋有關：先有西漢毛亨的「傳」、後有東漢鄭玄的「箋」，繼而有唐孔穎達的「注疏」，宋朱熹的「集注」，清馬瑞辰的「通釋」等。每一代的學者，都把上一個年代人們對該古籍的理解和認識「翻譯」成他那個朝代的語言，這樣代代相傳，大家接力般的對前一代人的理解作出當代人的詮釋，後人才能讀懂前人的文章，憑這些詮釋，古今才能相通，學問才能承傳。

　　吳荻舟的《六七筆記》雖然距今只有50年，但由於它是一本工作筆記，其特點是裏面的文字都不是完整的句子，不但有很多名詞術語縮略語是我們現在難以理解的，甚至很多時記載人物時僅有姓而無名，使人難以全面理解當時的情況，這方面的考證工作實在不下於對古籍的「訓詁」。

　　二十世紀西方著名的詮釋學理論家伽達默爾 (Hans-Gerog Gadamer) 提出詮釋學一個重要的原則是實現文本與詮釋者的視野 (或視域) 的融合 (fusion of horizons)。他認為，詮釋的目標是要在一定程度上「融合各種視域」，意即融合我們對世界的看法 (我們的「視域」) 和文本的視域。也就是說，要詮釋者能夠進入被詮釋文本的視界去，才能準確地對文本作出詮釋。他解

釋説：「如果我們不能夠把自己放在古籍的歷史視野中，我們將會誤解它所要告訴我們的東西。」[1]

要讓讀者進入吳荻舟當年的時空，單靠他本人的文稿是不夠的，因此筆者需要引入很多有關六七暴動時空背景的資料，例如文化大革命的背景資料，並用很多當年的報章報道和參考英國解密檔案以作輔助，這樣旁徵博引，才能比較準確地解釋《六七筆記》的內容。因此，注釋的文字比筆記本身要多出好幾倍，這也是很正常的。老子的《道德經》只有5000字，但張贊昆、范中勝兩位學者，為了能進入老子的視界，不惜花多年時間走訪老子曾經生活過的地方找出他當年為何能寫出有中國哲學之源之稱的《道德經》，他們的作品《老子著經大傳》成書時 (2010年4月) 多達50萬字，是原著文字的100倍。可見進入作者的視野是任何注釋工作不可或缺的。

為了能進入原著的視野，達至「視野的融合」，伽達默爾認為詮釋者應該帶有立場地去做詮釋工作，這個主張與其前人大異其趣。自從啟蒙運動後，西方理性主義者多認為「成見」(prejudice) 是一種和理性對立的力量而應該排除在詮釋學之外。例如，在伽達默爾之前的兩位詮釋學理論家施萊爾馬赫(F.E.D. Schleiermacher) 與狄爾泰(W. Dilthey) 兩位大師的共同的思想基礎是客觀主義，主張詮釋者應擺脫自己的偏見及其時代的限制，才能更好地詮釋。然而，伽達默爾一反眾議，認為成見是人的歷史存在狀態，它與歷史相互交織，成為理解的基本「視域」(horizon)。個人必須在其歷史的存在中，展開理解活動。由歷史所形成的「地平線」，決定了一個人的理解視野。正當

1　If we fail to transpose ourselves into the historical horizon from which the traditionary text speaks, we will misunderstand the significance of what it has to say to us (見其著作《真理與方法》 *Truth and Method*, Bloomsbury Academic, 2013. Print. p.313.)

的詮釋學應當在理解中顯示歷史的真實，歷史不是純然客觀的事件，也不是純然主觀的意識，而是歷史的真實和歷史的理解，二者間的相互作用，因此歷史總是含着意識，不是客觀的。

筆者在這次注釋工作中發覺，伽達默爾的「主觀論」比他的前人的「客觀論」似乎更接近詮釋學的真諦。以《六七筆記》為例，如果借用伽達默爾的語言，筆者「主觀上」對「六七暴動」是持負面「成見」的，而筆記本身所記載的事，其基調也是對暴動持負面態度 (吳荻舟後來的反思更是對暴動持批判態度)。這樣，筆者作為詮釋者的「主觀」和「成見」恰恰就能夠與被詮釋者的基調融合起來，達到伽達默爾所說的「視野的融合」(fusion of horizons)。相反，筆者知道有一個個案，說明若對暴動持正面態度的人，他的「主觀」和「成見」與被詮釋的文本沒有交集，就根本無法接受原著，更遑論對它作出準確的詮釋。

所以，讀者在判斷筆者的注釋工作是否準確時，不在於看筆者是否有「主觀」的「成見」，而在於看在筆者的成見下作出的注釋，是否能夠貼切地表達原著所要表達的立場，同時看這個注釋能否準確反映原著的時空背景，這是「伽達默爾詮釋學」的基本原則。

二、文本的訂正

據吳輝介紹，這本筆記，尺寸是73mmx103mm、不及巴掌大的小本子，已經沒有封面和封底，僅存84頁，最初的4頁是4月份所寫有關文革初期所謂「資產階級反動路線」的內容。然後改用這個本子專門記錄「港澳聯合辦公室」(簡稱「聯辦」或「港辦」) 的工作，前後兩個多月。不計「資反路線」內容的兩篇，可查日期從1967年5月26日至8月8日。

《六七筆記》注釋

筆記原文本存在一個嚴重的問題，就是日子倒置，必須予以調整校正。茲把原件的日期次序 (第一欄) 和經過校對後的日期次序 (第二欄) 表列如下頁。

至於日子倒置的原因，前文已經解釋，這裏不贅。

三、凡例

注釋工作分三步走：

一、第一步是「注腳」，這部分是最基礎的，是對文稿本身，做好字、詞、句和有關人、時、地、物、典章制度、習慣用語等的解釋。

二、第二步是「解讀」，這部分的目的在「釋義」，即解釋某一日筆記的重點所在以求「疏通其條理使人讀之順暢如水之下注」(古人對「注疏」一詞的解釋)。

三、第三步是「專題」。在注腳和解讀均不能透切地解釋某一問題時，則作為「專題」來處理。這些「專題」既是對原著涉及的問題作出「深度解讀」，也可以獨立成篇作為對某個問題的深入探討，這就是本書 (甲部分) 的專題論述。所以在注釋過程中，甲乙兩部分往往是互相參考，互相驗證的。

四、為方便讀者把握筆記的內容，必須提供一個《六七暴動大事記》，這個大事記由三條時間線 (time-line) 組成。首先是《六七筆記》本身的時間線，其始迄是1967年5月26日到8月8日。第二條是「文革」中重要事件 (挑選其中對六七暴動有直接關係的事件) 的時間線，是從1966年5月16日文革開始時到1967年8月中央文革小組的王力、關鋒、戚本禹被捕，扭轉文革過左思潮為止。第三條時間線是由香港暴動過程中的重大事件排序組成。為了說明暴動的始末，這條時間線最長，從1959年「五十天整風會議」開始，到1967年12月底周恩來下令停止暴

原文本的日期次序	經調整後日期次序
5/24	5/26
5/26	5/27
7/24	6/6 共2筆
7/27	6/7
6/6	6/12
6/7	6/14
7/28	6/16共2筆
6/6 第二次出現6/6	6/19
6/16	6/21
6/14	6/22
6/16 第二次出現6/16	6/23
7/10	6/26共3筆
7/10 第二次出現7/10	6/27共2筆
6/23	6/28共4筆
6/21	6/30
6/22	7/2
6/26	7/7
6/26 第二次出現6/26	7/8
6/26 第三次出現6/26	7/10共2筆
6/27	7/24
6/27 第二次出現6/27	7/27
6/28	7/28
6/28 第二次出現6/28	8/8
6/28 第三次出現6/28	以上共23天
6/28 第四次出現6/28	
6/30	
8/8	
7/7	
7/8	
7/2	
6/14	

動為止。由於本書目的在注釋《六七筆記》，所以會以第一條時間線為主線，而以其他兩條時間線為輔助，從內地文革和香港暴動的進程來對筆記作出解釋。

五、香港「六七暴動」一事，涉及中央多個部門，很多不同部門的人對該事件都有不同的回憶和記載，都可以用來與筆記的記載比較、對質、或者佐證。在今次注釋中，凡有助於理解或豐富原文的資料都會被引用來補充或者深化筆記本身。特別是吳荻舟本人事後的回憶和反思，雖然都是在暴動結束之後，但由於這些反思有助於讀者更深刻認識當時的問題，所以這些以後形成的資料都會用來解釋當年的情況。

由於時間及注釋者個人能力的限制，這次注釋工作難免有錯漏或貽笑大方之處，希望識者包涵。這次注釋工作，只能作為一個開端，拋磚引玉，希望後人能進一步深化或者補充筆者不足之處。

關於「六七暴動」大事表的説明

大事表左方起第一欄是日期，它是六七暴動的時間線。這條時間線由三組資料構成：

1. 它以吳荻舟《六七筆記》為骨幹，其起訖點是1967年4月20日至1967年8月8日，這是本書乙部分的注釋的重點。

2. 由於《六七筆記》無論從時間或內容看，都未能涵蓋六七暴動的全過程 (一是因為暴動未結束他已經被隔離審查，二是因為他的分工使他未能知悉所有方面)，所以在《六七筆記》時間線的基礎上再向前延伸到1967年5月6日及向後延伸到是年12月底。這些前後延伸部分，只為方便讀者得窺暴動全豹，不是注釋的重點。與此同時，在這段時間內一些重大的決策而吳荻舟沒有記載的，都在時間線上補充上去。

3. 為了進一步説明六七暴動的深層次原因及影響，必須把吳荻舟其他文稿的相關內容併入，所以這條時間線又再向前延伸到暴動前 (1959年的《五十天整風會議記錄》) 和暴動後吳荻舟的反思 (1971年的《幹校日記》)。這方面的內容，主要放在甲部分的專題論述裏，所以在乙部分就只提一下，內容從略。

《六七筆記》注釋

第二欄是列出吳荻舟遺文有關六七暴動的記載，這方面由三部分構成：一、六七暴動前吳荻舟的記錄、講話等，襯托出六七暴動的起源；第二部分是吳荻舟六七暴動期間中央各項會議的記載（即《六七筆記》）；第三部分是六七暴動後吳荻舟在幹校的回憶、反思、檢討等。由於前述的原因，第二欄所記錄的事情會多於吳荻舟《六七筆記》本身所記錄的。

　　第三欄是內地文化大革命影響及香港的大事記。文革期間重大事情很多，但這裏摘錄的僅僅是其對香港六七暴動有直接或間接影響的大事。本欄記錄的事，很多都是吳荻舟《六七筆記》所沒有記載的（例如涉及軍事問題），但它們對香港局勢都有重大影響，所以也必須列入以補吳荻舟記錄的不足。

　　第四欄是香港六七暴動的大事記。由於篇幅關係，只能收錄其中比較重要的事件，而且是同注釋吳荻舟筆記時需要解讀的問題而不是全暴動過程的流水賬式的記錄。

　　大事表每一筆記載都盡量附錄了出處，以求言之有據，但有些則屬常識範圍的，沒有特定出處，則僅僅列出筆者的文字表述。

　　由於時間及篇幅關係，大事表沒有包括英國解密檔案的內容，例如港英及英國在暴動期間所做的某些大事。這是美中不足。希望日後學者能夠補充這方面的資料。

日期	吳荻舟遺文內容	大陸文革形勢	香港暴動形勢
1959年			
6–9月	五十天整風會議部分記錄 (不在六七筆記範圍內)。		總結1949-58港澳工作中的「左」傾錯誤。[1]
1966年			
1966.4.4			香港天星小輪加價引發騷亂。
1966.5.4	吳荻舟接見香港工會代表團的講話 (絕密文件，不在筆記範圍內)。	文革尚未正式啟動，但形勢已經非常緊張。	香港左派反對天星騷亂，吳荻舟解釋為何左派不支持天星暴動。
1966.5.16		中共中央發出「五一六通知」，正式啟動文革。	
1966.8.7		毛澤東：炮打司令部全國各地掀起「紅八月」，高喊「紅色恐怖萬歲」。	周恩來明言香港不能搞文革。[2]
1966.12.3		文革開始向境外蔓延，澳門是第一個被波及的地區。整個文革頭三年中國同30多國家關係緊張。	澳門「一二三事件」，當地左派鬥垮澳門葡萄牙政府，對香港左派鼓舞很大。此次事件實為香港六七暴動的先聲。
1967年			

1　吳荻舟這篇遺文，記載了1959年中央就港澳工作召開了一次「50天整風」會議，重點在於分析檢討自從1949–1958這十年間香港左派犯的「左」傾錯誤。原文見吳輝：《蘆葦蕩中的小舟》第五章 (香江歲月) http://blog.sina.com.cn/s/articlelist_1464353485_0_1.html。此文提到的問題可以讓讀者更加了解香港左派長期以來存在着「左傾」錯誤，終於在六七暴動期間全面爆發出來。有關該文的分析詳見本書第二章。

2　根據金堯如的回憶，1966年8月下旬，廖承志傳來周恩來關於香港不搞文革的決定 (《我所知的反英抗暴鬥爭》之二)。

1967.1.1		中共中央《紅旗》雜誌發表姚文元的《評反革命兩面派周揚》。文章批判《清宮秘史》為賣國主義電影，揭開把文革鬥爭矛頭指向劉少奇的序幕。	四天後，該片的左派導演朱石麟在1月5日因受到很大的壓力而死於腦溢血。成為因文革而死的香港文化界人士。
1967.1.18		在上海發生「一月奪權」後外交部革命造反聯絡站發表聲明，宣佈接管外交部黨委，實現對外交部奪權。	外交部被奪權後，中共對港長期來的政策受到很大的衝擊。
1967.1.25		周恩來提出，駐外使館三分之二的人員回國參加文化大革命(這是為落實毛澤東1966年9月9日一項指示而提出來的)	香港左派流行一個說法，指周恩來此一決定，令香港左派領導人擔心回國後會挨批，故發動香港六七暴動以求自保。
1967.2.		「二月逆流」，外交部掀起批判陳毅的高潮，廖承志也靠邊站。建國以來執掌港澳政策的三個主要領導人(周、陳、廖)至今已有兩人「靠邊站」。	陳、廖落馬後，中央對港澳政策的掌控能力下降，左傾思潮衝擊原有「長期打算充分利用」的方針，認為是右的。
1967.4.20	吳荻舟六七筆記從今天開始 批判劉少奇「黑修養」	這時文革已經進行了整整一年，並經歷了以下事件： 1966年「紅八月」 1967年「一月奪權」 1967年「二月逆流」 這三件事都對香港六七暴動有間接的影響。	香港暴動尚未開始，但小規模工潮已經不斷，成為暴動的前奏，例如：南豐紗廠、港九的士、以及青洲英坭，都是採取文革式的言行來鬥爭資本家。
1967.4.24	外辦內部批判陳毅(其中提及香港工作太左)	印尼排華，中印斷交 4.30姚登山從印尼返京(姚對六七暴動進程有重要影響)。	

1967.5.6		5.1毛澤東接見姚登山，稱他為「紅色外交戰士」，之後姚登山不斷散佈極左思潮及煽動對外交部奪權。	以新蒲崗工潮為標誌的暴動正式開始。
1967.5.11			工潮惡化為大規模騷動，影響新蒲崗附近數個地區。
1967.5.12		廖承志向周恩來提交《關於香港愛國同胞反迫害鬥爭的初步意見》，這是目前已知的中共高層對暴動的態度和政策。該意見於5月15日獲中央批准。[3]	六七暴動第一個死者：陳光生(後被改名為陳廣生)。同一天黃大仙公務員宿舍被左派一日縱火3次(有力地駁斥所謂「先鎮後暴」的說法)。
1967.5.15		中國外交部發表聲明，並向英國提「最緊急、最強烈抗議」。外交部長羅貴波召見英國駐華代辦霍普森，面交中國外交部聲明。同日《人民日報》發表評論員文章，題為「香港英國當局必須懸崖勒馬」。	
1967.5.16		北京40萬群眾遊行至英國駐華代辦處，而大陸國務院總理周恩來在遊行前曾指示外交部，表明遊行隊伍須恪守「不衝、不進、不砸、不阻攔代辦處人員出入、不揪鬥、不打人」。[4]	「港九各界同胞反對港英迫害鬥爭委員會」宣佈成立。成立日期剛巧是啟動文革的「五一六通知」一週年紀念日。

3　余汝信：《香港，1967》頁120–121。

4　陳揚勇：《苦撐危局──周恩來在1967》頁353。

　　　　　　　　　　　《六七筆記》注釋

1967.5.18		中共北京市委舉行10萬人集會支援香港左派。以總理周恩來為首的中共中央領導人出席大會。由副總理兼北京市革委會副主任謝富治發表講話。譴責港英當局的「法西斯暴行」。	
1967.5.21			「各界鬥委會」發表《告全港九同胞書》，並作出四項決定。
1967.5.22			「五二二花園道血案」。儘管沒有死亡，新華社稱為「血腥大屠殺」。《人民日報》隨即轉載。
1967.5.24	吳荻舟原文5月24日的筆記疑為5月27日的筆誤，而原文則沒有5月27日這一天，在校勘過程中筆者另闢5月27日這一天，並把5月24日的筆記改為5月27日的筆記。	5月24日周恩來約外辦、外交部和港澳工委有關負責人談香港問題。強調在香港問題上同港英當局的鬥爭要嚴格遵循中央規定的方針政策，堅持有理、有利、有節。批評有關部門在香港問題上提出的過「左」的口號和採取的極左做法。[5]	港府頒佈緊急法令《防止煽動性言論》緊急條例，這是暴動開始以來第一個緊急法例[6]。以後頒佈的不逐一標示。
1967.5.26	外交部和港澳辦成立「聯合辦公室」應對暴動。會議評估了敵我雙方的力量對比和策略。	從5月下旬到7月上旬，廣州地區群眾共舉行了14次規模龐大的集會和遊行示威，聲援香港工人。[7]	英國航空母艦「堡壘號」戰鬥群共6艘軍艦開進香港，《人民日報》發表題為「炮艦政策早被扔進垃圾堆」的評論員文章。

5　《周恩來年譜》1967年5月24日條目。

6　在整個暴動期間，港府共頒佈了5項緊急法例，詳見本書第八章。

7　葉曙明：《支援香港反英抗暴鬥爭》，http://www.difangwenge.org/read.php?tid=343

1967.5.27	周恩來對暴動作出指示，即《總理關於反迫害鬥爭的主要指示》		
1967.5.30		周恩來召開會議，研究外交部和港澳工委提交的方案，擬以三個回合的罷工鬥爭，周對工委的計劃持懷疑態度，表示不滿，但沒有要求修改[8]，下面照樣執行。	
1967.6.3		《人民日報》社論 (6.3社論)，是暴動以來首次發表社論。為響應《人民日報》，廣東省軍管會成立了「支持港九愛國同胞反迫害鬥爭籌備委員會」(簡稱「支港」)。	香港左派視該社論為中共準備解放香港的訊號，而認為「支港」的成立是中央對暴動的堅定支持。
1967.6.6	1各方匯報 (52號簡報) 2討論外國領事反應	周恩來批評外交部對英照會措辭過左。[9] 周恩來通過香港鬥爭方案。[10] 周恩來召見廣州軍區談關於收復香港問題。[11]	
1967.6.7	總理作出「兩不指示」另外作者在當天和朱、馬等人的談話記錄，對此有重要的補充	周恩來接見廣州軍區副司令員溫玉成，傳達毛澤東「現在不打」的四點指示。[12]	

8　余長更：周恩來與「反英抗暴鬥爭」，《九十年代》1997年6月號。

9　見陳揚勇：《苦撐危局──周恩來在1967》。

10　見葉曙明：《支援香港反英抗暴鬥爭》。

11　《周恩來年譜》1967年6月9日有記錄周與溫的見面，但只記錄兩人談廣州文革問題，沒有提及香港問題。說這次會議觸及軍事解決香港問題，余汝信《香港，1967》，第156頁。

12　余汝信《香港，1967》第156頁引用作者在2011年1月30日對李維英 (時任廣州軍區辦公室黨委) 的訪問記錄。

《六七筆記》注釋

1967.6.8			六月八日是中華煤氣公司及九龍城工務局兩邊大罷工,防暴隊上門拆大字報。 曾明,黎松及中華煤氣公司逃避追捕時跳進煤氣鼓,事後發現死亡。 行動中,百多人被帶回警署,扣押其中63人。 工務局罷工行動中,防暴隊施放二十多發催淚彈展開圍捕,拘捕450人。 警方在下午釋放442人,扣留八名主腦,其中一人為打銅工人徐田波。他在黃大仙警署扣留期間死亡。
1967.6.9		周恩來再與溫玉成談(中港)邊界的情況。[13]	南華早報透露港府擬遞解三名左派人士出境。
1967.6.10			計劃中第一回合罷工開始
1967.6.12	討論應對遞解出境的問題以及加強宣傳等工作。		
1967.6.13			香港新華社社長梁威林回應説,中國人民有權居住香港,可以自由回國,但絕不容許當局以莫須有罪名將香港同胞遞解出境。
1967.6.14	1. 討論遞解27人出境問題 2. 工委與其它部門分工		全國總工會匯來一千萬元,支持香港工人鬥爭。

13　見余汝信《香港,1967》第157頁引用廣東省軍管會辦公室:《周恩來總理聽取溫玉成副司令員匯報時的指示》,1967年6月9–10日。

1967.6.16	1. 香港對6.3社論的反應 2. 討論教會反應		
197.6.17		中國宣佈成功試爆第一顆氫彈。	左派各界深受鼓舞，鬥志更高昂。
1967.6.19	評估鬥爭形勢，部署鬥爭策略，提出不能單靠軍事。		
1967.6.21	有人告了指揮部一仗。		港府宣佈港督戴麟趾將於6月25日返英度假，期間由布政司祁濟時任護督。
1967.6.22	討論港英策反和指揮部運作問題。		
1967.6.24			20個工會的工人舉行聯合大罷工。
1967.6.26	1. 討論貨輪去香港問題 2. 灰線學校暴露問題		
1967.6.27	1.提出700打甘蔗刀問題 2. 外貿匯報		鬥委會計劃從6月29到7月2日罷市4天。
1967.6.28	1. 姜海匯報 2. 總理指示 3. 當地鬥爭方針 4. 暴動以來香港經濟	外貿部發出《關於立即停止對香港發運貨物的緊急通知》，以配合香港的罷市。	
1967.6.30	辦公會	周恩來召見港辦，提出： 1.原方案(5月20日)不切實際，要另擬新方案 2. 由廣州軍區成立民間支援香港委員會[14] 3. 外辦副主任劉寧一把新方案的討論歸納為4句話：香港癱瘓、九龍大亂、陳兵邊境、打破邊界。[15]	

14　余長更：《周恩來與「反英抗暴鬥爭」》，《九十年代》1997年6月號。

15　余長更：《周恩來與「反英抗暴鬥爭」》。

　　　　　　　　　　　　　　《六七筆記》注釋

1967.7.1		「各界鬥委會」發表〈關於反英抗暴鬥爭的幾個問題〉。
1967.7.2	討論罷工情況		
1967.7.3		周總理指派姚登山、徐仁和外交部工作人員鄭于中、劉作業、冉隆勃等五人去廣州解決當地兩派聯合起來，共同支援香港的反英抗暴[16]。	內地各外貿單位恢復對港供應。
1967.7.7	對華警工作		
1967.7.8	新界群眾工作	沙頭角槍擊事件	沙頭角槍擊事件
1967.7.10	1. 提醒「四處」注意事項 2. 召開辦公會	周恩來在北京接見黃永勝，指出香港不適宜武力解決。	
1967.7.11			港府宣佈整個香港島北岸全部宵禁。
1967.7.12		周恩來再次召集總參和外交部，強調對香港不動武。[17]	首枚炸彈在大埔鄉事委員會爆炸，從此啟動了炸彈潮。
1967.7.20		文革期間發生震驚中外的「武漢七二〇事件」，此事對香港局勢有間接的影響。	

16 鄒一民：《文革中外交部曇花一現的姚登山》，載《多維新聞網》2014-08-05。關於周恩來派姚登山赴穗的具體日期，有說是6月上旬（見葉曙明：《廣州文革三年史》第二卷第313–14頁）。

17 英國解密檔案，見《蘋果日報》2017年4月30日。解密檔案顯示，7月24日英國內閣舉行部長級會議討論香港局勢，出席者包括聯邦事務大臣Herbert Bowden及國防大臣Denis Healey等人。會議認為，若中共軍隊攻港，港英駐軍必敗，勢嚴重損害英國在東南亞的地位，所以有必要預先阻止北京出兵，其中一個可能的措施，就是在香港設置一個小型核武 (a small nuclear strike force) 以震懾中國。與會者認為姿態上必須令中國相信英方將會繼續留在香港，而且獲美國支援，但事實上美英雙方當時根本沒有相關協議。至於核武提議後來亦不了了之。

1967.7.22		北京扣留路透社記者格雷以報復港府在7月19日拘捕新華社記者薛平並判入獄2年
1967.7.24	提了幾個問題，評估各方形勢和實力	英國研究在香港設立小型核武以阻止解放軍強行進入，後以不切實際而放棄。[18]
1967.7.27	評估美國在香港利益對香港進行系統的分析。 檢討過去鬥爭的方法研究領導的問題。	
1967.7.28	繼續上一天的討論	
1967.7.30		廣州軍區召開會議研究對香港動武的三個方式[19]： – 中印邊境式 – 沙頭角式 – 武工隊式	全國總工會再匯來一千萬元，支援香港同胞(第二筆，也是最後一筆)。以全總名義的捐助合共2000萬港幣
1967.8.1			左派公開發出暗殺名單，首批對象共4人
1967.8.4		中央文革小組成員戚本禹與姚登山談話，煽動紅衛兵衝擊外交部	政府強攻左派據點僑冠大廈、新都城等
1967.8.5		北京紅衛兵火燒印尼大使館，這是文革期間首起衝擊外國駐華使領館的開始，其後法國、蘇聯等使館都遭受不同程度的衝擊。從這個角度看，日後衝擊英國代辦處可以説是必然的。	文錦渡中方搬運工人越境奪去英軍警槍械並迫使英軍簽署認罪保證書

18　葉曙明：《支援香港反英抗暴鬥爭》，http://www.difangwenge.org/read.php?tid=343

19　陳揚勇：《苦撐危局──周恩來在1967》頁354。

1967.8.7		中央文革小組成員王力繼續與姚登山談話，煽動紅衛兵衝擊外交部，是為「八七講話」，該講話被視為半個月後掀起火燒英國代辦處的元兇。[20]	
1967.8.8	批判李一氓 這是吳荻舟筆記有關香港暴動最後的一筆記載		身為「鬥委」之一的中華書局董事長吳叔同外逃到台灣，獲蔣經國接見
1967.8.9			港府查封《香港夜報》《新午報》《田豐日報》，是為「三報事件」
1967.8.11		外事口萬人批判陳毅，連帶批判廖承志，至此，文革前主管港澳工作的兩個主要負責人都徹底下台	
1967.8.20		中國外交部發聲明，限港府在四十八小時內撤消三報停刊令及釋放被捕報人。	清華街兩姐弟被炸死
1967.8.22		外交部限期過後，北京紅衛兵火燒英國代辦處	
1967.8.23		周恩來嚴屬批判火燒代辦處事件，並派楊成武向毛澤東匯報此事	
1967.8.24			商台節目主持林彬被燒死

20　見《工商日報》1967年11月28日社論：「中共決心犧牲港共的表示！——『交換人質』這一幕是中共宣判了港共的『死刑』」。

1967.8.26		周恩來主持中央文革小組碰頭會議，傳達毛澤東逮捕王力、關鋒、戚本禹(戚是次年才逮捕)等。三人下台後，有評論認為「文革」從此走出狂熱，歷史走向，為之改變。	
1967.9			英國擬訂撤僑計劃，後以不切實際而放棄
1967.10		10月28日「廣東人民支援港九愛國同胞反英抗暴鬥爭委員會」成立，由中共中央中南局負責人陳郁擔任主任，解放軍海陸空三軍也都參加。	
1967.11		周恩來召見香港工委到北京總結經驗，從11–12月歷時共兩個月	中共釋放一名自稱「逃走」回來的英籍警官奈特以及兩名華警，被輿論解讀為中共決定剎停暴動的重要先兆[21]。
1967.12		繼續總結經驗，到12月底周恩來下令停止暴動[22]	左派暴動戛然而止香港六七暴動告一段落
1968.1.1 1.3, 1.10		周恩來接見港澳會議代表，批評反英抗暴活動[23]	
	吳荻舟其他相關資料，均不在筆記範圍內		
1968.3.18	吳荻舟的「交待材料」		

21　見《工商日報》1967年11月28日社論：「中共決心犧牲港共的表示！——『交換人質』這一幕是中共宣判了港共的『死刑』」。

22　陳揚勇：《苦撐危局——周恩來在1967》頁366。

23　活動日期見《周恩來年譜1949–76》下卷頁211，但內容側重點不同。

　　　　　　　　　　　　《六七筆記》注釋

1969.11.11 –1972.3	吳荻舟的《幹校日記》		
1970.4.19	吳荻舟給妻子的信		
1971.10.24	吳荻舟的「證明材料」		
1973.6.4	吳荻舟給廖承志的信		
1986.11.14	吳荻舟在從化溫泉接受訪問的記錄		

4月20日

《人民日報》關於批判「修養」十點提綱[1]

1. 批判脫離階級鬥爭，亡黨亡國的修養論

2. 批判資本主義復辟的宣言書

3. 批判唯心主義的修養論

4. 修養是個人野心家的寫照

5. 批判公私融合論

6. 徹底粉碎奴隸主義

7. 在階鬥路線中糾正錯誤思想

8. 修養為叛徒創造理論根據

9. 反對「左」傾教條主義的目的何在！

10. 人的階級性是棵大毒草

【解讀】

吳荻舟《六七筆記》本的首頁是1967年4月20日。這時內地文化大革命已經進行了快一年，但香港的六七暴動尚未開始。

1　這是指《人民日報》1967年4月6日第1版文章：「用毛澤東思想批深批透《修養》」，提出從10個方面批判「修養」。所謂「修養」，指劉少奇的《論共產黨員的修養》。該文是劉少奇於1939年7月，在延安馬列學院作出的一場著名演說，內容是對中國共產黨廣大黨員提出了黨性鍛煉的要求。1966年毛澤東發動「文化大革命」，意在打倒劉少奇，先從批判他這個理論開始。劉少奇 (1898年11月24日–1969年11月12日)，中共和中華人民共和國的主要領導人之一。他是首任全國人大常委會委員長和第二任及第三任中華人民共和國主席。1956年至1966年間擔任排名首位的中國共產黨中央委員會副主席，一度被認為是毛澤東的接班人。「文革」期間被鬥倒，遭到極端非人道對待，終於折磨至死。1980年2月24日，中共十一屆五中全會一致通過《關於為劉少奇同志平反的決議》，決定為劉少奇平反，恢復了他作為「黨和國家領導人之一」的名譽。

這一天以及4月24日那一天，記載的可能是國務院外辦內部學習「文化大革命」的文件時的討論。這時香港的暴動尚未開始，所以這本筆記並不是一早就用來記載暴動，但日後才拿來專門記載有關暴動的事情。

吳荻舟當時是國務院外事辦公室港澳組副組長 (該組沒有設組長，但有兩個副組長，吳荻舟和孔筱)，負責協助周恩來總理處理同港澳事務有關的事宜。

因為這是筆記的首頁，筆者覺得有必要交代一下大陸發生的「文化大革命」這個時空背景，才能加深對筆記內容的理解。

本日記載的事件是「文化大革命」中外交部奪權事件的開端。這時離開文革的發動 (1966年5月16日) 已經快一年了。在這一年間，對中國全局以及對香港日後六七暴動有重要影響的事件有：

1. 1966年8月在北京發生的「紅八月」事件，紅衛兵藉口「破四舊」，濫殺無辜並且公然鼓吹「紅色恐怖萬歲」。據海外華裔學者丁抒教授在《開放》雜誌上發表其研究估計[2]，在「紅色恐怖」期間全國被殺人數高達十萬人。這種濫殺無辜的情況為香港暴動最終惡化為「城市恐怖主義」提供思想、心理和行動上的準備。

2. 1967年1月在上海發生的「一月奪權」事件，促使全國造反派掀起向黨政機關原領導班子奪權的活動。大陸這個發展，既造成外交部發生奪權事件，又間接促成澳門共產黨藉着「一二三事件」奪取澳葡統治權權，因而激發了港共奪取港英統治權的欲望。

---

2 資料來源：宋永毅：《文革中「非正常死亡」了多少人？》，載《動向》2011年第9期作者引述華裔學者丁抒教授的估算：「一九六六年紅色恐怖殺人十萬」。

根據《維基百科》[3]：

一月風暴，也稱「一月奪權」，是中國大陸文化大革命期間的重要事件，事件於1967年1月在上海開始，由於毛澤東的認可而進一步推動了全國的奪權運動。上海「一月風暴」在全國產生了廣泛而強烈的影響，引起一系列連鎖反應，山西 (1月14日)、山東 (2月3日)、黑龍江 (1月31日)、貴州 (1月25日) 等省紛紛奪權。從此，「文化大革命」進入了全面奪權的新階段。奪權引起的震盪，革委會籌備委員會的權力爭奪中進一步搞亂了全國，造成派性分裂，迫害了大批幹部；同時林彪集團和中央文革小組支持的造反派在各地乘機膨脹，扶植黨羽，攫取了相當部分黨政大權。

3. 1967年2月發生的所謂「二月逆流」(或稱「大鬧懷仁堂事件」)，造成外交部長陳毅靠邊站，從此中共對香港的「長期打算、充分利用」就開始出現動搖。

根據《維基百科》[4]：

二月逆流是指在1967年2月11日和16日在懷仁堂召開的兩次中共中央政治局碰頭會議上，譚震林、陳毅、葉劍英、李富春、李先念、徐向前、聶榮臻等，與毛澤東所支持的中央文革派康生、陳伯達、江青、張春橋、謝富治等進行的

---

3 https://zh.wikipedia.org/wiki/%E4%B8%80%E6%9C%88%E9%A3%8E%E6%9A%B4

4 https://zh.wikipedia.org/wiki/%E4%BA%8C%E6%9C%88%E6%8A%97%E4%BA%89

　　　　　　　　　　《六七筆記》注釋

鬥爭。當時被稱為「二月逆流」，後被中共稱為「文革」初期一次黨內公開的抗爭。鬥爭的實質是中共的老幹部派集體希望抵制文革對他們權力、利益甚至是人身安全的侵害。周恩來雖然主持了這兩次會議，但政治經驗老道的他並沒有在第一時間站在任何一邊。並且在毛澤東表態支持中央文革派後，周立即緊跟毛，放棄了實質上和自己主張更為接近的老幹部派，甚至對中央文革說出「今後我為你們辦事」這種謙卑服軟的話。

由於周恩來沒有在「二月逆流」中支持老幹部，使中央文革的氣焰如日中天，為後來全國出現「極左」思潮以及香港「六七暴動」走向極端化埋下伏筆。(筆者注：尚有「二月逆流」的資料見《六七筆記》4月24日的解讀)。

4. 1967年3月底，批判香港左派電影《清宮秘史》，揭開了打倒國家主席劉少奇的序幕。

根據《百度》的資料[5]：

1967年3月31日晚，中央人民廣播電台播出了《紅旗》雜誌1967年第五期發表的，經毛澤東修改過的戚本禹署名的洋洋大文〈愛國主義還是賣國主義？──評反動影片《清宮秘史》〉。4月1日，《人民日報》等全國各地的報刊及造反派小報都紛紛轉載了戚本禹的文章。戚本禹的文章肆意攻擊劉少奇，他打着批判《清宮秘史》的幌子，其目的是引

5　https://baike.baidu.com/item/%E6%B8%85%E5%AE%AB%E7%A7%98%E5%8F%B2

出劉少奇、批判劉少奇，把鬥爭矛頭直指劉少奇。文章最後用了八個為什麼，闡明「黨內最大的走資本主義道路當權派」的「八大罪狀」，明確了劉少奇的「問題」已超出內部的範圍，是「睡在我們身邊的赫魯曉夫」。從此，在報刊上以「中國赫魯曉夫」為專用代名詞對劉少奇進行大肆攻擊，也掀起了批判「中國赫魯曉夫」劉少奇的高潮。由康生建議設立的「劉少奇專案審查組」，得到毛澤東的批准。不久，劉少奇開始被揪鬥，並受到人身迫害。4月6日晚，在江青策劃下，在中南海劉少奇被第一次揪鬥。4月8日，《人民日報》發表社論，號召「把黨內頭號走資本主義道路當權派，把資產階級反動路線批倒、批深、批臭」。4月12日至18日，在中央軍委擴大會議上，林彪、江青、陳伯達、康生、張春橋等人先後講話，羅織和批判所謂劉少奇、鄧小平的「罪行」。5月以後，江青夥同康生、謝富治，不顧黨紀國法，隨意捕人，嚴刑逼供，製造偽證，誣陷劉少奇是「叛徒」、「內奸」、「工賊」。5月11日，中共中央發出通知，要求各單位「進一步深入地開展對黨內最大的一小撮走資本主義道路當權派的大批判運動」。7月18日，江青、康生、陳伯達組織批鬥劉少奇夫婦的大會，並對劉少奇實行抄家和人身迫害，從此完全剝奪了他們的自由。1968年10月，中國共產黨第八屆十二中全會在北京舉行，全會批准了江青、康生、謝富治等人用偽證寫成的《關於叛徒、內奸、工賊劉少奇罪行的審查報告》，作出了對劉少奇「永遠開除黨籍，撤銷其黨內外一切職務」的決議。

吳荻舟《六七筆記》是日學習的是《人民日報》1967年4月

6日的文章，這是繼3月31日戚本禹文章後，正式由官方《人民日報》發表的批判劉少奇的文章。一個月後的1967年5月8日，《人民日報》、《紅旗》雜誌發表經中央政治局常委擴大會議討論通過的編輯部文章《〈修養〉的要害是背叛無產階級專政》。文章指出《修養》的要害問題，擊中了黨內最大走資派的要害，它是射向劉鄧黑司令部的一顆重型炮彈。這篇文章對正在加劇了全國展開的大批判運動。1967年5月11日《中共中央通知》(中共中央發佈153號文件) 説：「五月八日，《紅旗》雜誌編輯部和《人民日報》編輯部發表的《〈修養〉的要害是背叛無產階級專政》是經過政治局常委擴大會議討論通過，並經我們偉大領袖毛主席親自批准的重要文章。這篇文章擊中了《修養》一書的要害，也擊中了黨內最大的走資本主義道路當權派的要害。通篇用擺事實、講道理的方法，在一個革命的根本問題上，大破修正主義，大立毛澤東思想。希望各單位的革命同志，認真地組織學習和討論，進一步深入地開展對黨內最大的一小撮走資本主義道路當權派的大批判運動」。自此之後，批判劉少奇的政治運動就如火如荼地開展起來。

　　這四件重要事件，對中國全局和對香港都有重要的影響，也有助於我們理解吳荻舟筆記的內容。

5. 這個時候香港的「六七暴動」(以5月6日「新蒲崗膠花廠事件」為標誌) 還沒有發生。但由於受到大陸文革的影響，在暴動之前的若干宗勞資糾紛中，香港左派工會已經採取「文革式」鬥爭手段去同資方抗爭。筆者所指的「文革式」鬥爭手段包括以下特點：

　◆　突出政治，以毛澤東思想掛帥，拒絕港英勞工署的調停；

- 揮舞、背誦毛澤東語錄作為抗爭武器；
- 要求資方派代表背誦毛澤東語錄。

這些都不是一般勞資糾紛中見到的現象。

值得指出來的是，歷史的弔詭處是，小小一個香港，在大陸的「文化大革命」中竟然莫名其妙地產生開端和終結的作用。「文革」以打倒劉少奇為目的，而直接點劉少奇名字的運動卻是從批判香港電影《清宮秘史》開始(以前批鬥劉少奇的文章均未有點他的名)。相反，「文革」「極左」狂熱的終結，也是因香港六七暴動導致火燒英國代辦處而引致中共痛定思痛要扭轉「極左」思潮。換言之，香港暴動極端化造成的問題促使中共扭轉大陸文革的極端化。

由於是日批判劉少奇的內容與本書關係不大，故注釋從略。

4月24日

謝[6]：關於陳總[7]，在外頭說「都是實事求是」，陳總，在一月廿四日以後，還是說了許多錯誤，就目前的情況看，至少是看支流多，起來抉，就是起猛擊一掌。

6次談話，都是起了潑冷水作用。這點陳總本人也承認。

至目前為止，外辦[8]同志還是實事求是。

在外辦的領導同志，還是看風扯帆，像氣象台。

高：黑手也伸到外事口，雖然總的方針政策，是主席制定，但也受到干擾[9]。這只有靠外辦同志來揭發。這是亮相的實

6　筆記這一天記載的謝、高、王、李等人的發言，都無法考證是誰。

7　陳總：指陳毅，時任外交部長。陳毅（1901年8月26日－1972年1月6日），原名陳世俊，四川樂至人；中國十大元帥之一。中華人民共和國成立後，陳毅歷任上海市市長，國防委員會副主席，中央軍委副主席，國務院副總理兼外交部部長等職，並在「文化大革命」期間被牽扯進「二月逆流」案。1967年2月16日，軍方與文革小組的衝突達到頂峰，陳毅、譚震林、李先念紛紛發言怒斥中央文革小組。文革小組向毛澤東匯報，毛定性為「二月逆流」。從此之後，陳毅一再受到批判。周恩來對陳支持，曾公開表示：「如果你們要抓陳毅、衝擊會場，就從我的身上踏過去」。1972年1月6日，陳毅在北京逝世。

8　外辦：指國務院外事辦公室。1958年3月6日，中共中央、國務院發出《關於中共中央設立外事小組和國務院設立外事辦公室》的聯合通知；其中，外交部部長陳毅兼任「中央外事小組」組長，全面負責外事工作；在國務院系統中，對應設立「國務院外事辦公室」，陳毅兼主任，廖承志任副主任。在中共體制內，港澳事務屬「外辦」領導的。

9　根據文革史專家張兵：《「文革」邪火燒到外交部》記載，1967年4月初，戚本禹的一篇題為《愛國主義還是賣國主義》的文章，將邪火引進了外交部。繼而《人民日報》於4月8日發表社論《高舉無產階級革命的批判旗幟》，造反派就將黑手伸進了外交部。外交部的造反派聞風而動，於4月11日在外交部召開了「炮打陳毅」的大會。原來外交部的造反派在別有用心的人的指使下，意在打倒陳毅。到了5月份，北京外國語學院兩派輪流衝擊外交部。更有甚者，歸國留學生「遵義兵團」裏的「世界紅衛兵」更是變本加厲地貼出了《十問周總理》的大字報。終於真相大白了，原來他們批陳毅是假，打倒周恩來才是真。後來被毛澤東發現，他們才暫時縮

際表現，不是為亮，而是站在那個司令部的問題。

陳在文革中，的確是犯了不少錯誤。

戰鬥隊同志，也要兩革。

王△之：竟有人歪曲情去總理處反映，將來如總理作出不符事實的結論，是要追。

李：我們有一的困難，對情況又不清楚，説多了是投機，説少了是保守。總理那裏的會又沒有開完。

「這是資產階級的人事學的做法，不相信群眾路線的革命路線的做法，即資產階級反動路線的做法，不是毛澤東思想的，無產階級反動路線的解決矛盾的做法。」

「背後究竟是什麼值得研究。」

「還是怕字當頭的，怕革命，怕丟烏紗帽。」

「毛主席説在這次運動中，自己教育自己，你批判陳總的錯誤，也是自己亮觀點的，自己檢查自己的做法。」

「首先 (要進一步開展外辦) 要批判李一氓[10]這種思想。這是對黨、對毛主席親自發動的無產階級文化大革命不負責的，對運動的壓制思想。」

「即使有種活思想，也不應要總理來改變革命總部的計劃，可以直接向革命組織談。」

主動站出來，支持群眾的革命的運動，帶頭革命。

了手。(見《黨史博覽》2011年01月05日)

10　李一氓 (1903年–1990年)，四川省彭縣人。1962年後，擔任國務院外事辦公室副主任。文化大革命期間，李一氓受到殘酷迫害，被投入監獄6年。1974年到1982年，任中共中央對外聯絡部常務副部長。1980年，時任中共中央對外聯絡部常務副部長的李一氓組織專門班子研究國際形勢和確定外交政策，先後寫成6篇《討論稿》報送中央，其中提出國際環境將長期和平、否定毛澤東提出的「三個世界劃分」、建議同各國共產黨恢復關係。這些意見很快被中央採納，從而改變了中國的外交政策。在中共十一屆三中全會上，李一氓當選為中紀委副書記。1982年離休。

陳總：1. 對赫禿[11]下台，和新修[12]的估計樂觀，說赫下是搞不下去了，新修不能不好些。

2. 批評我們在港澳宣傳社會主義，學毛著，認為是愚蠢，左得可愛，左得可恨[13]，要我少搞鬥爭，少搞政治學生（習），思想改（造），要利（用）海外條件，學一門外語，紅專。

3. 90%組織起來，也不解放，但，並不是不要學習和改造。

4. 你們要慎重，××還可能復職的。

5. 一次小會上點馬進的名，說他過去既不向我會報，張于寫張汗夫[14]大字報，是催命，政治部主任[15]。

6. 那次小會上要大家多找他。

【解讀】

4月24日所記載的，很可能是國務院外事辦公室舉行內部批

11　指蘇聯領導人赫魯曉夫。

12　指修正主義路線。

13　根據港澳辦副主任李後1997年4月發表他的回憶錄《百年屈辱史的終結》，1958年，中央從事香港工作的幹部受當時國內政治氣候的影響，不考慮香港的特殊情況和特殊環境，照搬國內一套做法，提出了一些不適當的口號，搞了一些不適當的鬥爭。周恩來、陳毅等中央領導人對此再次提出批評，陳毅批評有關人員「左得可愛、左得可恨」。為此專門將有關人員召到北京，要他們學習中央對香港的政策。從此可以看到，陳毅一貫以來反對香港左派一些過「左」的做法。

14　「張汗夫」疑為「章漢夫」章漢夫，原名謝啟泰，1905年10月24日生於江蘇省武進縣。1950年年初，章漢夫是建立外交部時3位副部長之一。當時他負責領導亞洲司。建部初期的主要工作之一是同資本主義國家進行建交談判。1967年文革期間被批鬥，並於1968年3月被關到昌平縣的秦城監獄，1972年1月含冤病逝。這冤案終於在1979年得到平反昭雪。

15　這裏指的是外交部的政治部。在中共體制裏，除了軍隊外，很多重要部門都設立專門的「政治部」藉以把握該部門的「政治方向」。但這裏突出一句政治部，仍然不解。

判陳毅的一次會議。陳毅因為參與了1967年2月16日在中南海懷仁堂舉行的對中央文革小組的批判，被毛澤東定性為「二月逆流」而遭批判。

「二月逆流」是中共黨內唯一一次以老幹部為主體的領導層，企圖通過黨的正常會議，反對毛澤東一意孤行推行文革，使國家一步一步走向災難。豈料毛澤東當堂怒斥這批曾經與他生死與共的戰友。關於「二月逆流」的經過，以及該事件如何影響周恩來的雙重性格，請參考第五章「周恩來在六七暴動中的角色」引述高文謙的回憶，這裏不贅。

「二月逆流」之後，陳毅被迫「請假檢查」，外交部內部開展了對陳毅的批判，而外交部造反派的奪權的步伐也加快。對香港來說，「二月逆流」對暴動有間接的影響，因為自從出任國務院副總理兼外交部長以來一直主管港澳事務的陳毅就從此靠邊站。中央對港澳政策的掌控力度就有所鬆弛，以至「極左」勢力就可以干擾港澳政策。

是日所記載的批判陳毅的説話，具體所指何事，現在難以考究，但可以看出當時的批判還是心平氣和的，批判者也是掌握分寸的。但究竟涉及什麼具體內容則不得而知。關於外辦系統在文革中如何受到衝擊，以及批判陳毅的具體理由請參閱鄒一民：《外交部文化大革命簡述》[16]。

當時外交部及外事口分成兩派：一是《批判陳毅聯絡站》(簡稱「聯絡站」，他們主張打倒陳毅)，另一是《外事系統無產階級革命派聯絡委員會》(簡稱《外事聯委》，他們可稱為批判陳毅派，事實上即保陳派)。

根據紅衛兵組織收集編輯的《陳毅黑話錄》，陳曾經説過：「打倒朱德，打倒賀龍，中央根本不同意。賀龍是政治局

16　http://blog.sina.com.cn/s/blog_d761eefc0102wq31.html

委員，元帥，怎麼一下子變成大土匪了呢？朱德今年八十多了，這樣搞人家，人家罵你過河拆橋」；又說：「你們誰都不相信，只相信××、林副主席、總理、陳伯達、××、康生6人，加上5個副總理共11人。這樣一個偉大的黨只有這11個人乾淨，我不願意當這個乾淨的，把我拉出來示眾」。可以看出他明顯地對文革有不滿的地方。所以另一份紅衛兵大字報〈王力在《人民日報》談陳毅〉說：「最近批評外事口資產階級修正主義思想很嚴重。陳一直在運動中站在群眾的對立面，打擊造反派，辜負了中央文革和總理保他的期望。在外事口搞折衷主義。外交官一律官復原職，這是全面的資本主義復辟」。

從王力這番話看，說到底，陳毅的所謂錯誤就是反對毛澤東借文革對老幹部進行打擊。

從香港角度看，這一日筆記最後6點可能是陳毅本人的發言，也可能是他人批判陳毅時，所引述陳的說話。不論說話者的身份，值得我們注意的是第2和第3點都同香港有關。一是強調了香港工作太「左」（2. 批評我們在港澳宣傳社會主義，學毛著，認為是愚蠢，左得可愛，左得可恨，要我少搞鬥爭，少搞政治學生（習），思想改（造），要利（用）海外條件，學一門外語，紅專。）二是強調暫時不解放，即使香港群眾90%已經組織起來。這反映了在當時極「左」思潮的影響下，香港左派有人希望中共早日解放香港（陳毅這段話，同吳荻舟1966年對港澳工人觀禮團的講話一樣，都是針對這種早日解放的極「左」訴求）。從這裏可以看出，直到六七暴動前夕，中共中央的政策仍然是不改變香港現狀。這是我們理解六七暴動起因於香港左派思想行為「過左」的一個重要的證據，它為人們認識六七暴動的性質提供了寶貴的原始資料。

5月26日

聯辦：港澳辦公室今天成立。負群眾鬥爭組[17]。

1. 必須突出政治，突出毛澤東思想，吃透政策方針和下面的情況，只要是吃透群眾的鬥爭情緒，和摸透主客觀的力量，中間情況。

2. 每天必須了解鬥爭情況。

……

謝壽天：我行24–25被提1190萬元[18]。

[注：謝壽天　時任中國銀行副總經理]

存4月底13億：美、僑、[19]

1. 22/5國K[20] 2、3千混進隊伍，照相，對群眾威脅很大。

銀行也有動搖的，3、40個。

2. 敵人的論點[21]：

17　這裏記載的是：為應對香港的暴動，中共中央成立相關的組織機構。根據吳荻舟的記錄，該機構稱「反迫害聯合辦公室」(簡稱「聯辦」)。該機構的成立，標誌着整個香港暴動的領導工作直接由北京掌握了。關於這個組織內部結構以及運作模式，參見本書第四章「六七暴動的組織和指揮機制」。在這個組織裏，吳荻舟負責的是「群眾鬥爭組」。

18　暴動開始後，很多人從中國銀行提走存款，兩天之內損失1000多萬。相對於整個暴動期間北京給與香港的暴動津貼也才2000萬，被提走的數額是非常大的。

19　指1967年4月底中國銀行持有的美元和僑匯加起來共13億港元，相當於全港當年M2貨幣供應量 (100億) 的13%，這是當年中共在香港的經濟實力的一個指標。

20　根據吳輝的整理心得，筆記中吳荻舟用了很多速記符號，其中M代表美國，K代表國民黨，MK代表「美蔣」，其他還有E代表英國，HK代表香港，A代表共產黨

21　指當時港英和香港右派對左派策動暴動難以為繼的分析：例如中立的《明報》社論《中共是否即要收回香港？》(1967年5月18日) 指出中共不打算

①7億外貿外匯一年。

②要用HK搞國際革命。

③有一百萬解放時逃出來的，是右，是統治者的社會基礎。

④先鋒隊是有，後備隊未組成。

⑤文化大革命，不能兼顧。

結論搞大也如此，小也如此，搞大以後好，小搞以後不好
辦。所以

3. 問題[22]

①有動搖的。

②罷工工資少了，如何？

③電車停工一小時，用了三天。傳達慢如何辦？

④繼續上升如何？升到什麼情(程)度？

⑤勝利的把握不大，還未考慮到如何辦？

4. HK下步如何做？[23]

①繼續高壓？

②造制輿論？

③組織阿飛隊。

④放出(動用)K[24]。

5. 目前我的做法[25]

借暴動收回香港。

22　指中央分析左派策動暴動存在很多問題。

23　這是分析港英會如何對付暴動，包括放出黑社會團夥(阿飛)及縱容國民黨
　　對付左派(放出K)。

24　事實上港英並沒有發動國民黨來反制共產黨，因為港英知道，國民黨在香
　　港的力量太過單薄，詳見【解讀】。

25　這是分析左派的實力。

①必須打勝，群眾鬥志很高，發展很快。

②有十萬工人(有組織的)，可動員5萬，共15萬。

③有廣大的反英群眾，小販。

④全60萬中輕重工人43萬，店員十多萬。

63個工會，會員十萬，加外

海員4.5萬，工會會員2.3萬

政軍醫4千人(共1萬)

九龍巴士5千，(共9千)

香港巴士1千多，

小汽車，大貨6千人(1萬)

電車1千7百

中華、香港3千

電話1千，(5千)

基本群眾：漁民 8萬

煤氣

基本群眾：徙置區70萬

基本群眾：木屋區40萬

大澳

大埔

長洲

中小學生5萬

K號稱70個工會

工人3萬

HK人口分佈：香150萬，九150，新界60，其他約10–15萬
(漁民，海上人) 合370–80萬。

　　　　　　　　　　《六七筆記》注釋

【解讀】

是日《筆記》是六七暴動發生後吳荻舟寫的第一筆記載，這時距離暴動發生 (5月6日) 已是20天，而且發生了5.22花園道事件(即筆者在第一、三章所説的暴動第一階段)。

是日筆記訊息量很大：

一、中央成立了「反迫害聯合辦公室」，直接領導暴動。
二、暴動未傷人，先傷己
三、「敵人」不認為暴動能夠成功，因為中共無意在當時收回香港
四、雙方力量的對比分析及評估
五、對港英策略的評估
六、中英雙方第一次接觸

此外還必須補記一件筆記沒有記錄或提及的事，即是暴動發生後，港英與港共之間有過的第一次接觸。

現逐一解讀。

一、中央成立了「反迫害聯合辦公室」，直接領導暴動

筆記透露的一個重要訊息是中央成立了專門處理暴動的領導機構「反迫害聯合辦公室」，標誌着從此香港暴動問題就直接由中央來掌握。是日筆記對這個機構沒有太多介紹，但他在1986年在從化溫泉療養時所作的回憶錄則有如下的記載：

> 五月二十三日總理在北京召開會議，當時廖承志受隔離保護未參加，而城委、工委領導同志李生、梁威林等十餘人

參加。周恩來同志指出不能在香港打戰。這只能是群眾運動，還是有理有利有節，政府絕不參與。但「文革」左的風吹下去，影響了工委對總理指示精神和港澳長期方針政策界線的分寸。

外辦抽調我、鄭偉榮、鄧強，外交部的羅貴波、張海平和中調部的葉××等組成「聯辦」，香港方面也成立了指揮部。(見吳荻舟在從化溫泉接受訪問的記錄，1986年11月14日)

關於這個機構的詳細分析見第四章「六七暴動的指揮和組織機制」。

二、暴動未傷人，先傷己

是日《筆記》也透露了另一個重要訊息，就是暴動未傷人，先傷己。暴動開始後，香港很多人從中國銀行提走存款，兩天之內損失1000多萬。這個損失有多大？大家可以從幾方面分析：

1. 同整個暴動期間北京給與香港的暴動津貼才2000萬，則被提走的數額是非常大的 (對比當年物價：1967年灣仔一個300尺洋樓是3萬元，其他地區在2萬元左右) (見《信報》2013年4月20日文章：1967)。換言之，兩天之內的損失，在當時足以購買500套小型單位。

2. 根據香港特區政府統計處2008年發表的《香港的發展：1967–2007統計圖集》，1967年全港外匯儲備24億港元，而廣泛意義的貨幣供應 (即M2) 是100億港元。中國銀行系統兩天內被提走1000萬，相當於全港貨幣供應量的千分之一，不可謂不大。另外筆記透露1967年4月底中國銀行持有的美元和僑匯加起來共13億港元，相當於全港 M2 貨幣供應量 (100億) 的13%，這應該是當年中共在香港的經濟實力的一個指標。

3. 1967年中國外匯儲備是2.15億美元，當年人民幣對美元是2.4618（資料來源見中華人民共和國國家外匯管理局《中國歷年外匯儲備》），外匯儲備折合人民幣是五點三億。當年人民幣對港元的匯率是每100港元對33元人民幣。兩天之內流失1000萬元，即330萬人民幣，相當於中國外匯儲備的0.6%，這個流失率對中國的外匯儲備帶來嚴重的威脅，按照此流失率，半年內中國的外匯儲備就會消失一半。僅此一個事實就是暴動難以延續下去的一個重要原因。

「聯辦」成立的第一天就在評估暴動對中國的影響，足見北京十分擔心這次暴動對中國經濟的負面影響。無獨有偶，港英在暴動初期也是第一時間評估香港暴動對中國的影響。我們不妨比較雙方的資料。

吳荻舟筆記提到中共在1967年4月底在香港持有的存款共有13億港元，包括美元和僑匯。而「敵人」港英則估計中共一年從香港取得的外貿利益高達7億港元。

根據英國解密檔案[26]顯示，暴動開始後不久（5月中旬），英國政府就要求英國財政部（Treasury）評估暴動對英國和中國的影響（筆者按：該項要求見諸標題為Special Assessment in JIC (67) (SA) 39 dated 18 May 1967的文件，但上述英文字母的代號不明），其中有一個附錄是談《香港對中國的經濟價值 A Note on the Economic Value of Hong Kong to China》，它估計在1966年底中國從香港取得的外匯共約二億英鎊，其中有形貿易盈餘為1.68億英鎊，海外匯款為2800萬英鎊，其餘零碎外匯收入約300萬英鎊。根據當年1英鎊兌16港元申算，中國每年從香港得到的外匯收入應該是32億港元。

兩雙比較，英國財政部估計的中國從香港取得的經濟利益

26　（FCO 40/46, No. 304379）

的數字遠遠高於吳荻舟所記載的數字。這個差距是由於統計的口徑不同？或是雙方採用不同的定義？還是別的原因，筆者無從判斷。其中一個可能的解釋，吳荻舟的數字是靜態的，說的是四月底某一天的庫存(即會計學上的stock概念)，而英國的數字則是動態的(即會計學上的flow概念)，說的是全年的數字。

除了未傷人，先傷己外，左派還面對其他問題，包括對勝利把握不大，也不知道鬥爭要升級到什麼程度。自己陣營中有動搖的，也有擔心罷工影響生計。

三、「敵人」認為中共不會借暴動收回香港

吳荻舟上文所引述的「敵人」的論點，相信是指《明報》以下社論：《中共是否即要收回香港？》(1967年5月18日)。[27]

筆者一再引述《明報》這篇社論，是因為它在暴動初起時，最早提出中共不會借暴動來收回香港的論據，這就從根本上否定了北京會全心全意全力支持香港左派暴動的可能性。這個評估被事實證明準確無誤。這是從一開始就註定暴動會以失敗告終的最根本原因。

除了《明報》外，當年的右派報紙如《工商日報》，中立但較為親英的《華僑日報》的社論都有相同的判斷。

事實上港英當局也是這樣評估的。這從港督發回倫敦的電文可以看出。英、港之間就此問題有過反復的評估，結論是中國並不想藉暴動提早收回香港。關於這方面的解密材料詳見本書第八章「英方應對暴動的策略和方法」。

27　《中共是否即要收回香港？》1967年5月18日，星期四。請參見本書第一部分頁244。

　　　　　　　　　　　　　《六七筆記》注釋

四、雙方力量對比

是日記載的另一個重點是敵我雙方的力量對比。根據吳荻舟的筆記，「我」方包括有組織的左派工會會員、左派中小學校學生、貧民區居民等。關於這方面的估算是否準確不得而知，不妨參考一下香港政府對左派工會會員數字所作的統計，就可以看出左派自己對自己力量的估計是否準確。

1966年香港左派工會實力以及最大5家工會 (會員人數超過5000人)

工會	登記會員	繳付會費	年初存款	當年收入	當年支出	年末存款
	人數	人數	千港元	千港元	千港元	千港元
工聯會	96735	69833	1160.3	8658.1	7118.4	1539.7
——其中						
海員工會	26727	14759	360.5	1552.5	1149.4	403.1
摩托工會	10785	8863	152.1	176.5	151.9	245.9
政軍醫	7533	5457	16.9	25.4	22.6	28.2
洋務工會	7047	4780	41.2	626.4	579.1	47.2
紡織染	6127	4861	27.6	57.6	53.9	36.6

資料來源：職工會登記局 (Registrar of Trade Union) 1967年

根據港英職工會登記局的上述資料，工聯會號稱10萬會員，但繳費會員只有70%左右，所以筆記中説：「有十萬工人(有組織的)，可動員5萬，共15萬」，顯然是有所誇大。

1967年香港公共事業中的左派工會勢力

公共事業	工人數目	左派工會	登記會員	佔全行	繳費會員
電話公司	3597	香港電話公司華員職工會	1474	41%	865
中華煤氣	383	中華煤氣公司華員職工會	362	95%	

中華電力	1850	中華電力公司華員職工會	637	34%	433
香港電燈	892	香港電燈公司華員職工會	671	75%	606
中華巴士	2279	摩托車總會香港巴士分會	500	25%	不詳
九龍巴士	6859	摩托車總會九龍巴士分會	3000	44%	2500
電車公司	1610	電車職工會	981	61%	661
油麻地小輪	1500	海員工會 (沒有獨立工會)	不詳	不詳	不詳
天星小輪	582	海員工會 (沒有獨立工會)	不詳	不詳	不詳

資料來源：職工會登記局 (Registrar of Trade Union) 1967年

以上是根據港英職工會登記局的統計資料整理出來的左派工會勢力表。從中可以看到，即使已登記的左派工人全部罷工，也不會令全行癱瘓 (煤氣、港燈除外)。

左派的估計 (見諸下表由吳荻舟筆記所提供) 同警方政治部的估計也有差別。根據業已解密的英國檔案提供的當年港英政治部的資料，雙方給出的數字對比如下：

表一、左派工會實力 (工會會員佔行業工人比例)

行業	港英估計 (港英警察政治部)	左派工會估計 (見諸吳荻舟筆記)
海員	沒有提供	2.3 萬 (共4.5萬)
水務	超過50%	沒有提供
電力	九燈：25% 港燈：50%	沒有提供
煤氣	2/3	3000
電話	1/3	1000 (共5000)
渡輪	天星：< 50% 油麻地：只有少數	沒有提供
巴士	九巴：超過1/3 港巴：約1/4	5000 (共9000) 1000多

　　　　　　　《六七筆記》注釋

貨車	沒有統計	6000 (共10000)
電車	接近2/3	1700
火車	約1/4	
政軍醫	約7000人	4000 (共10000)
洋務	約22%	

資料來源：香港警察政治部 (1967年5月15日)

引自：勞顯亮《英密檔揭政治部斥左派推學生做人盾》香港01發表於2017-05-19

　　從上述數據可以看出，除了煤氣、港燈、電車三大公共事業有可能遭到癱瘓外，其他的公共事業的左派工人即使全部罷工，也難癱瘓該行業的運作。這又是左派高估自己實力的另一個例子。

五、分析港英的對策

　　這次會議還研究了港英的對策，例如繼續高壓、製造輿論、動用黑社會 (組織阿飛隊)、動用國民黨等。

　　港英會不會動用國民黨在香港的力量來反制共產黨？這就必須同時分析國民黨在香港的力量。事實上中共這點是過慮了。在整個暴動期間，國民黨除了在輿論上反對共產黨外，它對共產黨發動的暴動毫無反制力量。這從港英當局自身的分析可見一斑。在英國解密檔案中有一份是當年華民政務司 (Secretariat for Chinese Affairs, 簡稱 SCA) 對左右派工會實力對比的分析，它指出：

　　　　右派工會的狀況是令人沮喪的。在九個公共事業公司中，只有四個右派工會聲稱他們的會員數目達到該公司員工百分之五。在油麻地小輪中，即使完全沒有左派工會存在 (筆者按：在油

麻地小輪公司中，左派工人是參加了海員工會而沒有成立獨立的工會)，右派工會也僅僅達到該公司工人的38%。

所以它的結論是：

不能夠依賴右派工會來作為一個反制力量，因為在大多數情況下他們不但數量上微不足道，而且組織散漫並嚴重缺乏領導力量[28]。

從上述分析可以看出，港英從一開始就沒有打算動用國民黨的力量來反制共產黨。

六、中英雙方就暴動問題第一次非正式接觸

是日是「聯辦」成立並開始運作的第一天，標誌着北京將親自掌控這場暴動。但事實上在此之前一天，北京卻盡量希望同港英當局謀求達到某種和解避免事態惡化。根據英國解密檔案顯示，港督戴麟趾在5月25日 (筆者按：比「聯辦」開業、吳荻舟這天的筆記還早一天) 就致電英聯邦事務部[29]說：

另一個 (而且是奇怪的) 發展是何賢目前在香港。何賢是澳門一個親北京的百萬富翁，在澳門危機中扮演一個重要的角色……聽說他最近見了周恩來……

他是應利銘澤 (英文原稿是 R.C. Lee，是港督一位與中方溝通的中間人) 的邀請並獲廣州當局的批准來港……他表示希

28　見 A Note on the Composition of Unions in Utility Companies, 26 May, 1967, SCA 84/98s

29　見港督戴麟趾於1967年5月25日致英聯邦事務部函件 Address to Commonwealth Office Flash Secret No. 698 (FCO 40/46, No. 304379)

　　　　　　　　　　《六七筆記》注釋

望能夠直接與港督的參謀姬達會晤⋯⋯何賢可能是來探討一些挽回面子的方式以便能夠讓共產黨停息下來。港督已經指示姬達前往會晤，主要是聽，但如果進展良好，姬達獲授權作出如下幾點：

1. 港督理解到需要一些挽回面子的措施，故特意允許示威者在港督府前作出一定程度的違法行為，這些行為一般而言是不允許的。

2. 對方需要作出一些善意的積極回應，例如移除在中國銀行大廈的播音機。

3. 如果共產黨停止所有 (暴動) 活動，則港督很可能不會對過去幾天的違法分子採取事後的法律行動。

4. 港督在離港休假前會通過電視或者電台訪問，對近期的事件作出一些和解性 (但當然不是道歉性) 的談話，包括不會檢控任何人⋯⋯以及會提到採取措施改善勞資關係。

港督還有一些其他措施，但作為一個開端，上述已經足夠。

從上述電文可以看到，北京派出何賢來探討港府的動向，港英已經作出不檢控暴動者的承諾，也承諾改善勞資關係，如果當時港共方面願意妥協的話，則暴動已經可以在五月底畫上句號。可惜的是，港共組織的「港九各界同胞反對港英迫害鬥爭委員會」(簡稱「鬥委會」) 才剛剛在10天前 (5月16日) 成立，港共自然無法接受現在就收手的安排。

姬達與何賢見面後翌日 (5月26日)，港督戴麟趾致電英聯邦事務部[30] 報告這次見面情況，並作出他對形勢的判斷。他說 (筆

---

30 見港督戴麟趾於1967年5月26日致英聯邦事務部的內部電報 Inward Telegram to the Commonwealth Office，Flash Secret No. 714 (FCO 40/46, No. 304379)

者按：由於電文比較長，為方便讀者閱讀，我摘錄、綜合及簡化電文的內容，寫成以下幾段，這完全是筆者個人的理解和意譯而非原文件的直譯，雖然用小字號刊出，卻並非直接翻譯自電文本身，敬希注意)：

何賢表示港共四個要求必須得到滿足，雙方都需要體面的下台階，他們承認香港不同澳門，也無意強行令香港出現澳門的局面。對此戴麟趾的報告說：我們有可靠的資料說明港共在香港尋求一個澳門式的解決方案。

利銘澤表示從他與何賢的討論中他覺得土共正在等待來自廣州的指示，所以他們暫時不會促使局勢升級的行動，但會繼續進行象徵性的罷工。對此戴麟趾的報告說：港共看似正在等待指示，但他們完全有可能增大對抗的規模。

何賢提到「時間在我們 (指港共) 一邊」。對此戴麟趾的報告說：這可能意味着只要假以時日，港共將可以通過對本港市民造成的威脅，迫使我們讓步，也可能是指有時間中共當局可以作出更有效的部署和行動。

我們自己對局勢的分析是：

一、可靠的情報顯示港共認為他們的行動是失敗的，不但遭遇到政府的強力抵抗，而且得不到市民大眾的支持。

二、很清楚地看到，港共預期和正在策劃一場曠日持久的鬥爭。

三、他們現在的策略是：

1. 強化他們的組織以便維持其陣營的士氣

2. 通過在公共事業發動象徵性的罷工來展示其實力

　　　　　　　　　　　　《六七筆記》注釋

3. 恐嚇積極支持政府的個人和團體

4. 加強反政府的宣傳

　　這是暴動開始以來港英與港共之間的第一次接觸，何賢和
利銘澤做中間人，這次斡旋無功而還。

　　北京這次主動派何賢探討和解的可能性，為何失敗告終？
英國解密檔案沒有透露原因，但是根據金堯如的了解，應該是
港澳工委反對。根據金堯如的回憶，港英曾經透過華僑日報的
李志文找他試圖與新華社接觸，談判和平解決暴動問題，可惜
被港共一口拒絕。

　　關於金堯如向新華社報告港英建議和談卻被港澳工委否決
的情況，詳見第「六七暴動的發動及進程」第51頁。換言之，
在暴動還沒有進一步惡化前，先有北京派何賢來港斡旋，後有
港督請李志文聯繫新華社言和，都遭到反對無功而還，白白錯
失了和解的機會。

5月27日

5月27日[31] (筆者按：原文本是5月24日，應為5月27日，校正原因見註釋說明)

24/5 總理聽會[匯]報[32]。

以下是工、城兩委[33]匯報後指示：

1.「大屠殺」26/5還出現，是不合符毛澤東思想的[34]。

2.既不和英打一仗，又不準備收回香港，那末，強調過頭。

3. 重新批評「來人未見」，「不會匯報」便走[35]，報紙報道過火「大屠殺」。

---

31 吳荻舟《六七筆記》原文這一天是5月24日，這可能是筆誤，因為如果是5月24日，則不可能有第一點所說的「大屠殺26/5還出現」的字樣。他自己在1986年在廣東省從化溫泉休養時口述了這段歷史時，也把這一天記錯了是1967年5月23日 (見吳輝整理的《記香港1967——補充材料》)。筆者判斷這一天所記載的實際上是在5月27日，因為根據中共中央發表的《周恩來年譜1949–1976》記載：「(1967年) 5月24、27，約外辦、外交部和港澳工委有關負責人談香港問題」，說明這次會議是5月24和27兩日。按照常理推測，第一天來聽匯報，第二天來作指示。所以應該是周恩來5月24日聽取匯報後，於5月27日作出指示。

32 這是暴動發生後周恩來第一次召開會議，就左派提出的暴動方案提出他的意見。這時離開5月6日暴動首發時已經有18天，而且還發生所謂「5.22花園道血案」之後。

33 工城兩委：即中共香港工作委員會及中共香港城市工作委員會的簡稱。關於這兩個組織的分工和各自的性質，詳見第四章「六七暴動的組織和指揮機制」。

34 「五二二花園道事件」後，左派報章稱之為「大屠殺」，可是當周恩來問當時死了多少人時，發覺沒有死一個人。周恩來質問沒有死人怎麼可以稱為「大屠殺」？怒斥左派誇大其事是想迫中央上馬。他要求左派今後要實事求是地匯報情況。可是，在周恩來訓斥之後，左派報章仍然使用「大屠殺」的字樣，例如：1967.5.24新華社稿件《港英當局在英國政府指使下進行野蠻大屠殺》，1967.5.25《香港同胞集會憤怒控訴港英當局大逮捕大屠殺的暴行》。筆記記錄周恩來這句話，表明周對左派虛報軍情十分不滿。

35 「不匯報就走」，意思不詳。

4.問如不接受，你們如何辦？

5.「問題我們的底都亮給他，他的底我們摸不着。」

6.朱[36]談到敵人的看法，和估我不解放，要搞世界革命時[37]，總理「那也不一定，中央下決心的問題。」

7.「文匯」「大公」和國內差不多了。內外有別，在HK還是要的。(對報紙目前的做法)

8.「把HK搞成紅彤彤的」的形勢，你們考慮嗎？一切照國內做行嗎？

9.「喇叭停了」既然還是要聽他的命令那就不如不做在前面[38]。

10.馬士榮：「要堅持」，總[39]：「你考慮到他會封銀行？」你這話衝口而出。「錯了就要改」。

11.「如果HK的命令還要聽的話，我們就要考慮做不做。」「佈置工作，就先得考慮後果」。

12.朱：「喇叭並未撤」，如果再有(22)的類似集會，還可能播[40]。

13.「這是策略性做法」

---

36 本節所載三個人物朱是朱景平，馬是馬士榮，楊是楊松，這是根據作者在1967年6月7日晚同幾個人談話的記錄獲悉的(該談話見吳輝整理作者的資料《香港1967補充資料之一》)，但各人的身份都沒有記載，故無法查核。朱應該是香港新華社副社長之一的朱曼平之誤。

37 相信是指《明報》1967年5月18日社論：《中共是否即要收回香港？》。該社論羅列了幾條理由，說明中共在當時不會收回香港，其中就包括世界革命這個因素，詳見第十章《讀吳荻舟遺文有感》。

38 指當時中國銀行頂層安裝了高音喇叭，播放大陸文革時的歌曲，用以煽動群眾參加示威。5月23日港府頒發緊急法令，禁止「非法廣播」，左派被迫停止廣播。對此周恩來批評他們進退失據，形左實右(見同日筆記)。

39 這裏「總」應該是指周恩來總理。

40 (22)的類似集會，指5月22日花園道遊行示威。

14.「你們△右」「現在喇叭三天不響不更右,形左實右」「我們還是不打無備的仗」

14.「談到警告性罷工,總理説,這好。這是合乎毛主席的思想的,這是出其不意的(語錄88頁)打仗。」[41]

15.「在人的統治下,總是『有利有理,有節』即使要收回,也要選定時機。」「要出其不意的一擊(舉了反擊印度)」「流動的喇叭」還可以。

16.如何能(?)實現四條?[42]

朱,宣傳(「重要,既要注意人民的要求,照顧HK宣傳政策與國內不同,國內是上下夾擊,只要打得準,那一定勝。HK是不是一小撮,而是本就是資本主義道路,所以宣傳攻勢要不同,不要脱離群眾。既要照顧群眾,又要不使群眾厭倦。」

18.司徒説到「要多採運動戰」,總理認為對,(舉群眾的「麻雀戰」)可以持久,可以打擊的威信。

19.目前不能(楊匯報工委的計劃)低下來,不能示弱,避免群眾情緒下降。22/5上午鬥爭後,機關單位,被捕143,下午為了不示弱又搞了他一陣,就轉到不定時的罷工、怠工。幾天

41　周恩來引述的毛澤東語錄指:「不打無準備之仗,不打無把握之仗,每戰都應力求有準備,力求在敵我條件對比下有勝利的把握。(見《目前形勢和我們的任務》(1947年12月25日),《毛澤東選集》第四卷第1247–1248頁)和「有優勢而無準備,不是真正的優勢,也沒有主動。懂得這一點,劣勢而有準備之軍,常可對敵舉行不意的攻勢,把優勢者打敗。」(見《論持久戰》(1938年5月),《毛澤東選集》第二卷第481頁)

42　1967年5月12日,外辦副主任廖承志向周恩來提交《關於香港愛國同胞反迫害鬥爭的初步意見》,提出四項要求:1.立即停止血腥鎮壓行動,2.釋放所有被捕者,3.懲辦兇手,4.賠償道歉。5月16日,「港九各界同胞反對港英迫害鬥爭委員會」宣佈成立時提出的四項要求,與此大同小異:1.立即停止一切非法的逮捕.審訊.判罪.毒打.刑罰等鎮壓行動;2.立即宣佈無罪釋放所有被捕的同胞;3.嚴懲這一血腥暴行的兇手,向受害者道歉,並賠償其一切損失;4.保證不再發生類此事件。

　　　　　　　　　　　　　《六七筆記》注釋

來，形勢起了一定的威脅。但總結了一下，覺得還不是以壓倒22/5，②打不痛。

後來 交通 ②海員。

20. 問了全面的力量。

21. 批評了廣州大會二處開[43]。

22. 工會的保衛戰問題，文鬥與武鬥之間的區分。①蔣幫②線防暴隊③實彈上來，如何？(人民戰爭(借用))

23. 總理問了反迫委員會的幾個正副主任後，說「全面捅出來了」[44]，準備大搞，未先料前途，如何？應計算幾種可能。你們都只想到一個前途。

24. 現在迫着中央上馬的太多[45]。

25. 事先不多設想。……話又說「天不會塌下來」

24. 情況還要進一步研究，「路邊藏槍」[46]不可能這樣。

25. 總不能失敗。

43　文革時廣州紅衛兵分成兩派互相傾軋互不相讓，在支持香港左派鬥爭的工作上也互不配合。兩派分別在5月17和18兩日各自舉行數以十萬計的群眾集會。周恩來一直希望兩派能聯合起來，派聯合工作隊到香港支援左派，但因為兩派分裂，始終未能成事。周恩來在這次講話的最後一點，還批評說：「廣州開了個分裂會，最卜路(暴露)。」關於這點詳見【解讀】。

44　周恩來是非常重視隱蔽戰線的工作的，他發明了所謂「白蟻戰略」(詳見吳荻舟《港澳工人五一觀光團的談話記錄》1966年) 是要部署在關鍵部門的黨員長期埋伏而不露頭。所以他看了「鬥委會」的正副主任名單後無奈地慨歎說：「全面捅出來了」。換言之，他認為一些應該長期埋伏的人如今也在這場暴動中暴露了身份。查「鬥委會」一正四副，即楊光(工聯會理事長)、費彝民(《大公報》社長)、謝鴻惠(德信行經理)、黃建立(漢華中學校長) 及王寬誠(中華總商會副會長)。筆者猜測，周恩來感到最可惜的是暴露了費彝民和王寬誠。費彝民是用民間人士的身份替周恩來做了很多民間外交工作，而王寬誠則是中共用來統戰民族資本家的重要棋子。

45　總理這句話很重要，說明周恩來認為左派搞暴動的意圖在迫使中央提早收回香港，至少是迫中央出手壓制港英。從這句話可以看出中央對香港左派發動的暴動只能是被動地回應，而不是積極的支持。

46　「路邊藏槍」一事不詳。可能是當時左派設想出來的鬥爭手法。

廣州開了一個分裂會，最卜路(暴露)[47]。

英籍 31000多人、

美籍 4500多人、

軍卡克1旅，英籍1旅，7千多

警察 「1.2萬」。

後備 「2千」

特種防蔔(暴) 「6百」

補充 (△△飛) 600，海軍11隻，共1100人。

總理對方案的補充意見

1. 鬥爭為了長期工作創造更好的條件。

2. 在鬥爭中加強政策教育，毛澤東思想的學習，活學活用毛澤東思想。(十個同志起得有了)

3. 士氣可鼓不可泄，要因勢利導。

敵我友力量的變化

1. 敵人的社會基礎

他們有些社會基礎，如逃出去的地富反壞、高級知識分子，和解放初期逃港的蔣幫的軍、警、憲、和文職人員、黑社會。但十多年已有重大變化。

① 吊頸嶺的1萬多人，已有很多轉化為工人，思想起變化，有些已接近我們，不是全部是他們控制得了的[48]。

47　見注12及【解讀】。

48　吊頸嶺，即是今日調景嶺。1950年代港英開闢該荒地來安置國民黨滯港官兵。中國內戰後期，因逃避共產黨而南來香港的親國民黨人士聚居的地方，他們奉中華民國為正朔，台灣當局在那裏設立半官方的「港九各界救濟調景嶺難民委員會駐營服務處」，負責聯繫這批親國民黨難民。如果用台灣眷村的比喻來形容調景嶺，就可見其特殊性。關於調景嶺的政治特點

②經過1956年的九暴事件黑社會已為港英控制，和碰了壁，已有很大的減縮。

③K[49]的工會，一人數少，二、內部矛盾大，洪海潮和何康[50]的矛盾在這次事件中表面很突出，洪主抓搞我們，何不滿。

④E警內也有矛盾，主壓和反主壓的分歧[51]。(很主要)

⑤HKE的學校學生，他們是上層子弟多，雖有，不能控制，而且變化，也很大。

(澳門的勝利是我們的壓力下，內部軍方和警方的關係，起了矛盾即，警壓軍接受投降。)

⑥防暴隊總數600，分5個隊。

可參閱《維基百科》有詳細介紹，見https://zh.wikipedia.org/wiki/%E8%AA
%BF%E6%99%AF%E5%B6%BA 中共過去一直在調景嶺做統戰工作，取得一
定成效，根據當年在調景嶺任港九各界救濟調景嶺難民委員會主任的張寒
松說，早在1950年，中共就藉着調景嶺國民黨難民營舉辦活動慶祝蔣介石
誕辰，排戲碼的人就別有用心，排的戲有蘇三起解、捉放曹、黃金台這幾
齣戲，有暗藏「解放金台」之意。又例如，調景嶺信義中學校長就建議學
校不要升掛中華民國國旗，學校不要講政治宣傳，作反共的言論 (見《張
寒松先生訪談錄》，載《香港調景嶺營的誕生與消失》，國史館口述歷史
叢書 (第12)，1997)。此外，《六七筆記》7月7日的筆記還記載了中共強調
要做好這些國民黨的工作，讓他們轉到支持暴動來。

49　本文中有用英文字母的，是以下的簡寫：K代表國民黨，E 代表英方，
　　HKE 代表港英。

50　「洪海潮」應為「馮海潮」的筆誤。根據《維基百科》，國民黨的工會稱
　　為「港九工團聯合總會」，於1946年開始籌組，於1948年9月成立，由馮
　　海潮出任成立大會主席團主席，並且獲選為常務理事。1954年11月，召開
　　第七屆會員代表大會，通過籌建勞工大廈，並推選何康、林旭生、黃波、
　　黃耀錦、馮海潮等五人為起草計劃委員負責籌建，足見何康也是該會的重
　　要人物。見https://zh.wikipedia.org/wiki/%E6%B8%AF%E4%B9%9D%E5%B7
　　%A5%E5%9C%98%E8%81%AF%E5%90%88%E7%B8%BD%E6%9C%83

51　最能說明港英內部對鎮壓有不同意見的是1967年7月12日，署理港督祁濟
　　時勒令警務處長戴磊華 (Edward Tyrer) 即時退休，因為後者不贊同處理方
　　法，詳見《六七筆記》7月7日條。

【解讀】

是日的訊息極之重要而且豐富，對人們了解六七暴動提供不可多得的資料，筆者先列舉其重要之處，然後再分別解讀：

一、暴動前中共在香港的組織系統

二、暴動發生後中央(主要是周恩來)對港共過「左」的不滿

三、周恩來對暴動的具體指示

四、對雙方(港英及港共以及各自背後的支持者)實力的分析

五、告誡港共不要試圖把澳門的經驗複製到香港

六、廣州紅衛兵組織差點介入香港的暴動

是日《筆記》是後人看到中共中央 (具體來說是周恩來總理) 對暴動態度的第一筆文獻記載。這一天的會議，有官方的文獻佐證。根據中共中央發表的《周恩來年譜1949–1976》記載：「(1967年) 5月24、27日，約外辦、外交部和港澳工委有關負責人談香港問題。強調在香港問題上同港英當局的鬥爭要嚴格遵循中央規定的方針政策，堅持有理、有利、有節。批評有關部門在香港問題上提出的過左的口號和採取極左的做法」(下卷，頁155)。

這時距離暴動爆發已經第20日，在這之前吳荻舟沒有更多的記錄，使後人無法確實知道暴動的發起的緣起是什麼。後人從筆記中僅僅可以看到暴動發生後中央的意見、部署和反應，看不到暴動的爆發和策動本身同中央有什麼關係。讀《筆記》可以感受到中央被香港左派「迫上馬」的不滿情緒，卻無法確切知道中央有沒有煽動起這次暴動。所以，從《筆記》所載的內容，看不出這次暴動是由中共中央主動地、直接地發動的。雖然如此，《筆記》仍然透露了重要的細節。

一、暴動前中共在香港的組織系統

筆記第一句話說周恩來聽取「工、城兩委匯報」。這一句話透露了一個重要的組織狀況，即是：直到六十年代中期，香港的工作仍然由兩個平行的機構領導着，一個是半公開的中共香港工作委員會 (簡稱「工委」)，由梁威林、祁烽領導；一個是秘密的中共香港城市工作委員會 (簡稱「城工委」)，外界不知道其領導人是誰 (有可能是一個叫「李生」的人，因為吳荻舟曾有這樣的表述：「而城委、工委領導同志李生、梁威林等十餘人參加」)。根據中共過去解放大城市的經驗看，在解放軍進城之前，必然會派出一個「城工委」先期進駐，做好城市內各重要設施的摸底和進駐，以配合解放軍進城後能夠迅速接管和保護這些設施。所以，城工委的設置，一般是為準備解放該城市的。中共早在五十年代確立香港暫不解放的方針，但卻仍然保留一個香港城工委，這或許可以說明它始終有在必要時隨時接管香港的準備。關於工委和城工委的分工詳見第四章「六七暴動的組織和指揮機制」。根據李柱銘透露，前新華社社長許家屯曾經告訴他，如果英國提前撤出香港，中國也不怕，因為早已經有人做好準備可以隨時接收香港 (見《蘋果日報》2009年4月22日報道)。相信這是香港城工委在暴動後仍然繼續存在的證據。1997年香港順利回歸後，這個「城工委」的組織是否仍然存在則不得而知。

二、暴動發生後中央 (主要是周恩來) 對港共過「左」的不滿

從筆記中可以看出周恩來對香港左派非常不滿，因為：

1. 他認為左派宣傳有誇大過火之嫌，例如「五二二事件」裏，明明沒有人死亡，卻一而再地用上「大屠殺」的標題。

2. 他覺得左派行動有盲動之嫌，不講究策略，對港英鬥爭欠缺通盤考慮：「佈置工作，就先得考慮後果」。問如不接受，你們如何辦？例如在中國銀行安裝高音喇叭一事，到港英當局以「非法廣播」治罪時才停止廣播，批評這種行為是「形左實右」。

3. 他批評左派把香港搞到「紅彤彤」，把《文匯》、《大公》辦到同內地差不多，脫離了群眾。

4. 他最遺憾的，是左派的做法暴露了中共在香港的實力，一句「都捅出來了」，反映他的無奈。

5. 他對左派最嚴厲的批評，就是他們「迫中央上馬」。從他這句話可以看出，所謂「反英抗暴」並不是從一開始就是由北京策劃、鼓動的。

另外根據吳荻舟自己在1986年在廣東省從化溫泉休養時回憶當時的情況，他說：

> 五月二十三日總理在北京召開會議，當時廖承志受隔離保護未參加，而城委、工委領導同志李生、梁威林等十餘人參加。周恩來同志指出不能在香港打戰。這只能是群眾運動，還是有理有利有節，政府絕不參與。但「文革」左的風吹下去，影響了工委對總理指示精神和港澳長期方針政策界線的分寸。(見吳輝整理的《記香港1967──補充材料》)

周恩來對港澳工委誇大報道的不滿，亦見諸外交部相關人士的記載。據余長更憶述，「五二二事件」後，

> 5月中旬以後，「工委」繼續組織左翼工會工人和中資機

構人員上街，去港督府抗議⋯⋯一天夜間，香港新華分社通過北京總社向外交部報告，示威群眾當天下午又遭防暴警察毒打，有一人被打死，多人被打傷。聽到有人被港英警察打死，外交部立即向總理辦公室報告，說香港打死了人。周恩來很快令秘書打電話向外交部查問，打死的是什麼人，叫什麼名字，在什麼情況下和什麼地方被打死等等。外交部回答不出，再向新華社查詢，結果被告知是香港分社誤報，當天下午示威者被嚴重打傷者不少，但是沒有人被打死。外交部向周恩來報告查詢結果，周批評說，情況都沒有搞清楚就匆忙上報！（見余長更：《周恩來與「反英抗暴鬥爭」》）

另據陳揚勇憶述：

針對在香港問題上越來越左的做法，5月23、24日，周恩來專門召集外辦、外交部、港澳工委有關負責人談香港問題，對「要打死幾個警察，以收殺一儆百之效」的做法提出嚴厲批評說：「這是無政府主義思潮。雖說我們不承認香港是外國，但它還是在英國統治之下。我們現在既不是馬上收回香港，也不想同英國打仗，我們對英國的鬥爭還是要有理、有利、有節，不主動出擊。香港的工作照抄內地紅衛兵的做法，行不通。香港的《大公報》、《文匯報》的調子不能太高，應當同內地報紙有所區別」。
（對於5.22花園道事件）周恩來還批評了新華社、《人民日報》在報道香港問題上有意誇大的做法。當時新華社報道港英警察打死打傷遊行工人二三百人，《人民日報》據此冠以「血腥大屠殺」的標題。周恩來就此事指示新華社進

行核實，結果發現實際上只死了一人，傷幾人。對此，周恩來嚴厲的批評説：這是嚴重的失信，更加激起人們的義憤，使我國在政治上很被動。發這樣大的消息報道，為什麼事先不向我請示？你們越搞越大的目的是什麼？（《苦撐危局──周恩來在1967》頁353–54）

事隔20年之後的回憶，與當年的記載互相印證，故可足信。這些記載反映了當時香港左派的做法完全是偏離了以周恩來主導的中共中央對港澳的方針。

吳荻舟對周恩來不滿港共做法的記載是5月27日，值得注意的是，英國方面對此早就有所覺察。根據英國解密檔案顯示，港督戴麟趾在5月25日（筆者按：比吳荻舟的記載還早兩天）就致電英聯邦事務部説：

內閣大臣（筆者按：指外交及聯邦事務大臣）應知悉，根據來自不同的親共高層的資料顯示，最近有一名高級官員從廣州抵港評估香港局勢。資料顯示，北京對本土共產黨（筆者按：下稱「土共」）在最近的行動非常不滿。土共的領導由於誤判形勢、錯估他們所獲得的支持、漠視公眾對其行為的反對，並且低估了政府的決心而受到北京的批評。一些可信度較低的報告説，土共因為誇大了情況，虛報了「法西斯暴行」，誤導了北京而受到批判。據研判此名官員是要向廣州建議是否要對香港作出一個進一步的、全面的攻勢。比較不可信的是，他將建議在等待決定（筆者按：等待北京最終決定）前，維持某種形式的壓力，但不要醞釀更嚴重的事件[52]。

---

52 見港督戴麟趾於1967年5月25日致英聯邦事務部函件 Address to

這份檔案所記載的北京對港共的不滿，同吳荻舟所記載的周恩來對港共的不滿幾乎是完全吻合，說明港英當局對北京真正態度的掌握比港共所掌握的更準確。為什麼港共對北京的了解比不上港英呢？這是港共需要好好反省的地方。

三、周恩來對暴動的具體指示

是日筆記記載了周恩來的25點意見，吳荻舟根據這25點綜合成10點指示，形成後來的文件《總理關於反迫害鬥爭的主要指示》。根據吳荻舟的整理，這10點指示如下：

1. 報道要實事求是，不能言過其實。
2. 情報要及時可靠。
3. 這次鬥爭不能違反長期方針，還是要有理有利有節。
4. 不能開殺戒。
5. 這次鬥爭是長期性的、波浪式前進的。
6. 這次鬥爭是靠當地的力量而進行的政治鬥爭，不能依賴國內的力量，不能採取軍事行動，不能陷中央於被動，迫中央上馬，在那裏打一仗。
7. 這次鬥爭，不能設想像省港大罷工一樣，把港九的同胞都撤回來，也不可能撤回來。進步的回來了，把廣大的中間落後的送給敵人，日本人正想利用，他們一定會利用。
8. 「敵人要害部門」的力量，要保護，不能使用。
9. 可以去敵性港口的船上的力量不能使用。
10. 提條件要考慮到敵人能接受，要有兩點論，方案不能只提一點。(以上10點見吳荻舟：《總理關於反迫害鬥爭的主要指示》寫作時間不詳)

Commonwealth Office Flash Secret No. 698 (FCO 40/46, No. 304379)

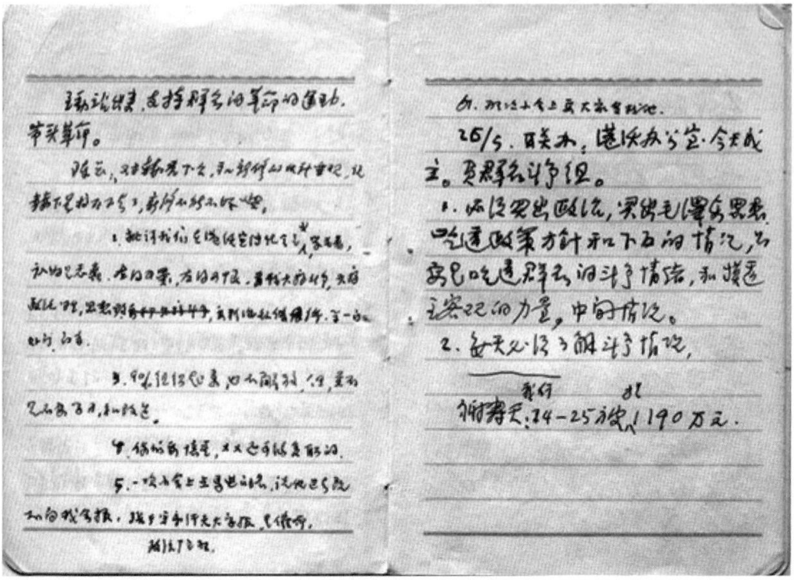

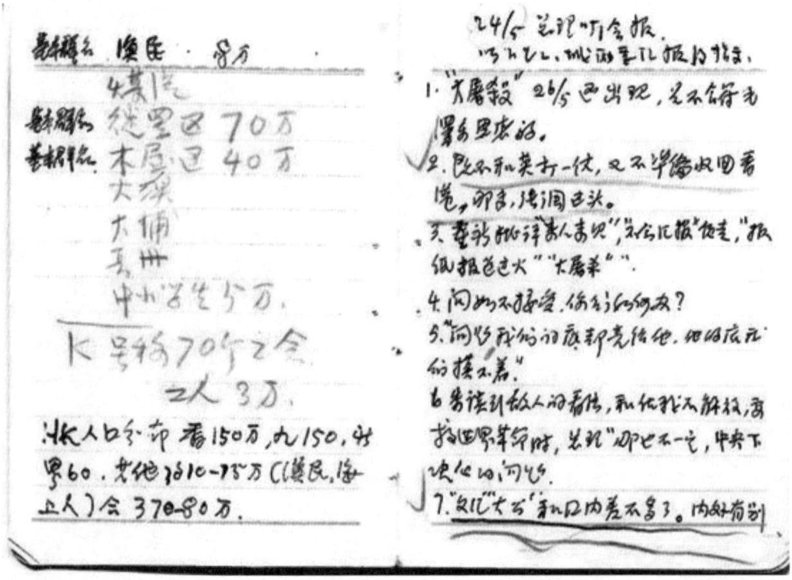

吳荻舟《六七筆記》中有關周恩來指示書影。

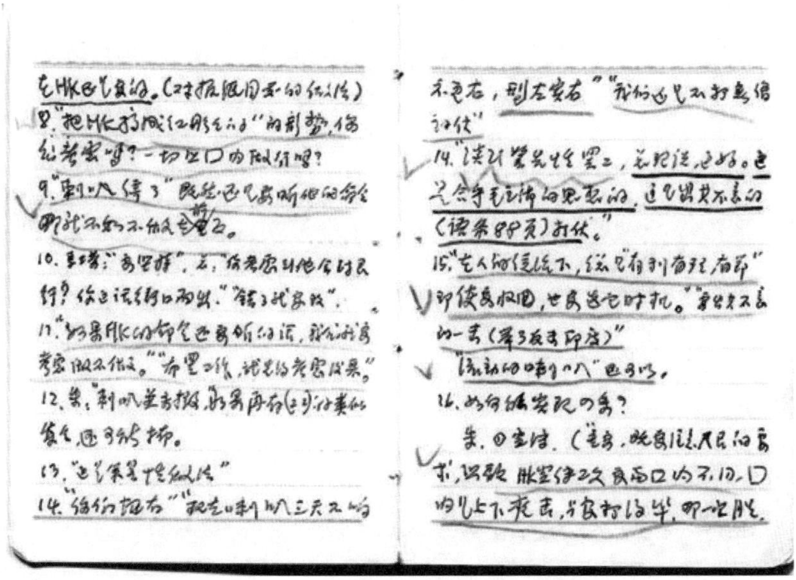

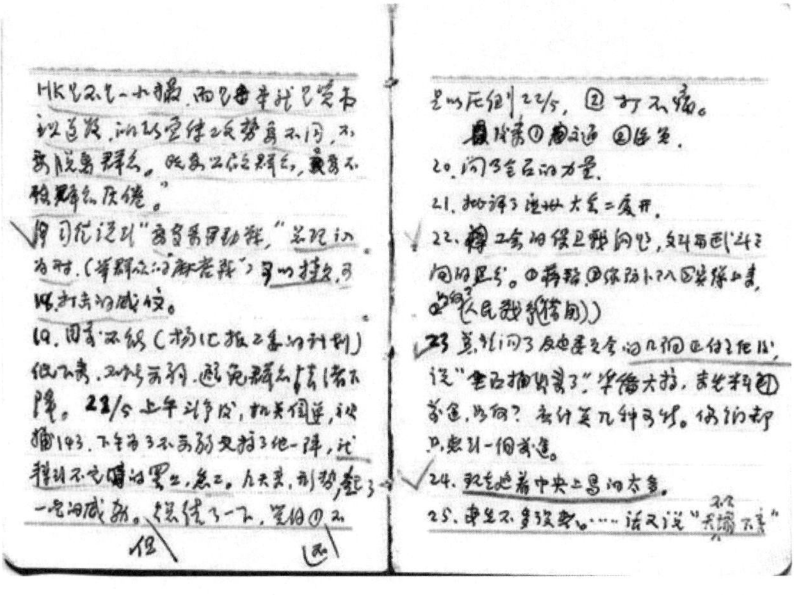

吳荻舟《六七筆記》中有關周恩來指示書影。

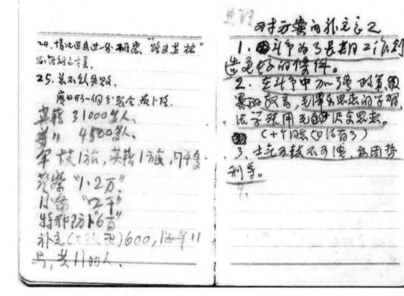

吳荻舟《六七筆記》中有關周恩來指示書影。

從這十點看，周恩來是相當理性克制的，他沒有被當時大陸和香港的極左思潮沖昏頭腦，而是很有節制地避免造成很大的傷害。到此刻為止，如果能夠按照他的這個精神做，就不會出現後來近乎失控的局面。局勢惡化，很可能同《人民日報》6月3日社論有很大關係，這點詳後。

四、對雙方實力的分析

《筆記》記載了當天周恩來等評估了中共在港敵人 (分別是港英和國民黨) 的勢力，以及敵人內部的矛盾 (即對中共以及對暴動的態度等)，以及港英可以動員的軍、警數量等。有跡象顯示，周恩來對港共未能掌握雙方實力頗為不滿，這見諸他這句話：「問題我們的底都亮給他，他的底我們摸不着。」

　　　　　　　　　　　　　　　《六七筆記》注釋

五、強調不能採取澳門模式

這可以説是當天一個重要的決定，因為一直以來，港共都想在香港複製澳門的經驗，但周恩來反對這樣做，他説：「澳門的勝利是我們的壓力下，內部軍方和警方的關係，起了矛盾即，警壓軍接受投降」；換言之，香港沒有這個條件。

周恩來看得很清楚，澳門之所以成功，是由於中共的壓力使然，言下之意中共無意對港英施加同樣壓力，所以勸説港共不要輕舉妄動。

事實上，港英方面也誓死不做澳門第二。根據英國解密檔案顯示，暴動初起不久，英聯邦事務部就向英國內閣的「國防和海外政策組」發出一份備忘錄，評估香港的局勢，該備忘錄的第四點説[53]：

> 對於中國可能的行動，有以下幾種估計：
> 1. 中國不對任何政策作出根本性的改變，但會試圖取得某些宣傳上的勝利作為結束暴動的代價。這些宣傳上的勝利可能是與美國越戰中戰艦來港休假的問題，或者是勞工改革，或者是對在暴動中被捕人士不予起訴等。
> 2. 中國決定試圖迫使我們接受一個澳門式的狀況。如果此屬實，她會不斷使香港的騷亂升級直到一個臨界點即如果我們想繼續留在香港，我們必須向她提出的任何要求讓步，那就是説，接受中國對香港的支配。
> 3. 中國為了追求文化大革命理想的純潔性，決定犧牲她從香港得到的經濟利益，從而把我們全面地驅逐出去。

53　《英聯邦事務部備忘錄 1967年5月24日》，由英聯邦事務部向內閣防衛及海外政策委員會提交。原檔案編號 CPD (67) 39, 存方在 FCO 40/46, 號碼 304379 檔案。

我們既不可能抗拒一個下定決心全面驅逐我們的行動，同時我們也不可能忍受一個屈辱地留在香港卻沒有實權的安排。我深信一個澳門模式是不可能接受的。這會傷害我們的國際榮譽。作為一個總督，這是不可接受的⋯⋯有鑑於此，如果中國採取第二個做法，我們的反抗將會使她被迫採取第三個做法。

但我們目前無必要假設最壞的情況，我們即時的責任是維持法律和治安，保持士氣和信心，使經濟能夠繼續發展。堅定的行動是必須的，但同時我們會盡量避免採取一些會被共產黨看成是挑釁性的行動。

上述文件最後這段話被視為港英在處理整個暴動過程中的具體指引，後來吳荻舟筆記多次提到的港英秉持的「堅定克制」的方針，即來源於此。根據此一方針，港英從一開始就強硬地否決了澳門模式的任何形式的出現，但同時又避免採取一些挑釁性的措施迫使中共最高層非要對香港施壓不可。正是這個「堅定克制」的方針的有效使用使香港避免了一場「澳門化」的悲劇。

六、廣州紅衛兵差點介入香港暴動

《筆記》有一句話：「批評了廣州大會二處開」。這句顯示周恩來有意動員廣州紅衛兵來支援香港的鬥爭 (原因可能是想把這場鬥爭局限在地方層面上，以免動輒要由中央出面)，可惜兩派無法團結，雖然只是片言隻語，卻反映了周恩來對廣州兩派紅衛兵無法團結起來共同支援香港的鬥爭感到不滿。

根據廣州文革史專家葉曙明的研究，在1967年春季交易會期間，周恩來親自到廣州希望促成兩派聯合，但不成功 (所以周

　　　　　　　　　　　《六七筆記》注釋

恩來會有《筆記》上所記載的感慨)。四月左右，廣州的群眾組織，正式分化為紅旗派和東風派，兩大對立派別。紅旗派的名稱，來源於「三面紅旗」，成員主要是學生和知識分子，也有工聯、紅旗工人等幾個工人組織，後來簡稱為「旗派」；而東風派的名稱，則來源於他們常說的「三月東風浩蕩」，成員主要是地總、紅總，以及鐵路分局的春雷(這個號稱廣州地區第一個實行三結合的奪權單位，其實不過是眾多群眾組織中的一個)，也包括主義兵等一些學生組織。雙方都堅稱自己是左派組織，大聯合只能以自己為中心。[54]

在文革期間發生的六七暴動，不可避免地會捲入中共高層的權力鬥爭，兩派紅衛兵代表了兩股不同的政治勢力，他們都會互相爭奪對香港鬥爭的主導權，故不但無法團結，甚至互相傾軋。為了說明這個問題，筆者把以後發生的事提前放在這裏來寫：最突出的例子就是其中一派支持的「廣東省支港委員會」(6月3日成立)，被毛派宣佈為「反革命組織」，除勒令「解散」外，還拘捕了一些「支港會」頭頭，準備提出無情的清算。據一份在廣州出版、稱為「大字報摘編」的毛派刊物對該組織指控說：「陶(鑄)、王(力)第二套黑班控制下的『支港委員會』，是個非法組織，『廣東省軍委會』一直未予承認過，這個『支港委員會』從成立的那天起，大搞分裂活動，對抗中央和省市『軍委會』的正確領導，和省市『革委會』分庭抗禮。在反帝、反修的重大國際問題上，不顧國家和民族利益，大搞派性活動，把我們的矛盾暴露於『帝國主義』面前，向帝、修、反示弱而不是示威，給港九同胞在抗暴鬥爭中增加了困難。」該「摘編」又指出「支港委員會」的罪行如下：

---

54 見葉曙明：《廣州群眾組織正式分裂成東風、紅旗兩大派》，載其博客
　　http://ysm2001.bokee.com/4111565.html 2006-01-06。

一、「省軍會」曾決定於六月廿八日在越秀山召開八至十萬人的大會，向英帝國主義示威，但是閔、車、張黑司令部對抗中央，單方面通知所屬組織，於六月廿七日晚舉行示威遊行，破壞六月廿八日大會的召開，向中央和省市「軍管會」施加壓力。

二、閔、車、張直接操縱下的「中南局聯絡總部」，對六月廿八日「軍管會」召開的大會陽奉陰違，在大會進行中，經過「總部」頭頭的緊急密謀，拉隊伍退出會場，對大會的破壞比不參加的更甚，又一次暴露了他們的反革命本質。

三、廣大革命群眾出自對港九同胞的關懷，贈送了大量的「毛主席」著作，給戰鬥在第一綫的親人送去光燄無際的「毛澤東思想」，但是就在這些紅色「寶書」上，全部蓋上「支港會」的大印章，才交「軍管會」運去香港，造成極壞的政治影響。

據該毛派「摘編」透露說：「這個陶、王第二套黑班子的『支港委員會』，從六月二日（筆者按：應該是六月三日）成立至七月中旬就垮台了。」[55]

從上述資料可以看出：

一、幸虧周恩來勸說兩派聯合不成功，否則他們就會派工作組來香港支援香港左派，更增加左派把暴動搞下去的資本和能量，同時這些紅衛兵組織必然會把內地毫無底綫的鬥爭手法搬來香港，果如是，則香港的動亂將會更加嚴重，甚至迫出一個提前解放香港的局面；

---

55 以上資料來源見《工商日報》1968年10月14日社論：《港共的釜底遊魂哪裏走？——且看廣州的「支港委員會」是怎樣被解散的》。

《六七筆記》注釋

二、這個在《人民日報》「六三社論」感召下成立的『支港委員會』，曾經給香港左派無限的期望，認為是中央支持香港左派搞暴動的明證，然而這個組織只不過是因應中央某一派的權力鬥爭的需要而設立的組織，當這一派在權鬥失敗後，這個組織也就被迫解散。這說明香港左派搞暴動，客觀上是被大陸某派政治力量所利用而不自知，這就大大降低了暴動本身的正當性。

6月6日

6/6 (52號簡報)[56]

一、據安子介[57] (紗業巨商)：香港資本大量外流，銀行存款銳降，多數變為黃金、美鈔，套往外國，市面銀根緊縮，一般對放賬都抱戒心：

日商 (近來) 對製衣廠供應原料，幾乎全部停止放賬。

二、滙豐主任級的人員透露，22/5以後，滙豐被 (未？) 提現金達六億多元。目前該行總存款已減少了十億多元。客戶提款最多的一天共達1.8億元，英國人對此甚為驚惶失措，總行目前現鈔只存一億多元。

為了應付局勢進一步惡化，倫敦於月前運來一些尚未發行的新鈔，存庫數字不詳[58]。輔政司限制，此庫新鈔每日不能發出超過800萬元。

三、滙豐把原定燒毀的爛鈔，又發出來使用，過去發給恒生銀行，供擠兌用的一千萬元爛鈔，也收回來用。

四、恒生經理利國偉 (利銘澤的侄子) 說：目前不少銀行對新

56　《簡報》是中共內部通傳形勢的一種慣用方式。今天的簡報是第52期，說明過去已經發過51期了，從5月6日新蒲崗工潮開始到6月6日剛剛一個月就已經發了52期，幾乎是每天發兩期《簡報》。從這裏可以看到港共向中共中央匯報是相當頻密的。這期《簡報》從內容看是總結暴動以來對香港經濟特別是金融業的影響以及港英的對策等。

57　安子介，浙江舟山人。上海聖芳濟書院畢業。1948年在香港定居。1950年與友人合辦中南公司、華南漂染廠。1969年成立南聯實業有限公司。1970年至1974年任港英立法局議員。1974年後，任港英行政局非官守議員，貿易發展局主席，訓練局主席，工業總會主席及棉紡業同業公會主席，南聯實業有限公司董事會主席。1985年後，任香港特別行政區基本法起草委員會副主任委員、基本法諮詢委員會主任委員，港事顧問，香港特別行政區籌備委員會預備工作委員會副主任、籌備委員會主任委員。中國人民政治協商會議第八、九屆全國委員會副主席。2000年6月3日逝世。

58　事實上此期間為了應付擠兌，港英增發了現鈔，詳見【解讀】。

賬戶不放款，老賬戶照舊，恒生基本不放賬了。滙豐暫照舊。

又説，我銀行過去每日購1000萬英鎊，現已停止購買。他估計有幾個原因：一、我銀行儲備減少，二、我儲備到一定時候，一起購進，使滙豐措手不及，三、我資金用在鬥爭上，無法再購英鎊，四、從其他地方購買，但此種可能性不大[59]。

日本人對事件前途的看法中，有一點可以參考：

英可能採外交途徑，讓步可能是把交回HK的期限提早[60]。這次英聯邦事務部首席次官來港，是搜集HK的情況和資料，以提供倫敦作中英談判之用。

日本人説，「HK的老樣，不會也不能保持得很長了。」

又説，英獲確息，我不會收回HK，所以敢演習[61]，（這點可以考慮我暫不抗議，但，出其不意，當其演習越入我界，以突襲俘之。）

2、我北京對英代辦的示威，和英代辦處的中國工人復工，説明我不再採取再進一步的行動了，HKE升級。我們也不會升級了。

罷市商人思三種①誠心誠意，②半心半意，③3心2意[62]

6/6 × 國領事反映

戴：①估不到香港問題立刻引起北京這樣重視，一向HK問題附屬於廣東，澳門事件的解決是由廣東解決的，現在北京這

59　《簡報》清楚表明暴動已經影響到中國積累外匯儲備的工作。

60　日本的情報有誤，恰恰相反，筆者翻查英國解密檔案後，發覺英國方面對局勢作的評估非常準確，即中方不會在當時就收回香港，因而敢舉行下面所談的軍事演習以顯示維持統治的決心。

61　自從5月22日深圳萬人到邊界示威，解放軍首次參加示威後，港英當局遂加強在邊界一帶演習。與此同時，英國也派遣航空母艦「堡壘號」於5月24日到港，也被中共視為一種演習行為。

62　這個評估說明，很多人即使參加罷市都不是全心全意支持的。

樣重視，事情就很難辦了[63]。②北京毛林佔優，周是能左右政局的，現在摸不到周的態度，③社論是不是周的意見[64]，無從知道，為此非常苦惱。④左派人士要發展毛澤東思想[65]，究竟發展到什麼程度，也無從而知，這點更是頭痛的事。(據說戴這幾天非常苦悶。)

工商業仍可照常，

××國領事：如發展毛思[66]，還是可以的，

要戴禁止美蔣活動，不接受美蔣一切要求，都是可以做得到的[67]。戴最怕低頭之後，一切工商業都不准經營，等於中國大陸一樣，那又何必低頭，只有最後一戰，即是沒有辦法的。

---

63 從中共體制來看，香港和澳門的地下黨都歸廣東省委領導，所以澳門「一二三事件」，基本上由廣東省解決。但是從功能上看，則香港的重要性遠在澳門之上，所以早在中共還沒有奪取全國政權時，香港就直接由中央管。不明白這點，就難以理解為什麼北京這樣重視香港的暴動而澳門的暴動則可以交由廣東省處理。

64 這裏「社論」指《人民日報》6月3日社論：《堅決反擊英帝國主義的挑釁》，社論高調地號召香港人「進一步動員起來，組織起來，勇猛地向着萬惡的英帝國主義召開鬥爭！隨時準備響應偉大祖國的號召，粉碎英帝國主義的反動統治！」這是暴動發生以來《人民日報》首次以社論形式發表措辭強硬的言論，當時香港左派感到很受鼓舞，認為這是中央積極支持反英抗暴的訊號。

65 北京和香港左派最初提出4點要求，沒有包括宣傳學習毛澤東思想的權利這一點。到5月18日北京舉行群眾集會時，北京市革委會主任委員謝富治才提出要保障香港居民學習宣傳毛澤東思想的權利。

66 指毛澤東思想。

67 澳門左派認為「勝利」的戰果之一就是驅逐了台灣國民黨在澳門的所有機構和人員。這位向中方反映情況的××國領事傳達港督戴麟趾的一個重要讓步，就是可以做到驅逐國民黨勢力，但他怕到時香港會變成大陸一樣缺乏優勢，那麼又何必退讓。

【解讀】

6月6日是一個很重要的日子，這一天，「聯辦」一方面分析了整個「反英抗暴」的形勢，另一方面制定了一個鬥爭的方案。吳荻舟是日的筆記，集中記載了分析形勢的一部分，隻字不提鬥爭方案，至於制定方案這一部分則放在6月7日作出簡單的補記。

一、暴動後的形勢分析

第一，分析暴動對香港金融業的影響。從筆記情況看，暴動的確對香港經濟造成相當大的打擊：一、存款流走的速度相當驚人；二、銀行收縮對客戶的融資；三、原材料供應商不再賒數；四、整個金融系統面臨崩潰的威脅，以至港英及滙豐銀行都要採取特別措施來防止擠兌風潮(英國運鈔來港以及滙豐重用擬銷毀的舊幣)。五、暴動固然傷害香港社會整體，也同樣傷害了中國的外匯積存，中國銀行的資金都用到鬥爭上，影響購買外匯的能力。值得注意的是，會議反映了參與罷市的商戶都不是全心全意支持罷市的。

暴動對香港金融業影響的確不小。根據港英自己在「憲報」上承認，香港七十多家銀行五月份存款額就減少了五億多元；五月份一個月內增發鈔票竟達五億六千元之巨；香港銀行存在海外銀行的數字也減少了近七億元，據說這是支付香港匯出大量資金的結果。(見《大公報》社論 1967年7月8日)

暴動對香港整體金融業的打擊可以從以下數據[68]看出：

68　HK: Sterling Balance, Appendix 1 to Contingency Planning: Hong Kong, a Memorandum submitted by the Secretary of State for Commonwealth Affairs to the Defence and Overseas Policy Committee of the Cabinet. OPD (67) 85, marked Top Secret, archived in FCO 40/92, No 327545

表一：香港銀行存放在英國同業的款項 (單位：百萬英鎊)

存放在英國的香港款項	1966 十二月	1967 三月	四月	五月	六月
官方	179.1	167.9	185.1	219.9	211.9
民間	170.1	174.5	179.0	143.7	138.9
總數	346.2	362.4	364.1	363.6	350.8

資料來源：由英聯邦事務大臣向內閣防衛及海外政策委員會提交的《香港：應急計劃》(1967年12月4日) 內其中附錄部分，文件屬絕密級。

　　根據表一，為應付暴動引發的擠兌，香港在1967年五月份大幅增發貨幣，使存放英國的官方儲備大增 (從四月的一億八千五百萬英鎊增至五月份的二億二千萬英鎊)。但是，反映民間對英國信心的存款卻大幅減少，從四月份的一億七千四百萬減少到五月份的一億四千三百七十萬，卻劇減接近20%。這兩組數字就足以反映當年暴動對香港信心和金融業的衝擊。

　　暴動雖然傷害了香港整體經濟，但是對中共也造成嚴重的內傷。從港英及中國國家統計局的數字可以看出暴動中國造成的打擊：

表二：文革期間內地與香港商品貿易 (單位：百萬港元)

年份	從香港進口	向香港出口	貿易總額	大陸順差	增減%
1966	69	2783	2852	2714	
1967	48	2299	2347	2251	–17%
1968	45	2446	2491	2401	+6%
1969	37	2717	2754	2680	+11%

資料來源：香港政府統計處

從1967年開始到1969年，雙方貿易呈倒退和停滯狀態，僅1967年比1966年就下降了17.7%，直到1970年才大致恢復到1966年的水平。表二顯示暴動期間雙邊貿易的萎縮情況，而表三則顯示了中國通過香港賺取外匯的能力已經受到影響。

表三：文革期間中國對外貿易盈餘情況及民間匯款 (單位：百萬美元)

年份	對香港盈餘	對香港以外全部盈餘	總體盈餘	香港居民向內地匯款
1966	374	−199	175	55.8
1967	290	−285	5	27.9
1968	309	−174	135	40.0
1969	325	−100	225	41.0

資料來源：國家統計局

第二，分析外國駐港領事們對暴動的看法。可以看出日本當時比較悲觀，認為英國有可能提早交還香港，香港的老樣「不會也不能保持得很長」。英國則比較樂觀，認為中國 (當時) 不會收回香港，因為有些跡象表明中國不會採取進一步行動。

第三，港督戴麟趾的一些思想狀況 (由某國領事提供)，可以歸納為四點：

一、不明白為什麼澳門問題只由廣東省解決，而香港問題卻要上升到中央層級來；

二、北京政局是毛澤東林彪主導，但在香港問題上周恩來有影響力，卻不知道周的真正態度，不知道6月3日的《人民日報》社論是否代表周的意見；

三、戴麟趾願意接受清除國民黨在港勢力，禁止美蔣在港活動作為妥協的條件，但怕接受上述條件後，中方繼續把香港變為大陸，那就沒有必要妥協了 (筆者注：如果此說屬實則這將

是英國談判的底線，但至今筆者無法從英國解密文件中找到相關的佐證)；

四、關於發展毛澤東思想的要求，有另一國領事則認為如果左派提出發展毛澤東思想，應該是可以的 (意謂可以接受)。但戴麟趾則擔心這不單單是指宣傳毛澤東思想，但具體意何所指，而且發展到什麼程度也無從而知，令人覺得「更是頭痛的事」。

筆者在上文注釋中指出，關於「維護香港同胞宣傳學習毛澤東思想的權利」是中共在到5月18日北京舉行群眾集會時，北京市革委會主任委員謝富治才提出要保障香港居民學習宣傳毛澤東思想的權利[69]。以前5月15日和16日外交部和香港鬥委會的聲明都沒有提出宣傳毛澤東思想這一條件。為什麼要新增加這個條件？筆者認為，戴麟趾這個疑慮是有根據的。因為在澳門「一二三事件」中，澳門左派聲稱他們以「兩條半毛澤東語錄就打敗澳葡」。所以戴擔心在香港宣傳毛澤東思想會最終導致港英倒台。

所謂「兩條半語錄打敗澳葡」的說法，根據周奕《香港左派鬥爭史》的描述：

(1966年) 11月13日氹仔舉行坊眾大會……據說當時氹仔只得四本《毛主席語錄》，在那次大會上他們學習了兩條半語錄，他們就是根據這些語錄去同澳葡進行鬥爭的。下面就是當時盛傳的兩條半精神武器：

凡是敵人反對的，我們就要擁護；凡是敵人擁護的，我們就要反對

69　謝富治除譴責港英當局的法西斯暴行，重申外交部聲明中的幾條要求外，還宣佈：「香港同胞學習、宣傳、運用和捍衛毛澤東思想是他們絕對的、神聖的、不可侵犯的權利。香港英國當局沒有任何權利干預。」這一來，香港左派更加起勁。

下定決心，不怕犧牲，排除萬難，去爭取勝利

一切反動派都是紙老虎 (這一則算半條)

既然澳門同胞學習和運用毛澤東思想取得如此成績，香港同胞不應後人。(第216頁)

從周奕這個記述，特別是他最後那句說話，則很明顯香港左派有意藉所謂宣傳和學習毛澤東思想為理由達到打倒港英的目的。正因為此，戴麟趾對中共這個新的要求 (維護香港同胞宣傳學習毛澤東思想的權利) 就感到特別擔心。

二、制定對港英鬥爭方案

是日會議還制定了一個反英抗暴的總方案，吳荻舟在是日的筆記中沒有片言隻語，僅僅在6月7日有簡單的一句：

7/6 總理的指示 (對方案)

1. 兩不改為「不主動……」「不馬上提出……」

2. 考慮今年內，搞幾高潮，有起有落，有主有從，有高有低，波浪前進，迫使他低頭

所以筆者要從其他當事人的回憶錄補充之。

根據廣州文革史專家葉曙明的記載：

6月6日周恩來對香港問題作出指示：

香港的方案今天定了，配合國內的政治、群眾工作。

總的是一條原則，不搞總同盟罷工，不馬上提出收回香港，一定要保留一手。群眾運動的負責人要配合二、三線。香港合法鬥爭與非法鬥爭結合，不能在這次鬥爭中把

力量全部都暴露了。都暴露了不符合黨的原則……

經濟外貿要準備香港成為死港，不靠香港也能夠在國際上活動。資金留一點，資金完全不留是不成的。把資金抽出，它可能跟我們搞亂。外貿、銀行起碼要準備半年的鬥爭……

宣傳，總社和分社兩方面都配合，集中揭露，要有一百年來的資料。要有很好的宣傳計劃，揭露它一百多年來在政治上的迫害，經濟上的剝削，文化上的腐蝕的各種罪惡，使香港居民激發愛國情緒和意志，敢於參加鬥爭，仇視、鄙視、蔑視英帝。不單揭露它侵佔港九，還要整個揭露它侵佔香港。資料應由分社發；《人民日報》用短評配合，作為一個大運動，使群眾能隨時響應祖國的號召，要作輿論動員。[70]（見葉曙明：《廣州文革三年史》第二卷）

這個方案，應該就是吳荻舟在以後的筆記、交代材料、回憶錄等等所稱的「關於香港鬥爭的方針和部署」。

6月6日周恩來確定的「關於香港鬥爭的方針和部署」詳細內容如何？筆者遍尋相關人士的回憶錄，始終未見披露，故無從分析。這個文件的名稱，反復出現在吳荻舟日後的回憶材料中，也出現在冉隆勃、馬繼森、陳揚勇等人的文章中，但就無法看到該文件的詳細內容，故無法更詳細地看到當年中央是如何領導這場暴動，誠憾事也！

無法看到完整的內容固然可惜，但尤其令人大惑不解的是：原來這個部署未經中央批准就下達執行。這是純粹「擺烏龍」？或者是組織上的不溝通？抑或有具體的中共黨內權力鬥

70　廣東省軍管會辦公室整理《周總理6月6日下午接見××單位的講話》轉引自葉曙明《支援香港反英抗暴鬥爭》以及《廣州文革三年史》第二卷305–306頁。

《六七筆記》注釋

爭的背景？而作為記錄這個部署的吳荻舟是在往後的交代和回憶中才知道這個部署原來尚未經中央批准。

根據吳荻舟《幹校日記》1971年8月31日記載：

> 更使我吃驚的是：總理並沒有批准「反迫害鬥爭總部署」，可是姜海之流竟利用我當總理叫我和四處的同志去起草另一個問題的方案（關於四處業務領導的問題）而未聽到總理最後關於「總部署」的意見，於次晨寫了一個條子說「總部署已批准，馬上行動起來」（只記得大意），要我批發（我當時想到朱楊是參加會的，總理「批准」的情況他們知道，而且他們帶了一份總部署下去，無需通知下去，更主要的港澳辦公事是羅貴波負責，我無權批那樣的條子，所以把這一部內容改了，只事務性地通知下面來接車部分，條子就是電話稿）。現在看來，這是一個陰謀，是他們想利用我沒有聽到總理的最後意見（我中途退席）讓我批這樣的電話稿，以便他們幹一些反總理的陰謀。可怕！！

在此日之後，吳荻舟正式收到外交部的通知，要他提交幾個問題的證明材料，其中一個問題就涉及誰說周恩來這個方案已經獲中央批准。

根據吳荻舟《幹校日記》1971年10月24日記載：

> (今天) 我用絕大部分時間給外交部提出的有關港辦的幾個問題的證明材料做準備回憶和起草。(按：外交部要求提供5個問題的證明材料，現先集中同總部署有關的問題)
> 我是否在6.8批過一個便條（電話稿）說朱楊當天回去，要派人接車，又說，

總部署中央已經批准，馬上行動起來，我改了哪些字？提綱還說「方案已經中央批准，請立即行動」是誰提的，總理對方案未批，當時是怎麼說的？還說通知方案已批准的意見是誰提出的？這便條是誰寫的？

吳荻舟在1971年10月27日提交了這份證明材料，他這樣說：

證明材料 (2)

1967年6月7日總理對香港反迫害鬥爭總部署作指示的第二天，即6月8日我的確批發過一個準備用電話打到深圳的便條。原寫的內容大意是這樣：朱××、楊×二人即日返港，請派人去接，方案已經中央批准，請立即行動等。我看了那便條，說方案已經中央批准，覺得中央還未有批示回來，我不能也無權批發這樣的便條，因此，我改了幾個字，但具體怎樣改，想不起來。

上述便條是誰寫的，我不知道。只記得是姜海拿來要我批發的 (這點記不大清楚)。便條是寫好的，其中中央批准的意見由誰提的，我也不知道。

總理對方案未批，當時總理怎麼說，我當時不在場，後來也沒有人對我說過，所以我不清楚。我一直以為方案 (總部署) 是批准了，因為總理對總部署作指示的中途，總理要我和四處的部分同志 (記得有劉××，還有一位駐四處的軍代表) 到另外一房間研究和起草另處一個問題的方案，等我和四處的部分同志起草好出來等總理批示時，會已散了，西華廳上沒有別的人，就是我們幾個人坐在那裏等，後來總理出來作了口頭指示，等我 (記得我還辦了其他案子後) 回到朱××、楊×、馬××，林×等住的民族飯店，才知道

他們已買好了次晨的飛機票 (時間已快晚上十二點)，回香
港和廣州去，當時也沒有人告訴我總理對總部署未批，也
沒有人告訴我最後總理是怎樣說的。

吳荻舟1971.10.27.

從一個「反英抗暴」鬥爭的總規劃最後是否拍板也未能
搞清楚，說明當年中共的3C系統 (communication, command and
control，即信息、指揮、控制) 是極端的不成熟的。這說明當年
的暴動並不是中央深思熟慮以後推動的結果，而是倉促上馬。
但是，就是這麼一個未經批准的部署，就把香港弄得雞飛狗
走，這真是一個天大的笑話！香港的無辜與無奈，於此可見。

至於1971年為什麼外交部要來調查四年前 (即1967年的暴
動) 周恩來這個部署的來龍去脈？吳荻舟的回憶錄以及反思文章
中都沒有說出其原因。

筆者估計是在1971年9月13日林彪叛逃事件後，由於清理林
彪集團的需要而波及周恩來。林彪集團中包括時任解放軍總參
謀長的黃永勝，而六七暴動時，黃永勝是廣州軍區司令員，文
革時由於廣東實行軍事管制，黃永勝實際上成為廣東省最高領
導人。文革期間，黃永勝頗受周恩來器重，廣州要批判黃永勝
時，被周恩來阻止了。現在黃永勝出事 (涉嫌成為林彪反黨分
子)，就很可能牽連周恩來。為了鬥周恩來，有人就把香港暴動
部署拿來說事，看看能否找到蛛絲馬跡來構陷周恩來。

筆者這個推測，有一定的根據。據葉曙明《廣州文革三年
史》引《黃意堅回憶錄》(按：黃意堅是文革時一個紅衛兵組織
「八三一」的頭頭) 說，1970年左右，廣州軍區有兩人找黃意堅
要他交代周恩來與黃永勝的關係 (見《廣州文革三年史》頁311–
314)。

所以，外交部派人來找吳荻舟要他交代誰批准對港鬥爭部署，大概是派系鬥爭之間的一個構陷動作。

從這裏可以看到，左派發動的六七暴動是如何深深捲入了中共最高層的權力鬥爭！

關於6月6日發生的事，外交部的陳揚勇也有一些具體的回憶。

其一，向港澳工委解釋為什麼不能搞總罷工

周恩來對港澳工委解釋：「香港工人可以搞一些臨時的突發性的罷工，不要搞像1925年省港總罷工的形式，因為時代不同了。1925年在香港投資的主要是外商，搞總罷工可以使香港成為死港，而60年代香港的主要投資者都是華商，香港百分之七十的日用品和百分之九十的副食品都是我國供應的，如果搞總罷工，日本商人就會去佔領這些市場。另外搞長期罷工，工人無工資收入，生活要靠國家救濟，這會增加國家財政負擔，對我不利。」(陳揚勇：《苦撐危局——周恩來在1967》，第352頁)

其二，批判對英不恰當的強硬

6月6日，周恩來召集有關部門負責人談香港鬥爭問題。會上，周恩來就我方起草的給英國的抗議照會(筆者按：指抗議英國調派航空母艦「堡壘號」來港)中「中國政府將採取必要的措施」的措辭提出批評。他說：「我們採取必要的措施是什麼？你們跟總參商量了沒有？外交不和國防聯繫，照會上寫上就是放空炮，這不符合毛澤東思想。1950年我們對美國侵略朝鮮發表聲明說，中國不能置之不理。當時加這一句話時我國在東北已經調動部隊了」。周恩來在講話中再次強調：在香港的鬥

　　　　　　　　　　　《六七筆記》注釋

爭，不要搞總同盟罷工，不要主動打仗。(見陳揚勇：《苦撐危局——周恩來在1967》，頁355)

這些資料，都補充了吳荻舟當天記述的不足。

6月7日

總理的指示 (對方案)

3. 兩不改為「不主動……」「不馬上提出……」[71]

4. 考慮今年內，搞幾高潮，有起有落，有主有從，有高有低，波浪前進，迫使他低頭[72]。

5. (原文如此)

筆者按：筆記這一天提及周恩來對反英抗暴方案的指示，但沒有具體內容。有關該指示的內容，事實上是在6月6日已經作出，但不知何故吳荻舟要延到6月7日才補記而且過分簡單。至於6月7日的活動，除了上述寥寥數語外，事實上當天還有極重要的活動的。其一是吳荻舟本人有一個補充資料，其二是當天周恩來還同廣州軍區司令員溫玉成就軍事解決香港問題有過討論，現將兩者補充如下：

第一，吳荻舟關於周恩來指示的補充記載

根據吳輝整理出來的吳荻舟一份文件顯示，當天是有重要決策的，現在把吳輝整理的《香港1967補充資料之一》全文轉載如下：

(1) 一九六七年六月七日晚和朱景平(筆者按：應為朱曼平)、楊松、馬士榮、呂樹林、劉汝民等人的談話記錄：

原來的計劃是總理指示後再務一天虛，統一認識後大家再

71　「不主動……」「不馬上提出……」指「不搞總同盟罷工，不馬上提出收回香港」。這是周恩來6月6日下午接見廣州某單位時提出的「兩不政策」，見葉曙明：《支援香港反英抗暴鬥爭》。不知何故吳荻舟會放在6月7日來記錄。

72　這些觀點都同6月6日周恩來的指示相符，內容詳見6月6日條。

《六七筆記》注釋

回去，可是當我知道大家飛機票都買了，也就只好臨走前談談。我趕寫了一個報告，送到錢家棟同志處，趕到民族飯店，已是十一點多鐘，找齊了人，談了約莫四十多分鐘，所談的內容，簡單歸納起來是：

一・傳達總理三點補充指示

大會結束後，我和四處的同志根據總理關於四處工作的指示另外擬了一個報告送給總理後，總理又單獨和四處的同志談了約半小時，除原則批准了四處那個報告外，還對「鬥爭」做了三點補充指示。

1. 這次鬥爭還要注意長期工作，不要把所有的力量都暴露出來，都使用上去，三線的力量不要暴露出來，不要使用。

2. 已經打進港英要害部門的力量，不要動，比如飛機場已安上的點子，或在港督身邊的點子，不要動 (當時是四處同志提出來請示後，總理說)。

3. 安在美國機構和船上的點子不要動 (吳曾向總理報告美國現在在香港有二百多艘小船和二十多家經營這些船的公司，他們是來往香港和西貢 (越南——筆者注) 之間，過去有些船員拒絕去，都離船，失去了這些陣地。改僱了不屬我工會的船員。請示總理，如果現在還有這樣的情況，是不是也不要動，總理同意)，能去西貢的，還要隱蔽下去。

二・關於指揮部的問題

關於這個問題商談的時間比較長，約莫四十分鐘，綜合起來有以下幾個主要問題：

1. 指揮部的性質問題

2. 指揮部與城工委、港澳工委的領導關係問題

3. 指揮部的領導問題

4. 上下線通氣問題

其中有不同意見的是第二個問題，有的說指揮部的決定，應由工委或城工委討論批准再上報請示，有的認為這樣行動就慢了。

我根據「關於香港鬥爭的方針和部署」所提關於港澳工委和城工委協商組織指揮部的精神，提出了以下意見：

1. 指揮部應該是一個權力機構，相當於臨時黨組。北京現在根據總理的指示建立的「港澳辦公室」只是一個辦事機構，參謀機構。這次香港的反迫害鬥爭，總理親自抓。這樣，我的體會，指揮部就是直接向總理負責，是工委和城工委在協商的原則下，各派幹部(當然是主要幹部)參加這個組織，統一領導這次反迫害鬥爭。重大的決定，經過民主集中制，作出決定後，直接報中央(經港澳辦公室)請示。我認為，這樣的戰鬥體制，是最便捷的，緊急的問題，總理還同意連報告也可以不寫，只要電話請示。

2. 既然指揮部作出的鬥爭計劃，重大鬥爭措施……直接報中央請示，那麼，工委和城工委就不是指揮部的上級領導，他的決定就不要經過四處或工委核轉上級領導，否則，周轉就慢了。(朱說過去是這樣做)

(談到這裏，楊松同志問) 那麼，工委和指揮部的關係怎樣呢？過去是每個問題都由工委常委討論決定的。

(馬士榮同志說) 今後就不要送四處批准上報，我們堅決貫徹和執行指揮部的決定(當然經中央批准)。

(我說) 當然工委、城工委還是應該關心，提意見，保證鬥爭勝利的實現，組織保證，保證中央關於鬥爭的方針、政策……的貫徹……取得鬥爭勝利。

(楊松同志説) 如果這樣，指揮部那裏有一個辦事的班子呢？不過這個可以利用工委的。

(朱曼平同志説) 過去許多決定，還要得到廣州 (四處) 同意才貫徹下去。時間很慢。

(馬士榮同志説) 今後我們不要他們報了，指揮部做了決定，就直接報中央批准，批准後，就直接向下貫徹執行。

(朱曼平同志説) 過去上下線通氣很慢 (以下缺頁)

這次會議着重討論了整個鬥爭的組織架構問題。

第二，周恩來考慮對香港動武的問題

6月7日，周恩來還有一項重要決策而吳荻舟沒有記載的，那就是決定不對香港動武。

文革史專家余汝信對前廣州軍區政治部副主任李維英的訪問，記載了當時對香港動武的考慮。關於余汝信對當天此事的記載，筆者已經在第六章「六七暴動期間中共對香港動武的考慮」詳細引述，詳見本書頁116，這裏不贅。[73]

【解讀】

把這兩個補充材料合併來看，可以看出周恩來在暴動過程中，一方面是強調文鬥，(對「聯辦」的指示)，另一方面卻也準備必要時動武 (召集軍區領導商討動武方案)。筆者認為，從最高決策層的角度來看，這種兩手準備也是正常的。

中共不對香港動武的決定，大概就是在6月6日左右作出，因為6月初時，周恩來還召見廣州軍區領導擬討論動武方案，

73　余汝信《香港，1967》頁156–157。另外《周恩來年譜》沒有6月7日的記載，而6月9日有記載，卻不涉及香港問題。

但卻在6月7日向軍區負責人傳達不打的決定。所以不動武的決定，應該是在6月5-6日之間作出的。

筆者估計，這同6月3日《人民日報》社論有關。當天社論：《堅決反擊英帝國主義的挑釁》，高調地號召香港人「進一步動員起來，組織起來，勇猛地向着萬惡的英帝國主義召開鬥爭！隨時準備響應偉大祖國的號召，粉碎英帝國主義的反動統治！」這是暴動發生以來《人民日報》首次以社論形式發表措辭強硬的言論，當時香港左派感到很受鼓舞，認為這是中共有可能通過武力收回香港的訊息。

《人民日報》社論是周恩來修改過的，所以一定程度上反映了周恩來當時為了做好兩手準備而研究動武的可能性。所以他在6月初就召見了軍區領導。待他確切知道毛澤東「現在不打」的決定之後，就馬上命令「部隊移動的問題暫時停一下」。

周恩來在傳達毛澤東「現在不打」的底牌，提出四點原因(詳見頁116)：

一、弄不好，把第七艦隊弄來了；
二、拿回香港，幾百萬人還要吃飯，我們目前沒有這個力量和精力；
三、國際口岸只剩下一個，需要出口一些物資、進口一些物資；
四、香港是國際情報城市，它搞我們，我們也搞它的。

這四個理由，其實都是英國方面估計中共不會以武力提前收回香港的理據，這從英國解密文件的討論可以看出，詳細情況見第八章「英方應對暴動的策略和方法」。這又一次證明，港英分析中共的準確程度遠遠超過港共。

此外，香港《明報》也提出中共不會收回香港的原因，理由同周恩來的上述四點也很相似：

中共在目前局勢下，不至收回香港，主要的考慮有五：第一、香港是中共的糧倉；第二香港是中共的金庫；第三，香港是中共吸收外界科學技術知識的窗口；第四，香港是中共向外進行世界革命，傳播毛澤東思想的前哨站；第五、中共隨時準備和美國發生武裝衝突，那時香港對中共將有極重要的戰略意義。(見《明報》1967年6月14日社論《再談中共的香港政策》)

換言之，無論是中共領導人，或者英國政府，或者香港本地的觀察家，只要不受極左思潮影響的，都能夠對局勢作出準確的判斷。只有那些被極左思潮蒙蔽的人才會希望透過不斷擴大事態來取得他們想要的結果。

周恩來在得悉毛澤東「現在不打」的底牌後，就盡量避免局勢惡化到要採取軍事行動才能解決問題，而且不斷叮囑不要暴露中共在香港的隱蔽力量。他對吳荻舟等人提出的上述三點補充意見，恰恰就體現了他很早就提出來的所謂「白蟻政策」。[74]

另一個問題值得關注的，是整個反英抗暴的組織指揮系統，自從5月26日成立了聯絡辦公室後，始終沒有解決好這個辦公室跟原有的 (中央和地方黨之間的) 各種匯報、指揮系統之間的關係，以至不時出現失控的局面。

在今天的筆記裏，吳荻舟首次系統地記載了他們工作中發現的組織指揮系統出現問題。在今後的筆記裏，以及吳荻舟本人的回憶錄、交代材料等等，都一再提及這個問題。

關於這方面的問題，香港前新華社副秘書長何銘思在其回憶錄中也描述了當年組織上的混亂，詳見第四章「六七暴動的組織和指揮機制」，這裏不贅。

74　關於「白蟻政策」，詳見吳荻舟1966年5月4日對香港工人代表團的講話。

6月12日：

1. 解放部長一級做決定的問題[75]。
2. 決定對遞解出境的方針[76]。
3. 解決加速反映情況問題[77]。
4. 解決加強宣傳問題。
5. 解決國內群眾鬥爭配合問題[78]。
6. 情況全面向上反映 (列印)。
7. 省港大罷工「42周 (年)」紀念問題[79]。
9. (原文沒有8) 澳門搞電台問題[80]。

75　文革開始後，所有帶有「長」字銜頭的當權派全部靠邊站。他們要得到「革命群眾」的「解放」(即獲得諒解) 後才能重新上崗工作。這裏是指研究外交部、港澳辦兩機構的部長級的幹部重新恢復工作的問題。關於文革期間這個規定見《文革中外交部曇花一現的姚登山》一文，作者為原外交部行政辦公室主任鄒一民。http://culture.dwnews.com/history/news/2014-08-05/59602124.html

76　6月9日，港英通過《南華早報》透露擬把三名左派人士遞解出境，此日會議可能就是為了應對遞解出境的事情。關於此事的來龍去脈詳見6月14日的注釋。

77　這是「聯辦」自建立以來不斷強調的問題，要加快有關暴動情況的反饋，以供領導參考。

78　筆者估計這是指周恩來希望廣州兩派紅衛兵能夠聯合起來共同支援香港左派發動的暴動。關於周恩來希望廣州紅衛兵能聯合起來支援香港左派的問題，見《六七筆記》5月27日條注釋，以及本書第五章「周恩來在六七暴動中的角色」。

79　筆者估計可能有人建議藉着省港大罷工42周年召開紀念，從而對香港左派正在進行的罷工給於精神上的支持。但後來此一建議未有付諸行動，估計同周恩來研判今天局勢跟1925年時的形勢大不相同有關。(關於周恩來不贊成效仿1925年大罷工的原因，詳見【解讀】引用陳揚勇：《苦撐危局——周恩來在1967》，中央文獻出版社，2008年，第352頁)

80　筆者估計這是希望能夠在澳門建立一個由中共控制的電台以便向香港喊話，屬心戰宣傳工作之一。事實上中共後來成功地使澳門綠邨電台變成中共支持香港左派暴動的喉舌電台，並安排前警隊助理警司曾昭科通過該電台向香港警隊喊話，要他們調轉槍頭。

10. 派人下去[81]。

11. 中央文革派人來辦公室[82]。

12. 一千萬問題[83]。

13. 送殯問題[84]。

14. 發言人問題[85]。

【解讀】

是日筆記涉及多方面問題，現逐一解讀。

第一，關於外交部受文革衝擊的情況

是日筆記有兩筆記載都涉及外交部受文革衝擊的問題。

其一是解放「部級幹部」問題。

在文革期間，很多單位的領導都「靠邊站」，造成該單位日常工作無法正常進行，於是就出現一個「解放幹部」的問題。這裏指的應該是外交部，吳荻舟雖然不屬外交部，但因為「聯辦」的關係，必然涉及外交部的工作，所以工作上會討論到外交部的問題。根據原外交部行政辦公室主任鄒一民的回憶，文革開始後，所有帶有「長」字銜頭的當權派全部靠邊站。他們要得到「革命群眾」的「解放」(即獲得諒解) 後才能重新上崗工

81　所謂「派人下去」，具體內容不明。筆者估計有兩種可能性：一、可能是指如果廣州兩派紅衛兵能夠聯合起來，則可以派工作組到香港支援香港的左派；二、中央派人去廣州試圖協調兩派。這個可能性是存在的，因為後來果然周恩來派姚登山到廣州試圖說服兩派合作。

82　詳見【解讀】。

83　指中央撥出1000萬港元，以全國總工會名義捐出給香港工人作為他們的鬥爭經費。這筆經費已經在6月14日送達。

84　送殯問題，詳見【解讀】部分。

85　估計是想建立一個發言人制度，統一發放資訊，作為對外宣傳的一個方法。

作。(見鄒一民《文革中外交部曇花一現的姚登山》)。

　　1966年6月24日 (文革開始後不久)，外交部副部長姬鵬飛
(常務副部長)在外交部全體人員大會說，自6月6日至24日，外
交部共貼了一萬八千多張大字報，連部屬單位共有五萬多張。
他解釋說：外交部所有領導同志都被貼了大字報，百分之百被
點了名；司級幹部被點名的有六十七人，佔我們部全體司級幹
部一百零六名的百分之六十三點六(63.6%)。姬鵬飛還說，處級
幹部被點名的七十八人，佔總數的百分之二十六(26%)；一般人
員被點名的有一百二十六人，佔我們一般人員總數的百分之六
點九(6.9%)。從這裏可以看出，整個外交部都幾乎癱瘓了 (見鄒
一民：外交部文化大革命梗概)。因此，外交部客觀上需要「解
放」一些「部長級」的幹部才能維持正常的運作。

　　其二是「中央文革派人來辦公室」。

　　這一筆記載就證明當時「中央文革」確實有人意圖插手港
澳事務。在對香港六七暴動的研究中，一直對中央文革有沒有
插手有不同的說法。香港左派人士多數認為六七暴動是因為
「中央文革」奪了周恩來的權後，港澳政策失控從而發展出
來，例如金堯如：《「中央文革」領導「反英抗暴」》。但是
內地當事人及學者都不認為中央文革有插手，例如冉隆勃、馬
繼森：《周恩來與香港「六七暴動」內幕》。冉隆勃更曾經
撰文《再談香港六七暴動》逐點批駁金堯如。余汝信的《香
港，1967》也列舉證據證明暴動非關中央文革小組事。他們認
為六七暴動是周恩來領導的，那時中央文革並沒有介入外交事
務。似乎香港左派當事人的認知同大陸當事人的認知有很大差
異。吳荻舟是日筆記則清楚無誤地說出中央文革派人來辦公
室，可惜語焉不詳。當然我們不能憑這句話就得出結論他們在
插手，但文革期間這種接觸不是一般性的接觸則是可以肯定。

可惜吳荻舟沒有記下來人的姓名、單位、職務、目的、結果等重要細節，以及來了之後有什麼發言或指示等。

若干年後，吳荻舟在其《幹校日記》(1971年8月2日) 中有如下的回憶：

> 現在看來，當時五一六也把手伸進港澳辦公室，干擾總理對那次鬥爭的指示，也就是干擾毛主席對外鬥爭的總路線。當時小鄭 (鄭偉榮，後為中英談判小組中方組長——吳輝注) (在7月中下旬) 顯然也跟着劉作業之流走了，我阻止「700打鐮刀」、「港英48小時放人」的照會、主張撤退「武器上岸」和把「500個名單」投進公開鬥爭，當時還看不出路線鬥爭，只是作為他們不理解中央對港澳工作的方針，現在看來是路線鬥爭覺悟低，不能自覺地捍衛毛主席革命路線的表現。

此外，他在1971年8月7日的日記中這樣說：

> 今天聽了歐陽 (副班長) 的交待和同志們揭發出來的他背後和高國亮王甲之的串聯，妄圖抵制交待自己在外辦總部 (1967.4-8、9月一屆) 執行了王關戚等的反革命路線，干擾和破壞毛主席革命路線的罪行，錯誤，使人氣憤。
> 他幾次在我面前也說，當時他搞業務，很忙，總部的會都沒有參加，不了解……談到港澳辦公室的問題時，他一再說，當時他是被排擠的，他雖是外辦派到那裏的業務監督，但，他是受外交部派在那裏的監督人員排擠的……等等，現在看來也是在製造輿論。
> 我當時 (他對我說這樣的話時) 一點也沒有提到這樣上來認

識，我相信他，但，我說，當時我看到一些不符合港澳方針、不符合總的指示的做法，看不出是路線鬥爭，只以為是同志們 (指外交部的同志) 不理解港澳的長期方針，對總理的指示體會不深的問題，根本看不出，他們是執行了王力他們的反革命路線。

這兩次會使我想到自己還是階級鬥爭觀念不強。以為歐陽、陳秋泉、高等都是總部的成員，都是群眾中選出來的革命積極分子，所以對他們一點懷疑都沒有。

文中提到的「五一六」就是受中央文革小組煽動起來以打倒周恩來為目的的造反派組織。這就是明確的證據證明中央文革對港澳事務的插手。日記中提到的被吳荻舟阻止的極左行為，正正就是鄭偉榮等造反派干擾了港澳工作後出現的極左建議。

所以，吳荻舟這條筆記，以及他日後的回憶和反思，足以證明當時中央文革是確有插手港澳工作，並直接插手六七暴動。這條記錄應該可以為這個問題提供最後的結論。

第二，內部組織問題

是日筆記強調「反映情況」：「解決加速反映情況問題」以及「情況全面向上反映」可見當年後方同前方的訊息交流可能嚴重不足。

第三，鬥爭策略問題

會議討論了一系列有關鬥爭的策略，包括：加強宣傳問題、送出1000萬鬥爭經費、通過烈士遺體出殯進行反英宣傳、在澳門建立電台反制港英宣傳、以及發動內地群眾支援香港左派等等。

關於送殯問題需要着重介紹一下，因為這個問題在《六七筆記》中反復出現多次，顯然是一個當局難以決策的問題。今日是第一次討論出殯問題。

所謂「送殯問題」，是指香港左派一直希望通過對暴動中死亡的工人(到6月12日為止共有三人：徐田波、黎松、曾明)舉行大規模的抬棺材遊行，從而增強對群眾的感染並轉化為對港英的憤恨。這一招是他們從澳門「一二三事件」中學回來的鬥爭策略，當年在澳門十分有效。香港左派這個出殯遊行報到中央後，中央經過多番討論仍然未表態同意。所以這個問題在吳荻舟筆記中出現好幾次。為什麼出殯問題有這麼難決定？有兩種截然相反的看法：其一是中央想等待最佳時機才做以便它能發揮最大宣傳作用，另一種相反的看法則是中央根本不主張這樣做，因為這只會增加左派與全香港的對立，對左派並無好處，所以這個問題中央遲遲未能下決定。筆者傾向於後者。

根據吳荻舟的回憶和交代：「此案作為重大鬥爭部署，報告總理批准。後接指揮部決定延期並改變做法。我報告羅，羅要我馬上報告總理。(這事辦公室起草計劃時，未徵求指揮部意見，有缺點。其過程是這樣：當我看到港英對死難烈士的屍體要採取措施時，我想到澳門鬥爭時，死難者出殯，激發群眾鬥爭情緒，造成對澳葡很大的壓力。所以在組裏提出談了一下，請示羅，羅同意作為一個重點鬥爭，認為是一個政治較量，提出一個計劃，報告批准後發給指揮部的。這缺點，我應負主要責任。)」這是出殯問題的緣起。

6月19日再討論出殯問題。是日筆記記錄有人問「為什麼出殯不能在這個基礎上搞一次嚴重的政治較量」？吳荻舟自己答：「我看有兩點：①對這次行動的意義和目的性還不理解，②對群眾的信心不足」。

第一次提出「出殯」問題時 (6月12日)，當時只有三位「烈士」，到了六月底，「烈士」數目已經增至七位 (除前述三人外，還增加了四名：鄧自強、鄒松勝、羅進苟、李安)。他們的家屬在6月29日舉行記者招待會，向港英提出五項要求：

一、必須在一個星期內公佈烈士死因；

二、撥出永久墳場把烈士們安葬於同一個墳場內，並建築紀念碑；

三、不得阻撓港九各界同胞反對港英迫害鬥爭委員會為烈士舉行葬禮的要求；

四、交出並嚴懲殺人兇手；

五、賠償一切損失。

烈士家屬在會上指責港英當局不敢公佈死因並企圖毀屍滅跡阻撓家屬領取烈士遺體進行安葬。

這是一個要價很高的要求，北京估計港英不可能同意，所以北京始終沒有批准這個鬥爭部署。

第四，關於「紀念省港大罷工42周年」問題

是日會議很明顯有人建議通過「紀念省港大罷工42周年」來為香港罷工工人打氣的問題，最後沒有結果。相信這是由於周恩來評估1967年的形勢同1925年的時候有很大的不同，導致同一策略不可能奏效。根據馬繼森的回憶：

工委擬定的方案要通過三個回合的罷工鬥爭，打垮港英，迫使港英接受中方要求。第一個回合：在6月10日左右開始，發動8萬到10萬人的罷工，以交通運輸工人為骨幹，目的是使香港、九龍的各種交通停頓，使香港陷於癱瘓。如港英不屈服，就發動第二階段罷工，人數將擴大到三、

四十萬。最後，將發動香港、九龍、新界總罷工，使整個香港陷於癱瘓。周恩來對這個罷工計劃持懷疑態度。他不相信能夠達到二、三十萬人的規模。他曾親自領導過1925年的省港大罷工。對比之下，他指出，1925年香港有25萬人參加反對英帝國主義，罷工長達16個月，有20萬工人回到廣東省各地，從而使香港陷於癱瘓。但現在情況不同了，港英當局很容易找到人來代替罷工的工人，罷工者不能像當年那樣回到內地。香港經濟已經同國際經濟結成一體，要使它癱瘓、停頓，是不可能的。廖承志點頭同意。周恩來講話中幾次憂心忡忡地提到，「搞不好，要搞出一個提前收回香港」。周恩來顯然對這個方案並不滿意。外交部監督小組代表提出把方案拿回去修改後再報中央。周恩來說：不用了，方案留在這裏修改，工委來的人不要停留，馬上回去，先按照方案所說的辦。次日，工委的人全部返回廣州和香港。(見馬繼森：《外交部文革紀實》)

陳揚勇也有類似的回憶，他說：

周恩來還對香港工委指出：香港工人可以搞一些臨時的突發性的罷工，不要搞像1925年省港總罷工的形式，因為時代不同了。1925年在香港投資的主要是外商，搞總罷工可以使香港成為死港，而60年代在香港的主要投資者是華商，香港百分之七十的日用品和百分之九十的副食品都是我國供應的，如果搞總罷工，日本商人就會去佔領這些市場。另外，搞長期罷工，工人無工資收入，生活要靠國家救濟，這會增加國家財政負擔，對我不利。(見陳揚勇：《苦撐危局——周恩來在1967》，第352頁)

基於這些原因，周恩來否決了香港左派搞總罷工的要求，所以也就否決了舉辦「省港大罷工42周年」的紀念活動。

第五，關於發動內地群眾支援香港的鬥爭

是日筆記提到「解決國內群眾鬥爭配合問題」，又提到「派人下去」，前者容易理解，後者語焉不詳，筆者把這兩條聯繫起來看，可能就是指派人到廣州協調當地兩派紅衛兵，勸告他們團結起來，共同支援香港的左派。

筆者的依據是前外交部行政辦公室主任鄒一民的記載，[1967年]「7月3日，周總理指派姚登山、徐仁和外交部工作人員鄭于中、劉作業、冉隆勃等五人去廣州解決當地兩派聯合起來，共同支援香港愛國同胞反抗港英當局暴行的鬥爭。7月4日至7日，姚登山等人和廣州軍區負責人開會，研究如何做好兩派工作，建立統一的支持香港機構問題。」(見鄒一民：《文革中外交部曇花一現的姚登山》)

周恩來此舉(擬促成廣州兩派紅衛兵團結一致支援香港暴動)是明顯錯誤的，而他對姚登山的器重更是錯誤的。關於這方面的問題詳見本書甲部分第五章「周恩來在六七暴動中的角色」，這裏不贅。

6月14日

關於12/6遞出境27人的看法[86]:

1、對我表態。「蔣幫企圖搞是非,對我不好(所謂的心理作戰——火花電台[87])」,本來早破案,選到今天執行,故疑。

2、準備也遞解我人員,以此來搞平衡。

3、以遞K分子來恫嚇我們的群眾。

4、K分子在此時要搞事,以此壓K。

總之,看來還是「怕」我。敵人的話要聽,但要會聽。敵人做的事要看,但要會看。否則,會受到干擾。

14/6

1、工委抓[88]。

2、下去了解情況,如要找下線,羅桂波參加[89]。

86　關於遞解出境問題的分析,詳見【解讀】部分。

87　火花電台是文革期間國民黨在香港創辦的一個專門向大陸知識青年廣播的電台。根據楊瑞春著《中國國民黨大陸工作組織研究:1950－1990》,提到國民黨對大陸進行「謀略心戰」時,主要依靠三個電台,即《解放軍之聲》,《無產者戰鬥社》,《火花》。由於《火花》是以知識分子為主要對象,所以很多知青都曾經收聽過,例如宋永毅說:「另一種是公開反對文革的非法(或地下)廣播電台,我記得有三個:一個叫「火花廣播站」,主要為上山下鄉的知青鳴不平」(見宋永毅著:《文革五十年》(上):毛澤東遺產和當代中國,明鏡出版社)。

88　這裏似乎仍然在討論分工的問題,但涉及什麼具體問題則不得而知。

89　羅桂波,應為羅貴波之誤,錢嘉東,應為錢家棟之誤。另外本日記載的其他人,如鍾、歐陽、鄭等都無法確認身份。從吳荻舟其他資料的記載所提及的人物推測,鍾,有可能是港辦的鍾瑞鳴;鄭,有可能是指港辦的鄭偉榮。筆者個人認識鍾、鄭兩人,他們在1967年的職位及負責範疇看,在正常情況下,他們不可能與吳荻舟平起平坐討論總指揮部的分工問題。但在文革這種非常時期,他們雖然職位不高,由於他們是革命造反派,所以能夠參與重大問題的討論。吳荻舟在幹校日記中也多次提及這兩人,可見在六七暴動期間他們是很活躍的。

3、總指揮部中以工委代表掛帥。(鍾提)

4、派兩人下去。(歐陽，鄭)

5、我問如發生指揮與工委意見不同時，工委是否定指揮部的意見呢，還是同時報上來由總理決定？鍾說，「工委不能要兩個意見上報，不應在指揮部上又加一層領導」，並以雙手比加一層。意思就是指揮部上就是北京。

6、我匯報總理指示關於××的業務[90]領導，成立三人小組，但，錢未弄清是否包括平時業，如包括，與原擬的三條[91]有不符。鍾意，「還是要廖[92]負責，廖未撤，未罷，當然是廖。只有鬥爭的業務，都向羅匯報，平時業務，向廖請示。」

我說三思××。後來向錢再報，同意。

[錢，指錢嘉東。]

【解讀】

本日所記載，一是涉及到不同系統向中央的匯報渠道。這個問題在6月7日已經提出來，看來還沒有得到好好解決。筆者已經引用何銘思的《口述歷史》，證明當年組織體系的混亂情況，這裏不贅。

反而今天筆記記錄了「關於12/6遞出境27人的看法」值得探討一下。

90　××業務何所指，不詳。如果聯繫下文「與原擬的三條有不符」，而「原擬的三條」是周恩來就秘密工作的指示，則××極有可能是指某些秘密工作。

91　原擬的三條：應該是指6月7日吳荻舟傳達周恩來就秘密工作的三條補充指示。詳見6月7日條目。

92　廖，指外辦副主任廖承志，他一直協助周恩來、陳毅處理香港問題。他那時雖然已經靠邊站，但仍未徹底垮台。廖是直到8月11日首都召開批鬥陳毅時才徹底下台。

　　　　　　　　　　《六七筆記》注釋

最早透露港府擬遞解左派人士出境的是當年的官方喉舌英文《南華早報》。該報在6月9日，率先刊登一條消息，説香港政府打算遞解3名左派人士出境。該報道説：

標題：**Government to deport trouble-makers.**

內文：Government said last night that deportation order had been served on three persons and similar actions had been contemplated against others as a result of the recent disturbance in the Colony.

The three persons served with the deportation order were at present serving jail sentences for their part in the incidents in the past few weeks, a Government spokesman said.

The action was taken under the Deportation of Aliens Ordinance, he added.

明眼人一看就知道這條消息是港府「放料」而不是記者獨自採訪所得，因為關於此新聞的「5個W」(Who, What, When, Where, Why) 全部欠奉。根據《南華早報》的報道，此三人應該是中共人員，而遞解出境是因為他們涉及近日香港的暴動。

6月13日，香港新華社社長梁威林發表聲明，抗議港英此舉。聲明説：「香港中國同胞自己要回內地，祖國人民是隨時歡迎的。但是中國人民和香港同胞絕對不容許港英當局以莫須有的罪名，違反其本人意志，把中國同胞強行遞解出境」。梁威林此聲明，似乎説明被遞解出境的是參與暴動的左派人士。

但是，根據《天天日報》6月13日報道，「二十七名不受歡迎人物，包括左翼滋事分子和右派情報人員在內，昨日被遞解出境」。又説：「昨日解送之犯罪者，有三名為中共特務，他們向當局申請，自動願被解到台灣去，他們是投奔自由」。另外根據《星島日報》同一天的報道，「三名被警方逮捕之中共諜報人員係在五月間被捕者，據説三人係中共派往東南亞一自

由國家進行情報工作而在香港被捕的，在遞解出境法例之下，彼等要求遞解往台灣」。

這兩則報道說明，被遞解出境的共有27人，其中24人是台灣派駐在港的情報人員，3人是中共特務，他們選擇前赴台灣。由是觀之，梁威林發表聲明時，可能還沒有弄清楚事實，以為全部都是親共分子。因為在此之前，港英確實有放出消息，說要把暴動分子遞解出境。

6月14日吳荻舟的筆記就是討論「關於12/6遞出境27人的看法」，就是分析這次港英行動的目的。

到了6月15日，香港《工商日報》發表《對共特自請解去台灣的剖析》的社論說：「四天前港府把一批中共特務分子遞解出境，但在起解之前，有三名共特自請轉解台灣，而不肯被遣回大陸，港府接納了此項請求，他們業已得償所願。在這十多年來，有不少共特、共幹經由香港投奔自由，前去台灣，但都是一種自發行動，有如這次的例子則很少。因此這三名共特的勇敢抉擇，也立即引起了舉世人士的注意」。

至此，相信被港府遞解出境的除了是台灣特工外，還有中共特工，而不可能是參與暴動的香港居民。由於這三人是特工，再加上他們變節，所以當時中共盡量避免張揚。假如是香港居民，則肯定會被用來作為「英帝國主義壓迫中國人民」的罪證而被大肆宣傳。所以，左派傳媒不報道此事可以理解。

如果有關遞解出境的時間、人物就如上所述，那麼吳荻舟所記載的那些說話可以這樣理解：

- 港英遞解出境的是國民黨特務，藉以向中共表態示好，否則為什麼國民黨電台存在多年，到現在才處理；
- 港英今天通過遞解國民黨特務，日後可以用政治平衡為

理由遞解共產黨特務；

* 港英有可能通過遞解國民黨特務出境來恐嚇共產黨（或者左派）以收殺雞儆猴的效果；

* 港英可能掌握國民黨要趁暴動搞事，希望藉此先向國民黨施加下馬威。

吳荻舟這個分析，顯然認為被遞解出境的是國民黨人而不是共產黨人。為什麼他這個分析同梁威林等人的認知會出現這個很大的誤差，筆者無法解釋。筆者認為其中一個可能性，就是梁威林6月13日發表這個聲明前，遞解的行動還沒有執行，所以他以為被遞解的人是參與暴動的左派群眾。到了13日當天港英執行了遞解行動，才發現主要是國民黨特務，只有3人是中共特務，換言之是梁威林表錯情了。由於他們既不是參與暴動的左派群眾，而且是變節的人，所以左派報章完全隻字不提。到了6月14日「聯辦」討論這個問題時，已經知道被遞解的人主要是國民黨，所以討論重點轉向討論港英此舉的動機，而不是如梁威林般誤會了這次遞解的對象。

事實上在整個六七暴動事件中，遞解左派暴動者出境，的確是港英囊中的利器之一。從英國解密檔案中看到，港督從暴動開始不久就提出這個策略，他就此問題有一個非常詳細的專門報告提交英廷，這方面詳見第八章「英方應對暴動的策略和方法」，這裏不贅。

但可以肯定的，是除了上述提及的這一宗可能涉及國共兩黨勢力平衡的遞解事件中，並沒有香港左派群眾因為參加暴動而真正被遞解出境的，雖然「遞解出境」一直是港英當局曾經使用的威懾性的武器，但實際上僅僅限於威懾作用而已。

6月16日

HK對6.3社論[93]的反映：

① 我不會全心支持，②可能拖幾個月，不放香港，③5.22後[94]我改變戰術，採象徵性罷工，小而令人頭痛。

又，警方新措施，個別遇襲可開槍集體不實彈[95]，好推到個人行動，以便推卸責任。在放人中放了K特[96]與黑社會有關係的人，企圖以K控制黑社會分子。

四、就業工人 (1966.5估計)[97]

全港就業工人		1,532,100人
中	製造業	339,400人
	商業員工	167,400人
	建築	127,900人
	農漁	112,600人
	交通	111,100人
	公共服務性	24,400人

---

93 指《人民日報》6月3日社論「堅決反擊英帝國主義的挑釁」，號召香港同胞鬥垮鬥臭英帝，準備響應祖國號召，粉碎英帝統治。為配合社論，北京軍民集會，表示全國軍民隨時準備砸爛英帝在香港的殖民統治。這是暴動以來該報第一次發表社論。香港左派紛紛認為這篇社論是鼓勵他們隨時準備解放香港。

94 指5月22日花園道事件後，中共不再採取大規模群眾與警察對壘的方式。

95 本段討論警方部署，規定集體行動時不實彈，可見港英當局還是相當抑制的。

96 K特，指國民黨特務。意指港英故意默許國民黨特務策動黑社會來對付左派群眾。

97 為什麼標題是「四」，不了解，其他一、二、三是什麼，筆記沒有交代。下述有關香港就業情況數字的準確性存疑，同香港政府的統計出入比較大，所以本注釋不擬深入討論。其中我方工會10人，應該是10萬人之誤。

礦工	20,700人	
其它	21,300人	
工會　我	63個	
	10人	
蔣	60個	
	3萬人	
中間工會	50個	
其他	60個	

英國在港利益

資產：

工業1億 (全HK總16.5億)

航業公司	12家	1.6億
(全HK4億港元)		
鐵路累積資金		5,090萬元
航空公司	12家	
倉庫	4家	
公用事業	8家	
銀行	3家	

英每年純利7.13億美元(1964)

其內　財政收益		3.16億美元
英商利潤		2.63億美元

英本土資本

家貿易、保險利潤		1.34億
此外美元外匯		1.1億
美在HK投資		6.5億 (1964)
中　工業		0.85億
商		3.45億

公用事業　　　　　　　　　　　　　　　2.20億

對外貿易[98]

	入港	出港
中國	222,300千萬	5,879千萬
台	14,321千萬	7,546千萬
美	89,602千萬	175,325千萬
英	83,140千萬	84,772
日	151,300千萬	34,854
澳	17,714千萬	13,445
印尼	11,265千萬	25,500
菲	1,898千	5,916
泰	24,351	10,900
西德		

16/6

英1200人，尼泊爾兵1700人，士氣低落，他們月薪2-300元，工作繁重，備受英籍軍官和士兵的侮辱。他們對我國的強大和我國給予尼泊爾無私的援助有所認識。有些尼泊爾兵：

98　貿易數字所採用的單位肯定有誤，如果真的是以千萬港元 (10 million) 為單位的話，則單單中國輸香港的已經達2萬多億元，這是明顯不可能的。根據香港政府統計處資料，1967年香港總進口額才10.45 billion (一百多億)，顯見上述數字不可靠。如果上述單位是千 (這是英語地區的使用習慣)，則所有進口數字加起來才6億多，遠低於政府的統計。由於筆記沒有注明這些數字的來源以及所採用的單位，筆者傾向於不接納這些數字的可靠性，在【解讀】部分筆者將列舉香港政府的數字，供讀者比較。根據吳輝的解釋，在筆記的原件上看得出「，」用鉛筆改成「.」也就是説，222,300千萬其實是222.300千萬，14,321千萬是14.321千萬，以此類推。但即使是這樣，筆記所記載的數字與香港政府的統計數字比，除了中國的數字比較接近外，其他的還是有比較大的出入，詳見【解讀】。

「中國好，毛主席幫助尼泊爾建設！」有許多人，期滿，不續，望早回。

16/6HK△△教會領導人作最壞準備，要應付長期戒△△△△△△△△△[99]

【解讀】

是日會議是研究香港各界對《人民日報》六三社論的反應，以及再一次評估敵我雙方的實力基礎。

一、評估《人民日報》6月3日社論的影響

6月3日《人民日報》發表社論：《堅決反擊英帝國主義的挑釁》，高調地號召香港人「進一步動員起來，組織起來，勇猛地向着萬惡的英帝國主義召開鬥爭！隨時準備響應偉大祖國的號召，粉碎英帝國主義的反動統治！」社論還說：「警告英帝國主義者：這場鬥爭還剛剛開了個頭，更加威武雄壯、更加

99　△△教會領導人是誰？筆者無法確定，但能夠在六七暴動期間與中共互通信息的，應該是基督教聖公會，因為該會素來都與中共有比較良好的關係。六七暴動期間該會的領導人是白約翰 (John Hyndley Gilbert Baker，1910–1986年) 是1966–1980年聖公會港澳教區主教。白約翰是由1920年代到二戰期間英國聖公會差會 (Christian Missionary Society)的中國傳教士。他承傳何明華會督在1966年之前的決定選出主教(是第一個在香港被選舉的主教)。他能說一口流利的廣東話和普通話，曾任教廣州的嶺南大學和上海的聖約翰大學。二次大戰期間四處在中國傳教。他的前任是何明華會督 (Bishop R.O. Hall)，在香港任主教43年，一生服膺社會福音改良主義，建立了中國華南地區聖公會主教教區。1956年出訪北京，與中國政府保持良好關係，被譽為「粉紅色的主教」。1949年，他出面協助香港左派建立旺角勞工子弟學校，故此他的意見受中共重視。所以，筆者認為在文革極端反宗教的情況下能夠與中共保持訊息溝通的只有聖公會的領導人。「長期戒」指長期戒嚴。文中有多個三角形，據吳輝解釋，是從原件無法辨認出是什麼文字，故打上三角符號。

氣壯山河的戰鬥還在後邊！」這是暴動發生以來《人民日報》首次以社論形式發表措辭強硬的言論，當時香港左派感到很受鼓舞，認為這是中共有可能通過武力收回香港的訊息。

《人民日報》的「六三社論」，在當時引起很大的震動，它的出籠過程，詳見本書第四章「六七暴動的組織和指揮機制」，頁87。

從該章引述馬繼森這個回憶，可以看出這篇措辭「極左」的社論是經過周恩來親自修改，只是他本人後來承認修改得不夠 (換言之，仍然是很「左」)。那麼為什麼一向比較謹慎的周恩來會批准一個很「左」的社論？從暴動一開始他的各項指示看，他應該是不會同意發表一個這麼「左」的社論的。筆者認為，這可能同他那個時候的處境有關。據《周恩來年譜》1967年的記載：

> 5月29日　毛澤東在王海容、唐聞生〔注〕反映最近社會上有一股攻擊周恩來之風的來信上批示：林彪、恩來同志，文革各同志：此件請閱。極左派的觀點是錯誤的，請文革同志向他們做說服工作。(原注：王海容，時為外交部辦公廳綜合組幹部；唐聞生，時為外交部翻譯室翻譯)。

從這個記載可以看到，外交部造反派的火頭已經燒到周恩來身上，需要毛澤東出面來保他。他如果不稍為向「左」的一方傾斜，可能會自身難保。所以即使他不同意王力的觀點 (據馬繼森上文，社論是王力草擬的)，但也不便全盤推翻社論，只能作出一些修修補補。可惜的是，周恩來簽發了這樣一篇違背其一貫主張的社論，在香港造成火上澆油的作用，使暴動越來越趨向暴力化 (請參閱第五章「周恩來在六七暴動中的角色」)。

二、評估英國在香港的利益

是日的筆記還評估了英國在香港取得的經濟利益。在《六七筆記》中，共有兩天用來評估英國從香港取得的經濟利益，除了6月16日外，還有7月2日。為方便解讀，筆者把這兩則筆記併在一起來解讀。

6月16日這一天的評估側重在英國在港的投資以及取得的利潤，而7月2日的評估則側重在財政、金融、貿易及其他。

從這兩次評估的內容看，筆者感覺港共對港英政府年度的財政、金融、貿易等經常性數字的估算工作做得比較系統化（注意：筆者只是說其估算工作做得比較有系統，並不等於認同其準確性），但對於非經常性的投資項目做得比較差。筆者把兩個評估表列如下：

表一、吳荻舟筆記記載的對港英收益評估

1966年英國在香港經濟收益

收益來源	億港元	
一、港英財政		
財政盈餘	0.12	
香港負擔軍費	0.68	
海堤地皮收入	0.18	
公職人員工資	0.93	
機場建設償付	0.03	
發展貸款收入	0.35	
彩票	0.03	
海外存款利息	1.91	
		4.23
二、金融		
貨幣發行利息	1.3	
英資銀行存放	1.06	
經營英鎊收益	0.05	
其他？	0.45	
		2.86
三、貿易		
英貨輸港	2.47	
對英出口	1.33	
其他線貿易	3.13	
		6.93
四、其他		
公用事業	0.55	
航運	0.38	
航空	0.57	

《六七筆記》注釋

工業	0.1	
保險	0.07	
房地產	0.13	
石油	0.21	
電影	0.1	
其他企業	0.19	
		2.3
總收益	16.32	

資料來源：吳荻舟《六七筆記》1967.7.2

表二：吳荻舟筆記記載的對港英固定資產投資的估算

固定資產投資			
	億港元		
全部投資	16		
其中美國	6.5		
		工業	0.85
		商業	3.45
		公用事業	2.2
			6.5
其中英國	?		
		工業	1
		航運	1.6
		鐵路	0.5

資料來源：吳荻舟《六七筆記》1967.6.7

這兩個評估是否準確，需要留待經濟歷史學家去作深入的對比分析。

有意思的是，在暴動開始後不久，雙方都在開展一項相同的研究，即香港對敵、我的價值。中共固然在評估香港對英國的利益，同時英國也正在評估香港對英國的價值，反之亦然。

在英國解密檔案中就有一份題為《香港：長期研究》的文件，由聯邦事務部 (Commonwealth Office) 在1967年8月18日向內閣的「防衛及海外政策委員會」(Defence and Overseas Police Committee) 提交的報告，列明英國在香港的利益，包括軍事、情報、交通、經濟及政治五個方面 (見檔案FCO 40/78編號C330301)，其中關於經濟方面有以下陳述：

> 我們出口到香港的數額從1960年的4千1百萬英鎊 (£41 million) 增加到1966年的6千5百萬英鎊 (£65 million)，相當於對日本的出口……1966年從香港進口8千1百萬英鎊 (£81 million)……
>
> 我們在香港的總投資額共約8千萬英鎊 (£80 million)，其中一半是直接投資 (direct investment)，另一半是證券投資 (portfolio investment)。每年從這些投資所得的利潤和股息約為1千萬英鎊 (£10 million)

香港存放在英國的英鎊結餘約3億3千萬英鎊 (£330 million)，其中私人持有的約1億3千萬英鎊 (£130 million)，官方持有的約2億英鎊 (£200 million)，在這官方持有部分，相當一大部分是放在用來支持英鎊幣值的貨幣基金 (currency fund)，這方面約為1億9千4百萬 (£194 million)。

吳荻舟筆記所記載的數字，同英國自己內部列出的數字究

　　　　　　　　　　《六七筆記》注釋

竟有沒有可比較性，初步看來差距比較大，究竟這是因為雙方統計的口徑、定義等不一致還是其他原因，有待專家進一步的研究分析。

　　但有一點可以證實的，是港共提供給中央的數字，往往缺乏嚴謹性，因而影響其可信度，就以是日筆記為例，是日筆記提供的香港對外貿易的數字，同香港政府的統計數字相距實在太遠，由於它所採用的港元單位不明確，而且沒有資料來源的說明，以至研究者無法採納或者採信它的數字。為作比較，筆者把香港政府當年的統計數字列出供讀者參考比較。請讀者注意，筆者此一統計數字是香港政府1967年底的數字，而吳荻舟筆記所引用的數字應該是1966年底或者更早的數字，中間差距有一年甚至更多，但是即使統計相隔一年也不可能出現這麼嚴重的差距。

1967年香港對外貿易統計數字 (單位：10億港元 ($ billion))

主要貿易夥伴	出口	轉口	入口	總額	差額
總額	6.71	2.08	10.45	19.24	−1.66
其中：					
中國大陸	0.01	0.04	2.28	2.33	−2.23
美國	2.51	0.13	1.41	4.05	1.23
英國	1.15	0.03	1.04	2.22	0.14
日本	n.a.	0.32	1.99	2.31	n.a.
台灣	0.05	n.a.	0.26	0.31	n.a.

資料來源：香港政府統計處《香港的發展 (1967–2007) 統計圖表集中》，2008年。

6月19日

如何對HK關廠，全體解雇，先開除頭頭，和積子，其他同意接受登記[100]。

估計：

1. 應說是勝利的[101]

①已多年未行動過，十七年都是克制，被動一改，而能如此，是經得起考驗。

②已給敵人很大的打擊，敵人的高壓下，堅持繼續打擊。

③敵人許多措施，法令之一再頒發，實施有限，怕為主，至今除煤汽外，其他不敢鎮壓，而煤汽不但未壓下，反而堅持，它的「減點打面」是失敗了。

2. 為什麼出殯不能在這個基礎上搞一次嚴重的政治較量[102]？我看有兩點：①對這次行動的意義和目的性還不理解，②對群眾的信心不足，因此，派小組下去。

①搞幾個問題明天發下去。

①推遲出殯。

②強調這次的意義。

③只有針鋒對等才不敢壓。

④放手發動群眾，不應把勝利條件放在軍事行動上[103]。

---

100 這是指當年很多資本家應對工人罷工的辦法是三部曲：一、先全部解雇（當時沒有勞工法，雇主可以隨時解雇）；二、宣佈永不錄用罷工的工人領袖及積極分子；三、然後宣佈誰願意繼續留下來做的就登記復工。

101 所謂「勝利」這是工委及聯辦的估計，因為自從1949年中共宣佈對港長期利用的政策後，香港左派基本上沒有舉行過任何大規模的抗爭運動，而這次能夠發動起來，算是不錯。

102 出殯的問題，詳6月12日【解讀】。

103 這一條很重要，因為在此之前，即6月7日，周恩來已經向廣州軍區副司令員溫玉成傳達了毛澤東關於「現在不打」的四點指示。從這一條看，香港

　　　　　　　　《六七筆記》注釋

⑤長期和速戰的結合。

【解讀】

這是吳荻舟工作筆記中唯一一次提到軍事行動。事實上在1967年6月上旬，周恩來已經召見有關人士研究軍事行動的問題。詳細情況已見6月7日的【解讀】及第六章「六七暴動期間中共對香港動武的考慮」。由於對香港動武的考慮十分重要，而這是吳荻舟筆記中唯一一次提及軍事行動，所以筆者不厭其煩地再重述一遍。

根據文革史專家葉曙明《廣州文革三年史》第二卷第314頁記載，6月9日 (筆者按：根據余汝信訪問李維英的記錄，周恩來與溫玉成見面談軍事方案時是6月7日)：

周恩來在北京人民大會堂江蘇廳接見溫玉成 (廣州軍區副司令員)，聽取對廣州地區文革情況的匯報。在座有陳伯達、康生、楊成武、王力、關鋒、戚本禹、汪東興。

遲澤厚《我所知道的溫玉成》：1967年6月上旬，黃永勝委派溫玉成偕南海艦隊司令員吳瑞林和軍區空軍司令員吳富善，赴北京向周恩來請示對當時正在發展的港英當局鎮壓香港工人事件的鬥爭方針、策略，並匯報廣州地區「文化大革命」情況。

(總理聽後指示) 香港問題，考慮到中近東的形勢不會發展那麼快，阿聯已接受停火，要防止美國在香港搞一下。群眾運動還是要按計劃進行。部隊移動的問題暫時停一下。邊界線是否都守了？有多少兵力？有沒有鐵絲網？是不是

左派顯然有人希望中央出兵幫助他們奪取港英的權。

平地？(楊成武：按方案作點準備就行了。)

從這裏可以看出：

一、在1967年6月上旬，已經做好了動武的方案，所以楊成武說：「按方案作點準備就行了」。

二、周恩來作出指示群眾運動按計劃進行，部隊移動的問題暫時停一下(原因是中東局勢趨於和緩，「要防止美國在香港搞一下」)。

三、周恩來詳細過問了中港邊界線的佈防情況。

葉曙明這個記載，應該是有關中共部署軍事解決香港問題的最早記載。

另外吳荻舟是日的筆記提到出殯問題，這是第二次討論出殯問題，關於這個問題的由來和北京的考慮，已見《六七筆記》6月12日條，這裏不贅。

6月21日

張×告了一仗：關於指揮部。

【解讀】

是日筆記僅有如上一句話，無法得知詳情。但推測是有人對指揮部有意見，向上頭告狀。「張×」是什麼人？他向誰告狀？他告的狀是關於指揮部的什麼問題？這些細節筆記都沒有提供。

筆者從吳荻舟在其《幹校日記》1970年9月9日的記載，猜測這個「張×」應該是奉周恩來之命來北京向周匯報工作的人，在向周匯報過程中，告了指揮部一狀，但什麼問題也不清楚。

根據吳荻舟在其《幹校日記》1970年9月9日的記載：

在六月初 (一九六七) 總理通知要找×委和××委 (工委和城工委——吳輝注) 的同志上來匯報，我通知了，兩方面都派了二至三四位負責人上來，當時鍾提出××委的張、劉不了解情況，要找第一線的人回來。

我當時並不了解張、劉是否掌握到確實的各線力量，總以為這些都是××委的負責人，他們應該是了解情況的，加之，不知總理哪天接見，到第一線找人回來不易，也未必了解全面情況。所以沒有要他們叫下面的人上來。

從這裏筆者判斷這個「張×」應該是城工委派來向周恩來匯報工作的，他大概在匯報的過程中向周恩來告狀。

被告狀的是指揮部。指揮部是由工委和城工委協調出來構

建而成的一個暴動前線指揮組織 (見第四章「六七暴動的組織和指揮機制」)，筆者在分析暴動整個組織指揮架構時已經指出，這種架構必然會造成很大的矛盾 (詳第四章)。城工委與工委本來是平排的，他們協調出來的指揮部應該是融合了兩個組織的意見後才進行指揮的，現在是組成方之一的城工委向周恩來告了指揮部一狀，說明城工委大概是因為在某些地方跟工委的意見不符合，卻又未能說服對方，以至需要向上級告狀。

筆者覺得，要利用到北京匯報的機會親自向總理告狀，相信不是一般性的問題。但究竟所告的狀是什麼問題，筆者不敢胡亂猜測。

6月22日

討論

港督通過利××[104]私下詢問費、王、高[105]，是否願受政治庇護，還是願被驅逐出境。

提出指揮部的問題。

【解讀】

港督通過利銘澤試圖向《大公報》社長費彝民、中華總商會會長王寬誠和名譽會長高卓雄招安，要麼接受香港政府政治庇護，要麼被香港政府驅逐出境。三人都屬「鬥委會」常委，費和王更是鬥委會副主任，而且在社會上頗有影響。他們三人無論選擇哪一條路，都會沉重地打擊左派的氣勢。

三人中，費和王都緊跟中共，但高則選擇自行離開香港到日本避難。高的出走，在當時也引起社會關注，因為在「鬥委會」中，正式叛逃到台灣的有中華書局董事長吳叔同，而非正式叛逃的有高卓雄(他選擇到日本暫避風頭)。特別是高卓雄的出走，在當時對暴動產生很大的挫敗感。

高卓雄(1902–1987)，廣東省南海人，香港工商界著名領袖，曾擔任中華總商會1950年、1953年、1957年、1959年四屆會長，更被選為永遠名譽會長。在大陸方面，歷任第二屆、

---

104 利××，應該是指利銘澤。根據張家偉所著的《六七暴動——香港戰後歷史的分水嶺》所載，他曾安排一手促成澳門「一二三事件」讓葡萄牙投降的華人領袖何賢來港，希望依樣畫葫蘆逼使英國投降，但被姬達拒見，也因此種下之後港英政府永不錄用他們家族成員的起因。

105 費，指費彝民，《大公報》社長；王，指王寬誠，中華總商會會長；高，指高卓雄，中華總商會名譽會長。

第五屆、第六屆全國政協委員。1987年病逝。高氏來自西藥世家。一百多年前，中國西藥還未盛行，其父高星君把有萬靈藥之稱的阿士匹靈引入中國。在內戰期間，高卓雄從美國買入盤尼西林，供應共產黨。高卓雄的長孫高世英這樣形容他：「他是真正的紅色資本家，幫中國共產黨做好多事，我家族是比較political」。[106] 由於他在香港工商界的地位，曾幫忙台灣救濟滯留在調景嶺的國民黨官兵。根據劉義章《孤島扁舟：見證大時代的調景嶺》一書的記載，「1950年11月8日港九各界救濟調景嶺難民委員會主任委員高卓雄率領十多位委員，乘坐專輪到調景嶺視察難民生活狀況及寒衣需要情形；偕行者包括社會局副局長韋輝、社會局政務官畢必治、救濟署署長李子農、社會服務處主任李洪，大陸救濟總會發放組組長陳頌平，以及港九各報社記者及各界人士共三十餘人」。高同國民黨大陸救濟總會這種關係密切的接觸，並不影響他在中共政壇的地位。1956年他在出席中共第二屆政協全國委員會會議，在招待宴裏，被安排坐於領導人毛澤東身旁，毛親自給他夾了一件雞肉，香港民間知道了，就流傳了一個花名「毛夾雞」。這樣一個重要的親中共的統戰人物也被迫離開香港暫避風頭，於此可見這場鬥爭的不得人心。

另一方面，是日的筆記繼續提出指揮部問題，足見整個指揮體制頗有問題。關於這一點詳見第四章「六七暴動的指揮和組織機制」。

---

106 見《蘋果日報》：《高卓雄的長孫研藥一生》，2011年11月13日。

6月23日

被打的工人 諸永山[107] 30歲左右

美利用香港 (1966) 軍用[108]

1. 美艦390艘次。

2. 美海軍上岸25萬人。

3. 侵越美軍輪流到HK，休假者5萬餘人。

4. 搜購大量侵越軍火、武器經HK轉運。美在HK特設「南越軍需部」，在HK進行搜購，軍用物資。

5. 美在HK設廠生產武器部件和軍用燃料。

6. 美在HK共有廠商700餘家，投資已達一億餘美元。

7. HK對美出口 (不包括轉口) 16億餘港元，佔總出口的35%，居首位，美對HK轉出9億港元，順差7億餘港元。

農村較有基礎的有[109]：

1. 大埔區80個村，5萬人。已有鬥委會。

2. 元朗橫台山，3000人。(有)

3. 沙頭角7,800人。(有)

4. 西貢區3萬。(有)

5. 荃灣23萬人，工人4萬，已成工人鬥委會。

6. 長洲，下層漁民差點，主要負責人「怕」。

---

107 據 《文匯報》所載，諸永山是樹膠塑膠業總工會會員，港英在6月22日突襲該工會時被槍擊致死，但據港九各界同胞反對港英迫害鬥爭委員會：《香港風暴》，1967年11月所載，當天死者名字是鄧自強。究竟是否同一個人，無從考證。

108 評估美國通過香港拿到的好處，並以此來衡量美國對暴動的態度。

109 評估中共在香港新界農村的勢力，以是否成立了地區性的「鬥委會」為標準。關於中共在新界方面勢力的資料說明詳見【解讀】部分。

7.上水，成立了，粉嶺，20多個村已發動了5個。

落後：教會、官立學校[110]

1.羅富國、英皇、浸信會書院、聖加羅中學、金文泰中學、庇理羅士女校、香港工專和香港大學。

以上都成立[111]。

【解讀】

是日的筆記有兩個重點：

一、評估了對美國在香港的軍事活動，以此為基礎判斷美國對香港暴動的態度

二、評估了中共在新界的實力

三、評估了中共在學界的實力

現分別解讀。

一、美國對香港的軍事利用

美國對香港的軍事利用，曾經是英、美之間一個相當突出的矛盾，因為英國抱怨美國利用香港會導致中共威脅收回香港，從而觸動了英國的利益。在暴動期間，港英當局向英國政府多次提出這個問題。例如：暴動初起不久，英聯邦事務部就

---

110 評估中共在「官.津.補.私」四類中學校裏的擴散力度，這四類學校都被統稱為「灰線學校」。吳荻舟此則記錄，是說明在這些非左校中都已經成立了鬥委會。從他的行文，看得出他還是比較認同這些學校成立鬥委會的做法。但是，在6月26日的筆記中，卻認為皇仁、真光等的做法過於暴露自己而要求馬上糾正。究竟在這些灰線學校中，哪些做法符合政策哪些不符合，這裏看不出來。關於中共在灰校工作的詳情可以參閱梁慕嫻：《我與香港地下黨》。筆記提到的「聖加羅中學」應該是聖保羅中學之誤。

111 以上都成立：指成立了該校的鬥委會。

　　　　　　　　《六七筆記》注釋

向英國內閣的「國防和海外政策」組發出一份備忘錄[112]，評估香港的局勢，該備忘錄的第七點《建議》的最後一段說：

> 在我們與中共的困難中，包括令他們感到刺激的是越戰中美軍在香港享受到的各項設施。我們最近已經限制了來港美軍艦的數量並且表示更大的戰艦不應該來。我不建議任何進一步的行動，因為如果大規模裁減 (來港美軍艦) 將會被中共視為宣傳上的勝利，但我深信長遠來說這是一件需要檢討的問題。(筆者按：不久之後英聯邦事務部發出覆電說：我們已經考慮到向美國提出削減美軍使用香港的情況，此事將會獲跟進)。

但是另一方面，港英又覺得在暴動期間美國軍艦來港有助於穩定香港民心和社會。在英國解密檔案中，有一份題為《香港：長期研究》的報告，是由英聯邦事務部提交給內閣防衛及海外政策委員會 (Defence and Overseas Policy Committee，文件上略作 OPD) 屬下的國防檢討工作組 (Defence Review Working Party，文件上略作DR)以供內閣討論，其中提到美國的參與。它說[113]：

> 美國對香港充分利用。香港是他們在越戰期間官兵休息及娛樂很方便的中心，雖然這不是不可取代的，因為菲律賓和台灣也能夠提供相同的作用。美國也充分利用香港作為「觀察中國」的主要基地。在這方面香港的角色是獨特

---

112 《英聯邦事務部備忘錄 1967年5月24日》，由英聯邦事務部向內閣防衛及海外政策委員會提交。原檔案編號 CPD (67) 39，存放在 FCO 40/46, 號碼 304379 檔案。

113 見 (OPDO) (DR) (67) 第35次會議，存放在FCO 40/78編號C330301

的。這兩項考慮，以及美國圍堵中國的政策，使美國希望
我們能夠留在香港越長越好，只要北京仍然由一個共產黨
政府執政……。

雖然我們認為美國希望我們繼續留在香港，我們不認為他
們準備公開地提供一個接近核武的保障。基於多種原因，
為一個英國殖民地提供一個類似的保障將會是難以接受
的。縱然如此，使中國覺得美國可能介入或者涉及香港的
防衛也許有些好處。在這個意義上，美國軍艦來港或其他
類似的方法也應該被考慮。

　　從上述文件可以看到英國雖然知道中國對她允許美國利用
香港作為侵略越南基地非常不滿，而且建議採取措施減少美國
軍艦來港，但在暴動的環境下，允許美國軍艦來港有助於穩定
香港的局勢和民心因而值得考慮。

二、評估了港共在新界的實力

　　在《六七筆記》中有兩天是評估港共在新界的勢力，除了
今天外還有7月8日，兩天的討論合併在一起來解讀。

　　是日工作是研究左派在香港新界各區的實力情況。上世紀
六十年代新界還未經歷都市化，很多地方仍然是農村，中共擅
長「以農村包圍城市」，所以農村素來是共產黨比較有基礎的
根據地。抗日戰爭時中共領導的「東江縱隊港九大隊」，就是
以新界為基地發展起來。吳荻舟建議在港英力量比較單薄的新
界農村發動更多的攻勢，以便減輕中共在香港市區的壓力。

　　1941年12月8日珍珠港事件爆發，同日上午八時日軍開始轟
炸香港啟德機場，12月25日香港正式投降。香港淪陷後，「東
江縱隊港九大隊」就開始從惠陽和寶安進入新界。根據李筱峰

回憶[114]，當年的進軍路線分三路：一路由沙頭角進入南涌、鹿頸、烏蛟騰、七木橋、橫山腳各村，以後滲透到上水、粉嶺的坪洋、鶴藪和八仙嶺山區；一路經大鵬灣上的吉澳，再坐船到西貢入赤徑、上北潭涌、黃毛應、榕樹凹以後活動在沙田、觀音山、吊草岩等一帶，並經坑口，落牛池灣，伸入九龍市區中心；一路則到元朗八鄉、十八鄉，以後東連大埔，西出荃灣，互相呼應。在這些地方建立了游擊區，所以中共在香港的新界素有基礎。

江關生《中共在香港》(下卷)[115]一書引述一份港英警隊政治部在1974年12月10日撰寫的機密報告，詳細列舉了新界的一些「紅色鄉村」(即絕大部分村民都是共產黨員或者是他們的同情者)，包括：

- 沙頭角：崗下、沙頭角、擔水坑、荔枝窩、山嘴、鳳坑、谷埔、鹿頸、上禾坑；
- 打鼓嶺：香園、竹園、打鼓嶺村、木湖、坪洋、坪輋；
- 上水：鶴藪、新屋仔、孔嶺；
- 落馬洲：米埔隆；
- 元朗：夏村、大旗嶺；
- 八鄉：城門新村、水頭、水尾、梅子圍、四排石、橫台山、七星崗、大江埔、上村、牛徑、大窩、石湖塘、元崗；
- 流浮山：沙橋、坑口；
- 青山：散石灣；

---

114 見李筱峰：《太平洋戰爭中搶救文化人的偉大創舉》，載廣東文史資料第44輯：《香港一瞥》，第190–191頁，由全國政協廣東省委員會文史資料研究委員會編輯。

115 江關生：《中共在香港》(下卷)，第367-8頁，天地圖書有限公司，2012年

- 沙田：黃泥頭、插桅杆、白田、茅旦、十二笏、隔田、火炭；
- 大埔：蘆慈田、龍尾、烏蛟騰、船灣、布心排、塔門。

從地圖上看，港英政治部列舉的「紅村」恰恰同李筱峰描述的三條進軍路線沿途所經過的村莊相同，足見從那時開始，新界大部分地區已經成為中共群眾基礎比較深厚的地方。吳荻舟筆記所說的比較有基礎的地方都在上述範圍。

1967年10月24日，新界左派群眾組成「新界區反對港英迫害鬥爭委員會」，提出一個綱領、六個戰鬥口號、二十五條行動綱領，可視為新界左派群眾動員的標誌。

歷史上，新界居民與港英有過嚴重的衝突（1898年割讓新界），抗日戰爭時期中共又在新界建立游擊根據地，新界居民應該有親共傳統才對，在眼前這場反英抗暴中，新界應該是很積極投入才對。可是人們卻看出幾個問題：

一、為什麼港共第一個土製炸彈（7月12日）的襲擊對象是新界大埔鄉事委員會？

二、為什麼被港共揚言要暗殺的第一批四個人中，就有新界鄉議局主席彭富華？（根據《香港夜報》1967年7月7日報導，港共制定了首批四人漢奸名單，他們會被實施「民族紀律」即暗殺，四人是：署理華民政務司徐家祥、立法局非官守議員李福樹、新界鄉議局主席彭富華、《明報》出版人查良鏞）。

三、為什麼根據「鬥委會」官方刊物《香港風雲》的記載，新界要遲至1967年10月24日才動員起來，組成「新界區反對港英迫害鬥爭委員會」，而這時距離左派發動的暴動已足足五個多月？（見該書第47頁）《香港風雲》同時透露，在是年十

《香港夜報》1967年7月7日

月國慶時，不少村落才第一次掛起五星紅旗、第一次掛起了毛主席像？(見該書第40頁)

　　從這三點看，新界居民(至少是新界上層人士)顯然是不太熱心支持、甚至抵制港共發動的暴動，才會招來港共的恐怖主義打擊報復(最早放炸彈和威脅要暗殺)；而在基層中，居民的「慢熱」(暴動過了5個月新界的反英組織才能夠搞起來)也反映了他們對港共暴動的支持度實在很有限。這是港共高估自己實力的一個例子。

三、評估中共在學界的實力
　　中共對香港學界的工作，有分所謂「紅校」和「灰校」，前者指由港共直接興辦、領導、和控制的學校，他們自稱為

「愛國學校」，暴動時全港共有32所，中小學生共約兩萬多名。而後者則指大學、專科學院、官校、津貼學校、補助學校、私立學校(簡稱「大專官津補私」)。

所謂灰線的學校，按照中共的原意，是不能暴露的，但在暴動期間都暴露了出來。前地下黨員梁慕嫻，是灰線組織學友社主席。她於《我與香港地下黨》書中提及學友社組織了三次官津補私遊行，每次人數都在500–1000人之間，分別於北角英皇道、中環街市及旺角道遊行，每次約半小時，以飛行集會即如今的「快閃」方式進行。形勢向左狂飆以後，香港「左仔」集會也緊跟文革步伐，進行「鬥私批修」和「階級教育」，官津補私亦不例外。

《大公報》11月28日的報導指出，官津補私和大專院校組成了140多隊戰鬥隊，分佈於87間學校。單在十一月，官津補私學生在校內寫標語、撒傳單、放炸彈、燒炮仗、與工人聯合開控訴大會，又走上街頭示威，行動達80多次。「意氣風發、鬥志昂揚，充份表現了一往無前的革命英雄氣概。」

根據《大公報》報道，就在十月，就有七、八十家英、美、蔣幫控制的學校的青年，舉行了近百次的反擊行動。他們在校內校外到處撒傳單，貼標語，升紅旗，舉行控訴會，同愛國學校的學生在一起，互相支持，共同鬥爭。學生界鬥委會發表「反英抗暴鬥爭綱領」十七條，這個「綱領」開宗明義把熱愛祖國、熱愛偉大領袖毛主席、擁護祖國無產階級文化大革命和學習、宣傳、執行與捍衛毛澤東思想，確認為神聖不可侵犯的權利；申明反對奴化教育，反對港英迫害。(大公報社論 1967年10月18日)

中文大學崇基神學院教授、基督教中國宗教文化研究社 (宗文社) 社長邢福增根據六七年的《大公報》報道，整理出當年約

有五十所教會學校（包括天主教及基督新教）的學生投身六七暴動之中，他說：「就《大公報》所見，起義的教會學校學生，以天主教最多（21所）、其次是聖公會（10所）、中華基督教會（6所）、浸信會（3所）及崇真會（2所）」[116]等等，其中不乏傳統名校和大專院校。邢福增表示，當年的學生鬥委會主要進行鬥爭的方法包括發表聲明和投書報章批評學校及港英政府，在學校裏派發傳單和張貼標語，亦會聯合數間學校的學生參與學界鬥委會舉辦的控訴大會，甚至在畢業典禮中放爆竹和撒傳單，不少學校都受到非常大的衝擊。他也表示，有跡象顯示，當時在各間教會學校中均有與左派關係密切、甚至有後來被發現是地下黨員的基督徒老師，策動學生進行鬥爭運動。

　　按照中共城工委的保密原則，這些「灰線」學校應該是不容暴露的，現在都被動員出來了。引用周恩來一句很無奈的話：「都捅出來了！」（見《六七筆記》5月27日條）

---

116 見邢福增《十字路口的抉擇——六七暴動與香港基督教》，未發表。

6月26日

1. 期租一律不去HK。[117]

2. 什麼貨去，什麼貨不去，要下面提出意見。[希望劃個杠杠]

3. 轉口貨不去了[118]。

4. 希望有一個統一指揮[119]。

5. 瓜果船也不去，要工委和中南局[120]。

6. 計劃、方針要抄發外貿交通及地方(廣東、廣西、福建、交通部、海運局)。

26/6

1. 皇仁、真光[121]，不要孤立行動，要隨大流，只要不單獨搞一套，就不會暴露。請速通知下去，如皇仁、真光這樣做，反突出和暴露了自己，如果是我們佈置的話，要馬上糾正。

2. 強調統一領導，同意指揮部關於塑膠工會的鬥爭小結提出的意見。

綜合18號簡報

---

117 所謂「期租」是指由中國租用的外國輪船。這裏討論的，相信是為了配合香港鬥委會在6月24日號召大規模罷工及罷市，研究什麼船隻去，什麼不去，去的話又是運什麼貨品等具體問題。討論後大家提出要有統一指揮，以及通報各省市和各部門。

118 轉口貨不去，將會對中國的外貿帶來沉重的影響，因為當年中國的外貿，經香港轉口的比例非常高。這是暴動未傷別人先傷自己的又一例證。

119 這句話反映大陸各方對香港實行大罷工都未有充分準備，以至出現混亂情況。與會者希望關於罷工的計劃和方針要發放到各地區各部門。

120 瓜果等屬鮮活農產品的供應，都是中共中南局下轄各省市負責的。這些貨品的停運要由中南局負責統籌。

121 皇仁和真光兩書院，都是屬所謂「灰線」學校(以別於由共產黨辦的「紅校」，他們包括官立、津貼、補助、私校等四類學校)。這裏所說的「不要單獨搞一套」，估計可能該兩校的鬥委會擬採取某些出格的行動，被北京叫停，以免過多地暴露自己實力。

【解讀】

是日筆記有兩個重點，一是討論罷工罷市引發的對港供應問題，二是討論學界鬥爭問題，現分別解讀。

第一，關於罷工的問題

由於此前吳荻舟沒有太多關於罷工的記載，所以在此必須回過頭來補述六七暴動中左派發動罷工的計劃。

1967年5月30日，周恩來召開會議，研究外交部和港澳工委提交的方案，擬以三個回合的罷工鬥爭，周對工委的計劃持懷疑態度，表示不滿，但沒有要求修改，下面照樣執行。根據余長更的憶述：這三個回合的罷工方案具體如下：

> 提出要通過三個回合的罷工鬥爭，打垮港英，迫使英國人接受中方的要求。第一個回合是發動八萬到十萬人的罷工，擬在6月10日左右開始。這一階段的罷工將以交通運輸工人為骨幹，目的是使香港、九龍的各種交通停頓，使香港陷於癱瘓狀態。如果港英當局仍不屈服，就發動第二階段罷工 (筆者按：即第二回合)，人數將擴大到三、四十萬，甚至更多的人。最後 (筆者按：即第三回合)，將發動香港、九龍、新界的總罷工，使整個香港陷於癱瘓。方案要求大陸給予罷工工人以強有力的支援，並深信這樣一定會使港英當局屈膝投降。
>
> 周恩來對「工委」的罷工計劃和樂觀估計持懷疑態度，對香港左派工會的情況他顯然是清楚的，這時他又詳細詢問了香港究竟能夠動員多大力量投入鬥爭。「工委」的人七嘴八舌，含糊其辭。周搖頭說，如果罷工的規模能夠達

到十萬人到十五萬人，那就很不錯了。他不相信能夠達到二、三十萬人的規模。至於形成總罷工，使香港癱瘓，他認為更是不可能的，因為現在的情況同1925年省港大罷工時已有很大不同。接着他就同廖承志回顧起1925年的省港大罷工來。那時他們兩人都在廣州。香港有二十五萬人參加反對英帝國主義的罷工，時間長達16個月，有20萬工人回到廣東省各地，從而使香港陷於癱瘓狀態。周說，現在的情形不同了，港英當局很容易找到人來代替罷工的工人，罷工者不能像當年那樣回到內地，香港經濟已經同國際經濟結成一體，要使它癱瘓、停頓，是不可能的。廖承志連連點頭稱是。談話中，周憂心忡忡地幾次提到，「搞不好，要搞出一個提前收回香港。」看來，周對這個方案並不滿意。外交部「監督小組」代表提出，把方案拿回去修改後再報中央。周卻出人意外地說，不用了，方案留在他那裏，由他來修改，「工委」來人不要停留，馬上回去，先按照方案所說的辦。(見余長更：《周恩來遙控「反英抗暴」內情》)

計劃中的第一回合已經在6月10日開展，而全國總工會也於6月14日匯來一千萬元，支持香港工人鬥爭。但是對第二回合的罷工則感到有點難以為繼，根據余長更記載：

計劃中第一階段的大罷工在6月10日左右發動起來了，「港澳工委」領隊下的左派工會都投入罷工，當地和內地報刊都大加渲染，交通運輸、煤氣等行業的工人一馬當先，罷工開始時還顯得有聲有色。港英當局則通過各種辦法破壞罷工，防暴警察毆打和逮捕罷工工人，香港局面發生混

亂。鬥爭持續到6月底，英國方面仍然沒有任何退讓的跡象。按計劃，鬥爭應當向着第二階段發展，對港英施加更大壓力，把罷工的規模擴大到二、三十萬人。但是從前方傳回北京的消息卻是，現在不是擴大罷工規模的問題，而是現有規模也難以維持下去的問題，因為香港工人需要依靠工會資助能維持罷工，他們自己和家屬都要生活。工會財力有限，資金很快告罄，「工委」要求內地提供資助，並以更多其他實際行動來支持罷工。財務上的支援由「工委」在廣州解決了，但是5月28日（筆者按：應該是5月30日）北京的方案上並沒有提出什麼實際的支援行動。「港辦」人員這時感到陷入了「騎虎難下」、「進退兩難」的困境。(見余長更：《周恩來遙控「反英抗暴」內情》)

吳荻舟對罷工的計劃並沒有太多的記載，他在是日筆記所提的罷工應該是第二回合的罷工。關於第二階段罷工難以為繼的情況，可以從左派自己事後的追憶得到印證。

據工聯會2013年印發的《工聯會與您同行——65周年歷史文集》引述時任工聯會副理事長的潘江偉的話說：

各業工人醞釀罷工時，各單位反映不一，結果兩巴等做得最好，絕大多數都參加了罷工，公共事業本來也不差，但港燈工人罷工後，港英出動防暴隊，到工人宿舍逐家逐戶驅趕罷工工人回廠工作。政府部門（筆者按：指在香港政府部門工作的工人，屬「政軍醫工會」）也估計大多數人會參與罷工，但就在罷工開始前，港英先發制人，提前出動防暴隊突襲政府電器部和煤氣廠，打死4名工人和打傷一批工人，不但重挫了政府部門的工人隊伍，還影響了各個行

業，使罷工人數大為減少。事後總結出一個經驗，政治鬥爭和經濟鬥爭不同，群眾參與罷工，一般不單考慮經濟利益，還需要考慮生命安全。(頁172)

另外，周奕的《香港工運史》也記載了這種難以為繼的尷尬。他說：

對於罷工的方式方法是有不同意見的。摩總香港巴士分會書記鄭振華告訴筆者，事前他們認為罷工兩個星期是沒有問題的，超過兩個星期便有變數了。儘管他們被告知罷工者可以獲得生活費，不過他們認為港英是會盡最大的氣力來恢復交通，只是這個建議並未受到重視。(第424-425頁)

根據周奕的統計，第二階段罷工的參加者數字如下：

低級公務員	1561人
九龍巴士	4970
中華巴士	1273
電車	679
天星及油麻地小輪	700
中華電力	610
牛奶公司	600

原注：港燈、煤氣、三大船塢、海運和各大紗廠等未能查到準確資料。

作為左派工會的龍頭組織的海員工會又如何？《工聯會與您同行——65周年歷史文集》訪問了(現任)海港運輸業總工會主席梁權東，他說：

　　　　　　　　　　　　《六七筆記》注釋

罷工前，海員工會副主席問我約有多少人可以參與罷工，我說沒有信心，估計只有200-300人，結果參與罷工的真的只有300多人，佔小輪行業總人數不足5%。(頁172)

根據這些當事人的回憶，所謂第二階段罷工，原先設計是二、三十萬人的規模，結果只有幾千人，可謂「慘敗」。

鑒於這次罷工的慘敗，事後吳荻舟被外交部要求就這次罷工是如何搞起來的提供交代材料。根據吳荻舟《幹校日記》1971年10月24日的記載，外交部要求他提供：

6.20覆工委關於工委建議26日搞大罷工，除海港、公共汽車之外，還加上貨車、船塢等部門的覆信，內容大意是什麼？何人起草的？內容意見是誰提出來的？經過會議討論過沒有？會議有什麼人參加？

對此，吳荻舟作如下交代：

證明材料(3)
我記不起1967年6月20日港辦答覆工委建議26日搞大罷工(海員、公共汽車等處，還有貨車、船塢等)的覆信的內容了。是誰起草，會上討論誰提什麼意見我也記不得了。
只記得關於罷工問題(具體如海員罷工)，我考慮過由於香港工人多年未搞過這樣的大規模的政治鬥爭，怕思想上的準備不足，同時，還考慮到為了貫徹總理關於鬥爭是長期的、波浪式前進的指示，使鬥爭高潮能起□□□，曾與羅貴波研究過以宣佈定期罷為宜，必要和可能時即使宣佈了定期罷工，還可以一期期地延續，這樣更為主動，後來把

這意見請示了總理，總理同意了這意見，通知了香港鬥爭指揮部。

吳荻舟 1971.10.27

從罷工的慘敗以及吳荻舟所提供的上述交代材料看，整個罷工基本上是完全缺乏計劃、組織、統籌、以及各方配合支持的。

為應對罷工罷市對香港經濟社會民生的影響，港英也作出相應的部署。根據《華僑日報》社論反映出來的港英政策，這些措施包括：

第一，加緊存糧，辦好食糧來源，在存糧與購糧的整個計劃中，「大陸米」千萬不可重視。幸而我們一向都非重視「大陸米」，否則當前對糧食之調配可能又發生困難了。

第二，副食品如蔬菜、魚肉、菓品、蛋類、雜貨等，今後之供應及調配，亦要全盤調整，調整的中心：(一) 減輕大陸供應之比重，因為沒有人能夠確切把握大陸供應副食品是否正常，或何時正常，何時不正常，(二) 向海外市場尋求來源，例如澳洲、美國、日本、南韓、菲律賓、馬來西亞、高棉、泰國、緬甸、台灣、都是我們採購的理想地區。(三) 如果若干種副食品一定要大陸供應的，大家必須實行節約，以提防供應失常。

第三，保障副食品入口商的業務。有正義感的入口商人。政府必須保障他們的業務。協助他們抵銷任何壓力。例如，他們正準備由日本或南韓採購雞蛋，以抵銷大陸蛋供應缺乏。這是最好的辦法。他們一般有此顧慮，日本蛋或南韓蛋來價較大陸蛋為高，要是香港完全沒有大陸蛋發

售，則日本蛋與南韓蛋價格稍高，銷途也不成問題。但萬一大陸蛋大量推出，供求關係失常，日本蛋或南韓蛋又怎樣可與大陸蛋競銷。商人們有了這種真實的顧慮，便很難決定應否向日本南韓採購鮮蛋了。不但雞蛋為然，大抵蔬菜，魚肉等其他副食品亦有同樣情形。為了克服這種困難，消除商人上述憂慮，我們建議政府實行「統籌統銷」及「價格保險」政策，即使不能全面實行，也要局部實行，商人的業務有了保障，向大陸以外的地方採購副食品，自然不成問題了。(《我們必須採取緊急財經措施》1967年6月29日)

港英這些政策，有效地挫敗了港共通過罷工罷市迫使他投降的意圖。

第二，關於學界鬥爭問題。

港共發動學界的鬥爭，分兩個層面，一是依靠「紅校」即傳統左校，二是鼓動「灰校」即官津補私學校的學生。

一、傳統左校 (紅校)

左派發動學界的鬥爭，是港英承認最棘手的問題，根據英國解密檔案透露，香港警察政治部在1967年5月15日提交一份報告，指出暴動中左派「其中一個最有效的武器就是學生。這些被左校灌輸的學生，充滿青春的熱情，用戰無不勝的毛澤東思想武裝起來。左派學校組織學生遊行至港督府，令警察陷入極度困難，無論是戰術上，還是人道主義立場上」。

根據英國解密檔案顯示，港英對香港左派學校的情況了如指掌。檔案內附錄了一份當年左派學校的學生總數如下表：

表：香港左派學校規模

左派學校	小學生人數	中學生人數
香島中學	1080	1526
漢華中學	734	1030
培僑中學	720	984
福建中學	691	425
楠道上下午 (合計)	2662	356
香島夜校	–	310
新僑中學	45	262
中業夜校	–	258
中華中學	94	249
漢華夜校	189	234
總數	6570	5680

1967年3月31日港府統計數字。資料來源：英國解密檔案 (FCO40/88)

二、官津補私 (灰校)

除了動員港共能夠直接指揮的左校外，他們也鼓動官津補私 (灰校) 的學生來參與暴動，並於從1967年6月4日成立「港九學生界鬥委會」。官津補私在六七暴動時被港共稱為「奴化教育」，根據《大公報》報導[122]，官津補私和大專院校組成了140多隊戰鬥隊，分佈於87間學校。單純在十一月，官津補私學生在校內寫標語、撒傳單、放炸彈、燒炮仗，與工人聯合開控訴大會，又走上街頭示威，行動達80多次。關於灰校的鬥爭情況參閱6月23日筆記的解讀。

吳荻舟是日筆記批評屬「灰線」的皇仁、真光兩校，可能是採用了比較出格的鬥爭方式以至暴露了自己。

關於皇仁的情況，梁慕嫻有以下的回憶：

---

122 《大公報》1967年11月28日：《學生運動進入新階段》。

《六七筆記》注釋

我想起「六七暴動」中，皇仁書院反英抗暴鬥委會的何安頓和李繼潘。我感到有些心酸。何李兩人本來只是來參加「學友社」的口琴組，經我們這些地下黨員，包括葉國華的教唆而加入鬥委會……我們地下黨員教百年列強侵華史，激發學生的愛國，愛毛主席的熱情，卻沒有教共產黨的本質是甚麼，便在幕後秘密動員推趕他們去撒傳單、掛布條，走上犯法之路……何李兩人被捕，在法庭上撕下校服上的校徽，以示反對奴化教育，被所有官津補私學校鬥委會擁戴為英雄之後卻前途盡毀，港人並沒有認同年輕人的所作所為，他們是白白的犧牲了。以後，皇仁鬥委會有一位伍鎮環考進了港大，有一位蔡文田考進了中大，都成了國粹派的領袖，在大專院校裏呼風喚雨，散播「認中認祖」意識，為共產黨發展黨員。[123]

關於真光的情況，詳情不明，大概是指有兩名自稱為「凌紅」、「張紅」的十七歲女生，因拒絕簽保，被判徒刑一年。從她們的意識形態看，那完全是大陸「紅衛兵」式的複本。如那認名為「凌紅」、「張紅」的兩個女生，和較早以前一個認名為「陳恨英」的女生，都是假名而非真名。為甚麼她們有真名不用而用假名呢？這不是她們畏懼真名暴露，而是認為這樣可以表示她們思想之「紅」，和「恨英」之切。這種改名方式，在大陸紅衛兵的許多故事中，就有過不少的例子，如最初替毛澤東戴上「紅衛兵」袖章的一個女學生，原名「宋彬彬」，因毛對她說了一句「要武嘛！」她就立即改名為「宋要武」。

---

123 見梁慕嫻：〈歷史的真相就在眼前——回應明報月刊一月號發表西門丁文章《電影「五月」工作雜感》〉。

學界的這種過「左」的做法令吳荻舟甚感不安，所以提出「如果是我們佈置的，就要馬上糾正」。

6月27日

提出討論的問[題]

1. 送大米問題,結論請3萬噸,分批以各省市人民送,第一批以廣東省4千萬人民名義送。估計港英要阻攔,一定有鬥爭,可能讓步接受,可能一定不讓送,政治上港英總是被動。還討論到這不致是經濟主義問題[124]。

2. 對英機越境問題,建議還是提抗議[125]。

汪在寬 (史亞章)[126]

金文豹 (舒國璽) (蔣兆麟) (吳輝按:以上都是無關名字)

3. 關於港井 (筆者按:應該是港警) 突擊檢查崔、王問題[127],決提照會,連其他搜捕事一起掃。

---

124 送大米:暴動期間,內地為表示對香港左派的支持,曾商討過以送大米的方式表達對暴動的支持,同時也有意令港英陷入被動 (容許大米來港與否,都是難以決定的)。但此事後來不了了之。會上討論港英會不會容許大米運港,是有鑒於1952年的「三一事件」,港府阻止了廣東省慰問團攜帶物資到港慰問東頭村火災災民,因而引發一場暴動 (這是中共1949年建政以來香港和大陸第一次衝突)。所以吳荻舟等人認為,這次運送大米,港英有可能阻止。

125 6月底 (具體日期不詳) 英國軍機越境進入華界偵察。吳荻舟等建議對此舉還是限於提抗議,不要升級。後來由香港《大公報》發表社論嚴辭譴責。該社論說:「在港英對港九同胞不斷進行鎮壓的同時,英國軍用飛機竟悍然侵入中國大陸和島嶼上空盤旋偵察,進行嚴重的挑釁……這完全是一項反華大陰謀,是美帝蘇修反華大合唱的新插曲,目的之一在於阻遏毛澤東思想的傳播和試探中國在文化大革命中的虛實……自從威爾遜政府加緊追隨美帝以來,香港就進一步變成美帝侵略越南和窺伺中國的基地。他們敢於用那些破軍艦兩次在中國的大門口進行演習;他們的軍警和「防暴隊」在沙頭角把催淚彈射到我方邊境去,打傷了三十多人;最近索性派軍機侵入我領空來挑釁,其瘋狂真正到了無以復加的地步了」(見《大公報》社論《看英帝的瘋狂挑釁》 1967年7月1日)

126 見【解讀】。

127 崔、王兩人身份不詳,應該是中方派駐香港的工作人員。事件因由也不詳。但從吳荻舟等建議「決提照會」一語看,兩人應該是職務比較高級的人士。

4. 提出700打蔗刀問題，我認為這不應搞，還是要搞文鬥，但，先摸清情況[128]。

5. 廣州革命群眾告軍管會事，我同意老郭意見，由革命派按大聯合的精神，講點大道理[129]。

資料：1966年英資貨運：

1966年到港6775隻次，9,231,537重噸，中英資輪佔1703隻次

(葉舒靈)，崔松岩、李梅、周勳然？何雲。(吳輝按：以上都是無關名字)

運港6791隻次，貨2950760重噸，中英資船1702隻次，即英資佔進出口貨運1/4。(怡和，太古，鐵行，邊行，太平洋行和天祥洋行)

---

128 詳見【解讀】。
129 詳細背景請參閱【解讀】。

6月27日

外貿匯報[130]

1. 24日起已亂，29起水陸停4天，3/7起再發貨[131]。

每月出口鮮活貨1千萬美元。每日170多卡。27/6止，豬已在深圳停17000只，超保和[132]。

2. 利用HK轉口1億5.6千萬美元[133]。部分可以改國內，或到別埠轉，只有對泰、菲、馬等一定要由HK轉。

內地服務團的，俞明德（于江）現在武汗醫學院黨委書記。（吳輝按：以上都是無關名字）

3. 日常必需品，一般下降50%，以上三項主要是①項的困難大，如能起卸，可能還擴佔一些外國貨市場。所以有幾個問題：

1. 要明確方針，有利於鬥爭，（華潤來電提出「糧油食品必要時可以作為經濟制裁HK」。）就要保持原有供應。李先念同意「保證應供」。

2. 經濟服從政治，如果就是要作為一個壓力，就是要抵制，那外貿方面沒有意見，外貿方面另作佈置。

如是如此，就要通知各口岸停運，或就地處理了。

---

130 從外貿部匯報的情況看，因為暴動而帶來的罷工罷市實際上為中國本身帶來諸多問題，例如原本供港物資大量積壓，中國經香港轉口到其他國家的貿易都停頓下來等。

131 這是第二階段的罷工，從6月24日開始。此外從6月29日開始罷市4天，7月3日復市。

132 從6月26日的筆記可以看到，由於中央和地方省市通氣不足，導致很多輸港物資積壓，例如積壓在深圳的生豬就達到超飽和的狀態。

133 根據中國外貿部統計資料，1965年中國的進出口總額為22億美元，進出口基本平衡。換言之出口約10億。從筆記可以看出，單是通過香港轉口到其他市場的就佔了1/10。這些轉口貨物會因為香港罷工而無法出口。

羅：

1. 政策是應保證供應的，這點意見是一致的，決不會以此來抵制[134]。

2. 目前的問題，我看是：

① 購買力下降，市場。

② 轉運和疏散問題。

③ 敵人的反措施如火車頭不過來。

3. 造成這個現象的[135]：

① 未想到會出現——

② 罷工發動的太匆忙。

4. 群眾思想和政策。

我：由鬥委會組織運輸隊，鬆上鬥委會運輸車，或輪批。

5. 「為了極積支援我們的抗暴鬥爭，請速供應700打甘蔗刀。」我暫止於深圳[136]。

【解讀】

首先要把幾個人名剔除掉，因為筆者判斷這幾個人名同香港和六七暴動無關。這幾個人名是：

汪在寬 (史亞章)

金文豹 (舒國璽) (蔣兆麟)

(葉舒靈)，崔松岩、李梅、周勳然？何雲。

---

134 暴動帶來的罷工罷市也嚴重衝擊了中國對香港的「保障供應」的政策，而下面分析造成這個衝擊的種種原因，包括罷工發動得太匆忙等。

135 分析暴動對中國本身帶來不利影響時，認為罷工來得太倉促，而且思想和組織上的準備嚴重不足。

136 詳見【解讀二】部分。

內地服務團的，俞明德 (于江) 現在武漢醫學院黨委書記。
(可能無關)

根據吳輝整理後鑒定，以上都是無關名字。

他們應該都是吳荻舟早期參加革命時所認識的人，例如汪在寬、蔣兆麟，崔松岩、何雲都是吳荻舟在1930年秋至1933年9月被捕送到南京中央軍人監獄後認識的「難友」，俞明德則是他參加「上海文化界內地服務團」時的團友。(見吳輝：《蘆蕩小舟的故事》之七) 這些名字為什麼會很突然加插在一篇討論香港工作的筆記裏，而且前後並不互相呼應？這是筆者無法解釋的。

是日筆記有三個重點：

一、吳荻舟制止了私運武器到香港的魯莽行動。

二、討論了組織紅衛兵支援香港的鬥爭

三、評估了罷工對中國自己的影響

現分析如下。

第一，吳荻舟制止了私運武器到香港的魯莽行動

是日筆記記錄，有人私下命令付運700打 (8400把) 甘蔗刀到香港，「積極支援我們的鬥爭」，吳荻舟不同意，認為仍然應該遵從「文鬥」方向，所以「我暫止於深圳」。

他在當天的筆記中沒有提供更多的資料，也沒有點出是那個單位要求這批甘蔗刀。一年之後，在一份被「隔離審查」時寫的「交代材料」中，有如下的憶述：

> 27/6辦公室會上，談到700打甘蔗刀時，我說還是要搞文鬥，同意羅的意見可以搞點破壞生產設備，達到強制罷工，如截斷電源使機器故障等。(1968年3月18日交代材料)⋯⋯

又説：

有關出口公司接到香港急電，要求即付700打甘蔗刀，問是否發貨。我說，未知何用，我未接到報告，請先弄清楚，是鬥爭用，還是出口貿易，但，先可押一押。回答是鬥爭用，刀已在途中。我報告羅，是否截留在深圳？羅同意，我告訴劉，截留在深圳。(1968年3月18日交代材料)

時過境遷後，他終於在一篇訪問中點出是華潤公司要求大陸提供這批武器，以便來港裝備示威遊行的左派群眾，他說：

二是以華潤公司總經理的名義訂購了出口七百打大鐮刀。當時外貿部劉今生同志問我知道是什麼用途否？並說已付運。我說不知道，同時告訴他在未查清用途之前，先不要往下運，到什麼地方就停在什麼地方。待我們查清是準備組織遊行示威用，已運到深圳了，幸好及時截住。否則，如果用七、八千大鐮刀武裝群眾示威遊行，港英一鎮壓，勢必造成流血事件。(1986年11月14日從化溫泉訪問)

七百打大鐮刀的軍事作用有多大？著名掌故家許禮平點出其重要性[137]：

試想，「七百打斬蔗刀」，每打十二，即八千四百之數。有那麼多的刀，自應有那麼多的刀手。那就是八千四百位執刀壯士。那麼，那八千四百位刀客又該是怎樣的一個概念呢？

---

137 見許禮平：《舊日風雲續集》之〈吳荻舟是香港守護神〉，牛津大學出版社，2014年。

《六七筆記》注釋

試想：馮白駒領導的游擊隊，建立以五指山為中心的根據地，至一九四七年十月，已發展到八千餘人。這數目足令中央軍委給予升格，准易名為「中國人民解放軍瓊崖縱隊」，憑這八千多人為基本力量，已能夠政令遍佈海南全島，形成了對蔣軍據點的海口、北黎、瓊東、榆林等城市的包圍態勢。

而香港這彈丸之地，比海南島小得多。但把一個數量幾等如「中國人民解放軍瓊崖縱隊」的八千四百人的大刀隊，於繁盛的皇后大道「曬馬佔中」，那該是怎樣的世界？

許先生不無感慨的說：

這衰衰天地有「殺人如草不聞聲」的設局者，而同時也有「潤物細無聲」的高人。有吳荻舟老成謀國，在沉默中把這血腥的計劃擱置了。

事實上，吳荻舟不單制止了七百打刀運港，他還制止了幾宗「極左」的部署，例如暴露三線200多個骨幹的名單，以及廣州海運局私運槍枝的事件，詳情見本書第九章「吳荻舟對六七暴動的反思」頁216，這裏不贅。

正是由於吳荻舟老成持國，香港得免於更大的殺戮，但是，他在「左」風盛行的情況下果斷地制止這些錯誤的「極左」政策，卻為此而遭造反派構陷而被迫「隔離審查」及「下放勞動改造」。

第二，討論如何促進廣州兩派紅衛兵的聯合問題

是日筆記有這段話：「廣州革命群眾告軍管會事，我同意老郭意見，由革命派按大聯合的精神」。表面看這段話跟香港

沒有關係，實際上卻大有關係。事緣在暴動初期，周恩來有意促成廣州兩派紅衛兵聯合起來支援對香港左派的鬥爭，以減輕中央的壓力。根據余長更：《周恩來遙控「反英抗暴」內情》一文記載：

> 6月30日早晨，周恩來召見「港辦」人員……他談到支援罷工的香港工人問題。他說，此事以民間機構出面為宜，廣州軍區（一月奪權後，廣州實行了軍事管制）本來打算成立一個民間性的「廣東各界人士支援香港愛國同胞正義鬥爭委員會」（簡稱「支港委員會」）以便於向罷工提供資助，但是由於廣州兩派群眾組織大鬧派性，委員會組織不起來。他問外交部造反派，是否願意組成一個小組，到廣州去做當地造反派工作，說服他們同意把「支港委員會」成立起來。參加接見的造反派表示同意。又說：「當然，這場『反英抗暴』鬥爭我們一定要打勝。」他命令就下一步怎麼搞擬定一個新的方案，並且要求立刻動手。（見《周恩來遙控「反英抗暴」內情》）

從這裏可以看出，周恩來是多麼期待整個對香港左派的支援能夠由廣東省以民間名義承擔起來（筆者估計這樣做，一來可以減輕中央的財政負擔，二來可以避免事事由中央出面，使中央被動），他並派姚登山到廣州試圖說服兩派，由他們出面組織這個「支港委員會」。

吳荻舟提到的「廣州革命群眾告軍管會事」，大概就是指紅衛兵中的兩大派共同發出支持廣州實行軍管的聯合聲明。（吳輝按：「告軍管會」一事，吳荻舟在1968年3月18日的交代材料上是「群眾提軍管會的意見」。另外我得到的印象是兩派沒

有能夠共同發出聲明，在3月18日交代材料有關於「兩派同時開支持大會發新聞稿」，「宦鄉和我商量」，「兩個大會新聞都不發」的記載。一派支持軍管會，另一派不支持，所以上述「告」，應該是反軍管會的一派所為，「告」的內容要另查)

根據葉曙明的記載：

6月11日 地總、紅總、紅衛隊、廣州革造會聯合發表《關於當前維持軍管問題的第一號聲明》：

一、廣州地區鄰近港澳，地處援越抗美前線，階級鬥爭異常複雜，無產階級革命派在未實現奪權鬥爭之前，對廣東省廣州實行軍事管制是完全正確的。

二、廣東省廣州實行軍事管制是毛主席親自批准的，把矛頭指向軍管的做法，方向是完全錯的，某些組織以極「左」面目出現，其要害是向無產階級專政開刀，我們必須提高警惕。

三、廣東省廣州市自3月15日實行軍管以來，我們認為是執行了毛主席的革命路線，成績很大，雖有缺點和錯誤，但根本不存在什麼黑風。

四、我們將和其他革命組織一道，為維護軍管會作出貢獻。[138]

這個聲明，給負責處理暴動問題的人帶來一點希望，希望兩派紅衛兵能夠「由革命派按大聯合的精神，講點大道理」。然後成立周恩來心目中的「支港委員會」。但是由於派系鬥爭，最終這個委員會還是無法成立。

---

138 原注：《第一號聲明》。載《工人戰報》第14號，1967年6月16日。(以上引自葉曙明：《廣州文革三年史》第二卷 頁317。)

周恩來心目中的由廣州群眾出面進行對香港左派暴動的支援，究竟具體的目的和工作是什麼？由於缺乏相關文獻的記載，後人無法確知。根據我本人對一些當年紅衛兵領袖人物的訪談，得悉當年他們的理解，確實是做好準備，以便中央一有命令立即開赴香港，協助「解放香港」。其中接受筆者訪問的一位頭目明確告訴筆者，他當年被分配的任務就是準備好車皮，準備搬運物資到香港以供「支港委員會」的使用。筆者覺得，幸虧他們當年無法團結起來，否則也許早已經揮軍進入香港，提早協助香港左派掌權，就如澳門一樣。筆者認為，周恩來此舉是他在暴動過程中犯的一個錯誤，詳見本書第五章「周恩來在六七暴動中的角色」。

第三，評估了罷工對中國自己的影響

是日筆記也提到暴動對中國出口的影響。是日筆記記錄的都是具體的問題，反映整個暴動是急就章因而欠缺通盤考慮，以至頻頻出現狀況。

事實上更嚴重的問題在於暴動使中國產品喪失了在香港的主導地位，而這個地位要等足足15年後才能奪回。根據黃慶林《中國在港澳地區的市場保衛戰：1949–1978》一文披露[139]：

> 1958年7月，周恩來提出在港澳地區市場爭奪戰的政策原則：我們的對外貿易，對亞非國家進行爭取，把帝國主義搞垮。「我們要搞垮的第一個國家是日本」。我們要搞垮的第二個目標是美國，第三個是英國。稍用力量就可以擠掉英國，主要是美國……
>
> 1967年5月「反英抗暴」鬥爭爆發後，香港出現群眾大罷

---

139 載當代中國研究所主辦的《國史網》，2016.9.25

工，粵港間水陸運輸幾乎中斷，內地各口岸已裝貨船隻無法開行。1967年7月底8月初在廣州召開的對香港出口問題碰頭會議決定：香港愛國同胞日常生活必需品，必須保證及時供應；供應香港工廠的原料和半成品，仍暫予供應；停止經港轉口、中轉業務。對香港英商一般採取冷淡態度；對個別反動華商，經駐港機構報外貿部批准後予以制裁，停止貿易往來。因此，1968年前8個月廣東對港澳出口比1967年同期下降11%，其中水泥只完成年計劃的3.2%；因商品供應減少，對香港運輸量同比下降35.6%……

與此同時，中英關係也驟然緊張。港英當局企圖擺脫對內地商品的依賴，採取了相關政策，限制內地商品在香港擴大銷售以及內地商品經香港轉口。此外，港英當局還鼓勵本地農副業生產，並派出官員分赴東南亞等地尋求食品來源，甚至遠赴歐美活動。與此同時，蘇聯、東歐國家、西方資本主義國家以及台灣當局則乘機採取降價等辦法爭奪香港市場，內地商品在香港市場的絕對優勢地位動搖。1968年上半年，內地商品較1967年同期減少16.35%，佔香港進口總額的比重由24.1%降至19.1%，退居第二；日貨佔香港進口總額的比重升至20.4%，居首位；美貨比重也升至14.45%；台灣地區商品貨值劇增近1倍，佔香港進口市場的比重由第10位躍升為第5位；蘇聯貨值也劇增一倍多。

結果，根據本文作者黃慶林透露，中共要等到1982年 (足足十五年之後) 中國產品才能恢復在香港市場第一位的佔有額。可見這場暴動對中國出口貿易的潛在打擊的嚴重性。

6月28日

姜海[140]匯報

1. 自十三日起開槍多，人多處開，人少處開，而且都是我們抗議、聲明、號外時就開，看來敵人是瘋狂的[141]。

2. 總理的話調子低，26/6的照會[142]又回到五條上去？[143]

3. 油麻地小輪在罷工中最差，廿四罷工，很多單位23/6就罷，有準備，所以比較好，油麻①沒有找工會的人，②沒有準備好，所以差，未離船就被便衣控制。

4. 目前的問題是要把罷工堅持下去，海運是關鍵。(1)1. 現在要着重抓思想工作，統一由指揮部抓，我們（指張等）認為這是很好的。(2)2. 組織形式要改變。(3)學生也下去，(4)機關抽出三分之一下去，(5)市郊，(6)3. 開展各區的（徙置區），搞抗議遊行，培僑已在校道上搞了。(7)4. 宣傳上要攻勢，政策界限。(8)5. 罷工受到破壞就要有行動，必要時採取強制手段，搞破壞如截斷電車天線。(9)6. 國貨公司優待罷工工人，(10)7. 罷市，本來要放後，考慮到有的罷有的不罷有平衡，罷後，再由鬥委會聲明，8. 出殯。 三個具體問題：一、檢查，二、武鬥（來信），

---

140 姜海，身份不明，但吳荻舟在《幹校日記》中對他有所描述，詳【解讀】

141 他這個報告不太符合香港當時的情況，或許有所誇大。由極左派「67動力研究社」整理的大事記在6月13日至30日期間警察開槍打死人的僅僅兩宗，沒有像姜海所説的到處開槍。

142 指中國外交部副部長羅貴波，召見英駐華代辦交照會，就23日港警襲擊樹膠工會、24日在沙頭角武裝鎮壓提出抗議。

143 「回到五條」指回到5月15日外交部的聲明所提出的5點要求。姜海是嫌周恩來的調子太低。該5點要求包括：立即接受香港中國工人和居民的全部正當要求；立即停止一切法西斯措施；立即釋放全部被捕人員；懲辦這一血腥暴行的兇手，向受害者道歉，並賠償一切損失；保證不再發生類此事件。

三、 9. 強領導 (小組談)。 10. 沙頭角有200人到了我方，現未回去，如何辦？[144]

總結：①如何堅持下去，現在敵人加強鎮壓，對中落工人威脅很大，要考慮武鬥。

②敵人抓主要的，次要的活動，它不大管。

28/6總理指示[145]

1. 掛像章，不要具形式，易薗 (暴) 露，在反動統治下，薗 (暴) 露了力量，HK不同，是自己的領土，隨時可以收回，緬甸就不同，要有人敢站出來說話，是多聽廣播學主席思想，不更好嗎？

緬甸人民要就應加以保護，不應送了，(這次送一次就三萬) 連這點都不加以區別，就不是毛澤東思想了。

28/6[146]

長期鬥爭。政治鬥爭，當地鬥爭的方針不變。

為了堅持罷工，①加強政治思想工作，②放手發動群眾，③物貿支持，④武裝自己，⑤邊境邊界，⑥破壞敵方工業設備。

為此，我認為：我們辦公室，必須建立：①長期思想，②要沉得住氣，③要敢於作戰和善於作戰，④敢抓政策方針。

---

144 此段似乎是在分析形勢，但為什麼會出現兩組並不匹配的數目字 (有括號的和隨的沒有括號的數目字) ？作者沒有解釋，注釋者亦無從分析。(在整理這批手稿時，吳輝則有這樣的理解：我理解是會議或吳荻舟認為實質上真正重點有10點，比如2，組織形式，但是3,4,5其實都是同一問題，做記號方便匯報給周恩來)，茲錄於此僅供讀者參考。

145 這裏記述了周恩來關於不暴露身份的指示，從暴動開始周恩來就非常注意不要暴露的問題。這裏又一再重申這個方針。

146 雖然吳荻舟沒有明言，但從行文順序來看，這個記載也應該是周恩來的指示，因為其內容與周的一貫行事方式相符。

28/6

5.6 以來HK經濟

1. 銀行存戶提取15億元以上佔總存四分之一[147]。其中滙豐被提取約近10億元。

【解讀】

是日筆記由姜海匯報工作。姜何許人也？吳荻舟筆記內沒有詳細交代，但他在《幹校日記》中，對此人卻有此描述：

> 在港澳辦公室工作期間，像劉作業、姜海等搞極左，甚至直接受王關戚之流的操縱，妄圖通過破壞香港的反迫害鬥爭來反總理，可是我只把他們的做法看做是對長期方針不了解，因為他們不是一向搞港澳工作，雖然姜海是在香港工作過的，但，他是一般幹部，我也認為他是不了解長期方針。以為只是一個掌握政策不穩的問題，儘管會裏會外爭爭吵吵，也看到他們一些「左」的做法，卻總沒有提高到階級鬥爭、路線鬥爭上來看。現在回過頭去看，比如劉到廣州，竟沒有得到同意就把總理提到沙頭角某些做法 (指撤槍) 右了，去告訴駐穗部隊，引起對方很緊張，可能就是挑撥、離間中央和地方的關係。(《吳荻舟幹校日記》)

從姜海的匯報來看，當時左派內部的確有一些人比較「左」，例如：

一、誇大戰況，見其匯報的第一條；

---

147 若果上述數據可靠的話，則暴動已經動搖了香港的人心，因為全港範圍高達四分之一的銀行存款都被提走。

二、不滿總理比較低調的處理方式，見其匯報的第二條；

三、強制性迫使工人罷工（不惜破壞機器及電力設備），見其匯報的第四條內之第8項主張；

四、要抽調三分之一機關幹部參與到遊行，見其匯報的第四條(4)；

五、要求升級為武鬥，見其匯報的第四條(12)。

很明顯這些都與周恩來的指示有明顯相違背的。筆者在注釋時，讀到這一段，馬上有感覺這是否有兩條路線的鬥爭。但當時苦無進一步的資料來核實這個感覺。一直到後來讀到吳荻舟的《幹校日記》（載吳輝的電子雜誌《向左向右》），找到他對姜海這個人的描述，才恍然大悟：姜海顯然是屬極左派的路線。

筆記在同一天的記載中，第一則是姜海的匯報，第二則是周總理的指示，兩人級別分量截然不同，為什麼會在同一天進行？有點奇怪。這兩者有沒有聯繫不得而知。

周總理的指示，同他在整個暴動中力求不暴露己方力量，十分吻合。他大概是在評論內地紅衛兵向香港左派群眾贈送毛澤東紀念章，作為支援香港左派鬥爭的方法而有不同看法。

根據葉曙明的記載：

(廣州) 向香港同胞贈送的物品，源源不絕地運往香港，其中包括：
贈送了《毛澤東選集》9542套，《毛主席語錄》21774本，《毛主席詩詞》及單行本2601本，毛主席像章和語錄章18275個，毛主席像7190張及310套革命書籍，錦旗、袖章、慰問信等一大批⋯⋯「紅寶書」(毛澤東著作) 成了風行一時的禮物。據統計，1967年全國出版的《毛主席語錄》高達3.5億冊，《毛澤東選集》(1–4卷) 達8640萬部，

相當於文革前15年出版數量總和的七倍；《毛澤東著作選讀》4750萬冊；《毛主席詩詞》5700萬冊。送到香港的「紅寶書」，只是其中的一小部分。不過，省軍管會已經接到反映，群眾組織和個人贈送的「紅寶書」，在香港《大公報》堆積成山，加上雨季空氣悶熱潮濕，有些已經開始霉爛了。

贈送毛主席著作和毛主席像章等活動掀起了熱潮。到7月5日止，辦公室（指省軍管會支港辦公室——筆者注）共收到《毛澤東選集》26303冊，《毛主席語錄》57756冊，「老三篇」25470冊，毛主席著作單行本37659冊，毛主席像章189478枚，錦旗104面。

據香港《大公報》來信反映，贈送寶書政治意義很大，但由於數量太多，積壓現象嚴重，分發也有些困難。香港方面不得不建議暫停送書了。[148]

周恩來對這種徒具形式主義的行為，卻充分挑釁所在地政府的行為，雖然不便橫加阻擾，卻也不無擔心，因為就在周恩來說此話的當天，正好是因為佩戴毛章的問題，中國同緬甸發生了嚴重的外交衝突。

據《維基百科》資料顯示，文革開始後，一些中國駐外使領館人員、援外人員、留學生以及華僑，在所在國發放毛主席著作、毛主席語錄、毛主席像章和文化大革命宣傳品，不斷在所在國引起糾紛。1967年6月，中駐緬甸人員不顧緬甸政府的勸阻，強行向緬甸華僑以及緬甸國民發放毛主席語錄、毛主席像章，引起了緬甸政府方面的不滿和干涉。

---

148 見葉曙明：《支援香港反英抗暴鬥爭》，http://www.difangwenge.org/read.php?tid=343

　　　　　　　　　　　　《六七筆記》注釋

自1967年6月起，緬甸的多所華僑學校均要求學生摘下佩戴的毛主席像章，被學生拒絕。6月22日，仰光中國女子中學強行摘下了華僑學生佩戴的毛主席像章，並關閉中國女子中學、華僑女子中學。此後，緬甸政府又無限期關閉了九家華僑中學和華僑小學。緬甸當地的中緬民眾多次發生衝突，幾十位華僑和學生在衝突中死亡。6月27日到28日，在緬甸首都仰光，緬甸民眾包圍並衝擊中國駐緬甸大使館，有緬甸民眾衝入大使館，殺害了中國援緬的經濟專家劉逸。1967年6月28日，中國外交部副部長韓念龍召見緬甸駐華大使信瓦瑙提出強烈抗議。6月30日，北京市40萬各界群眾到緬甸駐華大使館舉行示威遊行，所以周恩來在這次會上，就呼籲不要再送毛章了。[149]

在批評了濫送毛章之後，周恩來又對暴動進行了具體的指示，總的來說就是把這場鬥爭定位為：「長期鬥爭。政治鬥爭，當地鬥爭」。長期，就不能有速戰速決的心；政治，就是不能靠軍事；當地，就是把鬥爭局限在地方層面希望不至波及中央。

---

149 以上資料摘自《維基百科》「午門抗緬大會」條，這也許可以解釋為什麼同一天會談到緬甸和香港https://zh.wikipedia.org/wiki/%E5%8D%88%E9%96%80%E6%8A%97%E7%B7%AC%E5%A4%A7%E6%9C%83

6月30日

辦公會

1. 核心未建立起來，細談深研不夠，問題研究未透就做決定。

2. 有熱頭腦。

【解讀】

今天的記載可以評論的不多，但從吳荻舟寥寥數語，可以看到「左」的禍害，令作者十分不安。

吳荻舟的筆記，對6月30日並沒有太多記載，可是是日周恩來卻有重要指示。根據余長更 (筆名，即外交部西歐司的冉隆勃) 的記載，當天周恩來有以下重要指示：

6月30日早晨，周恩來召見「港辦」人員，一見面他就批評說：「香港鬥爭的計劃總是不實際」，接着他談到支援罷工的香港工人問題。他說，此事以民間機構出面為宜，廣州軍區 (1月奪權後，廣州實行了軍事管制) 本來打算成立一個民間性的「廣東各界人士支援香港愛國同胞正義鬥爭委員會」 (簡稱「支港委員會」) 以便於向罷工提供資助，但是由於廣州兩派群眾組織大鬧派性，委員會組織不起來。他問外交部造反派，是否願意組成一個小組，到廣州去做當地造反派工作，說服他們同意把「支港委員會」成立起來。參加接見的造反派表示同意。又說：「當然，這場『反英抗暴』鬥爭我們一定要打勝。」他命令就下一步怎麼搞擬定一個新的方案，並且要求立刻動手。這次召見，陳毅和廖承志都沒有露面，上次會議上陳毅所說的那

　　　　　　　　　　　　《六七筆記》注釋

些話，周這次隻字未提。周恩來指定外辦另一個副主任劉寧一參加會議後隨即離去。與會者認為，周並沒有説停止這場鬥爭，所以新方案的目標仍然是鬥爭取這場鬥爭的勝利。實現這個目的，迫使港英當局屈膝投降，大家建議採取更加激烈的措施。劉寧一聽完討論後，把提出的意見歸納為四句話，叫做：1，香港癱瘓；2，九龍大亂；3，陳兵邊境；4，打破邊界。方案按這四點內容寫出後，於當天上報周恩來。(見余長更：周恩來遙控「反英抗暴」內情，《九十年代》1996年5月號) (據吳輝按：這位劉寧一，是全國總工會的，吳荻舟兩次打電話給他的秘書知會用了全總的名義撥款，劉説「對過去鬥爭情況不了解」，要一份各階段口號。見吳荻舟1968年3月18日的交代材料，輯錄在本書丙部分《1967年聯辦工作情況》)

這段記錄説明幾個問題：一、周恩來對6月6日工委擬訂的鬥爭方案 (即發動三個回合的罷工，詳見6月26日條的【解讀】) 感到不滿，要求擬定新方案；二、新方案被歸納為四句話 (1，香港癱瘓；2，九龍大亂；3，陳兵邊境；4，打破邊界) 顯得比6月6日的方案要左得多，大有玉石俱焚的味道。這同他長期以來的主張很不符合。這究竟是周恩來會本人有這個轉變？還是在他離席後一眾「與會者」建議採取更激烈的措施，而被劉寧一歸納為很「左」的四句話？目前找不到更多的資料去解讀這個問題。

7月2日

2/7止，罷工情況[150]

一、海運

  ①9龍倉   80%

  ②理貨   90%=80%

  ③起落貨   75%＜80%

  ④拖輪的兩區碼頭變化。

二、交通

  ①九巴   90%

  ②九的   50%

  ③九貨   20%

  ④港巴   罷工人不變，但，開車多了。

  ⑤港的   下降到40%。

  ⑥港貨   80%。

  ⑦電車   下降50%(人數)出車上升70%。

三、海塢

  ①九塢   80% 1800人

  ②太塢   罷降1200━━1000

  電力①無變化，但電力供40萬度降至30萬度(中華)。

  2. 港燈(總755人，罷240人，佔32%)

英在港收益[151]

---

150 這是估計罷工的影響程度。

151 這是估計英國1966年在香港所得到的收益，合共16.23億港元，從而希望能
  夠估算到英國在罷工中蒙受的損失。上述數據是否準確有待後人專攻香港
  經濟史的學者進一步的研究。

一、港英財政　　　　　　　　4.23億

　　中期：財政盈餘　　　　　0.12億港元，

　　負擔英在港軍費　　　　　0.68億，

　　海塢地皮收入　　　　　　0.18億，

　　公職人員工資　　　　　　0.93億，

　　償付建機場　　　　　　　0.03億，

　　發展貸款收入　　　　　　0.35億，

　　彩票　　　　　　　　　　0.03億，

　　在海外存款息(27.28億)1.91億

二、金融　　　　　　　　　　2.86億

　　其中：貨幣發行總 (18.52億) 利1.30億，英商銀行存放
　　收益1.06億，英商銀行經營英鎊收益0.05億元。

三、貿易

　　英貨輸港收益2.47億，對英出口貿易收益1.33億，其他
　　線貿易收益3.13億。

四、公用事業　　　　　　　　0.55億

五、航運　　　　　　　　　　0.38億。

六、航空　　　　　　　　　　0.57億。

七、工業　　　　　　　　　　0.10億。

八、保險　　　　　　　　　　0.07億。

九、房地　　　　　　　　　　0.13億。

十、石油　　　　　　　　　　0.21億。

十一、電影　　　　　　　　　0.10億。

十二、其他企業　　　　　　　0.19億。

1966年英在港經濟收益總計16.23億港元。

請下面辦[152]

1. 經濟導報，1023起多5份。

2. 大公、文匯、新晚、週末多寄3份。

3. 反迫害語錄100條，書籤。

4. 每天情況提高，不要重複，只要罷工的情況，英美的態度，要兩份南華早報、虎報、星報、政府憲報。

5. 綜合簡報6期關於新界專題性的報導好，以後多。

6. 語錄多要一些[153]。

7. 一定要抓好交通。

8. 高夢槐(海運局副局長)[154]

55.5323[155]

辦公廠值班

【解讀】

是日筆記有兩個主題：

一、分析罷工的成效

二、分析英國在香港取得的利益

現分別解讀。

---

152 這是交香港辦的事項，包括每天多送香港的報章雜誌 (至於「1023起多5份」懷疑數字有錯)

153 不明白為何要香港提供更多的語錄。

154 高夢槐, 時任中共長江航務管理局上海分局黨委書記，但這裏為何提起他則不得而知 (關於高的資料見：http://www.shtong.gov.cn/node2/node2245/node71341/node71353/node71374/userobject1ai74919.html)

155 此數字是值班室的電話

一、分析罷工的成效

吳荻舟筆記所列舉的罷工數字是到7月初，那時香港左派已經發動了第二階段的罷工，所以上述數字應該是第二階段罷工的影響。

港英也有自己的評估，下表是港英布政司署當年5月底做的統計，這時應該僅僅是第一階段的罷工的情況。該表比較公共事業在罷工前後的員工數目，應該在一定程度上反映罷工的規模及影響。從表中可以看出，除了兩巴、電車、天星、煤氣等有比較高的缺員率外，其他行業的影響似乎不是太大。

表一：罷工對公共事業的影響

公共事業	員工數目		
	罷工前	罷工後	缺員率
九龍巴士	7227	3543	−51.0
中華巴士	2280	1368	−40.0
香港電車	1630	1230	−24.5
油麻地小輪	1800	1700	−5.6
天星小輪	582	454	−22.0
香港電話公司	3900	4180	7.2
香港電燈公司	978	848	−13.3
中華電力	2754	2371	−13.9
中華煤氣	548	384	−29.9
牛奶公司	1200	1000	−16.7
九龍倉	1645	1621	−1.5

資料來源：布政司署 (Colonial Secretary) 1997年5月31日。按：電話公司數字應該有誤

港共發動的罷工，基本上以失敗告終，這種情況已經在《六七筆記》6月26日條的【解讀】部分闡述清楚，這裏不贅。

二、英國在香港取得的利益

會議分析了英國1966年從香港獲得的經濟利益為16.23億港

元。這個數字顯然是低估了，因為從它的組成項目看，它只集中在流動資產 (經常帳) 的收益，而尚未估算固定資本 (固定帳) 的收益，更未有包括屬香港而存放在英倫銀行的無形收益。

根據英國解密檔案，英國政府在暴動後不久即啟動一項緊急撤退的應急計劃，這項計劃透露了英國在香港的固定資產以及港元存放英國的收益。詳見本書第八章「英方應對暴動的策略和方法」。

在研究撤退的方案時，英國財政部向內閣國防和海外政策委員會提供了一份材料[156]，說明如果被迫從香港撤退的話，應該如何處理英國在香港的資產。它說：

> 迄1964年底，英國在香港的直接投資 (不包括石油、保險和銀行) 的賬本價值 (book value) 是2千6百萬英鎊 (£26 million)。在1963–65年間銀行和保險業的投資是7百10萬英鎊 (£7.1 million)。此三年間從各項直接投資的收益達1千5百80萬英鎊 (£15.8 million)。如果按當年每英鎊兌16港元來申算，單是直接投資的收益就達到港元2億5千2百萬港元。

由於這個報告沒有明細分類，所以無法得知它包含了什麼類型的資產，故很難判斷它是低估了或者高估了英國在香港的固定資產總值，但是合理的假設是，它應該比較準確，因為這涉及到那些家當可以搬走，那些搬不了。

更值得注意的是香港存放在英國的英鎊資產。這筆錢是屬香港人所有，它包括兩個來源：一是歷年港府財政結餘，這是

---

156 Hong Kong: Contingency Planning for an Evacuation (Financial and Economic), Memorandum by the Treasury to Defence Review Working Party, 29th August, 1967. 此件載 FCO 40/92, No 327545

公共性質的，另一部分是香港私人持有的英鎊存款，這是私人的。根據上述解密文件，迄1967年6月30日，屬官方的存款合共2億1千1百90萬英鎊 (£211.9 million)，屬私人的存款合共1億3千8百90萬英鎊 (£138.9 million)，兩者合共3億5千零80萬英鎊 (£350.8 million)。

報告強調這筆錢是屬香港人的。一旦英國必須從香港撤出時，如果中國決定提走這筆錢，則其對英鎊的壓力將會「對英皇陛下的政府造成很大的尷尬」(to embarrass Her Majesty's Government by bringing pressure on sterling)。從這裏可以看到，雖然英國從來沒有染指香港存放在英國的資產，但這筆錢對穩定英鎊的匯價卻起到非常重要的作用。這個無形的經濟利益是無法從賬目中去得到確認的。正因為香港存放在英國的存款起着重大的穩定英鎊匯價的作用，所以在研究緊急撤退時，一個重要的考慮是凍結這筆資產，以便一旦英國從香港緊急撤退，中國也無從動用這筆存款。

7月7日

情況

1. 目前加入港警的人更少，退出多，如最近有批新入的華籍警衛退職[157]。

2. 最近從英雇了五名警察，手續已辦好，但現在宣佈不幹，一名英籍水警司畢架，五日突然退回月薪四千多元回去英國。

3. 港九邊境各區華籍警察現已全部調離，改由英警幫辦接替[158]。

建議：

① 加強對華警的工作，加強政策宣傳，對華警宣傳[159]。

② 加強民族思想的宣傳[160]。

③ 重點抓海運系統[161]，長期下去。

---

157 根據警方發言人高俊副警司8月4日對商業電台記者的講話：在暴動期間，不少警察紛紛要求辭職，尤其是被稱為「穿山甲」的鄉村巡邏隊拒絕執勤。因為整個警隊經已心力交瘁：六月份全港警察每天二十四小時值勤的日子達15天以上，到七月份竟高達21天。雖然有400名輔警被徵集充當主力，但是杯水車薪，警察們處於風聲鶴唳、草木皆兵的極度緊張狀態。

158 此說不準確，因為翌日 (7月8日) 發生沙頭角槍戰，犧牲的五名警察中就有三名是華警。

159 這就是對華籍警察進行宣傳策反工作，動搖警隊的人心和士氣，其中一個突出的例子就是由前華警督察曾昭科在澳門綠邨電台隔海向港警廣播，詳【解讀】。

160 宣傳民族仇恨是暴動期間用來發動群眾最奏效的辦法。無論是在香港鼓動群眾參與抗暴，或者在內地發動群眾集會，都必然用到煽動民族主義這一招。

161 從吳荻舟筆記可以看出，中共當年是十分重視海運方面的罷工能否成功。早在6月28日的筆記裏就指出「把罷工堅持下去，海運是關鍵」；7月7日指出「重點抓海運系統，長期下去」；7月24日還專門了解「海員罷工情況對海運的影響，問海員罷工堅持下去有無困難」等等，足見北京當局對罷工中海運這一環節的重視。筆者估計有幾個原因：第一，中共當年組織省港大罷工時，以海員罷工最見效，也反映了中共在海員群體中的地位，所以，在六七暴動的罷工中，海員罷工是否成功，可以看成是中共領導罷

④ 對吊景嶺[162]如何做工作。

【解讀】

當天除分析港英警察的心理質素外，還研究如何加強對華警的宣傳和策反工作、對一般群眾如何加強民族思想的宣傳，以及對滯留在香港的國民黨官兵 (即文中的「吊頸嶺」，今稱為調景嶺) 的宣傳和統戰工作。

一、對華警的策反工作

對敵人進行分化瓦解策反，是中共一貫行之有效的方法，在暴動中也採用這種手段。其中對華警的策反工作，就由曾昭科負責。

曾昭科在五十年代加入警隊，即深受重用，成為首批被選拔到英國蘇格蘭場接受特訓的華人，1961年更晉升至助理警司，出任警察訓練學校副校長之職，成為當時警隊中級別最高

工成敗的標誌；第二，海運情況直接影響到中共的對外貿易，是經濟命脈所在，所以非常關心海運罷工對內地的經濟影響；第三，在文革時期，香港是中共唯一能與外界接觸的地方，也往往透過香港的海員，輸送「革命」信息到外國，也透過他們獲取了外國的情報，這些功效都不能因為罷工而受影響。所以我們看到，在整個六七暴動中，始終非常關心海運系統的罷工情況。

162 吳荻舟這裏所指的是研究如何分化當地的親國民黨勢力，爭取他們支持暴動。事實上，早在六七暴動前，中共就非常着意「做調景嶺的工作」(實際上即在親國民黨社群中做「策反」工作)。最見效的莫過於做張寒松的工作。張是中國國民黨黨員，當年在調景嶺任港九各界救濟調景嶺難民委員會主任，負責接濟在香港的反共人士和家屬，後來更出任台灣在港最高文化組織「中國文化協會」主任委員。但是中共卻成功地統戰了他的兒子張震遠，即梁振英競選特首時的競選辦主任，十分親北京。於此可見中共統戰工作的厲害。

的華人警官。港英政府於1961年10月6日宣佈他是中方間諜並隨即遞解到內地。

對曾昭科頗有研究的、筆名「亞然」的作者指出，在9月28日，曾昭科透過澳門的綠邨電台，向香港發表錄音講話，對象特別指明當時香港的華人警察。曾昭科的講話，全長近一小時，在28當日就在不同時段播了3次，而翌日的《大公報》，以「促華警猛醒回頭」為題，全版刊出曾的講話。曾昭科的講話，對於當年反英抗暴的左派支持者，以及華人警察都有一定的鼓舞。

在曾昭科的「綠邨」講話中，有兩個重點，一是鼓勵香港同胞繼續勇武抗爭，打倒港英政府；另一重點，則講述在警隊中，華人被英人壓迫的情況，舉出無數例子，向大眾揭露真相，也爭取前線警員的共鳴，希望華人警察可以倒戈反英，支持左派。

曾昭科列舉英國警察欺壓華人警察的辦法。第一是仕途問題，洋警掌握真正權力，警隊內的高位只有洋警可以擔任，當年雖開放督察職級予華人申請，但華人只佔全部督察的四分一，就算能成為督察，面對外籍上司，「也感覺沒什麼大作為」。第二，是洋警與華警的福利不同，而華警所獲得的最大福利是警員宿舍，曾昭科在講話中，形容這福利之所以存在，是「為了集中管理，便於控制，在緊急任務時，可以隨時出動」。第三，曾昭科提到英人在警隊中橫行無忌，做錯事也有賞無罰。例如在1956年的「雙十暴動」中的助理警務處長雷諾夫，明明指揮有誤導致多人死傷，但卻掩飾真相歪曲事實，最終獲得金功牌。曾昭科舉了5、6個他當年親眼目睹的例子，說明英人如何打壓

　　　　　　　　　　《六七筆記》注釋

華人，挑起華人對英人的不滿情緒。在1967年的時候，不少警察對於港英政府的「硬處理」都感到不滿，當中包括英人的警務處長戴磊華 (Edward Tyrer)，他在7月的時候突然提早退休離職，其實是因為拒絕強硬鎮壓的指令而「被退休」。洋人尚且如此，低下層的華人警察，每天面對同胞手執警槍揮打警棍，再聽到曾昭科的「呼召」，難免會想轉投左派陣營。

在這一個小時的綠邨講話中，曾昭科講了7次「華警兄弟們」。當時的警隊對曾昭科是非常熟悉，因為他曾擔任警校的副校長，一句「兄弟們」或許真的觸動了華人警察的內心。這個綠邨講話，自9月28日首播以來，根據報紙內的電台節目預告，粗略點算，至少播了19次，每次一小時。可見左派勢力如何不厭其煩地重播曾昭科的「偉大講話」。

(以上引自「亞然」：《曾昭科與反英抗暴》，載《明報》2015年4月27日)

此外，另一個涉及警隊士氣問題的是時任警務處長對鎮壓表示猶豫，被迫退休。根據《明報》2017/5/7引述英國解密檔案報道，1967年7月12日，署理港督祁濟時要求警務處長戴磊華 (Edward Tyrer) 申請退休，理由是對其領導警隊失去信心。祁濟時更要求戴磊華翌日早上10時前提出退休申請，否則會啟動勒令他強迫退休 (compulsory retirement) 的程序。戴磊華無奈就範，並立即返回英國老家，他的職位由副警務處長伊達善 (Edward Eates) 接任。祁濟時在7月16日致英國聯邦事務部的電報中，批評戴磊華不願指揮警隊對左派採取強硬行動，並對使用進一步武力表示憂慮。祁濟時表示：「戴磊華曾在一次由我主持的會議上說，他可能會以幫兇身分被起訴。我想他的不情

願，是擔心 (鎮壓行動) 可能的法律後果。」戴磊華返回英國後
與聯邦事務部官員會面時，承認曾在港府高層內部會議質疑打
壓左派工會的行動會令局勢升級，認為這會是政策倒退。

筆者從英國解密檔案中，看到港督戴麟趾發回倫敦的電文
不斷提到維持警隊士氣的重要性 (這個議題不止一次地出現在
英、港之間的電報裏)。從這些電文中，可以歸納為兩個主要原
因：一、警隊被弄到精疲力盡，如本章注腳一所說的，這是電
文中多次強調的；二、港共的策反奏效；這是促使港英提出需
要加強心戰的原因。關於最後這點詳第八章「英方應對暴動的
策略和方法」。

7月8日

新界群眾工作情況

1. 大埔區共80個村，連市區共5萬人。該區已成立「鬥委會」約3千人已組織起來；青年參加學習毛著的有2–300人。

2. 元朗橫台村，老游擊區[163]，村民3千人。我們在這裏有一定的群眾基礎。

元朗區已成立各界鬥委會。

3. 沙頭角，村民7-800人，已成立「鬥委會」群眾發動較好。

4. 西貢區3萬人，已有「鬥委會」，領導權在李秉禮[164]手中，未有中、下層農、漁民參加。該區屬下十餘村，目前只個別村有些工作，已組織3百餘名中、小學生。

5. 荃灣區23萬人，其中工人4萬人，主要是紗廠。原蔣幫勢力較大，近年來已有較大的變化。我影響的工人已有一萬二千餘人，其中積子10%已成了各業鬥委會。

---

163 中共在抗日戰爭時期已經在新界很多地方建立起游擊地，構成東江縱隊港九大隊的基本地盤，橫台山僅僅是其中一個老游擊區而已，此外新界東北部以及西貢兩地憑藉其天然環境更是游擊戰的重要戰場。至今兩地都建立了抗日紀念碑，足證其在當年的重要性。

164 李秉禮，西貢鄉事委員會主席，六七暴動期間為「西貢區鬥委會」主任。根據《華僑日報》1967年6月1日的社論透露，新界鄉議局在日作召開第十二次全體常委會議，執行委員西貢鄉主席李秉禮及荃灣鄉主席陳永發兩人先後發言提出質詢報章刊載鄉議局有卅五名委員以鄉議局名義發表支持港府聲明一事，要求主席彭富華公開簽署人之姓名，李陳兩氏繼指彭此項行動有違民眾意願，因是席上引致一幕緊張刺激之舌戰，彭主席於答覆時，除當眾聲明李秉禮，陳永發兩委員未有簽署上述聲明書外，(其餘皆有簽署支持港府聲明)更鄭重強調本港居民唯一願望是在求取和平安定生活，絕大多數之居民是要求安居樂業，最後彭氏宣佈不再耗費時間討論辯爭涉及政治之問題，宣告散會，李秉禮陳永發則在激動狀態下以拳擊案，高呼「抗議」，會議在緊張氣氛中散去。

6. 長洲，是新界成立鬥委會最早的，下農、漁、青年鬥爭情緒較高。但領導有怕字當頭。

7. 上水：60多名公共汽車工人和印刷廠工人成立了鬥委會。

我建議：漁民要起來，此起彼落，E[165]力不足，不能應付，疲之，並減市區壓力。

8. 粉嶺附近20多個村已有5個村發動了。

總之，HKE在新界只能控重點市鎮，對農村則不很嚴密，有充分發動群眾的便利。

【解讀】

是日筆記在分析港共在新界的實力，關於這方面的情況，筆者已經在《六七筆記》6月23日條有詳細分析，這裏不贅。

是日在盤點新界各區成立鬥委會的情況。這個進度顯然是不如理想的（這時距離暴動發起已經兩個月），而新界直到1967年10月24日才組成「新界區反對港英迫害鬥爭委員會」，提出一個綱領、六個戰鬥口號、二十五條行動綱領（見6月23日解讀）。在25條行動綱領中的第一條，號召「村村成立戰鬥小組，鄉鄉成立鬥委會」，換言之，新界的真正發動起來是在暴動半年後才出現的。但這時事實上北京已經開始要結束暴動了。

吳荻舟在今天的工作筆記中，沒有記載當天（7月8日）發生的沙頭角槍擊事件，這是整個暴動期間第一次動用正規軍的事件。在7月10日的筆記中，僅有兩條簡單的記載：「4、加強沙頭角鬥爭的政治影響。5、不在邊界開闢一戰場」。對於這場槍擊案的來龍去脈以及後續影響完全沒有交代，令人覺得不無遺

---

165 E 力不足，指英國的力量在農村地區是不足夠的。下文 HKE 指港英。以上兩個代號，是吳荻舟常用的速寫代號。

憾。筆者在甲部分，必須對此次事件作比較詳細的說明，請參閱第六章「六七暴動期間中共對香港動武的考慮」。

7月10日

要四處[166]：

1. 注意徙置區群眾的活動[167]。

2. 各界動起來已開始，但也僅在開始[168]。

3. 開展反關、反打的鬥爭(監內外)。[169]

4. 加強沙頭角鬥爭的政治影響[170]。

5. 不在邊界開闢一戰場[171]。

10/7 辦公會

1. 未到談判的時機：主談派雖已屈服了，低氣焰了，但，還要把親美派的氣焰還未打下去[172]，未到而且，我們這次鬥爭

---

166 關於「四處」，見第四章「六七暴動的組織和指揮機制」。

167 徙置區是基層群眾的聚居地，由於人口多數是基層，所以中共比較有影響力。但同時它又是國民黨的勢力範圍，1956年「雙十暴動」就是由徙置區內國民黨勢力發動的，故北京要當地留意這地區的鬥爭情況。

168 由5月16日鬥委成立到現在已經快兩個月，內地已做了很多動員，而且還發生了沙頭角槍戰，而香港的動員「也僅在開始」，可見這場由港共發動的暴動，並未得到香港市民的支持。

169 指在監獄裏開展鬥爭。

170 這是中共對戰爭的一貫做法，就是在具體戰役之後，必然要研究如何擴大此戰役的政治影響而不單是看它的具體戰果。所以政治工作在中共軍事上佔有非常重要的分量。

171 這是重申了周恩來的指示不再在邊境開戰。

172 這裏涉及兩個問題，一個是香港政府內部對應對暴動的不同意見，另一個是英國政府、港英政府與英國駐華代辦處三方面的意見分歧。對於前者，讀者可以參考周奕：《香港左派鬥爭史》，利文出版社，2002年，第274頁。關於後者，可參考葉健民：戴麟趾的第二戰場——六七暴動的英方內部角力，發表於《端》傳媒，2017-04-25。當時港英內部確實有人擬通過第三者建立溝通渠道，金堯如著《香江五十年憶往》一書，就記載了當時港英委託《華僑日報》的李志文充當橋樑等。每當有訊息轉達時，吳荻舟等人就需要研究如何談判，什麼時候談判等。從吳荻舟上述談話，可以看

《六七筆記》注釋

的目標：充分發動群眾，壯大進步力量，保障中國人民活學活用毛著，宣傳毛澤東宣傳的權利，形成浩浩蕩蕩的革命隊伍，改變五月以前的形勢的條件和可能性，即要通過長期鬥爭教育群眾。還未做夠。

2. 邊界活動目的是支持主戰場，推動主戰場，不能把主裏搞喧賓奪主[173]。

形勢分析

一、敵人對我的底，3/6、10/6社論[174]後起了變化：

①對不解放的看法，有動搖。

②已經感到現在北京在抓了，楊二次來京，一次回去幾被拒[175]，公開發電話……。而且形勢在發展。

③看來要擴大了。

二、HK的做法：

①基本上還是維持原有的「堅定而克制」的：大字報未進一步搞，未

②重點打擊，10/6以前，減點重視，10/6以後沒有，現在也如此。

出當時整體而言中方還是不想談的。

173 邊界活動是指沙頭角槍戰一類的衝突，是用來支持主戰場的，而所謂主戰場是上面所說的「我們這次鬥爭的目標：充分發動群眾，壯大進步力量，保障中國人民學活用毛著，宣傳毛澤東宣傳的權利，形成浩浩蕩蕩的革命隊伍」。

174 6月3日社論見前 (16/6 條注釋)，6月10日社論指《人民日報》發表題為「針鋒相對，堅決鬥爭」的評論員文章 (不是社論)。號召內地工農兵做好準備，用實際行動支援香港愛國同胞的鬥爭。這兩篇社論均被香港左派解讀為即將要解放香港。

175 這個楊，根據張家偉：《六七暴動：香港戰後歷史的分水嶺》，很可能是時任新華社秘書長的楊松。

③打擊我機構力量的顧慮有發展，還是不想把問題升到北京，這一段暴露了許多矛盾。

取締大字報本來是針對我機構，遞解出境也只放空氣，封報館也未實行，還是不敢擴大的。

三、幾個階段的鬥爭：

1. 大字報的鬥爭，初對我機構，後改對天星等官方機構，對煽動有解釋。

2. 打、抓、搶、封。現在看來，還是怕擴大，未達控制，雖減點的點上升級，搞銀者，效果也好，內部有意見，不敢擴大。

大罷工後，未敢輕舉妄動。

3. 關廠開除，也未進一步擴大。

總之：「大字報壓不下，罷工壓不下，封不敢擴大，遞出未做，還是被動應付，公開暴路了分歧。」

「遠東評論」的社論看出來HK內部有分歧。

赫內斯為代表的要硬，但，這社論，不敢擴大[176]。

吳：我同意陳的分析：現在這次官定的調子「堅定克制」，未變，摸到了一些，但，新的決策未定，戴回去與此有關[177]。

葉：

---

176 英文《遠東經濟評論》在1967年8月底刊登一篇由總編輯戴維斯(即吳荻舟所用的翻譯是赫內斯)抨擊港督戴麟趾的社論。該文第一部分是港督對教育、醫療服務、房屋和政府行政改革，未曾實踐他就任時所揭示的目標。這是屬於他的施政失敗。第二部分是港督在過去三年之中，遭遇到自然災害(天旱、雨災、山泥傾瀉)、地產暴跌、銀行風潮，九龍暴動和現時的暴動。這是屬於他的「政運欠隆」。文章登出後，該刊股東之一的滙豐銀行，亦透過其法律顧問，表示對戴維斯論調的支持，這就使人懷疑在香港的英國財團，對港督所採取的強硬鎮壓共黨的政策，似有不贊同的意念，認為是港英內部大分裂。它馬上引起很多人猜測英國政府是否撤換港督，而左報則據此大肆宣傳，認為是在「反英抗暴出現新高潮新形勢」之下，「港英投彈炸自己」的怪劇。

177 指港督戴麟趾回英國度假，應該是與英國政府商討下一步的對策。

一、從經濟上看，政治上看，這段鬥爭是勝利的。

二、從罷工發展不平衡，是由於思想工作未做好，這是主要矛盾：

牛奶全體，堅持，海事處80%，工務也有60%，煤汽80%，天星80%，這些都是好的，郵電，衛生，水務較差。

三、HK的政策，看來還未改變堅定克制，但，也增加了一些內容：「作為地方事件」[178]。

馬丁——經濟評論派　渣打——渣打[179]

四、在HK看來有效的做法

　　①抓人，骨幹、負責人，通輯。

　　②關廠除人。

　　③減點打點。

五、存在的問題

　　①思想未一致。

　　②組織還有缺點。

　　③對敵人、對自己的力量未掌握，港督

　　④

六、如何貫徹針鋒相對：

　　①要多設想一些鬥爭方法。

　　②鬥爭的堅苦性要看到。

　　③要做到到處衝擊它。

　　④要充分發動群眾，做思想工作 (不要依賴祖國)[180]。

---

178 指英國政府仍然想把暴動一事作為地方事件而不想波及中英兩國關係層面。這個問題，在《筆記》6月6日條已見記載「戴：估不到香港問題立刻引起北京這樣重視，一向HK問題附屬於廣東，澳門事件的解決是由廣東解決的，現在北京這樣重視，事情就很難辦了」。

179 此兩句話不明白。

180 「不要依賴祖國」這句話充分反映出當時中共中央的無奈以及力不從心的

⑤單打一的鬥爭是疲憊不了敵人。

羅：

一、解決幾個思想問題

1. 長期鬥爭思想：準備長期鬥爭，爭取早點解決，半年，或三幾個月。

2. 政治鬥爭，當地群眾鬥爭，配合強有力的外交和宣傳鬥爭的方針，不是依賴解放軍。

3. 相信群眾，發動群眾，依靠群眾，能自解自。

4. 針鋒相對的鬥爭思想。

5. 不打無準備的仗，不打無把握的仗，打則必勝。

二、關於鬥爭的問題

1. 不能單打一，除罷工之外，還要配合各種各樣的鬥爭。

因此發揮群眾的創造性，要做到，就要善於領導。

三、正確認識當前的大好形勢

1. 一個多月的鬥爭取得了不少勝利，暴露敵人許多弱點。

2. 另一方面要看到HK群眾受到文化大革命的影響還是易於發動的，愛國思想很濃的。鬥爭是英勇的。

3. 對祖國強大的支援，要看到大好形勢。

四、組織領導

1. 統一思想，統一領導，一致領導。

五、對敵人的一些具體政策：

1. 蔣幫會不會出來？

感覺。儘管所有公開的宣傳、集會、聲明等等都強調「偉大的祖國是香港人民的堅強後盾」，但是具體做起來時卻有捉襟見肘的感覺。從周恩來希望廣州兩派紅衛兵共同組成「支援香港委員會」，用民間力量來支援，不必處處由中央出面，可以看到，當時以周恩來主導的中央政策，是極不願意在香港繼續暴動的。這句話，同下面一句「不是依賴解放軍」可謂異曲同工，表達了不希望由中央出面的想法。

《六七筆記》注釋

2. 敢於出動軍隊大屠殺？

3. 減點打面如何對付？

4. 關廠、除人，登記如何對？

5. 出境、抓人如何辦？

六、統一領導與掛帥問題

第二次高潮[181]

	20個工會		4000人
摩總	3000	薑	800
港巴	1700	均益	400
九巴	7000		
電車	1700	貨倉搬運	200
油麻地	1800	港燈	3000
九龍倉	1500	中華電力	4000
海陸理貨	1000	港電話	5000
輪船起卸貨	1600	太古塢	3000
港九小輪	800	九龍塢	3000
貨輪	500	紡織染	5000
九龍摩托	1000		

共：46000

打50%：23000

---

181 指發動第二次罷工高潮。5月30日周恩來批准的港澳工委鬥爭方案提出三
次罷工高潮。第一次6月10日開始。第二次是6月24日開始，相信這是檢討
第二次罷工高潮動員的工人數目。根據工委原本的設想，到第二個回合時
要動員20多萬工人罷工，周恩來隨即表示懷疑 (詳見【解讀】) 這次會議他
們估計左派工會能動員參加罷工的有4萬6千人，即使打個五折也有2萬3千
人。但無論如何，都是遠遠少於工委當初向周恩來報的數目。

【解讀】

是日會議應該是在7月8日沙頭角槍擊事件後的檢討總結和形勢分析。由於槍擊事件非常嚴重，筆者必須先補記就槍擊事件發生後周恩來的指示 (在這方面吳荻舟的筆記沒有任何內容，相信同他的分工不能與聞軍事活動這一點有關)，然後才回過來解讀今日筆記的內容。

沙頭角槍擊事件後翌日，周恩來作出重要指示，現根據其他人的記載補記如下。

根據馬繼森：《外交部文革紀實》頁160：

次日 (指沙頭角槍擊事件後翌日，即7月9日) 周恩來召集港辦人員開會，聽取派赴沙頭角人員的口頭匯報，周對此次計劃的實施表示滿意。當港辦人員報告，沙頭角駐軍打算在這次勝利的基礎上，再組織民兵採取一次更大的行動時，周恩來回答說：「不行，只此一遭，下不為例。」然後，他向港辦人員宣佈，他已就香港問題請示過毛主席，主席指示說：「香港還是那個樣子。」周解釋說香港現狀不變，即對香港「長期打算，充分利用」的方針不變。目前的鬥爭要適可而止。(第160頁)

余汝信《香港，1967》頁196–97：

7月10日下午十六時至十九時二十分，周恩來在北京京西賓館第三會議室聽取廣州軍區司令員、廣東省軍管會主任黃永勝的匯報，列席的有中央軍委副主席兼軍委秘書長葉劍英、中央文革小組成員戚本禹、林彪辦公室主任葉群及廣州軍區副參謀長閻仲川。周恩來談到香港問題時說：

香港不同於澳門，在香港動武不符合我們現在的方針。澳門是垂手可得，一壓就屈服。我們之所以不拿澳門，是保持一個口子在那裏，市場是我們的，同時也不影響香港。收回香港，只有蘇修才挑，赫魯曉夫提這個問題完全是為了挑撥，替美帝效勞。香港問題，主席昨天講了，還是不動武⋯⋯現在香港有10%到50%的居民上了街，只是搞定期罷工，你要是長期罷工，他就會找台灣人來接替。過去省港大罷工，可以使香港成為死港，現在情況不同了，時代不同了⋯⋯香港70%的日用品、90%的副食品是我們供應，你一退出，日本就佔領市場，台灣人也會搞人進去，就更不利⋯⋯主席說過，把時間估計長一點比短一些好，把鬥爭估計困難一些比容易一些好。(原作者引用廣東省軍管會辦公室整理的：《周總理聽取黃永勝等同志匯報時的指示紀要》，1967年7月10日)

陳揚勇：《苦撐危局──周恩來在1967》頁355–356：

7月10、12日，周恩來召集總參、外交部有關負責人談香港問題，再一次批評在香港鬥爭問題上的極左做法。他說：在香港動武不符合我們現在的方針。昨天，主席又講了，還是不動武。如果我們打了過去，那就是主動出擊了。香港問題現在是群眾運動，又是在文化大革命期間，如果出動正規部隊，群眾一推動，就控制不住了，你打電話也來不及。香港鬥爭是長期的，我們不能急，搞急了對我們不利。對主席這個方針，我們要取得一致的認識。

從以上三人的記載，周恩來在沙頭角槍戰後，馬上召開會議並作出若干決定：

一、雖然對槍戰結果滿意，但當有人建議再做多一次時，周恩來明確否決：「不行，只此一遭，下不為例。」

二、強調毛澤東對香港「還是不動武」的立場。

三、在此基礎上，香港的鬥爭應該適而可止。

是日吳荻舟的筆記都沒有提到上述幾位作者有關周恩來對香港問題的重要指示，不知何故(他筆記中涉及沙頭角槍戰的只有兩條：「4、加強沙頭角鬥爭的政治影響。5、不在邊界開闢一戰場」，這兩條基本上同周恩來的指示精神吻合)。一個可能的解釋，是吳荻舟當時是「群眾組」的組長，多數面對香港群眾層面的鬥爭，比較少從外交或軍事層面上注意暴動的發展。

是日的筆記值得注意的有幾點：

第一，仍然強調以文鬥為主，不再搞武鬥

會議強調擴大沙頭角鬥爭的政治影響，而不是乘勝追擊(因為周恩來明令「只此一遭，下不為例」見7月8日條)、不在邊界開闢一戰場、邊界活動目的是支持主戰場，推動主戰場，不能把主裏搞喧賓奪主、政治鬥爭，當地群眾鬥爭，配合強有力的外交和宣傳鬥爭的方針，不是依賴解放軍。主要原因還是毛澤東親自表示「香港還是那個樣子。」，即對香港「長期打算，充分利用」的方針不變。因此鬥爭要適可而止。

由於周恩來明令「只此一遭，下不為例」，所以一個月後發生的「文錦渡事件」就得以和平解決。8月5日，邊境文錦渡的英界段內，有兩名英方值勤軍警，被華界方面的三十餘名搬運工人，出其不意的奪去了一支自動步槍和一挺手提衝鋒槍，事後英方駐新界官員與該等工人代表舉行就地談判，由英方答應不干涉該等工人張貼「毛語錄」大字報，不對該等工人採取報復行動，作為對方交回兩槍的條件。在事件發生和談判進行

　　　　　　　　《六七筆記》注釋

中，駐防文錦渡的一連英軍喑喀兵與聞訊增援的裝甲車隊，和駐在華界區內的數十名中共解放軍，雙方都只作戒備狀態，未有採取敵對行動，由於解放軍沒有獲授權介入，這次事件總算得到和平解決。

第二，盤點了第二回合罷工的動員能力

會議列舉了左派工會可動員參與罷工的人數後，顯然同過去的估計有很大的落差。根據馬繼森的回憶，左派工人認為有能力發動20–30萬人的罷工規模，但周恩來卻清醒地認為不太可能。關於根據馬繼森的記述周恩來的判斷，詳見《六七筆記》6月12日條 (頁341)。

換言之，第二階段罷工人數應該擴大到三、四十萬人，但現在參加左派工會而能夠動員起來的最多也不過是四萬多，所以港共是大大高估了自己的實力。按這個邏輯，他們在7月8日評估第一階段罷工情況的數字 (見該日的筆記)，以及是日所提到的各個行業的罷工情況可能都有誇大。

第三，沙頭角槍擊事件對港英的影響

從《筆記》是日的內容看，顯然沙頭角槍擊事件對港英帶來一定的震懾力，造成的效應有：

1　港府內部公開分裂，有人要追究戴麟趾的責任，甚至提出撤換港督；
2　英國政府內部出現主和派，希望同中國談判；
3　對原先中國不會提前收回香港的評估，有所動搖；
4　雖然「堅定而克制」的基本方針不變，但力圖避免事態擴大到中央層面。由於實行克制策略，所以很多事前張揚要做的事都沒有做 (例如封報館、遞解出境、攻擊中

共駐港機構等），就是避免事態升級失控。他們認為戴麟趾返英就是要看看英庭有沒有新的指令。從港府的角度看，他們希望事件盡量控制在「地方事件」的層面上。

第四，對「敵」方情況的分析

英國倫敦和港英當局，以及港英當局內部之間的意見分歧已經因為《遠東經濟評論》的文章而變得公開化。矛盾所在是要不要繼續硬碰硬。有跡象顯示，英國和港英內部的強硬派稍佔上風。7月12日，署理布政司何禮文在立法局致詞說：「我們現時已決心認定，爭取主動的時間已經來臨。」短短幾句話蘊藏着一種決心。果然不久，港英宣佈原警務處長戴磊華提前退休，翟升強硬派的伊達善。對此周奕有如下的分析：

到七月下旬又發生警務處長戴磊華「掛冠」事件。

7月21日，英國聯邦事務部宣佈：「由於健康理由，香港警務處長戴磊華不返回香港，並提出退休。聯邦事務部已批准其退休，但戴磊華將在聯邦部擔任諮詢服務。」值得注意的是戴磊華當時並非回英渡假，他在離港赴英時宣佈是討論「香港之警察組織問題」，不料「討論」了一個星期，竟然宣佈退休，顯見這個「組織問題」的裂縫無法癒合，戴磊華離港的日期恰恰就是何禮文聲稱「爭取主動」的日子。戴從事警務工作30年，接任警務處長只有十個月，可見政策的分歧相當嚴重。

戴磊華的接任人是伊達善，港英的暴力血腥鎮壓都是伊達善一手指揮的。不過伊達善在幹了十個月之後，到局面平定時卻申請提前退休。伊達善退休之日距離港英規定的55歲退休年齡尚差一年半。作為港英統治支柱的警隊，十八

　　　　　　　　　　　《六七筆記》注釋

個月來三易處長(港英於1968年12月12日宣佈薛畿輔接任警務處長)，可見港英內部存在着許多分歧。

對於英國與港英之間的分歧，可參考葉健民的詳細分析，見〈戴麟趾的第二戰場——六七暴動的英方內部角力〉，載《端》傳媒，2017-4-25，筆者不贅。

第五，對「我」方情況的分析

從《筆記》是日的內容看，「我」方的問題也相當突出，例如：

1. 想把鬥爭升級到中央層面、軍事層面上。筆記強調了「不要依賴祖國」、「不要依賴解放軍」，說明港共盼望依靠中央出面，動用解放軍來對付港英(甚至收回香港)的熱切期待，這正正是周恩來所擔心的。根據上引馬繼森的書：「周恩來講話中幾次憂心忡忡地提到，『搞不好，要搞出一個提前收回香港』」。很明顯，周恩來是擔心被港共迫到要提前收回香港。

2. 明確指出這場鬥爭是政治鬥爭、思想鬥爭，因此要樹立長遠思想，作長遠打算。因此要解決很多組織上的問題，解決統一思想、統一領導、領導與掛帥等問題以便更好地發動群眾。

至於港英方面對形勢的評估，則是港共大敗，這可從港英高官對右派新聞界的「吹風」看出。親台灣的《工商日報》1967年6月24日 星期六發表社論《要自由·就得付出更多代價——就當前局勢有所告於全港居民》透露了港英當局對形勢的評估，值得參考：

昨日午間港府高級權威人士對本報記者肯定表示，香港的

左派搗亂分子已受到了沉重打擊，在最近的將來，這些搗亂分子絕對無法獲勝。該高級權威人士在分析本港最近的情況時指出：左派搗亂分子花了由大陸付來的一千萬元，絕對收不到甚麼結果。 現時本港左派分子中的「經濟掛帥」派和「文化革命」派已告分裂。 在前左派搗亂分子發動了六次所謂「大罷工」，俱告失敗。 絕大多數的香港居民對左派搗亂分子都深惡痛絕，對他們所製造的各種謠言和恫嚇，都表示沒興趣。 北平「《人民日報》」自六月三日發表了一篇空洞的所謂「支持鬥爭」後，至今未再有任何表示，可見大陸上的中共當局，對本港的左派搗亂分子，並不熱心支持。根據該高級權威人士對本港局勢的上述分析，自可作為全體居民對香港安定信心的一大保證。

7月24日

24/7 與林[182]通了一次電話，提了幾個問題。

① 了解海員罷工的情況，對海運的影響多大[183]？

② 為了打擊美侵越的軍運，問在港越的船，能控制多少[184]？

③ 海員罷工堅持下去，有無困難[185]？

④ 大搜捕[186]，有多大損失 (當時傳說戴[187]帶了500名單，內部又說積子名單集中在工會)

林提告訴鄭，我説好。

貿易上配合

1. 把機器進口 (1億中主要是有色金屬)[188]

---

182 林是什麼人無法判斷，但從通話的內容看，應該是內地負責聯繫香港海員工會罷工的主管部門的人。

183 根據香港海員工會網站，(http://www.hksu1946.hk/main/pages.php?id=35) 為支持反英抗暴，該會從1967年7月17日到8月19日舉行了一次為期一個多月的罷工，參與罷工的船隻共26艘。筆者認為，如果只有26艘船參與罷工，則這次海員罷工規模少得可憐。

184 根據香港海員工會網站，在越戰期間，香港有60多艘船共600多名海員不怕美軍空襲，堅持運送中共援助越南的物資到北越。

185 這場罷工顯然是難以為繼的。根據香港海員工會網站，1968年2月，「根據形勢要求，工會又領導罷工海員提出復工要求，至7月中，大部分船公司都接受復工要求，至此，罷工制裁行動就全面結束」。

186 這裏說的大搜捕，是指港英自從沙頭角槍擊事件後，開始採取強硬措施摧毀左派機構的據點。根據港九各界同胞反對港英迫害鬥爭委員會出版的《香港風暴》(1967年11月) 的統計顯示，自從7月8日沙頭角事件以後到是年的10月底，港英共搜查各類左派機構超過168次 (但不包括有中共官方色彩的機構如新華社或者中國銀行)，被搜查的機構主要是工會，其他的是學校、文化機構、國貨公司、其他灰色 (即比較隱蔽的) 組織，目的在癱瘓這些機構在基層的指揮系統。大搜捕的後果見【解讀】部分。

187 戴，應該是指港督戴麟趾，這裏是指傳說戴麟趾帶了500個左派名單到英國，與倫敦商討如何對付他們。

188 筆記不知何故在此中斷。

【解讀】

是日筆記有兩個重點：一是吳荻舟向有關人士了解海員罷工對海運的影響；二是港英對暴動的反制措施取得的效果。現分別解讀。

一、海員罷工情況

在暴動期間發動的罷工中，中共最關心的是海員的罷工，這既有歷史因素，也有現實因素。

第一，海員工會是中共在香港實力的一個重要指標。從現實來看，它是香港左派工會中最大的工會，會員人數有二萬多人，所以它能否動員起來是中共暴動能否成功的一個重要因素。從歷史看，它也是中共在香港實力的一個心理指標，因為當年（1925年）中共是靠成功地發動省港大罷工而起家的，而省港大罷工之所以成功，有賴海員工會的支持，所以對中共來說，這次罷工能否得到海員工會的支持，是中共在香港人心的方向標。

第二，當年中共的外貿通道，主要是靠香港，所以香港海員罷工，立即會影響中國的進出口。可以這樣說，香港海員罷工，大陸輸港物資固然受阻，影響市場供應，但受害的主要是大陸，因為它無法進行正常的進出口貿易。

第三，暴動時，適逢越南戰爭，中國很多援助越南的物資，都要靠香港轉運，香港海員罷工，一定程度上會影響援越部署，不利戰事。

第四，暴動時期適逢六十年代的冷戰期，中共的海外通道不多，海員是最能夠突破各種政治禁運而暢行無阻的群體，中共可以通過他們接觸到其他資本主義國家。

這些原因使中共對海員罷工特別重視，這可從周恩來具體指示不要暴露能夠去到西貢的海員這點看出。詳見第十章「讀吳荻舟遺文有感」，頁236。

可惜的是，海員罷工的情況令中共深深感到罷工難以為繼，從以下兩筆資料可以看到：

根據香港海員工會網站[189]，為支持反英抗暴，該會從1967年7月17日到8月19日舉行了一次為期一個多月的罷工，參與罷工的船隻共26艘。

另外，根據工聯會：《工聯會與您同行——65周年歷史文集》，2014年 (171–172頁) 記載：

罷工前，海員工會副主席問我 (筆者按：「我」指梁權東，受訪時是海員工會副主席) 約有多少人可以參與罷工。我說沒有信心，估計只有200至300人。結果參與罷工的真的只有300多人，佔小輪行業人數不足5%。

筆者認為，根據這些記載，如果只有26艘船，300人參與罷工，則這次海員罷工規模少得可憐，只能夠説是慘敗。連海員工會都無法發動起來，則罷工只能以失敗告終。

二、關於大搜捕

是日筆記提到「大搜捕，有多大損失」時，透露了一批人的名單問題。吳荻舟在1986年3月1日在廣東省從化溫泉接受訪問時也談及這件事：

---

189 http://www.hksu1946.hk/main/pages.php?id=35

群眾線反映反迫害鬥爭指揮部要了三線兩百多個骨幹的名單，這些名單擺在指揮部，準備示威遊行作為骨幹用。我得到反映後，認為這與五二三會議時總理關於三線力量決不能暴露的指示（不符）。當時恰好有反映港英警察在九龍檢查行人時在我單位的一名幹部身上搜到一份名單。因此緊急通知指揮部馬上燒毀該兩百名三線骨幹名單。

這筆記載，說明當時港共為擊敗港英，不惜把周恩來在各行各業各個關鍵部門長期埋下的線人（即他發明的「白蟻」政策中的「白蟻」，即所謂「三線骨幹」）的人士也動員出來，從而暴露了他們的身份。對周恩來來說這是「極左」行為。

但真正的影響，卻是從此港共軍心有所動搖。從英國解密檔案中，有一份是香港署理港督辦公室發給聯邦事務部的電報詳細透露對左派機構的搜捕帶來的效果，它說：

警隊繼續在軍隊支持下對共產黨機構，包括工會、學校、國貨公司以及共產黨幹部的住宅採取行動⋯⋯。這些持續的行動已經嚴重阻截了共產黨的領導層，他們現在被迫躲藏起來，同時這些行動嚴重影響共產黨支持者的士氣，使他們認為把鬥爭堅持下去是毫無意義的⋯⋯或許最令人感到奇怪的是北京中央政府對這些進攻性行動並沒有作出任何反應⋯⋯對過去一週所發生的事（筆者按：指大搜捕）並沒有提出任何正式的回應。這本身就進一步降低港共支持者的士氣，覺得在需要北京支持時卻得不到。（電文編號1129，發出日：1967年7月28日，存放在FCO 40/49編號294929的檔案內）

　　　　　　　　　　　《六七筆記》注釋

大概一週之後，香港在8月4日又向倫敦發出另一份形勢評估報告，指出這些大搜捕的成效：

> 共產黨領導層仍然未能露頭，左派組織的很多地下活動幾乎處於停頓狀態。工會會員被告知盡量留在家中，左派電影公司的職工被通知無限期的休假。左派學校原定在暑假推行的活動大部分都擱置下來。

　　這份報告再次指出，對於港英的大搜捕，中共的反應不多，只限於一般性的抗議。它注意到，由解放軍代理總參謀長楊成武在1967年8月2日發表的一篇聲明中，只提解放台灣，沒有提解放香港，這顯示中國對香港不干預的政策沒有改變。(見電文編號1166，發出日：1967年8月4日，文件存放在FCO 40/49編號294929的檔案內)。

7月27日

美在港經濟收益總計7.02億港元，計：

一、貿易4.10億：美貨輸港2.32億，港貨輸美收益1.61億，轉口貨輸美收益0.17億，二、工業1.46億，三、銀行0.13億，四、石油0.63億，五、航運0.31億，六、電影0.18億、七、旅遊0.14億，八、保險0.05億，九、股票0.02億。以上材料，說明美在港經濟收益比軍事作用明△[190]

HK面積人口

1. 總面積1031.1平方公里 (398.25平方英里)

     1856年鴉片戰爭　　北京1898年又

其中　香港	75.1平方公里 (29平英)
九龍	9.7平方公里 (3.75平英)
新界	946.3平方公里 (365.5平英)

2. 總人口　　　　　3,800,000人 (1966估計)

中國人	99%以上
英籍	31000人
美籍	4500人
其他	6000人

3. 階層分析

無產階級	85萬人 (包家屬135萬)
中 現代工業	59萬人
其他城市無產者	22萬人
農村、水上雇工	4萬人

---

190 關於美國通過香港得益是經濟大過軍事的說法明顯不全面，所以上述結論嚴重失實，詳【解讀】。

農民	27–30萬人
漁民	8.4萬人
4. 城市小資	40萬人
文員	15萬人
店員	10萬人
小商販	10萬人
中小教師	4萬人
中下層自由職業者	1萬人
5. 資產階級	10萬人
高知	4千人
買辦	1千人
封建地主	1萬人
6. 遊民	6萬人
(其中黑社會	3萬人)
7. 其他	15萬人

對過去鬥爭的看法

1. 過去對英鬥爭是右的，鬥爭也是不狠，小勝便滿足了。

2. 過去對大資產階級也是右的。

3. 對基本群眾不做工作，過去只做那些上層統戰工作。

這次鬥爭出現的好事

1. 有一隊好像是學生的群眾，約一萬人，自動組織一個宣傳隊，由中國銀行到灣仔時報，工商做了一個飛行集會。專搞時報、工商、警署……

2. 大公、文匯增6萬，新晚15萬，商報20萬。

3. 培僑200多，新華社十多，貿易100多，進入銅鑼灣警署，大寫標語。

領導及其他問題

1. 決定和傳達問題，決定和貫徹問題。現在要二天，甚至下面不行。

2. 英文報問題。

3. 對22/5鬥爭的看法。

4. 運動中要講政策，敢於戰，還要善於戰。

5. 此起彼伏的組織動員工作不能太短，但，要保熱，有意識走向高潮。

7. 領導組織 (司令部) 如何適應鬥爭要求？

6. 團結對敵

7. 最終目的是經過鬥爭達到更有利於長期充分利用HK。

8. 領導主次的問題。

9. 長期、較長期罷工鬥爭的物質條件。

10. 自衛反擊[191]。

11. 究竟通過這個鬥爭要達到什麼 (比如外交代表)，最高什麼？最低什麼？搞臭英，更好利用。

12. 我們已密切注意△ (吃) 像章、「語錄」、頭髮、壞 (？) 加非[192]。

13. 利用「文摘」搞鬥爭的英文宣傳。

14. 捕810/815人：判470人，無罪放33人，保16人，尚有285/290人未定 (待訊)。

情報

---

191 所謂「自衛反擊」，相信是指從7月12日開始出現的真假炸彈事件。受到7月8日沙頭角槍擊事件的鼓舞，香港左派越來越迷信武力。而且由於罷工罷市罷課 (即「三罷」) 都無法令港英屈服，使他們更傾向於使用暴力手段。

192 此段所談的問題，不知所指。(吳輝認為是指港英迫害被捕人士，逼他們吞像章等)

《六七筆記》注釋

1. 蔣中將[193]

2. 美領館難民移民官艾倫。

3. 英政治部的官員，中共控制HK，不會收回香港，英國也有如此要求。

4. 軍事演

5.

1. 九龍倉45萬長△、太古4.6萬罷工二週，光倉租損失2千萬至3千萬。

2. 據工商日報報導，11/5-22/5旅遊業損失1.6億元。

3. 第一個高潮要補助5千人，要100萬元。

第二個高潮　　　25萬人，500萬元。

第二個高潮[194]　　工人40

農10

漁5　　　　　100萬

學25

小販20

---

193 以下幾點相信是在研究得來的情報，分別是來自台灣. 美國和英國。文中蔣中將，應該是蔣中正之誤，但以當時的語境，不可能用這個尊稱，故不明白為何出現這個名，是否泛指台灣國民黨不得而知。吳輝認為可能是指台灣來的一個中將級別的人。

194 應為第三個高潮。罷工計劃中的三個高潮的來龍去脈詳見【解讀】。這裏所說的是討論罷工的經費。第一高潮發動人數5000人，第二高潮發動人數25萬人，第三高潮可能要達到100萬。希望通過這三個高潮能夠迫使港英讓步。但為什麼補助5000人需要100萬元 (人均200元)，而補助25萬人則只需500萬元 (人均20元)，差別如此之大，則沒有解釋。其中一個可能，就是財政上「捉襟見肘」。

【解讀】

是日記載的事項比較多，涉及多個領域。

第一，對美國在港利益的評估

會議對美國在港各類經濟利益作出評估後，認為「說明美在港經濟收益比軍事作用明△」(筆者無法判斷三角符號是什麼意思，據吳輝解釋：三角符號是打字的人認不出來是什麼字，我估計就是「比軍事作用大」，沒有「明」字，那是塗掉「利益」兩個字的圈圈)。事實上這只是算經濟賬沒有算政治及軍事賬。根據英國歷史學家高馬可 (John M Carroll) 的書 A Concise History of Hong Kong 指出，「美國駐港領事館的人員編制是全世界美國領事館中最龐大的。在美國對抗中國的心理戰中，香港也發揮重要的作用。在香港的美國新聞署出版的反共宣傳雜誌，例如《今日美國》(注釋者按：後改名為《今日世界》)和《四海》，還有各類小冊子和傳單。香港又是美國海軍的熱門度假休整地點，在越戰期間也是」(第177頁)。正因為如此，前港督葛量洪在其回憶錄中說，「中國政府一直以此為由，聲稱這「證明香港是美帝國主義的基地，而英國則是美國的走狗」(見 Alexandra Grantham: Via Ports: From Hong Kong to Hong Kong, p. 169)。從高馬可的描述和葛量洪的抱怨，可以看出美國在港獲得的政治和軍事上的利益絕不在經濟利益之下。在文革反美排外氣氛非常濃烈的環境下，聯辦會作出這個判斷，實在令人感到意外。事實上，自從暴動發生後，英國一直擔心美國在軍事上使用香港會影響中英關係，從而惡化香港的局面，因而提出要限制美軍艦來港的次數與規模 (詳第八章「英方應對暴動的策略和方法」)。另據余長更回憶，5月30日，周恩來在研究港澳辦提出的方案，看到方案列舉幾條理由證明美

國不會插手香港鬥爭，其中「另一條理由，説香港對美國沒有戰略價值，周説，這條不對，香港是美國搞大陸情報的情報中心，對它很重要，怎麼能説沒有戰略價值？」(見余長更：「周恩來與反英抗暴鬥爭」，1997年6月)。從這點可以看出香港左派對當年香港的重要戰略地位並未有深刻的認識。

第二，對香港的「階級分析」

中共慣用所謂「階級分析」來研究社會問題。從上述分析可以看出他們把香港人口分成：

「我」：包括無產階級，根據上述估算約147.5萬人；

「友」：包括城市小資及中下層自由職業者，約40萬人；

「敵」：包括地主、大資產階級以及依附於他們的高級知識分子和買辦，約11.5萬人。

由於中共所用的「階級分析」辦法，其定義與西方人口統計學沒有可比性，所以很難根據香港政府統計處的口徑來評估上述的數字是否準確。但有一點可以比較肯定的，是根據上述統計，這三組數字合計200萬人，這200萬人應該是屬西方統計學所稱的「勞動人口」，以此推算當年的勞動參與率 (labor participation rate，即勞動人口佔總人口380萬的比例)，應該是52.6%，這個比率符合當年的實際情況。

第三，對鬥爭的評估

這個評估反映港共當局是相當「左」的。對過去的鬥爭評價都不高，認為不論對港英或是對大資產階級都是「右」的，而當前的鬥爭只因為出現了一些比較激烈的行動，例如飛行集會、衝入警署寫大字報等，就認為是正確的。這反映了與會人士的「左」的傾向。

第四，領導問題

談到領導問題時，一連串提出14個重點問題，歸納這些問題大致有以下幾條：

一、領導體制 (司令部) 如何適應鬥爭要求，決定和傳達、決定和執行都有問題；

二、鬥爭的終極目標不明確，有兩種不同意見；

三、鬥爭的策略問題，既要敢於戰，又要善於戰，如何既講政策，又能自衛反擊；

四、鬥爭的物質條件；

五、如何加強統戰(團結對敵)和對外宣傳(搞英文文宣)工作

第五，對罷工的資助

這裏提到的三個罷工的高潮，應該是指工委擬訂的三個罷工回合。7月27日討論這個問題時，中共已經透過全國總工會的名義，於6月14日匯出第一筆款項共1000萬港元。會議三天後，即7月30日再透過全國總工會匯出第二筆款項也是1000萬元。所以7月27日的會議，很可能就是研究如何繼續支持罷工。

事實上，周恩來對罷工是否有效是保持懷疑態度的，這從余長更的記述可以看出，正因如此，他早在上個月 (6月30日) 已經考慮如何發動廣州民間力量來長期支持香港工人。

第六，由於港共採取炸彈戰略，香港進入恐怖世界

吳荻舟的筆記雖然沒有直接提及六七暴動期間香港出現的炸彈狂潮，但在今天的會議記錄中，出現了「自衛反擊」四個字，這表示當日的會議討論了「自衛反擊」的問題。所謂「自衛反擊」，是港共開展「炸彈攻勢」的代名詞，相信這次會議，是在檢討自從7月12日開始出現的真假炸彈浪潮。炸彈浪潮

　　　　　　　　　《六七筆記》注釋

是在三輪罷工都無法迫使港英就範之後再向暴力升級的一個部署，筆者相信它是受到沙頭角槍擊事件的鼓舞而激發出來的極端主義行為。對於這個「極左」錯誤，香港人是非常反感的，也是直接導致「六七暴動」失敗的一個致命傷。

這種「恐怖主義」策略遭到香港市民的嚴厲指責，茲列舉幾段當時報章的社論供參考。

《恐怖世界　人人自危》(《明報》社論 1967年7月13日)

近數日來，香港幾乎成為一個恐怖世界，如果說「人人自危」，那決不是誇張的說法。燒巴士、燒電車、殺警察、打巴士電車司機、燒貝夫人健康院、炸郵政局、用定時炸彈爆炸大埔鄉事局，攻打茶樓，大石投擲行人和汽車、向警察投擲魚炮、爆炸水管、焚燒報館車輛……而左派報紙發表「鬥爭委員會」的談話，公然讚揚這一類行動。

這幾日中，本報收到了許許多多讀者的來信，指責這種種恐怖行為。許多來信中都十分憤慨的表示，這些暴行是有組織的，是在公開的煽動之下進行的，長此以往，到底本港廣大居民的生命和安全還有什麼保障？

《明報》是為讀者而存在的。當《明報》在六月二十三日被左派人士組織進攻而遭遇困難的時候，廣大讀者熱誠地支持我們。今日廣大讀者的安全和生命遭遇到威脅，本報和全體工作人員的安全遭遇到威脅，我們的命運相同，我們的意見和要求也是相同。讀者支持我們，我們也支持讀者。我們呼籲左派的領導人立即下令，制止這種種和廣大市民為敵的恐怖行為；我們也呼籲政府立即採取有效的對策，恢復治安與和平。這些恐怖行動如果繼續下去，香港

非垮不可，所有居住在香港的人，不論是港英當局、左派人士還是普通市民，人人都跟着一起垮。

《就共黨「恐怖戰術」論港府應有措施》(《工商日報》社論1967年7月29日)

共黨暴徒連日使用「恐怖戰術」，在港九各區投擲炸彈，或在公眾地方放置計時炸彈，直接威嚇每一市民的安全。如三日前西區屈地街電車總站一個計時炸彈的爆炸，就曾造成六個男女市民和三個幼年學生無辜受傷的慘事……。共黨暴徒使用這種恐怖手段，其另一作用是向港九市民製造「神經攻勢」。由日來的若干事件可以看出，這些計時炸彈有真有假，形狀不一，其目的不完全在愚弄港府的軍火專家，而在造成港九市民一種「杯弓蛇影」的不安心理。由於此項爆炸事件不斷發生，那些共黨分子便可故弄玄虛，在一些公眾地方放置可疑物體，使市民疑幻疑真，藉以達到其「神經攻勢」的目的……。

一、暴徒們常在公眾地方掛上一些可能藏有炸彈的稻草人，甚至故意寫上「僑胞勿近，危險」等字樣，港府對於懸掛此項稻草人的歹徒，一經捕獲，應不論其裏面是否藏有炸彈，都作為藏有炸彈論，予以最重處分。

二、凡藏有製造炸彈的藥物、可供爆炸致人死傷的物體(販賣爆竹的商店除外)、已製成的稻草人等，一經搜獲有據，其樓宇視為非法樓宇，得令業主收回或由警方封閉，藏有人得判處五至十年的嚴重刑罰，如現有法律無此規定，應由港府加訂緊急條例，頒令執行。

三、獎勵居民舉報此等非法樓宇和歹徒，一經罪證確定，

《六七筆記》注釋

由警方給以適當獎金，如舉報人與此等歹徒有同居或親屬關係，更應優予給獎。

四、估計此等恐怖分子多為被人收買利用的各式歹徒，而發縱指使的則為一些養尊處優的幕後人物，輔政司應該根據昨天港府頒佈的緊急法例，對這些隱身幕後的罪惡渠魁，嚴加搜捕，並應加速進行，毋使漏網。

五、根據若干讀者向我們提供的消息，過去在港區北角和灣仔縱火行兇的暴徒，亦非全部以那些「國貨公司」為巢穴，在北角「華豐」附近的一所大廈，就窩藏有不少暴徒和有所謂「臨時急救室」的設置。又如灣仔方面，過去曾有一批非法暴徒藉附近某左報樓宇為出沒藏匿所，近日警方雖已對若干「國貨公司」展開搜查，但尚未對此等罪惡樓宇採取行動，對於這個大漏洞，自有速予堵塞的必要。

與共黨分子展開「恐怖戰術」的同時，另一為港府當局絕對不容忽視的事實，就是那些共黨暴徒不僅要用炸彈傷人嚇人，而且還一再更深人靜，偷入警員宿舍，向守衛警員或住戶實施暗襲，企圖奪取警槍，作為殺人武器。在該項事件中，雖幸當值警員及住戶機警應付，未為所算，並且分別擒獲了兩名罪犯，但共黨分子既有這種陰謀，其不會因行藏敗露，就此罷手，當在意中。因為他們對此等暴徒可以用金錢收買，祇要有人願意為錢賣命，共黨組織祇犧牲了一些愚蠢工具，無論人數多寡，都非他們所肯顧惜。這就難保各警察機關和當值警員，不再成為那些狂妄暴徒暗算奪槍的目標。對於這個問題，港府當局就非要有積極強硬的行動，不足把這些共黨陰謀，予以粉碎。

關於這一類事件，共黨的陰謀雖兇，但並不秘密，因為在事發之前，那個非法組織的所謂「鬥委會」，就曾公開

向共黨分子發出暗示，要他們使用「任何武器」對軍警作戰，或從軍警手中「奪取武器」作為叛亂的資本。而負責發佈此項行動指示的，則是那幾家惡跡昭彰的左報，特別以《新晚報》為然。我們前此曾經一再指出，這些左報是對暴亂分子發號施令的機關，港府倘不予以法律制裁，香港社會將無寧日。由日來暴徒向警員奪槍的行動證明，他們如此膽大妄為，那完全是依照左報「命令」行事的。在此我們還可推想，經過最近警方向許多左派工會、學校進行搜查，共黨分子要作非法集會，必然有所顧忌，那他們自必更加依賴那些左報「傳達命令」，藉以減少集會被捕的危險。因此，在港府面對共黨恐怖行動已無妥協餘地的今天，如何給予這些倡亂左報以法律制裁，是再也不容不加切實考慮了。

7月28日

　　美對HK出口9億餘港元 (66) 港對美16億餘港元，比差7億，所以港英對美依賴大。

　　説明美對HK有發言權，港E要聽它的。對我反美鬥爭，英採什麼態度，可見。

【解讀】

　　是日筆記比較簡單，看得出是昨天 (7月27日) 討論的延續。主要説明港英如何應對暴動，也得聽美國的意見。對於英美之間在香港六七暴動問題上的互動，詳見本書第八章「英方應對暴動的策略和方法」。

8月8日

8/8 批判李一氓[195]大會

1. 他的檢查並未觸及靈魂，思想上就是不願改造自己，事實都不敢承認。

①他是老右傾機會主義分子 (總理：「一到緊急關頭，就政治動搖」)。

原因是①從來就沒有改造自己，不是中途變質。新四軍時就臨陣脫逃過，緬甸時贊成奈溫的「社會主義」，文革時怕得要死。

1. 輕率從事[196]

　　1. 5.22行動，無事先通知。

　　2. 7/6政府部門罷工，6/6才通知。

2. 不夠游擊。

3. 肯定的說，出殯[197]不在五日舉行。

【解讀】

批判李一氓，同香港暴動無關，但吳荻舟作為「聯辦」領導之一，也必須前往參加對李的批判。

在同一天裏，吳荻舟可能追憶某些對香港工作不滿的地

---

195 李一氓，當時任國務院外事辦公室副主任。他是中共黨史上重要人物之一。其生平事蹟可參閱《李一氓回憶錄》。批判他時是列舉的所謂「事實」都是很「例牌」的，所以讀者不必深究。

196 以下這三點，有可能是誤植到此頁。(據吳輝的解釋，這三點寫在批李一氓的記錄上方，顯然先有這三點後有批李一氓記錄，批李一氓記錄利用了邊角空地方。可能這三點不是這天的，但難以判斷是哪天)。

197 出殯事，見6月12日的【解讀】，這裏不贅。

方，例如5月22日花園道事件，關於當天的計劃及部署，沒有事先通知北京，而政府部門罷工，僅僅提前一天通知北京。這些都是吳認為「輕率從事」。

這一篇筆記，是吳荻舟《六七筆記》中最後一篇，之後他就被「隔離審查」，後人也就喪失了六七暴動後期如何發展、如何結束的關鍵資料。

是日的筆記的對上一篇是7月28日。從7月28日到8月8日的這十天內，還發生很多同香港有直接關聯的大事，可惜吳荻舟的筆記都沒有記載，這些大事包括：

1. 7月30日廣州軍區召開會議研究對香港動武的三個方式。
2. 8月4日中央文革小組成員戚本禹與姚登山談話，煽動紅衛兵衝擊外交部
3. 8月7日中央文革小組成員王力與姚登山談話，煽動紅衛兵奪外交部大權。這次講話被戲稱為「王八七講話」。它被視為直接導致8月22日深夜火燒英國代辦處的禍根。

由於這三件大事都直接同六七暴動有關，筆者將根據其他當事人的記錄在專論部分詳述，見本書甲部第七章「六七暴動的落幕」。吳荻舟被隔離審查後，發生了：

1. 8月22日晚紅衛兵火燒英國代辦處。
2. 8月25日派楊成武專門向毛澤東匯報「王八七」講話導致火燒英國代辦處。
3. 8月26日傳達毛澤東指示拘捕王、關、戚，扭轉文革「極左」思潮，從而使周恩來得以下決心結束香港的六七暴動。

4. 從11月到12月，傳召香港左派頭頭到北京開會總結暴動的教訓，名為開會，實為冷卻他們的頭腦。
5. 1968年1月1日，周恩來接見全體港澳左派頭頭，批評六七暴動的錯誤做法，並要求立刻停止暴動。

　　這幾件大事，可以說是六七暴動從高潮到衰敗的整個歷程，很可惜吳荻舟無法親自記載這個過程，(吳輝按：在《六七筆記》之外的其他資料裏，例如《幹校日記》有一些8月8日後，到8月22日前後的內容)。筆者已根據其他當事人留下的文字及口述記錄，在專論部分補述，請參閱本書甲部第七章「六七暴動的落幕」。

丙

吳荻舟遺文選輯

吳輝整理父親吳荻舟遺文(《消失的檔案》提供)

本書作者和吳輝在美國波士頓商討工作時的照片。（羅恩惠攝於2017年10月29日）

選輯説明

　　丙部分選輯了吳荻舟的若干遺文。這些文稿都是其女兒吳輝小姐親自整理、校對、打印成電子版並上載網絡的，文稿的版權屬吳輝小姐。從這些遺文中，選取其對香港六七暴動有關的記錄、思考和反省，所選輯的全部都是吳輝小姐已經公開發表過的，筆者商得她的同意把這些文稿輯錄成本書第三部分，以便作為歷史文獻保存下來。筆者對獲准使用這批文稿謹向吳輝女士致以萬二分感謝。

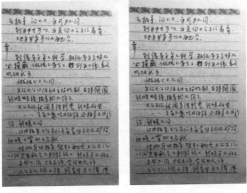

吳荻舟筆記本封面和內頁。

本輯輯錄的文章按時間順序排列

本書輯錄的文章	首發時間及載體
1959年 《五十天整風會議記錄》	吳輝《蘆葦蕩中的小舟的博客》第五章 香江歲月第11–12節「整風記錄」 http://blog.sina.com.cn/u/1464353485
1966年5月4日 《港澳工人五一觀光團的談話記錄》 (絕密文件)	吳輝《香港，1967》(2) 電子雜誌《向左向右》#8，2015.07.21
1967.4.24–1967.8.8 《六七筆記》 (已見本書乙部分，丙部分不重複輯錄)	吳輝整理並打印 《向左向右》#1–10連載
1968年3月18日 《1967年聯辦工作情況》 (即他的交代材料)	吳輝整理並打印 (1967.hk.com)
《幹校日記》(1970.9.9–1971.10.27) 包括： 向外交部提供的《有關聯辦的證明材料》	第一批資料來自吳輝《香港，1967》(3) 《向左向右》#6，2015.1.5 第二批資料來自吳輝《香港，1967》(1) 《向左向右》#7，2015.3.27
1970年4月19日 《給妻子張佩華的信》	吳輝《香港1967年小文革的大陸背景》 《向左向右》#9，2015.9.29
1973年6月4日 《給廖承志的信》	同上
1986年11月14–16日 《在從化溫泉的訪問記錄》 (經吳荻舟本人審閱)	吳輝《香港工作回顧》 《向左向右》#10，2016.11.6

五十天整風會議記錄

節選整理稿

【吳輝說明】2014年5月在北京辦理母親後事期間我發現一本15cmx11cm的紅色硬皮本，封面上草書「東風」兩字，畫着一位女性科學工作者的形象。這個筆記本，加上另外一本較小的筆記本，記錄了港澳工委1959年6月至9月一次五十天整風的部分講話內容。包括廖承志、區夢覺、黃施民有關國際形勢、香港形勢、香港文化戰線統戰方針、戰略策略的講話。記錄顯示，香港政策無可避免受到內地政治氣候影響，但又難能可貴表現出一定程度實事求是、反對極左路線的堅持。

6月20日

廣源：HK對中間落後的方針是搞渾水，非搞孤島。過去未把方針緊緊結合實際工作，不斷根據方針佈置工作與檢查工作。「三一」事件是在大軍過江時狂熱發生，事後未總結、吸收經驗，朝戰後又狂熱。1. 對電影工作如何長期生存，從沒有系統的研究過，我片是導人向上向善，這一套方針邵氏能否接受呢？2. 怕負責。HK是長期的，不會不犯錯，中央方針來了，一層層傳下去，檢查起來，有說過，是不是完了呢？事實是做錯了，這是客觀效果，不容否認，問題是HK沒有訂出一套辦法，為什麼沒有A員氣魄大膽承擔下來。3. 多年來，如我們不是這樣對待邵氏。(記錄只到此——整理者注)

肖：(關於海外文藝)，中央對於海外方針是有一套的，為什麼外面沒搞好。看來主要是下面同志自以為是，經驗主義，未把政策好好務透，就做錯了，但不足為奇！

對陸氏邵氏破夠，立不夠。對呂氏，三權都沒了，國內都不這樣搞，也是政策上的錯。影聯現在也要考慮，只能搞福利，擺得不好，影響統戰，這也是方針問題。對中華商務問題，也是政策問題。HK工作中，反「左」比反右慢，歷來反左反得不夠，這是最大的危險。

幸：對邵陸是政策上的錯，是把友當敵。現應肯定邵陸是中間的。兩公司中都有MK分子，其實邵氏對MK活動有疑慮。

王：就像國內資產階級知識分子是否革命對象也未完全解決，在香港，誰是敵、友？毛在階級分析時說：劃清敵友，是革命政權領導成功失敗問題，我們主要的戰略是團結友，打擊敵，劃清1. 經濟地位，2. 對革命的政治態度。民族革命時，民族資產階級是中間階級；在社會主義革命時，因社會主義革命是消滅階級，他們是革命對象。但由於有積極的一面，我們又

採取和平改造政策。在香港現在不搞社會主義，大躍進、總路線都不能搞。在香港，資產階級、逃亡地主、官僚資產階級、MK特務是革命對象，反M為主。一定時期對某一敵人還有一定程度的暫時聯盟，對分化敵人也有利。「打倒一切資產階級」也是「左」的。海外華僑都希望國家國際地位提高，又因在國外不搞社會主義革命，及可做生意，幫他發財，他也願在某些地方與我合作，受我領導。他有剝削、反動的一面，任何資產階級都有兩面性，與我們來往得利，我們政策執行好時，與我們好；在生意吃虧、國際環境差或我們政策執行差就翻過去，這是長期的，反復的，直到被消滅為止。

邵氏不是買辦，不是官僚資產階級，是「有奶便是娘派」，與台有往來，是中間偏右。看他應付MK，不易，不知是否有軍師，看得出來他不敢也不願斷我們關係。因此應團結爭取，在某些地方應有某種鬥爭，但應是和平的批評，目的是達到進一步的團結，就片論片，具體分析，不是你死我活的鬥爭，而是有理有利有節，可以交友。我們頭腦清醒就能出污泥不染，而能影響他，這就是領導，渾水也是如此，有來有往。

在香港不能樹敵太多。思想是客觀實際的反映，香港是資本主義世界，甚至會有一定的洋奴思想、崇拜資本主義。中國從政治經濟思想戰線上說消滅資產階級，但資產階級思想是長期存在的。國內以馬列主義改造，香港不可能，因之報上有自由主義存在是客觀反映。右傾保守是對形勢估計不足，不能及時掌握有利時機展開工作，縮手縮腳，魄力不大，缺乏創造性，思想不解放是右；國內一套搬到另一環境，簡單化是左。故務虛批左又批右，不要批一邊又偏向另一邊。

6月22日

廣源:「三一」事件前後粵語界未搞「影學」,因他們較落後,受歧視。「三一」後,中央新方針是長期生存,爭取多數,以灰色姿態出現。52年底中聯出現,提出「伶星分家」,我們通過盧墩去勸説;「三一」事件令粵語界害怕,黃曼梨在華僑報聲明脱離影聯,我們未歧視他;55年張瑛搖擺,後因為路狹,想回中聯(中聯曾眾怒要開除他,我們派人勸阻),我等也奔走説服。

粵語界怕談政治,演員只想生活,有工作就行了。幾年來看,因為在台灣無市場,他們與MK無聯繫;另一方面,大陸也非他們市場,故貫徹中央方針不夠。我們未鼓勵他們去(邵氏),也未指責。我們包不下來,對他們的生活也無理由干涉,只是承認了客觀事實,一定程度遷就了客觀事實。

意見:幾年來領導對粵語界重視不足,未好好做一專題研究,58年鬥爭多,粵語片部分人怕直接參加鬥爭,顧慮多。他們參加固然好,不參加不應指責,總結中説粵語片開展不夠,根據是指揮他們可能不夠,國語界我們能指揮,這我不能同意。所提意見接受,希多指示。

肖:1. 粵語界把團結放第一。統戰工作有廣狹之分。廣義的統戰是政綱,愛國、團結、友好。2. 在HK是愛國反M統戰,粵語界重視了團結,注意了演員的切身利益,沒有脱離政治(脱離就右了)。3. 國語界把我們的標準當做人家的標準去要求,不允去邵氏拍片等,把自己的手束縛住了(允許其去邵氏拍片,又教其如何應付,就教育了他不脱離政治)。

樺:説粵語片落後,不重視。重視恐怕反而壞了。國語界花錢多,粵語界花錢少,管不了人,只好建立老老實實的統戰

關係，中聯有困難自己解決，我們給一點，人家也感謝，做了朋友，不負擔責任。因此粵語界是統戰，國語界是上下級關係。國語片演員被我束縛得緊，必須有信仰支援，才能工作。

6月23日

三段：

一、1949年全國基本解放至52年。「三一」事件，左，未總結批判，錯誤觀念(國語片界)一直存在。

二、「三一」到57年。樂蒂被拉過去。因無A員，情況不明，至去年有A員去後才揭露出來。這階段中央提出新方針，但因觀念不明確，做時就無分寸。雖提出打破壁壘分明，渾水，但掌握不到。

三、57年至現在。大躍進情況下，用社會主義思想教育，號召香港人參加學習。說明對中央方針不明確，不嚴肅，不負責。

廖一原：對中央方針客觀違背。被迫承認客觀事實。並沒有兩套路線在鬥爭。粵語片今天沒有壁壘。

1. 無界限，兩邊拍片。

2. 特點，善於爭取與資產階級合作，利用資本家的資金。有5類，a. 邵氏、國際、院商；b. 片蛇；c. 藝人搞的——中聯、植利；d. 如新聯；e. 華僑之類，有一點政治性。粵語片公司多，原因在此。

3. 適應性強。十年來粵語片市場天天走下坡，M州49年賣一萬多，幾年來下泄到3千。新馬過去賣38–40% (2萬7)，現萬餘。粵劇歌唱片至多9千，但還能生產一百多部。過去我們認為三日仙、四日仙是粗製濫造，但實在他們不如此不行。

4. 以前敵人對粵語片較不重視，現在已較前重視。如桃源性質就要研究。國內也未召他們上來談過。

造成特點的原因：

1. 歷史性的，49年前無界限。

2. 敵人不重視，我方也重視不足，但現在桃源已大規模製國粵語片。

3. 沒有拿出大量資金逐步包起來。

黃：在統戰上有兩條路線，這局面不是說在A內有兩條路線，也不是離開中央在組織上形成兩條路線，但在實際工作上尤其電影統戰上明顯(存在兩條路線)。

A的工作，A的方針是中央根據大量客觀存在的事實分析制定的，故我們應用正確否定不正確，不應存在個人東西。國粵語兩條做法，一是搞先鋒隊，孤軍奮鬥，不與人合作，把自己陣地建成高級的，人家不易跟得上。另一以粵語片為代表，不脫離實際，根據客觀使群眾跟得上一起前進。過去認識不夠，無意識地壓迫過。

國語片局面之所以形成，一是從主觀願望出發，從片面出發。HK有兩方面，1. 靠祖國，有有利條件，2. 是敵人地方，鬥爭是複雜的，思想是複雜的。我們強調了有利的唯一條件，另從主觀願望出發，從小資狂熱的幻想出發，急功近利。

結論，錯誤的東西是從錯誤的分析得來，無馬列的，不能用任何特殊性來解釋。粵語片是摸出來的道路，不能用分線來解釋。掛旗不一定公開，主要看政治態度。什麼人都團結進去，和平相處(過去可能看為右了)。

所謂A的領導，不是用A員的面貌，而是用A的方針政策領導，否則把A的領導機械化、庸俗化了。宗派的傾向也就是這樣來的。

國內搞大規模群眾路線，國外不能，只能多深談，說服。

粵語片善於廣泛合作，懂得充分為生存不斷搞下去，這是

群眾創造的經驗，過去我們輕視，不知這一旦變為我們的東西就很好，這個經驗要總結。因為它是樸素的、群眾性的，也就滲入一些壞東西，我們只看到他壞的一面，批判他們，對他有了宗派情緒。我們不懂非政治就是政治，不跟M走就是反M。與敵人爭群眾，它不受M影響就是好的。擴大公開活動是擴大社會化，群眾化，不是用A的面貌出現。暴露自己，是列寧批評的(左傾幼稚病)。

金：形勢變化，忘記中央方針，如東壓西後，就認為長期生存沒問題了，產生了冒險思想，對中央方針研究不夠。陳總說我們是半公開半合法半地上半地下。這話早就說過，57年十一狂歡七天，58年又來了。說明中央不斷有意見，我們不斷重複(我們容易自己解釋，自己發展)。

吳：不會把中央方針(幾個)有機結合，中央方針前後發下來是連貫的，我們一個個分開。

廖：可悲之處，自以為辛辛苦苦做了工作，還有思想方法問題。忙，卻長期發現不了問題。

黃：退出問題。先鋒隊現在退出，不是消極，是為了前進，為了接近群眾，不至脫節。過去光顧自己的長城、鳳凰、中新，有了圈子，有了宗派。長此會自己消滅自己，把群眾也讓給了敵人。先鋒隊離開了群眾，必會失敗。

別認為退出是右傾。但要有思想準備，53年工會退過一次，退後也有人說內部複雜了等等，上面也動搖了一下，以後一點點回復。這樣幹部更隱蔽了。當然，退出後不能發號施令了，是有困難，但是退出後有高度靈活性。品質降低是完全可能的，一個時期後會逐步好起來。也會有些論調，說是右等。

施：形勢問題

1. 對HK地位的認識，53年就寫明是我們的，又是E的。從

「三一」後，事實證明它是E殖民地，我們是「寄人籬下」，這點認識不夠。

2. 對有利形勢估計過高，58年對我們自己的「優勢」、「正統」估計過高，實在軍隊統治在人手，優勢何來？群眾優勢也不完全，如提出一年內把學生運動成我之優勢、主流、正統，這是不可能的，不現實的，結果低估了長期、複雜、尖銳三性質。

3. HK，中央把它當做反M戰略中的一個棋子，理解不深，這就牽涉我們對香港的態度，對E的做法。為了服從大的方面，對本地鬥爭如何控制，常有委屈感，沉不住氣。主要是對中央方針的嚴肅認真對待。

4. 對A與群眾的問題。毛：當群眾起來時容易「左」，不能認為形勢好 (找不到出處，但是又覺得歷史確實有這樣的傾向)。這兩年HK相當暴露，實際A已半公開。去年新華社半公開活動，是不對的，E已掛了賬，隨時有材料搞我們。隱蔽的目的主要還是為了中間落後的群眾，群眾是怕我們給他們麻煩的。

幸：總結。對敵、中間落後群眾情況和A外「同志」的情況，三方面均超過了中央給的方針範圍。中央給的是利用——以打擊M。中央對M也該進則進，該止則止，該針鋒相對才對，對E是半建交。在這意義上説，一味不承認是不對的，它是既成事實。承認對我國際鬥爭有好處，因此對英鬥有打拉，時鬆時緊，對其他HK資產階級分子，也利用矛盾。

宣傳線的確出了不少錯，有M必反，M沒好東西。很少分析對M的資產階級是否碰到一點就反？在瑣碎問題上搞，使E為難 (不符合利用矛盾的策略)。在重大問題上、要害上反得不夠。58年與E緊張顯然不符合黨的外交政策，國家是利用E打M。北京與HK做法也不一樣。HK是人家的，撤到A中央規定

的範圍，否則，發展下去，要有嚴重後果。

　　中央要我從中間落後群眾的水平、覺悟、接受程度出發，不要從主觀出發。中央也說，我們的東西群眾不能接受，還要善於等待。這方面我們走過頭了。這是危險的。對HK群眾也存在問題，未照顧到他們是生活在HK資本主義制度下，自然要有自由主義、個人主義。我們對他們應按無產階級人生觀 (基本群眾、發展對象) 要求，但也不能操之過急。在A外小資出身的知識分子應容許個人主義，自由主義存在，否則是不科學的。

　　宣委對A外A內均存在主觀看法及一系列的措施做法，只從良好願望出發，這是危險的，說明必須從脫離中央的方針上回來。

　　新聞界基本上貫徹了中央方針，反M製造兩個中國有功。就是不策略，甚至暴露我們的底盤 (MK，M與落後群眾，M統治階級和M人民分不清)，打擊面廣。宣傳國內建設，頭腦冷靜不夠，很浮誇。中央不但不要我們浮誇，還要十分只說七分。這缺點說明同志們思想認識提高的過程拖長了，對E問題領會不深，該說好話不敢說，對M也如此。國內報紙不能說，HK可說。陳總早說了，凡該放的，扭扭捏捏不敢放，該收的，不肯收。這原因是對中央方針不認識。成績雖肯定，但愛國主義、社會主義宣傳還是春風未度玉門關。還是要以A為核心，團結資產階級知識分子從事我們的工作。之所以未帶垮文化隊伍，道理：

　　1. A的領導正確。A的威信高，國家強大貨真價實。我們領導的小資產階級看到前途，心向祖國。

　　2. 統工，不僅港澳工委、省委、北京僑委、文化部、陳總多做了許多工作，與頭面人物見面，談話，教育，我們隊伍才未垮。

　　兩套做法 (兩條路線) 中央一套，自己一套，滿足於一知半解。中央方針，聽聽是絕不會立刻了解的，它有受用不盡的好

處。我們同志有自以為是的情緒，妨礙我們自覺地接受中央指示。雖在客觀上與中央抗拒，但不是山頭主義，可應趕快拉回來呀！

6月24日

幸：HK方針「長期打算，充分利用」是老方針，又是新方針，是中央的一貫思想。(新的) 對這思想更充實更豐富，更明顯提出HK留E比給M好，HK解放在台後，是更明確。廖公又說重經濟……都提得比以前明確完備系統，也是過程。下面對此方針的傳達沒有新鮮感，下面對此戰略思想的接受有不正確的實現，沒開動腦筋想一想中央為什麼重提。

HK問題，台灣問題也罷，就是因加入M國的因素，才麻煩。戰略上是紙老虎，戰術上還是真老虎。因此我們對一系列的佈置不能不考慮。

我們觀念上不是從困難一面去看，而用不在話下去考慮，關係就重大了。

對中央意見是自以為是，馬馬虎虎，中央同志說話平易，如不虛心體會放過去了，如陳總說吸收經驗教訓有三條。

我們幾個A員做不了那麼多事，要靠人家來做。應該說在HK重要是做組織工作。如何組織靠統工，通過他們的口、手去做。他們是廣大的各階層的知識分子，要相信他們，靈活的領導他們。好好讀毛主席的《若干歷史——》，在A領導下的報紙不用共產主義人生觀唯物論影響人，不可能。陳總說，革命輸出又不輸出，不負擔輸出的義務，但說明社會主義好，久而久之，集腋成裘，就是輸出。

6月25日

　吳：不要引起敵人懷疑，在內部做好一系列準備工作，是否採取個別談話，由公司當局出面說明，有了思想準備，積極地、有步驟地進行。秘密的A元[員]不撤，並加強A的領導，公開的才撤。

　夕：這是前進的退卻。加強A的領導是糾錯的關鍵問題，對公司內部的積極分子仍應加強領導，不能潑冷水。

　金：長城大破大立，一開始就要通過呂，由呂向公司內部出面。先是談生產，生意，再由呂出面，在公司內沖淡對我們的看法，加強呂對長城的信心。A元撤不撤問題不大，立刻撤出，解鈴還是[須]繫鈴人，要個別做很多工作，主要還是工作方法，工作作風。鍾的目前權力要改一些。

　幸：長城應有一A核心，靈魂「坐鎮」，問題是方式方法。

　黃：加強A的領導，是指A的意圖如何變為群眾意圖，撤易進難，一般如作用不大，暴露，無法隱蔽，留下對事業影響，堅決撤出，否則不撤。以後再派的話：1. 需要 (工作上確有需要)；2. 對方接受；3. 去了能起作用，作風好的才派。我們是開展工作，主要是培養進步的積極分子，當我們工作的骨幹，再進一步，骨幹可發展成A元[員]。

　幸：鍾培養的對象可以轉移給較灰的人去聯繫。

　施：鍾退意見較一致。方向認清了，開始會有些困難，應耐心爭取上層出來說話，用說服的辦法，別發號施令。也要注意：1. 正派風氣；2. 還要注意加強A的領導。A的影響是要的，愛國主義教育是要的。這是限度，矯枉必須過正。膽大些，有的我們帶群眾前進，有的與群眾商量，也許他們有好主意，助我貫徹。

　辛：黃的發言好，派人好，不派也行。不能理解為A的領導

就是派人去。作風在那種條件下是政治問題，因群眾不能接受這樣的作風。

【吳輝說明】在這幾天的記錄裏我看到幾個重要的情況：內地新政十年，香港工作初期發生「三一事件」，58年後又發生「奪三權」等事件，與會領導在肯定下面成績、強調中央「長期方針」的同時，嚴厲指出香港工作有「兩條路線」，認為下面「自以為是，經驗主義」，「HK工作幹部思想本質是右的」，「必須從脫離中央方針上回來」；香港幹部則檢討自己是「急功近利」，「小資狂熱」，「對中央方針客觀違背」，表態「一致同意中央方針，一致同意知道中央方針」。「帽子」可謂大，環境可謂非常嚴峻。[1]

6月26日

「劃線」不影響立場，調子、風格還是策略問題。新晚用外電，不是為「公正」，是為了觀眾（讀者）易於接受，新晚的立場是明擺着的愛國報紙。——陳、諸

1. 愛國報紙，有自由主義、風格不影響；2. 在重大問題上，要照國家規定來辦，這是一條界線。——吳

華僑有不少人看祖國是「看廟不看菩薩」，即看國家是否強大，有籠統的愛國主義觀點，對誰來管這個國家不講究，因此在海外只宣傳愛國主義，不強調去宣傳社會主義。新晚不好另搞聳動聽聞的新聞，否則又會犯像斯大林的錯誤。但如搞些新聞故事，如替法西斯翻案，像M國搞到希特勒一套照片做文

---

1 以上取材自《蘆葦蕩中的小舟的博客》 第五章：香江歲月之 11 厚德為本
　　http://blog.sina.com.cn/u/1464353485

章那樣，這樣的聳動是可以的。對民族革命不用支持，用同情態度出現，支持與同情有程度上的不同。——江

黃：

1. 小羅把中東報導(錯的)與新晚劃線並提錯。

2. 劃線問題，愛國立場一樣，但不是掛在口上，因之，報導是從側面的，但關鍵問題上立場、公開態度不掩蔽，正面報導，問題不大，方式可不同。劃為中左可以，為免向大公文匯看齊。地方鬥爭可以不配合。

幸：

劃線本身並不科學，報紙本身立場不必掩蔽，做法上有分工，劃為二線，意義明確就可。做法上大不同。文匯大公國際主義立場明顯，支持社會主義祖國，新晚也支援，報導就不同了。大公文匯新聞來源清楚，新晚外電。大公文匯主要不靠吃國際飯，還報導內地建設，新晚不同。對內地報導，大公文匯主要宣傳祖國建設，新晚不背此大包袱。HK本地報導，便可不配合，大公文匯以後適當配合，不刺激敵人，新晚可不做。這些不同，過去允許，今後也允許。大公文匯調子降，社會主義宣傳還大降，港聞要大大加，對M有策略，慢慢的大降。新聞主要是提高品質，不是政治性。是風格上的，文藝性，趣味性等的提高(有些降)。新晚不是提高調子，某些還是降。中東報導，錯了，但以後這類報導，也不是向大公文匯看齊，要報導從另一個角度報導，客觀點報導，有別於大公文匯，也支持了「伊拉克」人民歡欣鼓舞。新晚語言內地化，不好，以後要改，多用另一社會的語言，取材於中新社，另寫過(這當然很難)。商報，第一版一定要降，因差不多與大公一樣了。晶報要勸勸他(他的思想怕右)。三報是統戰性質的。A元[員]在館內也不能以A身份發號施令，與館內民主人士也是統戰關係。對

學習，社長、總編審號召，行不行，願不願不追，讓他自由主義，業務與執行任務可結合。經理部更鬆些。不搞學習制度。編輯部務虛風氣搞起來。

【吳輝說明】以上取材自《蘆葦蕩中的小舟的博客》 第五章「香江歲月 9 新聞戰線」http://blog.sina.com.cn/s/blog_574842cd0102xcwd.html

9月7日

港澳工委書記區夢覺「作為個人的發言」：

一、對這次會議的估計：第一次各方面的同志來參加詳細討論研究，認真其事。把過去的缺點做了一次批判，端正了作風。不僅會上討論研究，而且看了很多文件。百忙中我們還得到陶書記的指示。

二、對58年的估計：梁威林已總結，得多失少，我基本同意。58年對自由工會成員、對廠商也做了一些統戰工作，對黑社會也開始搞統戰，符合打破界限森嚴的局面，符合長期埋伏、分散積累的方針。雖然在某一具體工作上，有集中、暴露，但這是局部的、暫時的、個別的。群眾的愛國情緒也較以往高漲，當然這不僅是工委下放結果。祖國大躍進，世界形勢有利，是有很大影響。後來一段廣東緊張，有些影響，但，很快過去。總之在祖國、世界的有利形勢下，即使工作上有很大南轅北轍，也改變不了成績是主要的。況且中央抓得緊，工委又不是一意孤行，就更得不出什麼路線、方向的錯誤。缺點、錯誤也是有的，個別鬥爭中集中力量太多，太暴露，如中華、種植工會以統一方式搞了許多福利工作。中華要不要鬥？要鬥，但，提到要衝破法治，這就過分了。我們那樣鬥是不智，

笨的，不策略，有左傾冒險。後來的萬人操，搞什麼紅纓舞，這是小資的左傾幼稚病，小資狂熱，發展下去是危險的。又肅反，內外不分，搬了國內那一套，也是過「左」。這樣嚇退中間落後群眾。總之這是左傾冒險，是錯誤的。不過僅僅是個別的、局部的。其他工作並沒如此，所以不是方向性的。如果全面左傾冒險，成績就不是主要的。

三月會議對我們58年工作有影響。我們思想上也不明確。如提反右傾保守，右的有沒有呢？有，如統戰方面。縮手縮腳，局面打不開。又黨員不多。這點主席及劉少奇同志來時，的確看出了這點。我們也提了要防左，強調不夠。

消極，害怕，這些都是右。但也有左。尤其當時，大家受到國內大躍進影響，已經頭腦發熱，左傾思想是主要的。57年以來，就有苗頭。當時我們沒有抓住幹部思想上這個傾向、情緒，提出注意。雖然說了HK不搞大躍進，但強調了反右，就可能影響到後來的左傾思想發展。

三、HK形勢，EM巨頭會晤後不見發表公報，估計是雙方矛盾擴大，這樣HK是壞下去的，與我們的關係就不敢搞得很壞，只要我們政策正確，不犯錯，這個期間工作環境是可能向好轉多於向壞轉。工委的工作要摸清EM的動向，做黨中央的助手，有系統地研究MA在遠東和在世界的政策，而不是技術的、零碎的材料。工委要安排力量，要通過HK上層做好這些工作。摸清M經濟滲入HK，是很重要的。E是又害怕又有幻想。政治上插手，E是較清楚的，經濟插手得揭露。我們對E，既然是被統治，就不會沒有鬥爭，只是要控制，鬥而不僵。中央同志說，不可不鬥，不可老鬥，不可事事鬥。HK還是這樣。正如主席說：「人不犯我，我不犯人，人若犯我，我必反擊。」適可而止，目的是長期生存，分散和積蓄力量。不在政策上出大

事，我們可以在HK生存下去。

開展統戰工作，要潛移默化，起愛國主義影響。提高後也不要露面，學校也要這樣，工會也要這樣。至於紅工會、紅校、報紙，要能鞏固下來。新發展的不要搞紅，可以灰色，或中落，保持舊的樣子。分散埋伏，不暴露。群眾多搞福利。對外宣傳，過去調子是高了一些，要適當降低，還是愛國主義的方針。社會主義恐怕還是要宣傳，不宣傳是不行的。主要是宣傳祖國的社會主義建設，人民公社，偉大成就。不是在港宣傳社會主義革命，宣傳的方針是要研究的。文匯代表政府，當然要高一些，但還是HK水平。晶報近來高了一些，這不好，過去好，還是回到原來的調子好。報紙不要老講成績，港澳不能浮誇。多搞一些實例，一村，一個公社的發展。在整個建設的發展過程中出現的困難和缺點也可以報導，但不能孤立和誇大缺點。

電影，一面要鞏固進步力量，提高他們，發展一些A元[員]，不要外面派進去，還是要作為統戰機構來做，好好教育那些進步群眾，團結落後群眾。打開圈子，對中落公司要爭取團結，甚至對國民黨的機構也要做工作。說樂蒂和蘇誠壽投敵不對；對資產階級生活方式、意識形態就不要去反對。HK不可能沒有這些東西。吳楚帆有缺點，這也是必然的，但，這也不要求太急，慢慢提高他們；

四、在適當時機，適當發展一批A員。但要做好隱蔽，要符合要求，政治一定要弄清楚。

五、組織，公開與秘密要嚴格劃分。排排隊，紅了的擺在一邊，不要再與灰線來往。灰線，絕對保持下去。以後工作也不能配合，半公開的也要秘密來往，不要集中大樓，不要與公開的負責人來往。看文件，要嚴格限制。HK不能有文件，下面不能翻印，要回來看。交通要分開，不要各線糾在一起。警惕

性要提高，但也不要感到那麼可怕，否則又要縮手縮腳。思想教育也不要搬國內做法，政治思想教育要加強。HK工作幹部思想本質是右的，右的可能大，非無產階級的思想常常容易潛進來，引誘多。我們要經常防止資產階級的思想。領導思想要明白這點：思想本質是右的，工作方法常常表現是左的。HK可以有一套適合於HK的工作方法，但不能鬧獨立性。

六、HK不能大躍進，但是一樣要有幹勁，要埋頭苦幹。做無名英雄，不要出風頭。今後雖不要求什麼配合，但一定時期，也要做些支援祖國的事。

七、工委可以縮小一點。現在是七個常委，三個五個，再研究。省委領導、書記考慮同意。

9月7-8日

黃施明(筆者按：應為黃施民)秘書長：

(一) 對58年以來工作的看法。一、9個指頭和1個指頭的關係。EM關係，「對E不能不鬥，不過算葛量洪十年賬，大集中，這是錯的」，「過了頭，引起他要告我們報紙」。缺點：1. 鬥什麼，不明確；2. 鬥M鬥E分不清；3. 形式主義；4. 增加了E我緊張。二、講了對外工作上的缺點，比如貿易方面佔市場、出版方面、電影發行方面過分冒險。總理年底指示後，我們思想上較自覺地利用自由港，和採取維持自由港的措施，E國人也有感覺，使維持自由港的可能性增大了。三、58年提公開活動，在個別工作上有左傾冒險，書的出口遭到限制和禁止。又如群眾鬥爭過分大、集中，這刺激E，引起他擔心我們把新華社變成第二個政權。四、58年工委下放後，加強了A的領導。下放後還搞了各線配合，這是缺點。58年A的領導核心比過去暴露了，這是危險的。

（二）「要分析錯誤的思想在以下工作上的表現」：

一、在群眾運動上。1. 不區別國內外群眾運動；2. 把進步的群眾運動當做主流，利用這個方式推動一切工作，爭取優勢；3. 把保衛300萬群眾利益作為A在港的工作中心任務。這三樣，今後一定要丟掉。

1. 在HO（港澳）地區還是要群眾運動的，群眾運動是A取得革命勝利的保證、依靠、基礎。因此，要不要是肯定的。但問題是HK如何使用群眾力量。國內是建設高潮，轟轟烈烈，千萬人動手，熱火朝天。HK是半殖民地，又不是革命時期，如果是，那就要國內那種群眾運動。HK現在只是點點滴滴儲備力量，利用來對外工作時，需要分散，深入，隱蔽的形式。在愛國運動方面，在政治運動方面，就要受到限制，因為還是在敵統區。HK需要的是分散、深入、公開合法、合乎社會利益的群眾運動。58年我們搞了那些集中的、國內外群眾運動不分的做法，這是錯的，不需要的。

2. 第二個要扔掉的觀點，那就是廖主任說的「爭取優勢」，這是完全要不得的，不切實際的。想在HK取得優勢，取得多數，而且要進步的、在五星紅旗下的，這是不可能的。工會搞了十年二十年，才13萬人左右（50萬中間落後）。問題不僅在可能與否，而且沒有必要。這形式搞不到，就形成紅孤島，學校也如此。

3. 把保衛群眾利益作為中心任務，錯了。適當保衛是對的，不重視是不對的，但是擺到中心位置就違背了服務對外工作。我們的中心任務是帶HK群眾反M，否則必然結果是：與E緊張，與資產階級緊張。我們的群眾鬥爭一定要服從1. 反M，2. 有利對外；3. 有利長期利用。因此去年把群眾運動擺了錯誤位置，就必然發展成左傾冒險主義。群眾是一發難收的。如果轉

　　　　　　　　　　　　　　　　　吳荻舟遺文選輯

過來，1. 不會覺得把群眾運動放低了；2. 不至於天天鬥爭睡不着覺了。經過這次務虛會，我們就放得開了。

二、擴大公開活動，反M右傾。宗派，關門主義，雖然這是歷史的，但，一是強調進步，祖國的進步，搞公開活動；二是強調資本家右的一面，不從政策上去看他。最後，就把他劃為敵人了。看來58年提反右是錯的。57年匈牙利事件幹部的確有右，但後來穩定下來。所以58年又發展了左，而我們沒有看到，相反提出反右傾，一年都在反右，這就難免發展到關門主義、宗派了。而且海外易左，尤其HK，最多不會殺頭。有山有水有勢。這就更應反左了。到了後來，敢於鬥爭，衝破合法，就更發展了。我們用過高的愛國主義去要求他，甚至用共產黨員去要求，沒有根據階級分析，沒有看到資產階級與我矛盾小(不解放HK)，強調了右搖的一面，就劃他為敵了。

三、社會主義、愛國主義的標準，去年這兩者界線是含混的，一個是搞革命，一個是宣傳總路線，社會主義建設，當然也可以宣傳五千年。

錯誤的根源：一、不嚴肅對待中央指示。57年8月接受反M任務，但沒有嚴肅對待；八月提出宣傳社會主義，愛國主義提高一步，到3月會議就更明顯提出了。工委下放後就更發展了。正如公開活動的發展一樣。二、當時設想雖不想解放HK，但要蠶食HK，造成我們力量龐大，實際控制HK，後來雖中央批評，但未及時澄清，一直貫徹到58年3月。三、沒有嚴肅對待中央方針政策，紀律性差：沒有與幹部反復研究，沒有交底，大量文件放在檔案裏，自己也沒有反復研究。如現在發的，也沒有在會中着重去討論。比方十二月周總理等的指示，也如此。這是「自以為是」，以為是老經驗了。這與在外幹部的態度是很不同的。紀律性是太差了。請示報告也太差了。比如陳澤華

的鬥爭，也未請示中央。又如，外交部來一電話，搞臭E帝，也沒有請示外事小組，就指示下面。8月28日接到，30號才請示中央。四、此外：陳總説，錯誤的根源：1. 對形勢搖擺；2. 對HK地位環境不認識；3. 作風暴露突出。最後，錯誤的根源還有小資的狂熱病、小資動搖性。彭德懷反中央，説總路線是小資狂熱性。他是反黨，我們是離開中央方針，不是狂熱性是什麼？

對會議的估計：會議收穫很大，對HO工作是歷史性的，管的不是一年。會議反復研究中央方針，掌握了務虛武器，HO幹部提高了，接近了中央思想。會中還根據中央精神，檢查了工作上的錯誤和指導思想。也全面摸到中央領導的方法。會議的方向也是正確的，我們根據中央務虛會議上的領導精神，檢查了工作，分析批了工作缺點，觀點，過左思想，總結了經驗，去年工作大量左。

不管如何，批判去年的過左，是必要的。廖説錯的 (社宣、優勢) 要丟掉。

還有一條，工委領導思想統一、有了提高。50天來大家在觀點上交叉，優點，缺點攤出來辯論。結果，政治上是一致多了。雖無強烈辯論，在發言中彼此了解，提高，彼此提高，團結進了一步。工委核心更堅強，更團結。

港澳組1958年一個半人，只要思想明確，還是可以做的。如陳×華 (一事) 未報中央，向中央反映少。對港澳工作的缺點抓不緊，未提要求。重大問題，決定在中央，這條認識不夠。所以工委的錯誤，克服得慢。

其次，脱離實際，如邵氏評為敵我性質，沒有從實際出發，未看他的片子，沒有從階級出發，只聽到結論，同意了結論。對工委的做法，感覺到有問題，但不及時，沒有堅決派人查查，如赤化新界。

工委下放以來，成績是大的，中央、省委的方針基本貫徹了的，有魄力。有些觀點和中央有些不符，不一致。但，堅決，有幹勁，要為A做點事業，這種想法，是好的，主觀能動性是發揮了的。缺點就是策略觀點不強，還有就在某些問題發展了一些左傾冒險。工委核心威信還是高的。經這次會，對中央的方針認識更深了。威林同志的威信會更高，政治思想統一起來。

會議開得成功，中央很重視，派了幸同志來參加。

【吳輝說明】中央外事小組、國務院外事辦公室、外交部、僑委、廣東省委、港澳工委層層架構；統一意志和獨立見解、理性思維和左傾狂熱、紅色和灰色種種矛盾；緊跟，容易犯忽左忽右、消滅階級、大躍進、肅反、太紅太暴露等錯誤；自己發揮，容易犯「客觀上與中央對抗」的錯誤。雖然領導們也從正面評價了香港工作，但是，風雨交加、雷聲隆隆。[2]

2　以上採取自《蘆葦蕩中的小舟的博客》第五章「香江歲月之 12 整風記錄」http://blog.sina.com.cn/u/1464353485

對港澳工人五一觀光團的談話記錄

【絕密】(1966年北京前門飯店)
外辦港澳組吳荻舟同志

五月四日晚上，外辦港澳組召集港澳工人觀光團開座談
會，搜集意見。觀光團反映：香港群眾迫切要求解放，觀
光團成員也有這種感情；對中美戰爭，港澳有相當一部分
人希望不打好，或者認為一打起來港澳就解放了；港澳工
會工作主要困難是工人受資產階級思想腐蝕較深，覺悟
低，等等。爾後，外辦港澳組吳荻舟同志對觀光團作了以
下談話：

剛才，你們談了很多，綜合起來是三個問題：1) 香港的地
位問題。2) 中美戰爭問題。3) 工作方法問題。我簡單談一談。

(一) 香港地位問題

現在我們不解放香港就是因為有美國問題。對美矛盾不解
決，香港的問題就不能解決。

現在美帝國主義包圍我們，北方蘇修對我們關門，在這種
形勢下，如果我們拿回香港，等於得一個黃埔或青島，意義不
大。希望大家身在香港，放眼世界。從香港得外匯不是我們最
高目的。最高目的是面向世界。香港是個放射性的地方，是我
們跳出去的橋頭堡，如果收回來，便關了門，沒用。我們從香
港可以掌握到帝國主義的弱點，可以利用。長期堅持，對我們
有利。這樣子比收回來好。

香港工友們看到生活苦，迫切要求解放，沒有看到世界利

益。我們從無產階級最高利益出發，從世界革命出發，越遲解放越好。甚至香港要比台灣解放得晚，甚至大概要等整個東南亞一起解放。

如果我們在香港的人一批批全被送回來，香港沒有我們的人，失去地位、作用，又是一回事。我們要保持這個點，首先要保持我們的人，長期堅持，長期打算，長期着想。各位生活上苦，工作有困難，但要想到世界上還有三分之二未解放的人民的痛苦。香港工作是世界工作的一部分，要通過香港跳出去。我們大批的東西、書報，毛主席的著作，從香港大批運出去，影響極大。非洲朋友打游擊，東西丟光了，唯獨主席游擊戰的書沒有丟。我們的東西，到香港便能出去 (到蘇聯不成，飛機空着也不給我們運)，外國朋友可以通過香港進來。

你們的工作做得越好、越深，你們就越能生存，不被撐出來。即使美帝打上去，你們身上也沒共產黨、進步分子的字樣，工作做得好，可以隱蔽。少數人被撐出來，大多數還可以堅持。因此，香港地位問題與我們的工作有很大關係。我們政府暫時不解放它，甚至長期不解放它，長期堅持。

(二) 中美戰爭問題

帝國主義本性決定，我們必須長期備戰。帝國主義存在，世界上就有戰爭。既然如此，就要備戰。備戰不等於我們主動去打，打不打，什麼時候打，決定於美帝。美帝能否打得起來，又決定於它的條件。只是我們準備得好，不怕它什麼時候來。

美帝現在騎虎難下，主觀上無法指揮戰爭。我們必須準備他發狂，打進來。

備戰有兩個意義：一是做長期準備，對付美帝；一是準備它突然發動戰爭。

中美戰爭打不打，有兩個可能性：一是打；一是晚打，甚至不打。戰爭的發展，很難説。總之要準備好。

如果要打起來，是否解放港澳？要看我們國家的情況。估計不會用港澳地方作戰，那地方小，英雄無用武之地。如果打起來，你們也不會離開香港，可以在香港堅持下來，就是最大勝利。中央同志説，如果你們腦子裏有期待港澳早日解放的思想，對工作就有害。對世界革命就不利。中美打不打，打起來香港解放不解放，你們不能想得太多，想多了，不安心，對工作不利。

香港作用很大，我們還不想收回來。因為作用大，你們的任務很光榮。

(三) 英國的態度

英國人想長期在香港，但又怕不能長期。他們在香港有油水，我們在香港也有利益，所以在維持現狀這點上是有一致的語言的。他現在也不想搞翻我們。他的目的，是要從香港多拿幾個錢，一年拿幾十萬。我們呢，要拿整個世界。他不知我們的底，怕我們不給他長期。現在多少摸到了我們一些底。

最近，香港正式公佈加了價。港英搞鬼，弄假。他一方面裝民主，説向倫敦反映群眾反對加價；一方面照樣加了價。這是玩騙術。他裝假面子，沒想到卻假出了亂子。「華革會」貝納祺和葉錫恩為了搞假民主，爭取群眾，收買了幾十個人，表面上出來反對加價，誰知後面跟上了14K，黑社會勢力，乘機搗亂，發生了九龍騷亂事件。英國人看到事態再發展下去不成，怕被台灣利用，趕忙採取措施，連機場、電話都關閉了，和台灣斷絕聯繫，甚至還抓了一批可疑的人。中央同志説，香港政府對於台灣的搗亂心裏不怎麼喜歡。因為過去英國容許美

蔣分子在香港搗亂，我們警告過英國政府，記了他一筆賬。加上一騷亂起來，要打爛港英好多東西，又在政治上給他塗污點，影響他的威信。由此，我們在香港工作的可能性很大，必須長期打算，充分利用。當然，英國是想搞我們，但又怕我們。

(四) 工作方式方法問題

要像白蟻一樣做工作，一聲不響，把整個屋子咬爛。要學習白蟻的精神。做到了這樣，便是功夫下到了底。要如此，就要活學活用毛主席的思想。

要學白蟻的話不是我說的，是中央同志說的。

你們這次回來，學了不少東西，有用，但也不能照搬。否則你們在香港站不住。你們不要以為反正身邊有幾十萬工友，隨便鬥他一場不要緊。

你們的生活不要特殊，一定要聯繫群眾，生活上樸素。生活困難一些，為了世界革命，準備挨他十年二十年，甚至一輩子。

個人意見，僅供參考。

(本件發外辦港澳組，廣東省委組織部四處，全總有關領導同志)

1967年聯辦工作情況

(吳荻舟的交代材料)

1968年3月18日

　　港澳辦公室，5月26日成立，我8月5日離開，在那裏工作了兩個多月。我沒有把工作做好，還犯了不少錯誤。現在我把在工作期間，在各種場合提了些什麼意見，出了些什麼主意，分做幾個方面交待如下，請同志們批判、幫助。

　　這裏一定有遺漏，有記不確切的地方，我當繼續回憶、補充。

一、我在各種場合提了些什麼意見？

　　1. 在廖承志召開的幾次會 (及羅、廖召開的會) 上我提過：

　　1) 現在工會提了四個條件，視鬥爭發展，可以考慮提，一定要提 (一) 不准蔣幫利用香港對我搞破壞。(二) 不准英帝利用蔣幫、縱容蔣幫在香港搞兩個中國。

　　2) 對22/5鬥爭，我說過先鋒隊伍 (我機構的幹部) 太突出、暴露，沒有群眾掩護，受了損失 (後來在港澳辦公室與楊、朱等的座談會上，我又說了一次，22/5鬥爭是必要的，地點選擇有缺點，那裏不是鬧市，沒有群眾掩護，損失大了些)。

　　3) 這次鬥爭目的是通過鬥爭，動員群眾、教育群眾、壯大隊伍粉碎敵人的迫害，以利長期充分利用香港，擴大我無產階級文化大革命的影響。(五月初，我對敵人的瘋狂進攻、企圖限制我港澳同胞學習毛澤東思想、擴大無產階級文化大革命對海外影響的陰謀認識不足，所以接到×委、

四處關於膠花廠的鬥爭計劃時，還只是看作一個廠的鬥爭，提了一個意見，送給廖承志批，大意：通過鬥爭擴大我在該廠的進步力量，擬同意××委的計劃，並由××委抓總，×委配合。聽了朱、楊等的匯報，才認識到上述敵人的陰謀。)

4) 聽了關於11/5 (8/5？) 膠花廠被捕群眾的堅決鬥爭，和湧現大批積極分子後，我才認識到無產階級文化大革命、毛澤東思想教育了港澳同胞，港澳同胞階級覺悟的新形勢 (擬辦上述鬥爭方案時，看到該廠積極分子那樣少，工會成員那樣少，對鬥爭勝利信心很不足)，因此在會上我説：鬥爭 (反迫害鬥爭) 只要長期鬥下去，一定會勝利，我同意×委提出來的鬥爭方案，和對鬥爭的看法。

2. 14/6辦公室會上匯報港英遞解27名蔣幫分子出境時，我説過：港英早就破獲了「火花電台」的案子，為什麼選今天 (12/6) 來遞解這批蔣幫出境，我看有三個可能，(一) 怕蔣幫乘我們反迫害鬥爭時搞事，壓一壓，(二) 準備遞解我們的人員出境，想以此搞「平衡」，這是港英的一貫手法，(三) 以遞解蔣幫分子出境來恫嚇我們的群眾，我們不要被它嚇倒。總之港英這樣做，説明它是怕。

3. 沙頭角事件後，有情況反映，港英調到沙頭角代替警察的尼泊爾兵中，有些説「中國好，毛主席幫助尼泊爾建設」。有些説「(僱傭) 期滿了，不續，望早日回國」，士氣很低落。當時聽了，我説港英把尼泊爾兵調到前面來，是一陰謀，如果我們和尼泊爾兵打起來，致他們有死傷，就會影響我尼關係。我們要做尼泊爾兵的工作，要他們不要為英帝賣力。

4. 在16/6會上反映港英示意各教會負責人，要做最壞準備，應付長期戒嚴。我聽了，説，敵人是怕我長期鬥爭的。

5. 在26/6的辦公會上我聽了有些灰色單位突出來，做法不對頭時，我說不要單獨行動，要隨大流，能做到這樣，才不會暴露。

6. 在28/6的辦公室會上，我提辦公室要統一思想，(一) 要建立長期鬥爭思想，(二) 要沉得住氣，(三) 要敢於戰鬥，還要善於戰鬥，(四) 要敢於抓政策、方針。(當時我感到辦公室有一股急躁情緒，領導怕右不敢抓，阻礙了貫徹總理關於「鬥爭是長期的、波浪式前進的」的指示。記得有一天爭論得很激烈，幾乎吵起來。)

7. 在30/6辦公室會上我提：(一) 辦公室會要改進，天天開大會，沒有必要，也無法深入研究問題。要建立核心小會，就重大鬥爭問題做深入討論和檢查鬥爭政策，有了初步意見後，再開大會。(二) 大會的時間要短，匯報急而重大情況，通過方案等，(三) 加強各組的會，務虛，討論本組業務等。

在這次會上我還提醒說，我們要保持清醒的頭腦，對前方才有幫助。

8. 1/7辦公室會上我聽了陳××及葉××的匯報及情況分析 (1. 英警退出多，加入少；2. 港英對華籍警察不信任；3. 五個英國警官受聘後，不來等) 後，我建議加強對華籍警察的工作，加強對華籍警察的民族思想宣傳、政策宣傳。(記得有一次提到澳門同胞中有許多是香港警察的親友，而且澳門的同志已決定通過他們做香港警察的工作，我表示很贊成這個決定。)

同天會上，我還提出：1. 為了長期打擊英財團，為了擴大打擊效果 (擴大財團內部矛盾) 要打痛它，要重點抓海運系統群眾 (工人) 的政治思想工作，利用罷工時間，集中到工會學習毛著，使罷工長期堅持下去 (指已罷工的九龍倉等機構) 2. 研究一下，如何做吊頸嶺 (調景嶺) 蔣幫分子的分化瓦解工作 (當時傳說港英要放他們出來破壞鬥爭，但，他們內部有矛盾。)

9. 在8/7辦公室會上我建議新界漁、農民要動，此起彼伏，達到牽制敵人把力量 (警察、軍隊) 集中到市區去，使市區壓力減弱。敵人兵力不多，有許多控制薄弱的地方，可以展開活動，這樣才能使敵人疲於奔命。

10. 在一次辦公室會上，聽到敵人抓主要的，次要的不大管，我說，這正暴露了敵人虛弱，必須打破他們的陰謀，我們一面要加強主要方面 (指罷工系統) 的政治思想工作，加強活動，堅持鬥爭，一面也要加強次要方面 (郊區、離島、及學生、群眾的) 活動，使敵人難於應付，擴大我們政治鬥爭的範圍，這樣對主要方面堅持鬥爭也有幫助。

11. 在一次會上，聽到一隊學生，自發搞了一次從中環到灣仔的飛行活動 (在時報和工商日報門前集會示威)，我說，這很好，是新的苗頭，要多鼓勵，是群眾發動深入的標誌 (結果)。

12. 對下面這些具體問題，我提了一些意見和建議：

1) 對港英強迫獄中同胞吞食像章、語錄等野蠻行為 (其他什麼罪行也可以)，我說可以通過公開打電話 (用新華總社名義) 要新華社搜集有關材料、寫報道的辦法，加以警告。(羅同意，做了。)

2) 羅和我談到要注意做好經濟開支的賬目，防止敵人在這方面做文章。我說是不是請指揮部考慮成立一個專門班子管好賬目。

3) 銀都被封時，傳說敵人對內部情況很清楚，我提要注意有沒有內奸。指揮部利用被封的銀都搞反迫害展覽，我說這好，你打你的，我打我的。

4) 一次談到將來加提「外交代表」時，我說敵人最怕這一條，有這一條就夠了。

13. 10/7辦公室會上談到談判時機是否已到時，(當時有些傳

説) 我説，我看主和派氣焰是低了，主戰派的氣焰還未打下去，還未到。還要放手發動群眾，堅持鬥爭。

這次會上陳××分析了鬥爭形勢，認為敵人基本上還是維持原有「堅定而克制」的政策。我表示同意。認為「次官」來港，摸了一下，但，新的政策還沒有，戴麟趾回去與此有關。

14. 我和四處的同志研究群眾線鬥爭計劃時，(六月初) 我提過以下意見，×線鬥爭要不暴露×線另有一套，另有一個指揮部，只能在鬥委會的規劃下進行，內部通過鬥委會發出號召，在這號召下起來鬥爭，才能掩護×線組織 (計劃十萬人，分一千個組同時出動在各徙置區，大埔荃灣等地張貼標語等)。十萬人一起出動 (同一個晚上) 很容易使敵人發覺是有組織、有領導、有佈置的行動，萬一有人被跟蹤、被捕，追出組織來就不利了，是否分散，不要一齊行動。後來討論結果綜合大家的意見寫成書面請示。

15. 四處同志反映一個情況，說有些統戰對象 (中國小廠家，據說平時和我們的關係比較好) 向我們試探，罷不罷他們的工。我説，這次反迫害鬥爭是港九同胞一致對外的反英鬥爭，打擊的對象是港英和英資企業。但，這些中國小廠的工人，也要反英，也要行動。要加強對小廠主們的工作，做好他們的思想教育，幫助他們認識一起反英。為了壯大反英的政治聲勢，小廠搞些配合性的短期罷工，一兩天，三四天，不搞長期罷工，並先使他有思想準備，搞配合罷工時先告訴他們一聲。

14、15這兩條都寫報告請示總理，總理口頭 (當面) 答覆四處的同志，同意。

16. 九龍倉等海運系統罷工時，考慮到九龍倉存米不出倉會影響廣大同胞的生活，我提過鬥委會是否可以作出決定，為了照顧群眾生活，定期讓大米出倉。(建議指揮部寫進罷工計劃內)

　　　　　　　　　　　　　　吳荻舟遺文選輯

17. 海員罷工時香港曾提到採用包其收入的方式組織散家駁艇參加海員罷工行列。因為考慮到他們不罷工，無法全部控制外輪的裝卸 (我們能控制的船隻，只佔外輪的百分之二十幾)，罷工聲勢和影響海運不大。對此，我有矛盾，不搞，這些散家駁艇繼續起卸貨物影響罷工，搞，有點「收買」的味道，不但開支太大 (3、4百隻，當時估計每月每隻要3、4百元) 而且政治影響不好。我傾向不搞，但，沒有在大會上說，記得只在群眾鬥爭組談過，好像和羅也談過。(後來未成事實。)

18. 有一段時間，國內群眾配合鬥爭 (支援) 少了些，監督組同志提到這問題，我表示同意，說計劃中各大城市要舉行的群眾大會，是否安排一下。又一次，我說，計劃一下，從澳門到寶安沿邊界線的各市鎮，不斷搞一些支援香港鬥爭的群眾大會。

19. 對澳門的個別做法，我提過不同意的意見 (如訂購500支鳥槍)。其次，我認為當前澳門的鬥爭，該集中力量督促澳葡執行取締蔣幫，落實清除蔣幫的條件。我很贊成當時群眾線清除蔣幫在教育界的力量和流毒。

20. 當港英阻止我副食品從文錦渡入口，或傳說香港機車不過來拖貨卡過境時，我提過發動群眾抗議，並歡迎我方的機車送過去。因為副食品被阻影響400萬同胞生活，這樣做，可以調動廣泛的反英情緒。

港英向我提出要求額外供水時，我提過、並擬議過，是否由鬥委會作為照顧400萬同胞用水 (當時水荒壓力很大)，要求我照顧；我發表談話，接受鬥委會的要求，為了港九同胞用水，同意額外供水，但，不收水費，要群眾起來鬥爭，壓英1. 降低水費 (現在的水費很高，群眾意見很大) 2. 不准供美艦用水。因為，我當時覺得港英向我提出額外供水，是企圖把矛頭引向我們，不供，反動報紙會藉此對我造謠污衊，如果無條件供，又

益了港英。這樣做還可以捎帶打美。

21. 四處送到「漁民罷賣漁獲物給魚市場的計劃」時，我看了計劃中有「漁獲物由國內收購」，曾向有關部門了解，這樣做有困難，報告羅。羅看了計劃，告訴我這條不行，計劃轉給指揮部考慮，但告訴他們「漁獲物不能內銷」。

22. 在一次會上，我提對前一段鬥爭的看法。認為鬥爭是勝利的，十多年沒有搞過這樣大的政治鬥爭，一下能發動起來，已給敵人很大的打擊，在敵人的高壓下，堅持下來，敵人許多措施都失敗了，「滅點打面」也失敗了。至今除煤氣外，其他不敢鎮壓，而煤氣不但沒有被壓下去，反而堅持鬥爭。為什麼不能在這個基礎上，搞出臭鬥爭，進行政治上的較量呢？

23. 在27/6辦公室會上，談到700打甘蔗刀時，我說還是要搞文鬥，同意羅的意見可以搞點破壞生產設備，達到強制罷工，如截斷電源使機器故障等。談到廣州革命群眾提軍管會的意見時，我同意郭××的意見。外交部的同志下去，按大聯合的精神，多談些大道理。(促成大聯合)

25. 羅等從廣州回來後，和廖、羅一起聽了鄭匯報×線情況，(包括對指揮部有許多意見)，我提過，指揮部決定鬥爭計劃時，要多注意×線群眾的思想情況，和意見。[1]

26. 看到報紙公佈四個「鋤奸」對象的罪行和照片，我說這樣便除不了了。

二、我給錢 × × 打過些什麼電話？

12/6決定加速反映情況後，幾乎每天我都和錢××通電話，但，只是反映鬥爭情況。七月上旬 (或中旬，羅去廣州前不久) 辦公會議上才決定由我負責全面向錢××同志聯繫，包括每

1　此段承接上文應該是第24點，但原稿用25來標示。——整理者注

吳荻舟遺文選輯

天的鬥爭情況，電話請示等。過去後一部分是羅自己打的。除每日鬥爭的一般情況，天天反映，有時，一天三兩次反映外，記得打過以下這些比較重要的電話：

1. 電話請示及錢傳達批示等

1) 罷市。外貿部先接到「停供四天」，告訴了我，晚上我們辦公室也接到了，我馬上向錢反映，也向羅反映。

2) 出殯改期。此案作為重大鬥爭部署，報告總理批准。後接指揮部決定延期並改變做法。我報告羅，羅要我馬上報告總理。(這事辦公室起草計劃時，未徵求指揮部意見，有缺點。其過程是這樣：當我看到港英對死難烈士的屍體要採取措施時，我想到澳門鬥爭時，死難者出殯，激發群眾鬥爭情緒，造成對澳葡很大的壓力。所以在組裏提出談了一下，請示羅，羅同意作為一個重點鬥爭[認為是一個政治較量]，提出一個計劃，報告批准後發給指揮部的。這缺點，我應負主要責任。)

3) 海員罷工。指揮部具體計劃報來時，我考慮到我能控制的(有把握罷工的)進出口外輪只佔百分之二十幾，怕罷下去聲勢不大，或有困難，向羅提議是否先罷兩個月，看形勢發展再延續，比較主動。羅同意，並將意見請錢××同志報告總理。原案總理已批准。

4) 關於廣州兩派革命群眾同時開支援大會(有一次其中一個大會宣佈支援鬥爭委員會成立)發新聞稿的請示。兩次稿送到宦×處，宦不能定。記得有一次宦和我商量，提兩個大會新聞都不發，報總理批准同意。一次總理批「既舉行了，不報道，會暴露我們的矛盾，還是照發。」(記得只把支委會成立改掉。)

5) 轉報廣州四處軍管會聯絡員(李××)向總理報告按7/6四處業務管理方案選派的軍代表人選已定。

6) 根據7/6方案，港澳組討論了組內分工，我向錢報了分工的決定後，請示上面誰負責。後錢覆，總理指示成立三人小組管。我知道弄錯了，帶回組裏研究後，我又向錢通電話，將組裏的意見「鬥爭向羅匯報，平時業務向廖請示」告訴錢，請他再請示總理。記得我向錢說完意見時，錢說三思而行，好。後來錢覆，就這樣分。

過了兩三天，我把總理的指示告訴廖承志，廖頗懷疑，說他已靠邊了，問總理什麼時候說的，我說前兩三天。他沒有再說什麼了。

7) 錢來電話要我告訴羅：總理關於軍事方面的指示，我照轉了。

8) 23/7，轉報廣州來電話：「羅、梁關於指揮部請示六個重點機構遇到搜查時，應如何的決定」。

9) 書面請示送出前，凡是急案子，都預先向錢打電話，使他心中有數，抓時間送總理批。這樣的電話有幾次。有時加點說明，如請示第二次撥款時，說明了一些情況 (見後)。

2. 重要情況反映

為了讓錢××同志及時掌握到重要的鬥爭情況，以便總理問起，好報告，這類電話比較多，記起來的有：

1) 每次鬥爭被捕、死、傷人數及累計數。

2) 每次審判、判刑情況。

3) 關於敵人要封閉我重點單位的情報。

4) 薛平被捕、審訊、判刑 (包括梁××為此抗議、外交部支援梁的抗議聲明、新華社總社發表聲明及13/7北京新聞界到英代辦處抗議等。)

5) 槍支、手榴彈上岸情況。此事最早是交通部接到電報，

告訴我後，我報告羅，羅要我馬上報告總理，怕出事（當時正傳說敵人要搜查我重點機構，記得反動報還造謠説港英追查一個大木箱的下落，影射我有武器運進香港）。隔不久，指揮部也報了，槍支數比交通部報告的多，並具體説新華社、招商局等各有多少，還有一挺機槍，我又向錢報了一次。羅決定通知前方，要馬上撤出來。我接到已撤出來時(27/7)我又報了一次。

（關於槍支 [船上護航武裝] 上岸事，交通部反映最早，而且很重視，繼指揮部報告之後，廣州航運部門軍管代表和該部門保衛科科長 [由交通部一女同志陪同來辦公室] 又反映一次——這次我沒有向錢反映，下同。）

（關於已拿上岸的槍收不收的問題，據交通部同志反映部裏討論過，並正式通知我，考慮到來回搬怕出事，決定不收回了。當時辦公室已通知撤出來，我怕引起混亂，沒有把交通部的意見通知下去。撤出後，我告訴了交通部。）

6) 我銀行營業情況。(不只一次)

7) 我對港貿易，及保證供應鬥委會組織專門車隊等。

8) 敵人對我主要幹部 (王、崔) 突擊檢查，及楊、朱等自京回港遭港英留難情況。

9) 沙頭角鬥爭，敵我死傷人數，鬥爭情況及一百多人避入寶安的情況。

10) 有關部門反映我和平書店經理攜帶一份名單被竊情況。因怕引起連鎖反應，向錢、向羅反映外，還由辦公室請指揮部查告原委。

11) 罷工、罷市 (規模、情緒、敵人對此的重大措施等) 情況。

12) 紅校 (培僑、香島等) 師生被捕情況。

13) 上層統戰人士動態，港英對他們威脅等情況。

3.與錢通話，有沒有提過個人意見？

　　1) 記得撤回「限時放人」的報告時，我說完羅 (剛從廣州回來) 要重新考慮的意見後，錢和我談起現在有無條件時，我說沒有，錢說是呀，達不到，提出去不好。(辦這案子時，我也贊成，不過當時大家也只是考慮到採取強硬的態度壓一壓它，沒有估計到條件的問題。所以羅一回來，我建議撤回。羅同意並在會上說已撤回，大家也沒有意見。)

　　2) 六月初，總理7/6召開會之前，有一次錢要我到他那裏，談起鬥爭的看法時，我說要長期鬥，長期鬥才能拖垮他，我們要邊打邊發動群眾，也要長鬥。

　　3) 第二次請示1000萬，書面送出前，我告訴錢時 (27/7)，我解釋了一下，說罷工工人不好去出糧 (領工資)，怕吊銷工作證 (等於開除)，所以估計每月要一千萬。

　　此外，記不起還提過什麼個人意見，有時閑談幾句是有的。

　　辦公室會上或羅決定的一些具體問題，有時，我覺得比較重要，告訴錢，有時疏忽，也有未告錢的。如羅同意幫助下面解決一些配置爆炸物的技術問題。

三、參加外單位來開的哪些會，提過什麼意見？

　　1. 交通部、外貿部、海員工會開了一次國內港口支援香港海員罷工的會，我、薛、董參加。我中途有事離開。會上我同意外輪如破壞罷工後來到我港口，「拒載不拒卸」，因為我覺得來的物資是我們建設上需要的，但不給貨 (出口物資) 載，是船主損失，「期租船 (我們租來的外輪) 一律不去港」。(當時談到有些船用油 (原料) 國內有困難，討論後也解決了。)「船的維修也不去港」等。

　　2. 交通部遠洋局、外貿部運輸局為了解決如我遠洋輪到英

國港口遭到報復如何辦，開了一次會。我參加。我同意，發生這樣的事，堅決鬥，不行便把貨卸到其他國家的港口。記得我加了一句，一切損失由英國政府向貨主負責。(當時我想，貨是我賣給英國商人的，英國港口拒卸，把貨卸到其他港口，損失由英商向英國政府要，可以引起他們內部矛盾，有利香港鬥爭。)

3. 廣州來電話問去港船隻張貼支援鬥爭標語問題。我提了意見，報告羅同意，船上可以張貼，但，不要上碼頭、街上去貼。

4. 銀行來匯報過三次業務，一次在港澳組，一次在外交部 (15號)，還有一次在港澳辦公室。還打過一二次電話，問情況。

5. 廣東海運部門軍代表和保衛科長，由交通部一位女同志陪來，談了以下幾件事：

1) 某烈士屍體處理問題，我把指揮部和羅的意見轉告他們，並請他們火化後保存好。代表說，不必馬上火化，可以繼續浸在××醫學院解剖室藥水池裏。

2) 有些船沒有護航武裝問題。我向他們了解，知道護航武裝一向由交通部向有關領導部門請示決定後，我說，還是按過去辦。如交通部報告上去後，有關部門問到港澳辦公室，辦公室可以提供一些要加強護航的情況。

3) 關於槍的問題。他們談了香港同志要槍的情況，我插了些話。說到中央有指示，他們一定照辦，這次香港同志要槍，船上抽了×支槍，×枚手榴彈給香港同志時，我說，槍是香港同志為了自衛，決定要的。中央沒有指示，有，一定經過這裏轉，這裏沒有轉過這樣的指示。他們提到船上同志抽掉一部分護航武器給香港同志，他們事先不知道時，我說，大概是船上的同志們聽到、看到港英殺害同胞很氣憤，岸上的同志為了自衛，要得又很急，出於同仇敵愾，未及請示就給了。

談到今後，我想到羅對「給武器問題」十分慎重，一直下

不了決心，已拿上岸的還要撤下來。我說，護航武器是船上的自衛力量，船上同志支援香港同胞反迫害鬥爭，這很好，但，今後如果岸上再要，還是請先告訴我們，讓我們請示後再給。記得我這裏還插了一段說明武器要好好管理的話。

他們還說到梁社長(應該是說梁副社長)參加三省(閩粵桂)航運會議時，決定經常要在深圳碰頭，還說他們天天有船來往港穗，聯繫很方便，鬥爭情況很清楚。還說還有許多具體問題要談，我因為不了解，怕弄錯，要他們回廣州找梁社長等直接談，告訴過軍代表，他們在廣州。

他們還談到，這次抽了一部分武器給香港同胞後，有些船的護航力量薄弱了，這次想解決補充的問題。這問題，我沒有提什麼意見。

最後他們問我，如果有事，可否打長途電話？我說，如果事情很急，來不及通過交通部轉，可以打長途電話，否則，還是請交通部轉告我們。

這次談話，交通部同來的女同志可能有記錄。她的姓名都忘了，問問該部水上運輸局(？)幹線組苗同志，他是管港澳運轉的(該部電話分機064)。

6. 招商局李副總經理來談過一次情況，也是由交通部的同志陪來。說了一些香港群眾鬥爭的情況，群眾的鬥爭情緒外，他具體地談了兩個很生動的例子。1. 該局一位職員反映，該職員有一位親戚自動組織了一隊人，參加遊行，被懷疑。2. 該局一位職員反映，他的鄰居是一個後備警察。告訴該職員，有一次他參加鎮壓，站隊時，警官徵求會照相的，他不願打中國同胞，馬上舉手答應「會」，就避免去鎮壓同胞了。他還說，把我的號碼記住，如果你們看到我鎮壓，你們就打我一拳，我就躺下，裝負傷，我不願打同胞。

我聽完覺得這些事例很值得注意，要李××回去向領導反映。我還說，要注意、警惕，但要觀察，不要把自發參加反迫害鬥爭的群眾和敵人佈置進來搞亂、破壞的特務混起來 (當時也有這樣的反映)，還說，可見警察工作要做。

7.[2] 朱××告訴我，指揮部考慮過，當一切聯繫都被截斷時，使用船上的電台。我向羅研究，我說船到港內，電台是封起來的，招商局的船上電台，一向是沒有封的，只是在港內不使用。但，我想緊急時，可以考慮使用一下。羅興趣不大。我正擬向交通部了解時，原來他們已經接到報告，並已研究過正要來找我，我請他們來 (電話裏沒有談，是說有事來談談，來了才知道是為此事)。

他們 (來兩人) 說梁×× (副社長) 到廣州參加正在廣州開的三省 (閩粵桂) 航運會。提出三項要求，1) 每天要保留兩隻船 (大的內河、或沿海走的輪船) 在港應急，2) 必要時使用船上電台，3) 三省船舶建立統一組織，由指揮部指揮 (這條記不確切了)。還說，研究過，正寫報 (告) 請示。

我對1、3沒有提什麼意見，只問每天安排兩隻船在港，有困難嗎？他們說可以安排。對2我提了一些技術問題，比如為了避免麻煩是否可以把大船停在港外，派交通船聯絡，或接到緊急情況時，馬上起錨把船開到水線 (海上邊界) 外發報，以及密碼要保證安全等。

記得，他們還反映說要在深圳–香港間建立通話站 (我不大懂，大概是短距離無線電話之類)。

8. 與外貿部劉今生通過多次電話，多數是他打來，主要是反映外貿情況，有時我也把鬥爭情況 (有關係到外貿的為主) 告

2　此段承接上文應該是第7點，但原稿用7來標示。第7–11都如此。——整理者注

訴他。其中來過三次徵求意見的：1. 業務部門反映，港英放寬大米進口額（包括泰、緬、我等）問是否接受（即增加輸港大米額度），我說，這是敵人因受市民購存（當時市民普遍存糧，引起米市緊張），感到壓力很大。這與鬥爭雖有關係，但，又是出口業務，牽涉到今後我大米輸港配額。我請示羅，羅同意由外貿部請示。2. 華潤建議撤銷趙聿修和×××（名忘，二人都是簽字登報支持港英鎮壓的新界士紳）作為我大米進口的代理商資格（即對他們停供大米）。問我意見，我說，這對鬥爭是支持，警告那些洋奴，我認為華潤的建議可以考慮。我把這意見請示羅，羅同意，還是請外貿部請示決定。3. 有關出口公司接到香港急電，要求即付700打甘蔗刀，問是否發貨。我說，未知何用，我未接到報告，請先弄清楚，是鬥爭用，還是出口貿易，但，先可押一押。回答是鬥爭用，刀已在途中。我報告羅，是否截留在深圳？羅同意，我告訴劉，截留在深圳。

9. 關於罷市問題，外貿部要求開一個緊急會研究一下。由於罷市報告來得遲，業務部門感到措手不及，頗有為難，辦公室也是罷市前一天晚上接到，只用電話報告總理。

會上外貿部匯報了情況，說事前沒有佈置，各地輸出物質還是源源到達，深圳活豬已積壓一萬七千多頭，豬圈飼料都發生困難，等等。問「保證供應」政策是否已改。羅加以解釋，說明未改，還說辦公室知道也很遲等，加以解釋。

我在會上提，是否馬上通知各地，輸出物質，到達各站，就地停下，繼續向口上來，壓力太大，引起很大損失不好。

10. 7/6晚和朱、楊、馬、劉、呂（軍管代表）談指揮部組織問題。談前我傳達了總理關於鬥爭中要注意長期工作的指示（是下午大會結束後，和四處的同志一起聽的）：

1) 這次鬥爭要注意長期工作，不要把所有的力量都暴露出來，都使上去。

2) 在港英要害部門的力量 (四處同志提到機場、在港督身邊的點子) 不要動。

3) (我想到1965年祁×、李國霖、張振南在北京談過因為我工會海員不願去西貢等地，放棄了許多陣地，並作出決定我海員不要放棄走西貢、台灣等線的船。我將此向總理報告並提出請示這次鬥爭是否也不要動？) 在美國機構、船上的力量不要動。

我傳達後，還問四處同志有什麼補充。

談指揮部問題，我是根據「關於香港鬥爭的方針和部署」中所提「兩委協商組織指揮部」的精神找他們談的 (本應找羅等一起談，但，太晚，明晨他們又走了，所以我找他們兩方一起協商)。他們協商的過程中，我插了幾句：1) 談到指揮部的性質，權力等時，我説，指揮部應該是一個權力機關，相當於臨時黨組，這次鬥爭總理親自抓，這樣，我體會，指揮部就是直接向總理負責，統一領導這次鬥爭。重大問題經過民主集中，做出決定後，直接報中央 (經過港澳辦公室) 請示。我認為這樣的戰鬥體制是最簡捷的，緊急的問題，總理還同意用電話請示。2) 既然這樣，×委和四處就不是指揮部的上級領導，指揮部的決定就不要經過×委和四處核轉了，否則，周轉就慢了。3) 當然×委和四處還是要關心，提意見，保證鬥爭規劃的實現，組織保證，保證中央關於這次鬥爭的方針、政策⋯⋯的貫徹，取得鬥爭的勝利。

談到過去一段鬥爭，四處上下通氣很慢，四處同志說明關鍵在哪裏，並提出改進措施後，我問，這樣能解決問題了嗎？

朱説能。(有人等他，説完就走了)

最後，朱、馬、劉、呂都走了。(這時楊也回到自己的房

間，只我和他一起)楊説，這樣做，我懷疑鬥爭的力量是弱了。

我説，那麼，是不是再找他們來談談呢？

楊説，不必了，這是我個人的意見，只要×委加強掌握就行了。(實在也太夜了，已快一點，明天又要上飛機)

我説，那麼，請你回去告訴×××和××同志，請他們研究一下，提一個意見報上來。

11. 在五月中，林、胡來匯報情況(廖召開會議那次)時，他們反映了一些情報(在港澳組)，我提，今後也送一份給我們(外辦)。

四、和指揮部、四處打過電話、提過什麼意見？

1. 我和指揮部沒有直接打過電話，提的意見都是辦公室會議上通過，或請示過羅後，作為辦公室的意見發。

2. 和四處通過幾次電話：

1) 與軍管會聯絡員李××通過兩次電話，兩次都是他打來。一次他告訴我廣東支委會組織計劃，報告送批後，發生了兩派革命群眾對此有不同意見，作罷。另外一次是為了報告派到四處(按7/6方案)的軍代表名單。

2) 24/7和林×通過一次電話：(一)了解海員罷工情況，(二)走越南的外輪能罷工的有多少 (考慮如多，準備請示也罷它幾條，打擊美帝對越南侵略的軍運)。(三)大搜捕我有無損失 (當時積極分子名單集中在工會，雖曾通知馬上處理，但，傳説戴麟趾回倫敦帶了五百個名單，擔心上述名單已落入敵人手中，大搜捕中受到損失)。

林説他明天就回穗，情況告訴鄭，我説好。

此外，就是在港澳辦公室成立前，五月初，批覆膠花廠鬥爭方案時，打過電話，把廖的批示告訴他們。

記得其他就沒有了。

五、和劉寧一的秘書打過兩次電話

這兩次電話，都是為了撥款支援鬥爭，要用全總的名義。第一次羅説，提方案時，未徵求過全總的意見，方案批准了，趕快打個電話告訴劉寧一一聲，並問問如何送支援電稿給他看。

第二次也是一樣的情況，撥款報告批下來，要發表了，才給他的秘書打電話。

兩次電話內容都差不多：我先告訴他為了支援鬥爭，已批准撥款一千萬 (兩次兩千萬)，要用全總的名義。我們擬了一個支援電稿，想送給劉××看，如何送？

兩次接話都是一位姓段的秘書。他回答都説報告劉 (有一次説劉在醫院)。約隔一會，回話，説，劉同意，支援電他不看了。

第二次回話時 (記得是沙頭角事件後，劉參加在老外辦開會討論進一步鬥爭方案之後) 段説，劉要他轉達，他對過去鬥爭情況不了解，要一份各階段提出的口號，請兩三天送給他。

我接完電話後，便告訴秘書組，記得我還説索性弄一份比較完整的，我們看了也忘了，搞一份資料，送給總理、陳總等領導同志，我們自己也留一份備查。

整理的過程，有一晚上，我問了一下，整理得怎麼樣了。記得段沒有來催過，是我想到就這樣問了一聲。

以上交待，請同志們審查。

吳荻舟1968.3.18

幹校日記

1970.9.9 – 1971.10.27

(僅錄其中涉及香港部分)

1970年9月9日

上午拉草積肥，我爭取拉，上午一共拉了十七車，中間班上要我到十號地叫小劉回來打鐵。我覺得拉比裝的活要重，所以我爭着拉。

下午運動，批極左。歐陽檢查了在港澳辦公室受極左思潮影響的情況，其中有些事，我連聽也沒聽過，雖然我當時是辦公室的一個小組長，也是領導成員之一。

這說明那時，一些所謂的造反派，現在看的很清楚，其中有些已被王八七[1]牽着走了。

比如歐陽說，沙頭角事件時，他到深圳，要駐軍收回沙頭角，軍隊不同意，歐陽還批評解放軍，說他們軍事不服從政治。又如，他在小鄭的指使下去參加《人民日報》社的什麼人召開的會，要港澳辦公室的人檢查宣傳報道上右的情況。

還有更使我吃驚的是，鍾瑞鳴說，有人偷偷地，在送港澳的某負責同志出去時，把劉寧一在一次會上說「要搞得新界稀爛，打得香港混亂」之類的話，告訴工委。當時劉只是個人的意見，未經總理批准，也不能作為指示傳下去。

鍾還說，總理要第一手材料，我沒照總理的意思辦。指的是在六月初（一九六七）總理通知要找×委和××委（工委和城

---

1 王力一九六七年八月七日講話，讀者有興趣可上網查到一些當事人的回顧，觀點極不相同。——吳輝注

工委——吳輝注，下同）的同志上來匯報，我通知了，兩方面都派了二至三四位負責人上來，當時鍾提出××委的張、劉不了解情況，要找第一線的人回來。

我當時並不了解張、劉是否掌握到確實的各線力量，總以為這些都是××委的負責人，他們應該是了解情況的，加之，不知總理哪天接見，到第一線找人回來不易，也未必了解全面情況。所以沒有要他們叫下面的人上來。

她這樣簡單一句話，不知底細的同志聽來，我不執行總理的指示，罪名何其重。其實，當時只是她提出，我未照她的意思改，這點，我事後知道張、劉的確不是全面了解情況，也只是「線頭」，或掌握大致的情況後，我已做了檢討。她還說，「總理點了你兩次，你還不認識錯誤！」我的確不知道總理點過我兩次。

我覺得，情況必須擺明，說話也不應這樣簡單，我是不相信黨會片面地對人的錯誤隨便做出結論的，但鍾同志這樣不加分析地扣人一頂帽子，還是不好的，經過文化大革命，她還是這樣，只以為自己正確，不全面看問題，不深入了解一下情況，就這樣亂下罪名，我覺得她是一點改變也沒有，這是不好的。過去，她就只以為自己什麼都對，偏激，輕易扣人帽子。

我決定先找少數同志，我做一次檢查，如他們認為我那樣談不會洩密，我就再在班上做檢查，我是要爭取這機會檢查一次，好讓同志幫我進步。

歐陽的檢查，沒有通過，還要來第二次。

1970年9月10日

上午繼續積肥，由於昨晚下雨，路滑，我量力，拉不動車（雖然二人一輛，我未試過，可能拉不動）我擔負裝車。其實，

今天草濕，很重，勞動量也很大，我搞了一個上午，三四層衣服都濕汗了。

下午運動，我提出了先在小範圍檢查，「批極左」。高同志這樣做，我說，我也爭取這個機會，請同志們幫助。後來高、歐陽又找我談，鍾也在，最後決定我先寫出來，讓少數人先看看，哪些可在班會上說，哪些不能說。

寫時可以把方針和具體做法寫出來，談時不要談，檢查思想時，也只說「這點，或那點和中央的或總理的指示不符，或違背」。寫的，一是自己的思想檢查，二是揭發。

談時，鍾提到總理點了兩次，我還不認識自己的錯，我說，我沒有聽到。後來弄清楚，原來所指的點名，只是在第一次總理聽匯報時，問到××委匯報數字時，總理問，××委匯報的力量（數字）確實嗎？能組織起三個高潮、能堅持嗎？如果港英從台灣、從新加坡找工人怎麼辦，你們考慮到嗎？並不是另外有什麼地方點名批評。當時我相信××委幾位同志的匯報，認為港英不可能從星、台找這麼多人來，肯定可以組織起三個高潮來。後來，逐步發覺××委的同志匯報的力量不可靠，罷工堅持很吃力，有的未能完成罷工的計劃，比如有一個工廠計劃罷工三天，結果兩天就復工了。所以我一開始雖然相信他們所報的數字，但，我還是主張只宣佈定期罷工，一可以起可以落，符合此伏彼起的方針，二萬一罷不下去，復工也比較主動。這點，和×委的思想不一致，也和外交部的劉、江[姜]等不一致。

我聽信××委的匯報，肯定得太多了，影響了總理下決心，使後來鬥爭陷於被動，是對黨對人民，對總理不負責任，我完全同意鍾瑞鳴同志說的，這是犯罪。不但因此招致經濟上的損失，更主要的，更嚴重的，是招致了政治上的損失，在港

英面前暴露了我們的力量上的弱點，他就更敢於迫害我們了。

我決定星期天前寫出來，希望在莫瑞瓊回來後請她也參加聽我的檢查，好讓她也來幫助我，認識在這段工作上的錯誤，我是要堅決繼續革命的。

1970年9月12日

晴，氣溫上升，中午已感到熱，無風，但賀蘭山蒙上一層沙「霧」，可能轉颱風。

上午摘韭菜，中午我放棄休息，寫材料。

關於在報上、群眾中揭發 (清算) 港英百年來侵華罪惡，增加對港澳同胞反英情緒 (思想) 是不是「極左」呢？這點思想上還不很通，一九五七年反葛量洪時也揭發過，雖然後來也認為那次反葛鬥爭左了，但，在這點上只批評在揭發時材料有些不真實和人身攻擊多了，未說不該揭。

六三社論的確「左」了 (我還同意香港方面組織學習)，對後來鬥爭上發生「左」的錯誤，是起了點火作用的。當時我只覺得該社論調子高，在宣傳上起鼓舞、打氣的作用，是對鬥爭的聲援，未認識到它的錯誤，更不知道是反革命兩面派王力之流的陰謀。說明我的路線鬥爭的覺悟太低。

下午運動沒有佈置，我繼續寫檢查。有個思想矛盾，在港澳辦公室工作的時候，對那次反迫害鬥爭中出現的一些左的，違反長期方針和總理關於這次鬥爭的指示的事時，我還是站在長期方針和總理的指示提出不同意的意見，有些我是設法加以阻止，或背後和羅[2]一起研究，取得同意後加以阻止了。

比如把地下線力量集中使用問題，訂購七百打蔗刀問題，未經請示使用武器問題，及限期英帝放人的請示問題等等。

2　羅貴波。──吳輝注

寫不寫，説不説呢？記得昨天（或前天）當我提到撤回限港英四十八（二十四）小時釋放被捕人員向總理的報告時，歐陽馬上批評我，你別老誇這個功勞了，鍾就更片面性地批評我「你在這次鬥爭中，從極右走到極左，還不認識，知不知道點了你兩次！」（後來才知她所説的總理點我兩次，一次是當四處的同志向總理匯報主觀力量時，總理聽了提問「你們把現在的情況『主觀力量』和省港罷工時的比較過來，你們考慮過如港英從台灣、新加坡找工人來代替我們的工人該如何對付了嗎？」及一次指沙頭角鬥爭某方面有右傾的情況。）

我覺得如果寫了，不又是擺功嗎？可是，談到極左思潮影響那次鬥爭的危害性時，不談這些如何説明它的危害性，提高我們對它的憎恨，和提高我們對路線鬥爭的覺悟呢？最後，學了最高指示，認識到要「實事求是」要「如實地反映情況」，還是決定簡單地提一下。我既沒有擺功的思想，就不怕，要相信群眾相信黨。

1970年9月23日

上午天天讀，陳同志自我批極左。聽了最近幾位同志的自我檢查受極左思潮的影響犯了錯誤的發言，一方面覺得兩個階級、兩條路線鬥爭非常複雜，尤其階級敵人像王關戚、楊俞傅[3]、肖華之流，兩面派陰謀家，以左的面貌出現，抓住「紅旗」反紅旗，的確在我這樣階級覺悟不高的人很難看清楚。

記得外辦的革命群眾很重視王關戚講話，向我們這些中層領導幹部傳達時（當時我已隔離反省，住進外辦有五六天了），我聽了覺得這只能是對青年同志的鼓勵，起進一步發動群眾的需要，不是能拿來落實的，外辦的權是不能奪的，這總理早就

3　應為楊余傅，指楊成武、余立金，傅崇碧三位將軍。——吳輝注

　　　　　　　　　　吳荻舟遺文選輯

說過，而且很強調，這是黨中央的權。可是一點看不出這是一篇黑話是一個陰謀，要打倒毛主席的戰略部署，證明自己路線覺悟低。

一面進一步體會到偉大領袖毛主席的英明，記得在一九六七年的九十月間，在財辦的院子裏的大字報上看到毛主席視察華北、中南和華東時的指示說，現在是你們年輕人犯錯誤的時候了，及文化大革命是群眾自己解放自己教育自己的革命。過去我對這話不很了解，聽了革命同志 (主要是青年同志和一般幹部) 批極左的自我檢查，有了進一步的認識。

一月奪權後，尤其一九六七年三四月以後，極左思潮氾濫以後，派性鬧得很嚴重，寧左勿右，左點比右點好等等錯誤的思想干擾着毛主席的戰略部署，比如無產階級司令部、毛主席一再教導要大聯合，要結合，可是就不聽。

現在看得很清楚，階級敵人 (五一六反革命陰謀集團等) 就是利用了這些極左思潮作掩護，去干擾毛主席的革命路線。毛主席那句話，是有着很大的針對性，預見性。現在大家都因為犯了極左的錯誤，在檢查犯錯誤的思想根源，世界觀，總結經驗，吸取教訓，反復自我批判和互相批判，這不是自己解放自己、自己教育自己嗎？

1970年9月26日

近兩周聽了幾個青年同志的自我檢查受極左思潮的影響犯錯誤，給我的教育很大。階級鬥爭非常複雜，正如偉大領袖毛主席的教導：「切不可書生氣十足，把複雜的階級鬥爭看得太簡單了。」

過去我就是看得太簡單，在港澳辦公室工作期間，像劉作業、姜海等搞極左，甚至直接受王關戚之流的操縱，妄圖通過

破壞香港的反迫害鬥爭來反總理，可是我只把他們的做法看做是對長期方針不了解，因為他們不是一向搞港澳工作，雖然姜海是在香港工作過的，但，他是一般幹部，我也認為他是不了解長期方針。以為只是一個掌握政策不穩的問題，儘管會裏會外爭爭吵吵，也看到他們一些「左」的做法，卻總沒有提高到階級鬥爭、路線鬥爭上來看。現在回過頭去看，比如劉到廣州，竟沒有得到同意就把總理提到沙頭角某些做法(指撤槍)右了，去告訴駐穗部隊，引起對方很緊張，可能就是挑撥、離間中央和地方的關係。

1970年9月27日

今天天天讀後，8–11:30繼續開謝的交待和批判大會。同志們揭發的一些事，聽了真使人大吃一驚。比如章××在總部會上說××是「對總理要策略」，對領導同志，無產階級司令部的參謀長，能用這樣的手段嗎？又如，搭棚揪廖(廖承志——吳輝注)，謝打電話給錢××，錢說你們那裏清閒，我們這裏就麻煩了，聯想到總理在一次會上很感慨和非常耐心地說，已幾次要他們不要在中南海外面用擴音器晝夜叫喊，就是不聽，令到領導同志和我睡覺和辦公都不能安靜了(大意)，心裏很難受。

錢對謝那樣說，不很清楚，如果對總理，對領袖有無產階級感情，能在揪劉的棚拆後又來搭棚揪廖嗎？至少今天回過去看，是嚴重的錯誤，何況當時總部召開研究這個問題有同志已提出那樣做是對總理施加壓力，為什麼不加考慮呢？還有為了批陳給總理寫報告要到檔案局查檔案，總理沒有批，竟以為了辦案去看檔案的名義騙取檔案局的同志同意進去看、抄檔案，這是很嚴重的錯誤，加之抄出來東西，現在不知去向，這就更加嚴重了。等等等等。

1970年10月3日

在一九六七年的香港反迫害鬥爭中，在掌握鬥爭的政策方針上，首先一個問題，就是我們的鬥爭和長期利用的矛盾。鬥爭必須服從長期利用。這是基本的、不能動搖的出發點。其次在這樣的原則上，我們開展這一鬥爭，並要取得勝利。當時我思想上是明確的，只能是政治鬥爭，只能是當地群眾的鬥爭。不管是罷工、集會、遊行示威、罷市……都是政治鬥爭的一種表現形式。

同時，思想上也很明確，不馬上解放香港。但是，當時受到極左思潮的干擾，和因為澳門反迫害鬥爭的勝利的影響。結果我在鬥爭目的上，同意了×××委提出來的意見。而在決定鬥爭策略上，因對港英和澳葡這兩敵人的具體情況和主觀力量情況未加以分析，所以當極左分子干擾時，×委提出一些過左的做法時，自己心裏也無數，不敢堅決地反對，有的他們未請示做了，也不敢指出並向領導反映，提出及時批評。

尤其我對王力之流，利用了極左思潮的掩護，陰謀反總理，妄圖通過破壞這次鬥爭，而倒總理的嚴重的階級鬥爭，由於自己路線鬥爭覺悟不高，看不出來，結果，當劉、姜達反總理的指示時，我雖然也感到不對頭，提了意見，但，一面又覺得他們不會在原則上反對鬥爭的長期性和波浪式前進這一基本方向的，而只是個別具體問題上和自己的意見不一致而已。

由此，我除了一些嚴重違反長期方針、搞到被迫被動上馬的做法，加以阻止外，對那些具體鬥爭方式只要是「總部署」上有的，即使感到有問題，就不加反對。或認為不要「干涉過多」使他們束手束腳，就不在領導提出阻止，或，只提一下就算了。比如海員罷工，原批計劃是「定期的」，而且當×委報

回來已宣佈「長期的」時，我向羅××反映了，羅未説什麼，我也就算了。

現在回過去看，實際上我只是看到一些具體鬥爭不對，卻看不到他們在另搞一套，即看不出鬥爭中的路線鬥爭這一主要矛盾。

關於這一鬥爭，我要好好總結一下。

1970年11月16日

晴。氣溫9°c左右。

今天我利用補假寫了一天總結檢查香港反迫害鬥爭。

這兩天，我一直在想：「香港一九六七年反迫害鬥爭總部署」是否合乎客觀規律，我們既是主要矛盾方面，鬥爭如何才能保持始終主動，我初步看法，「總部署」是有問題的，是和黨的總方針有矛盾的，主要是如果按總部署鬥爭下去，可能搞亂我們長期充分利用，因為他的鬥爭目的是要港英完全低頭，接受我們的全部條件，自己把自己的手捆起來，他是不可能接受的，所以如果我們堅持按方案(總部署)鬥下去，即使主觀條件(罷工工人和群眾的組織、動員、鬥志等等，包括生活)能堅持下去，目前我們既不解放香港，港英的力量又比我們強，(毛主席教導我們，「有時候有些失敗，並不是因為思想不正確，而是因為在鬥爭力量的對比上，先進勢力一方暫時還不如反動勢力那一方，所以暫時失敗了，但是以後總有一天會成功的。」這只是指將來解放香港時，如果我們當時是決定解放香港，就可以這樣堅持下去，在鬥爭中宣傳群眾、組織和動員群眾，改變雙方力量對比，去取得勝利，否則，就要有理有利有節)堅持下去，就會出現不利我們利用的、長期的僵持局面。

何況，按「總部署」加上受極左思潮的干擾，鬥爭不可能

實現總理指示的鬥爭方針：「長期的、波浪式前進的、也就是此起彼伏的、有理有利有節的」鬥爭。而是一股勁加碼(實際很難繼續加上去)，那就必然陷我於被動，違反黨中央長期充分利用的總方針。

那麼怎樣做我們才能始終處於主動地位，實現總理關於鬥爭的指示呢？我這幾天，一直在想這個問題。也就是怎樣的鬥爭計劃和辦法才對呢？初步有這樣的設想。即，還是以膠花廠一個的鬥爭為好。但，全面此起彼伏地以定期的、視各線、各單位的主觀力量起來鬥爭，表示同情，聲援它，而長期鬥下去。

鬥爭目的是一樣，擊退港英對我進步群眾學習毛主席的著作，阻止和削弱我文化大革命對港九同胞的影響。港英如此採用打擊迫害一個廠來達到他的陰謀，我們以全力支持取得一個廠的反迫害勝利(這是可能的，膠花廠不是港英官方的廠，是私人資本的廠，它在相衡之下，可能犧牲一個廠的利益，也就是說，我們可能取得勝利。

我決定在總結檢查上，把這作為經驗教訓寫進去。

1971年1月1日

晴，溫(下午) –13°c左右，天天讀「關於路線鬥爭」

上午在家，完成了解剖港辦路線鬥爭一段。下午繼續翻倒胡蘿蔔[4]，我讓李華多休息。晚上自學，讀了「論路線鬥爭」關於一九三三年至一九三五年反左右傾機會主義部分。

毛主席指出左傾機會主義的錯誤是「由於不認識中國革命是在半殖民地的資產階級民主革命和革命的長期性這兩個基本特點而產生的」這點。我聯想到在香港工作上，也出現過這樣

---

4 吳荻舟此時負責管菜窖。——吳輝注

的錯誤，雖然還沒有發展到在較長的時間內一貫如此的成為路線的嚴重錯誤。

比如一九五八年的「左」的錯誤，盲目地在一年內搞了幾十次大小鬥爭，而且主要的鬥爭都是反港英的，這與中央「以反美為主」的方針政策 (實際上是毛主席的策略方針) 是不符的，違背的。嚴格說來就是路線上的錯誤。一九五七年冬提出要在香港澳門搞社會主義教育 (中央是提愛國主義教育)。但，根本性的根源是沒有區別香港澳門與英葡統治下的殖民地 (指對英的鬥爭)。

1971年8月2日

上午運動開大會，三個總部成員 (高、王[甲芝]、章[永相]) 和兩個非成員 (張冀、蔣榮昌)，在外辦總部重回批陳聯絡站的錯誤和罪行上是起了策劃作用的。

「批陳」矛頭是指向總理。

從五個人的交代中，暴露出來的問題，是嚴重的：

1. 五二九後總部在外辦革命群眾的反對下退出批陳聯絡站，可是到7月底8月初 (8.4會上決定) 總部違背群眾，秘密決定重返「聯絡站」。

2. 重返之前張、蔣、王三人背後策劃，其中提到當時在文革工作的李後要他們 (外辦總部和群眾) 別站錯隊。當時是在7.20 (王力在武漢表演) 事件之後，王力紅得發紫、猖狂的時期；

3. 當時，對外聯委 (批陳聯絡站的對立派) 已揭發了聯絡站反總理的大量材料和陰謀，為什麼還考慮重返？

……

這些問題，我過去是完全不知道，當時一頭埋在港澳鬥爭裏。現在看來，當時五一六也把手伸進港澳辦公室，干擾總理

對那次鬥爭的指示，也就是干擾毛主席對外鬥爭的總路線。當時小鄭[5](在7月中下旬)顯然也跟着劉作業之流走了，我阻止「700打鐮刀」、「港英48小時放人」的照會、主張撤退「武器上岸」和把「500個名單」投進公開鬥爭，當時還看不出路線鬥爭，只是作為他們不理解中央對港澳工作的方針，現在看來是路線鬥爭覺悟低，不能自覺地捍衛毛主席革命路線的表現。

1971年8月7日

今天聽了歐陽(副班長)的交待和同志們揭發出來的他背後和高國亮王甲之的串聯，妄圖抵制交待自己在外辦總部(1967.4–8、9月一屆)執行了王關戚等的反革命路線，干擾和破壞毛主席革命路線的罪行，錯誤，使人氣憤。

他幾次在我面前也說，當時他搞業務，很忙，總部的會都沒有參加，不了解……談到港澳辦公室的問題時，他一再說，當時他是被排擠的，他雖是外辦派到那裏的業務監督，但，他是受外交部派在那裏的監督人員排擠的……等等，現在看來也是在製造輿論。

我當時(他對我說這樣的話時)一點也沒有提到這樣上來認識，我相信他，但，我說，當時我看到一些不符合港澳方針、不符合總的指示的做法，看不出是路線鬥爭，只以為是同志們(指外交部的同志)不理解港澳的長期方針，對總理的指示體會不深的問題，根本看不出，他們是執行了王力他們的反革命路線。

這兩次會使我想到自己還是階級鬥爭觀念不強。以為歐陽、陳秋泉、高等都是總部的成員，都是群眾中選出來的革命積極分子，所以對他們一點懷疑都沒有。

偉大領袖毛主席說過：「現在是小將們犯錯誤的時候

5 鄭偉榮，後為中英談判小組中方組長。——吳輝注

了」，的確是這樣，在文化大革命中期，革命小將掌權，由於馬列主義，毛澤東思想水平不高，革命的熱情是高的，幹勁是大的，對偉大領袖毛主席的階級感情是深的，沒有什麼包袱，這些都是他們的優點，但政治理論、政策和經驗，科學的冷靜和分析能力可能是差一些，而且，許多也是非無產階級出身的知識分子，因此，也容易犯「左」的錯誤，加之五一六反革命集團打着紅旗反紅旗，就容易上當了。

1971年8月31日

聯想到港澳辦公室5–8月的對港英的反迫害鬥爭中，雖然，還能堅持毛主席關於港澳工作的長期方針和總理關於那次鬥爭的具體指示，阻止一些重大違反長期方針和違反總理指示的計劃 (如要把三線骨幹力量大批投到公開鬥爭中去，訂購700打鐮刀武裝遊行，等)，沒有造成重大的流血陷中央於被動，使中央被迫上馬，但，我當時只把[6] 劉作業、姜海等的一些過左的意見，和梁祁等的這些過左的行動計劃，看做是路線錯誤，更看不出王力之流在插手，妄圖藉破壞那次鬥爭來反總理，而只是把這些違反長期方針的情況，看做是他們 (劉、姜等) 對方針和指示掌握不好。

更使我吃驚的是：總理並沒有批准「反迫害鬥爭總部署」，可是姜海之流竟利用我當總理叫我和四處的同志去起草另一個問題的方案 (關於四處業務領導的問題) 而未聽到總理最後關於「總部署」的意見，於次晨寫了一個條子說「總部署已批准，馬上行動起來」(只記得大意)，要我批發 (我當時想到朱楊是參加會的，總理「批准」的情況他們知道，而且他們帶了

6　根據前後文，「只把」應是手誤，他的原意應是說「沒有把」。——吳輝注

　　　　　　　　　　　　　　　　吳荻舟遺文選輯

一份總部署下去，無需通知下去，更主要的港澳辦公室是羅貴波負責，我無權批那樣的條子，所以把這一部內容改了，只事務性地通知下面來接車部分，條子就是電話稿)。現在看來，這是一個陰謀，是他們想利用我沒有聽到總理的最後意見(我中途退席)讓我批這樣的電話稿，以便他們幹一些反總理的陰謀。可怕！！

1971年9月8日

下雨搞運動。歐陽的檢查我覺得有些虛假。在港澳鬥爭那一段，開始他還是穩的，只是後來才跟着姜海劉作業等走。他說一開始就跟着走，這是不夠實事求是的，是為了過關的。但是，同時，他又把應該作為錯誤和罪行的不説，比如7月中旬(？他過去提到一下，現在又縮回去了)參加當時在王力控制之下的《人民日報》某些人召集的一次關於反迫害鬥爭新聞檢查的會，現在回過去看，這是一個黑會，是想在新聞報道上1)找總理的「錯」，因為有部分反迫害的報導是經過總理同意的；2)準備在新聞報道上進一步向「極左」方面扭。據歐陽一次提到，那次會是檢查當時報道上的「右傾」，這不就很明顯了嗎？他們(王力)之流想通過往後的反迫害鬥爭新聞上搞得更左些來影響香港鬥爭行動，達到他們通過那次鬥爭來反總理(的目的)。過去他只説，小鄭拉他去參加，他沒有在會上發言，但，也記不起其他人的發言了。這是不老實的。

至於高的交待，那是非常糟的，還在那裏往自己臉上貼金，避重就輕。尤其令人氣憤的是，他把當面頂撞總理的罪行放到其次還有一些錯誤的小標題下，其實這是要害所在，他一説，大家都起來哄他，幾乎不讓他講下去。

1971年10月24日

今天上午我問班長什麼勞動,他告訴我昨天星期天參加脫粒勞動的,今天補休息半天。

我用絕大部分時間給外交部提出的有關港辦的幾個問題的證明材料做準備回憶和起草。

1. 是誰在總理面前 (1967.6.28) 說廣州軍區在第一次沙頭角事件時把機槍後撤?

2. 我是否在6.8批過一個便條 (電話稿) 說朱楊當天回去,要派人接車,又說,總部署中央已經批准,馬上行動起來,我改了哪些字?提綱還說「方案已經中央批准,請立即行動」是誰提的,總理對方案未批,當時是怎麼說的?還說通知方案已批准的意見是誰提出的?這便條是誰寫的?

3. 6.20復工委關於工委建議26日搞大罷工,除海港、公共汽車之外,還加上貨車、船塢等部門的復信,內容大意是什麼?何人起草的?內容意見是誰提出來的?經過會議討論過沒有?會議有什麼人參加?

4. 7月薛平被捕後,港辦曾開會討論過對英提出照會限24 (或48小時,記不清) 的意見,會議有宦鄉及部監督小組王和奧等二人參加。這次會是吳接總理辦公室的電話後才召開的。當時總理辦公室的指示是怎麼說的?有沒有提過什麼具體意見?會上提出限期照會的經過是怎麼樣的?

5. 關於香港大罷工的問題,據說6月23日廣州的四處林某等人曾用四處名義向港辦發了一個電話,認為香港鬥爭有兩條路線鬥爭,主張改組香港方面的領導,有無此事?當時港辦如何考慮的?討論過沒有?港辦對於工會同志認為罷工準備不足的意見考慮過沒有?

這些問題,記得已經寫過一次,現在說是要一個一個分開

寫，我想了幾天，有些具體事還是想不起來，有些，可能當事人或者別的證明材料有混淆。比如說總理辦公室有電話指示後才召開討論會的問題，可能就是第一次總理自己打電話問對薛被捕採取過什麼措施沒有，如果是那次，那倒有。羅說過外交部辦公廳一早接到總理親自打電話問到此事，但，當時已經採取了措施，港辦並未為此單獨開過會。7月下旬的那次會是羅去廣州開會，辦公會交由宦鄉主持，照會問題是宦鄉提出來的，我事先並沒有接到總理辦公室的什麼電話指示。這顯然是把兩次事混起來了。也許有人的材料亂寫引起。

想搞清楚一個問題，可真不容易，這才不過三五年的事，像我的問題，幾十年了，不就更難嗎？如果弄清了，我真要感謝黨。據揭發有些所謂的革命者、黨員，為了滿足個人的「私心」，在審幹中，在內查外調時抱着一種令人痛恨的思想：「先塗他(指被審查的幹部)一身屎再說」，這是多可怕呀，拿別人的政治生命開玩笑！

【吳輝說明】以下是上述提及的給外交部幾個問題的證明材料，寫作時間分別是1971年10月27日和29日，我按提綱順序排列如下：

證明材料 (1)

1967年6月28日總理接見時，是姜海在總理面前說沙頭角第一次鬥爭時駐軍把機槍清場。

後來劉作業、姚登山等因別的事去廣州，竟批評廣州駐軍的負責人 (或廣州駐軍的其他人，記不清楚)，引起廣州駐軍為此打電報給總理。

港辦知道這件事後，在一次辦公會上提出批評此事。

吳荻舟 1971.10.29

證明材料 (2)

1967年6月7日總理對香港反迫害鬥爭總部署作指示的第二天，即6月8日我的確批發過一個準備用電話打到深圳的便條。原寫的內容大意是這樣：朱××、楊×二人即日返港，請派人去接，方案已經中央批准，請立即行動等。我看了那便條，說方案已經中央批准，覺得中央還未有批示回來，我不能也無權批發這樣的便條，因此，我改了幾個字，但具體怎樣改，想不起來。

上述便條是誰寫的，我不知道。只記得是姜海拿來要我批發的 (這點記不大清楚)。便條是寫好的，其中中央批准的意見由誰提的，我也不知道。

總理對方案未批，當時總理怎麼說，我當時不在場，後來也沒有人對我說過，所以我不清楚。我一直以為方案 (總部署) 是批准了，因為總理對總部署作指示的中途，總理要我

和四處的部分同志 (記得有劉××，還有一位駐四處的軍代表) 到另外一房間研究和起草另外一個問題的方案，等我和四處的部分同志起草好出來等總理批示時，會已散了，西華廳上沒有別的人，就是我們幾個人坐在那裏等，後來總理出來作了口頭指示，等我 (記得我還辦了其他案子後) 回到朱××、楊×、馬××，林×等住的民族飯店，才知道他們已買好了次晨的飛機票 (時間已快晚上十二點)，回香港和廣州去，當時也沒有人告訴我總理對總部署未批，也沒有人告訴我最後總理是怎樣說的。

吳荻舟 1971.10.27

證明材料 (3)

我記不起 1967 年 6 月 20 日港辦答覆工委建議 26 日搞大罷工 (海員、公共汽車等處，還有貨車、船塢等) 的覆信的內容了。是誰起草，會上討論誰提什麼意見我也記不得了。

只記得關於罷工問題 (具體如海員罷工)，我考慮過由於香港工人多年未搞過這樣的大規模的政治鬥爭，怕思想上的準備不足，同時，還考慮到為了貫徹總理關於鬥爭是長期的、波浪式前進的指示，使鬥爭高潮能起□□□ (無法辨認的字——吳輝注)，曾與羅貴波研究過以宣佈定期罷為宜，必要和可能時即使宣佈了定期罷工，還可以一期期地延續，這樣更為主動，後來把這意見請示了總理，總理同意了這意見，通知了香港鬥爭指揮部。

吳荻舟 1971.10.27

證明材料 (4)

1967 年 7 月下旬，羅貴波去廣州開會未回，港辦辦工會由宦

鄉主持（這是羅臨去廣州時指定的）。在宦鄉主持的一次辦公會上，討論過限期照會、限港英於24小時（或48小時）內釋放被捕的人員，否則一切後果由英方負責。

會前我並沒有接到總理辦公室有關這問題的電話，總理辦公室並沒有有關這事的具體指示，辦公會（包括討論限期照會的那次辦公會）是基本天天開的，那次會並不是我接了總理辦公室的電話後才召開的。

限期照會案，是宦鄉提出要討論的。會上他也未說總理辦公室有什麼關於這方面的指示。

會上討論時，記得還提到給總理的請示報告中要寫上，如港英不作出相應的反應，我即採取行動，行動方案另報。談到釋放被捕人員可能性時，大家認為可能性不大，但說給港英施加點壓力也好，於是大家便通過了。

關於限期照會問題請示報告送出後，我才按照羅過去的交代（凡報告送出後，要我給錢家棟打電話招呼一聲）給錢家棟同志打電話，錢問我釋放人的可能性時，我說不大，大家只是說對港英施加點壓力也好。錢和總理辦公室此處沒有說過別的話。

過了兩三天，總理還未批，我覺得這樣的照會內容很容易被動，如港英不依期作出相應反應，便陷我於被動，中央就要被迫上馬，這和總理關於反迫害鬥爭方針的指示不符，因此，羅□□□□，回頭（記得送出該報告信的第三□□□□）我便向羅匯報，提出我的意見，羅要我打電話給錢家棟同志，說羅要重新考慮，另把關於限期照會問題請示總理的報告撤回來作罷了。

吳荻舟 1971.10.27

證明材料 (5)

關於香港搞大罷工問題，我未聽説廣州四處的林×等人曾用四處的名義向港辦發過這樣的電話：認為香港鬥爭中有兩條路線鬥爭，主張改□香港方面的領導，但記得鄭偉榮反映過四處的同志(是林×還是其他人，已記不起來)對鬥爭指揮部很有意見，提到有路線鬥爭的高度，當時港澳辦公室尚未提出要討論四處意見□□□□□□□□□領導問題，港辦未作出這類的決定和考慮。

記得為了進一步了解工會方面和香港反迫害鬥爭指揮部方面之間的意見，問題，曾派鄭偉榮去廣州請各方面的同志了解過，記得我(聽鄭了解了情況後的匯報時)提出要指揮部尊重和多聽工會方面的意見。

我沒有聽到工會方面的同志認為罷工準備不足的意見的反映，港辦辦公會上也未討論過這樣的問題，港辦未對此作過什麼決定和考慮，但對具體案件(如海員罷工)提出擬辦意見時，考慮過(缺頁)

寫給妻子張佩華的信

【吳輝說明】1970年4月19日，父親給母親張佩華寫信，應母親要求談談極左思潮67年在北京氾濫時有些什麼樣的具體表現。當時父親在國務院直屬口（寧夏）平羅五七學校勞動改造，接受政治審查。六十幾歲的人了，負責全班內務，挑水、打掃，同時管理全營的菜窖，天天倒騰白菜蘿蔔大蔥。在寫信這天的日記裏，他說：13-18日病了，渾身疼痛，鼻子又長了瘤子，走路都震得很痛。同一時間，母親是在湖北咸寧文化部幹校勞動改造，她也五十多歲了，在齊腰深的湖水裏，踩着淤泥「圍墾造田」。

父親在信裏說：

（1967年北京極左思潮氾濫的高潮時期）是5-8月，這期間，我的注意，主要集中在港澳反迫害鬥爭上，幾乎脫離了運動，後來又住進外辦去了（軟禁在當時外辦的辦公地點養蜂夾道——吳輝注），那就根本與運動隔絕了，所以這次參加單位批極左抓「五一六」運動，許多事情，聽來，就像聽新聞一樣。現在就我所理解的、聽到的說說吧。

1967年春秋之間，在無產階級文化大革命中，一些革命群眾組織（指沒有壞人插手、而自發出現的），由小資產階級知識分子掌握（領導），便出現了一股「左」的、派性的、無政府主義的行動，所謂的革命行動，其實指導思想就是小資的「左」傾思想。當時，我們也覺得許多過火行動都被自封為革命行

吳荻舟遺文選輯

動，想怎樣就怎樣幹，一個團體的領導人說了就算。其實許多提法都離開了毛主席的無產階級革命路線，違反了毛主席的戰略部署，離開了黨的、無產階級的政策。他們經常愛唱這樣的一句話：「造反就有理」。好像只要造反就有理，這是錯的。這句話實際是反馬克思主義，反毛澤東思想的。馬克思說的「造反有理」，是對資產階級、對反動統治造反有理。在今天的社會主義祖國，就不能籠統這樣說了，必須說「對反動派造反有理。」

由於當時有些群眾、群眾組織在小資產階級的這種極「左」的思想指導下鬧派性，強調自己是革命的，強調自己的這一「派」是革命的，不管黨的政策，不用毛澤東思想去分析自己的行動，固執地說自己的任何行動都是「好得很」，「革命得很」，所謂「唯我獨革」，把別人都看做「老保」。對自己的行動不加分析，對別人的行動也不加分析，總是把自己說成革命的，把別人的都說成是不革命的，保皇的。

本來，一個好人犯了這種認識上的錯誤，經過支左人員、軍工宣隊一幫忙，兩方坐下來一學習，開個學習班，提高了路線鬥爭覺悟，按照毛主席的指示，多檢查自己，別人的缺點錯誤讓別人自己講，在毛澤東思想基礎上統一起來，兩個革命組織就聯合起來了。可是派性作怪，硬不肯聯合，有些小資產階級的領導人，一時面子問題，覺得自己一貫革命，忽然要自己檢查某些行動是錯的，或反動的，他就不幹，就堅持，就硬不與別人坐下來談，硬要別人向他靠攏，這種人當時愛唱「以我為主」的聯合，否則不幹。或則，談條件，聯合就要一邊一個，爭論不休，結果也是聯合不起來。

這些是指那些未受五一六分子所掌握把持或被五一六利用的，只是小資思想作為指導思想的革命組織而言。當時我記得

中央強調雙方都是革命組織，一碗水端平，就是指這樣的革命組織(如果有五一六把持的又當別論了)。

當時，社會上曾出現過以下這些具體表現，極左思潮的具體表現(行動上表現出來的)：強調「群眾有自己的領導」，「不要黨的領導也可以革命」，「把所有的領導幹部都靠邊站，由群眾安排」，「砸爛一切機關」，「亂揪一陣」，「一切群眾說怎樣就怎樣」，「寧左勿右」，「燒英代辦處」(這行動可能有五一六分子在插手)，「沖檔案找黑材料(不是五一六反動分子指揮下搶國家機密，如果是為搶國家機密，那就是五一六反動分子之所為了)」，不願意聯合，搞武鬥，抄幹部的家，鬧派性，搞打砸搶等等。

這些小資產階級思想指導下，社會上出現一股極左的風氣，到處出現上述的行動，這就是極左思想氾濫的潮流，就叫做「極左思潮」。

這股思潮影響極廣，不僅許多領導人階級鬥爭、路線鬥爭覺悟不高、毛澤東思想不起統帥作用(口頭上也說毛澤東思想掛帥)的革命團體受到影響，怕做老保，怕右傾，跟着起哄，一些個人也受到影響，怕做老保，怕戴右傾帽子，於是也跟着走，認為左比右好，於是看問題，定調子寧可定高點，寧左勿右，左比右好的思想狀態也出現了。於是明明看不順眼的、覺得不符合毛澤東思想的事，也不敢提意見了。自己也跟着走，這是受了社會上那股極左思潮影響。

以上是指單純的、根源由於小資產階級世界觀未改造而產生的「左」的思想，互相影響形成一股風氣(潮流、極「左」思潮)而言。這些思潮影響下的上述行動，當然是干擾了毛主席的戰略部署，當然是錯誤的。

一些革命群眾組織的這種極左思想，被五一六反動集團抓

住作為掩護，有的安排了它的人，暗中推波助瀾，有的，它就通過接近它的某些個人，壞人作為它在該革命組織中的代理人，利用群眾在那裏搞風搞雨。這就複雜化了，這個革命組織的行動，就不是單純的由於小資產階級「左」的思想指導幹出來的了，而是夾雜着五一六反動分子別有用心搞出來的因素了，它的目的是破壞文化大革命，破壞文化大革命的成就以達到它復辟資本主義(的目的)。

當時由於王關戚、楊余傅、肖華等五一六反動集團分子有意識有計劃有組織地破壞文化大革命，搞亂領袖毛主席的革命路線和戰略部署未被揭發，許多革命群眾組織、革命群眾都被利用了。

犯極「左」思潮(錯誤)的人，和五一六反革命分子是不同的。因此這次運動的口號叫做「批極左，抓五一六」。「極左」思潮屬於批的範疇，五一六分子就要抓了。批就要查根子，一查根子就把五一六分子暴露出來了，就抓住了。問題就清楚了，比如火燒英代辦處，我們當時就不以為然，這是違反了毛主席的對外政策的，聽說已查出，當時就有五一六分子在場指揮，而絕大多數群眾是受了「極左思潮」影響和對英帝迫害港澳同胞的憤怒情緒下去參加的。

記得當時到處衝解放軍我們是不同意的，曾寫信給小牛(大兒子——吳輝注)，要他千萬不要跟着人去衝。當時我們是不了解這是反革命五一六集團妄圖破壞「長城」(指解放軍——吳輝注)的陰謀。在5–7月，我在工作上，也感覺到有股「左」的情緒在干擾，受到衝擊，個別問題上我根據過去中央定的方針加以阻止了，但，有的也怕右不敢阻止。這也是受極「左」思潮的影響。

以下是吳輝對此信件的一些背景説明

父親提到的五一六集團是怎麼回事？上網查資料，輸入五一六集團、五一六分子這些關鍵詞，約有四百萬條相關結果，有人披露當年的中央文件，有人像寫小説那樣描寫前因後果，眾説紛紜，不能盡錄，有興趣可以上網去查看了解。

簡單來説：所謂五一六反革命集團，原指北京一個名為「首都五一六紅衞兵團」的群眾組織，該組織在1967年8月間曾散發攻擊周恩來的傳單 (當時外交部部長陳毅已經被奪權，外交部有一個多月幾近癱瘓，連周恩來都指揮不靈)。毛澤東在1967年9月8日指「五一六」是一個搞陰謀的反革命集團，應予徹底揭露。1968年中央成立清查「五一六」專案領導小組，曾經發表過針對周恩來的講話 (稱為「王八七」講話) 並號召外交部造反派奪權的王力、公開説毛主席司令部只有五個人，這五個人是主席、林彪、陳伯達、康生、江青，把周恩來排除在外的戚本禹以及關峰 (王關戚都是中央文革小組成員、文革初期的紅人和幹將——吳輝注) 先後被當成「五一六兵團」後台抓起來。楊余傅 (中國人民解放軍代總參謀長楊成武；空軍政治委員、空軍黨委第二書記余立金、北京衞戍區司令員傅崇碧) 也在政爭中被當做五一六分子。

1970年3月27日，中共中央發出《關於清查「五一六」反革命陰謀集團的通知》，在全國開展了長達數年的清查「五一六」運動。運動演變成為全國性打擊異己的大混戰，數以百萬計的人遭到迫害。直到1974年開始批林批孔，才換了個名堂繼續搞運動。

父親在當時是不知道這些情況的，但是父親小心翼翼把別
有用心的人和犯了錯誤的好人分開，自我批評：在5–7月，
我在工作上，也感覺到有股「左」的情緒在干擾，受到
衝擊，個別問題上我根據過去中央定的方針加以阻止了，
但，有的也怕右不敢阻止。這也是受極「左」思潮的影
響。批評包括自己在內一些人怕做老保，寧左勿右，還說
在今天不能籠統提「造反有理」——這幾點給我留下深刻印
象，即使是在被文革大潮裹挾、不明真相的情況下，他還
是與人為善、嚴於律己，有底線和原則。

而在這封信的副本上，有母親在1998年2月寫下的批語：現
在讀，很傷心。根本問題是偉大領袖自己「方寸」已變，
你再聰明，讀好馬列也提高不了什麼認識，活下來就是運
氣了，哀哉！

寫給廖承志的信

(1973.6.4)

【吳輝説明】1967年到1979年，長達13年，父親都在接受政治審查。所謂政治審查，本來是由基層或者上級派人或者發函請有關單位協助調查證明某人的出身背景、在重大歷史事件中的表現等。現在在中國當兵、入黨、做機要工作甚至空姐等，都仍然需要通過政審，政治審查也不是中國獨有。可是文革中的政治審查，充滿惡毒的整人意味，多少人被整得家破人亡。

文革中各單位都有專案組，只有當時表現得很革命的造反派，才能成為專案組成員，由他們到外單位、外省市對和被審查者有過各種關係的人作調查，比如舊日上司、同事、家人、戰友甚或敵人，有過一面之交的人。被調查的內容包括：歷史的和現實的政治表現，幾十年的家庭經濟狀況，出身、各階段職業、社會關係乃至私生活等。

從父親給國務院外事辦公室副主任廖承志的信來看，這種外調、政審尤其顯得荒謬。父親投身北伐、工人運動、坐牢、抗戰、走南闖北，而那些專案組的造反派既不是中國歷史和中共黨史的專家，也沒有受過做調研的訓練，僅憑一些外調得到的證明，怎麼可以去甄別他的歷史呢？那時候，人人以階級鬥爭觀點看待一切，把家庭出身和成份作為階級分析的根據，對一句話、一件事任意上綱上線[1]，唯恐表現不夠革命不夠左，生怕説錯話，給自己惹禍。成百

---

[1]　小題大做、什麼都往政治大道理上扯。——吳輝注

上千和父親有過一面之交的人，任何人一句不負責任或者模棱兩可的話，都有可能給他帶來滅頂之災。

從父親的幹校日記了解到，自從1970年國務院外事辦公室撤銷併入外交部，原外辦的人員就心神不定，不知道將來的出路。父親想得倒是單純：只要有工作做就行，總之他不願意退休。1972年，幹校撤銷、所有人員另行分配工作之際，10月16日，原外辦支部傳達了外交部核心組對父親的歷史審查結論：「停止組織生活」。那就是說，不但不承認他1930年入黨的資歷，甚至不承認他是共產黨員。

父親認為對他的審查結論是錯誤的，不符合歷史事實，他要求複查。他是在1972年11月提出申訴的，但是到1973年6月給廖承志寫這封信的時候仍然沒有絲毫進展。在給廖承志的信裏，父親詳細講述了自己被審查的過程。

承志同志：

你很忙我還來煩擾你很不安，但想到將近20年在你領導下工作得到你的信任，而文化大革命中經過五年多審查，卻得到一個不能理解的結論，自問我對黨沒有不忠，沒有辜負黨和領導對我的教育和信任，心情很不平靜，所以還是把審查情況和結論裏提到的幾點歷史事實向你做個匯報。

一、審查經過和結論

1967年8月初，外辦群眾開始審查我的歷史，是革命需要，是革命運動。有些做法雖不適當，但是可以理解，可以接受。

1970年7月。支部通知我準備鬥私批修[2]，恢復組織生活。8月10日通過我的鬥私批修，支部還告訴我上級批准我的黨齡從

2　就是自己先做檢討，狠狠批判自己。——吳輝注

1945年算起，並解釋説，我1930年入黨後不久便被捕了，在黨內的時間太短，那一段時間就不算了。9月中旬支部又對我説，現在黨的政策對司局長級幹部要求高，領導要找我談談。過了幾天又説領導忙不談了，還暗示結論改變很大。我一再要求看結論，未答覆，要求領導和我談談，到10月16日剛答覆我可以找外交部幹部6組，當天上午支部大會上便宣佈外交部核心小組的批示：停止我的組織生活。

我當即表示思想不通，不同意。11月24日寫報告要求重新考慮，並附了五份材料。12月1日支部大會作出我的黨籍的處理決議。大意是：吳荻舟又名蔡四，福建龍岩人。1930年入黨，同年被捕，1937年刑滿出獄。歷史審查結果，吳被捕後沒有暴露黨員身份，沒有自首變節和叛變，刑滿出獄時沒有辦手續，沒有登報發表反共宣言。但寫報告要求查明無罪釋放，報告説被捕時莠民舉事，良莠麇集；在敵人指使下畫鼓動別人悔改的「放下屠刀立地成佛」，「苦海無邊回頭是岸」；帶隊集體參加國民黨，擔任區分部書記 (宣讀時「擔任」前面有「掛名」二字，個別同志説「掛名擔任」即是「擔任」，便把「掛名」二字刪掉)；帶隊搞「獻機祝壽」(為蔣介石祝壽，義演給國民黨空軍捐款——吳輝注)，寫「獻詞」；18年不找黨 (我提出事實後，支部又説不是不找，而是不積極地找，但決議未改)，對黨的事業動搖；1948年隱瞞歷史，編造情節，混進黨內 (9月下旬支部和我談時未用混進黨內而用被吸收進來)，不夠先鋒隊條件，決定停止吳的黨籍。12月4日支部要我在「決議」上簽字，我認為「決議」不符合我的歷史事實，我不簽，提出申訴要求複查。

二、歷史事實

我1930年3月(在上海)由曹正平介紹入黨，由曹正平單線聯繫，同年4月組織(曹)通知我到仁濟堂參加五一節籌備會，為英界巡捕包圍，我和與會者一起在仁濟堂內被捕。後為國民黨引渡，被判刑9年11個月在南京偽中央軍人監獄坐牢。西安事變後減刑三分之一，1937年春刑滿出獄。出獄後我一面找黨，一面參加抗日工作。1948年解決組織關係。「決議」中提到的幾點歷史事實如下：

1. 入獄後不久，我寫報告給偽監獄長(偽軍處處長兼)，說我過馬路時遇莠民舉事，良莠麇集，我迴避不及，遭警誤捕，要求查明無罪釋放。我既未暴露黨員身份也未涉及五一節籌備會和與會同志。

2. 獄中偽看守知道我會畫畫，要我畫了一些山水人物。偽教務所長沈炳權拿了裁好尺寸的紙，要我給他畫「立地成佛」「苦海無邊」，說是他自己的房子裏掛的，我給他畫了(此人當時私下給我和難友拿過不少馬列著作進去，解放初脫離國民黨從香港回來，後病死在湖南)。

3. 1939年冬國民黨開始搞集體「入黨」，軍委會政治部三廳(廳長郭沫若)屬下的「抗宣一隊」(我任隊長)也接到政治部桂林辦事處通知，要集體加入國民黨(當時劉季平、張志讓在辦事處)。我和副隊長和骨幹分子商量，決定先拖，不得已時可以集體加入(解放後知道副隊長和骨幹分子多數是地下黨員，1940年撤退了)。拖到1941年春(皖南事變後)，國民黨進一步反動，把「抗宣一隊」改為「劇宣七隊」，把「辦事處」撤銷，把隊交給七戰區政治部管。隊剛到曲江，戰區政治部召集訓話，要「七隊」集體加入國民黨，不久就要我們填表。我了解到在四戰區的「五隊」已被迫加入後，召集隊部會(有地下黨員參加)

討論，決定為了繼續工作集體參加，但採取措施表示「參加」不是出於自願：國民黨證，由隊集體保管，個人不保管；編外人員不參加等。政治部要我擔任偽區分部書記時，我向副隊長表明只是對「上」掛名，有事二人分頭應付。我不在隊內宣佈擔任此職，也不在隊內搞區分部組織。自「集體加入」到隊復員 (1946)，我沒有用過國民黨名義，在隊內隊外搞過任何活動 (包括所謂黨員會等)。國民黨證，於隊復員到香港後，集體銷毀了。

4. 1943年冬 (開羅會議期間)，偽七戰區發起「獻機祝壽」。當時「七隊」正為參加「西南劇展」(1944年春) 自籌經費演出「家」。為了縮小「祝壽」的政治影響，我於隊籌經費結束的晚上臨時決定用原節目為「獻機祝壽」演一場，不印海報，不搞報紙宣傳，派隊員推銷戲券。寫「獻詞」時，我根據寫「擁護蔣委員長」一定要帶上「抗戰到底」的原則 (進步朋友溫濤告訴我的)，把「獻機祝壽」同開羅會議順利召開、德軍從蘇聯敗退、盟軍打敗意軍、盟軍在太平洋的勝利等國際反法西斯勝利結合起來，宣傳我們要加強抗日 (開幕時我還強調「獻機」是為了抗日)，爭取早日反攻，早日行憲，實現民主政治 (當時民主力量遭迫害，我已與溫濤約好，由我寫一個木偶劇本——《詩人與國王》，由他製作木偶，在西南劇展中演出)。「獻詞」只登在隊的油印刊物上。

5. 我對黨的事業從不消極、動搖。我被捕後堅持黨的原則，沒有暴露自己的黨員身份，沒有自首叛變，沒有登報反共；難友們發動的鬥爭，能參加的我都參加 (包括惲代英同志遭叛徒出賣被國民黨殺害時楊鐸等組織的悼念活動，控訴叛徒、國民黨的罪行)；利用時間學習外文、閱讀馬列著作；針對牧師到獄中傳道，我利用機會對二三百難友 (多數是軍事「犯」)

　　　　　　　　　　　　吳荻舟遺文選輯

講述人類進化故事 (從單細胞講到階級社會出現)；出獄後我既一再找黨和積極參加黨在當時的戰鬥任務——抗日，也未忘記黨的最終奮鬥目標——實現共產主義。我在1941–1943年，報告 (在隊裏) 和整理了約30萬字的世界文藝思潮史話 (已出上中二冊，下冊存有底稿)，通過評述各時代兩種文藝思潮的鬥爭，論證了階級鬥爭是歷史的動力，資本主義一定滅亡，社會主義一定勝利。 抗日時期，我雖未能恢復組織關係，失去黨的直接領導，但我從毛主席著作 (在國統區能讀到的不多) 學習黨的抗日政策，倚靠進步朋友開展抗日宣傳工作。我接近的朋友，解放後知道 (下同) 多數是地下黨員，如柳乃夫、左洪濤、劉季平 (介紹我參加生活教育社)、溫濤、饒彰風、張泉林 (佈置我在中大做報告)、魯朗等等。淞滬撤退前我發表過小冊子和電影劇本，宣傳黨的抗日政策、抨擊當時叫囂要退到新疆 (所謂「退到勘察加去」)、繼續先安內後攘外的賣國、投降、反共的謬論；寫文章 (在救亡日報上)、做報告 (在中山大學等) 介紹文藝當前要為抗戰服務、大眾化、民族形式等有關毛主席的文藝思想；建議充分利用民間藝術形式，搞好抗日宣傳；編寫話劇、活報反映游擊區人民在封鎖線上搶運支前物資、大後方人民要求抗戰、堅持抗日等；堅持「七隊」演出延安創作 (「軍民進行曲」、「農村曲」、「黃河大合唱」、「生產大合唱」等) 宣傳根據地人民英勇抗日的事跡；加入生活教育社後，進一步把隊作為流動學校，培養抗宣力量；支持和掩護隊員去新四軍、游擊區；編寫木偶劇影射蔣賊搞獨裁統治等。這些工作都得到進步朋友支持。

6. 我1930年入黨時是個學生 (當時父親是學西洋文學史的大學生——吳輝注)，入黨後由介紹人單線聯繫，除曹正平一人，不知其他黨員。坐了七八年牢，經過七八年白色統治，人事變

化很大，出獄後不知如何找黨，也不敢大膽找黨，只想能找到曹正平，去上海找他，沒有找到。不久抗日戰爭爆發，我響應黨的號召，參加了抗日宣傳，在國統區流動了八年。在皖西、武漢、桂柳遇到自己認為可靠的難友，都提出找黨的問題。國民黨反共高潮期間，我在柳州遇到左洪濤（獄中認識，當時是張發奎的秘書），不敢詢問。經過交往，觀察到他很關心劇宣隊（去年冬才知道當時長江局委託左聯繫西南各隊的地下黨組織），1942–43年間，他到桂林來我家看我，我有意識地向他打聽彼此認識的難友的下落，他也主動告訴我一些難友出獄後的情況。我感到他可能有組織關係，便和他談起找黨的問題，他問我找到了沒有，我說還沒有。他很嚴肅地告訴我，南方的黨組織遭國民黨破壞，停止發展了。示意我別再找了。不久日寇進攻湘桂，粵桂交通斷了，我帶隊到閩粵贛邊流動，沒有再遇到1930年前後的熟人，就這樣把找黨的事暫時擱下了（當時我確實不懂八路軍辦事處可以解決組織關係問題）。1946年夏，五、七兩隊復原鬥爭勝利後，我和丁波帶了大部分隊員到香港，在夏衍、饒彰風領導下組織和主持「中藝」時，我又向夏、饒談到解決組織關係問題，因找不到我1930年的證明人，夏說我可以重新入黨。這時饒要我去新加坡，利用同鄉關係，把陳嘉庚要辦的一間中學接過來，並要求陳擔保一批教師過去開展工作。我又來不及解決組織關係問題，便匆匆忙忙離開香港去新加坡了。1948年初，饒彰風到新加坡，我又向饒提出解決組織關係問題的要求，並把夏衍的話（我可以重新入黨）告訴饒（1967年9月，夏衍不承認說過這話，外辦專案組同志因此說我編造情節欺騙饒彰風，1972年8、9月，外辦專案組同志說夏衍承認可能說過，但時間太久，記不起來了），饒要我介紹自己的歷史。過了幾天，饒把我介紹給劉談風（當時新加坡僑黨負

責人)，説我是同志，並要我和劉談談。我又向劉介紹了自己的歷史。又過了半個月，劉談風便召集趙颯、林彥群和我，在我家成立黨小組。趙颯是小組長，劉談風是聯繫人。當年新、馬頒布緊急法令，組織要我撤退，饒同志又親自把我的組織關係帶到香港華商報支部 (饒和我同一天回香港，他坐飛機先到幾天)，並把我安排在他直接領導下負責輸送幹部去解放區和策劃國民黨航運機構起義的工作。我在華商報支部期間，先後擔任過交通、小組長、支部委員 (麥慕平是支書)。1949年冬饒回廣州，留我在香港，把我的關係轉到張鐵生處，和張一起過組織生活。 我1941年冬開始和饒彰風來往 (七隊隊員胡振表地下黨員介紹)，和饒關係密切的張泉林、魯朗也和我經常來往。我的工作得到他們支持，饒是了解我的工作的。 1948年我向饒彰風介紹歷史時，在枝節問題上雖然説得不完全，但我沒有編造情節欺騙他。我1930年和黨失去聯繫，是因工作被捕，不是動搖，怕死，主動脱黨。被捕後我沒有自首叛變，沒有登報反共。出獄後我一再找黨和積極參加黨在當時的戰鬥任務——抗日，也沒有忘記黨員終身奮鬥的目標——實現共產主義 (通過寫《世界文藝思潮史話》等宣傳共產主義是歷史發展的必然前途，宣傳了馬列主義的世界觀，文藝觀)。雖然我入黨後不久被捕，在黨內的短，但仍然是中國共產黨黨員。饒彰風同志聽了我的歷史，相信我 (審查證明饒沒有錯信我)，解決了我的組織關係問題，交給劉談風編入黨小組過組織生活，是行使黨給他的職權 (去年冬我才知道饒去新加坡是南方局派的，他負責發展組織，有權解決組織關係問題)。饒彰風同志解決我的組織關係問題時，沒有告訴我，是批准我重新入黨，還是恢復我的組織關係。我也沒有提出來問，引起混亂，這是我的錯誤。要批判。但不能説我是混進黨內來的。

寫給廖承志的信

我對毛主席黨中央是忠誠的，對黨的事業是熱愛的，對黨的方針政策是堅決執行的，對黨交給我的工作是認真負責的。不管是抗日時期，還是港澳工作時期，直到我受隔離審查的前夕，我都是日以繼夜地工作的。

1967年5至8月初，領導派我到港澳辦公室 (為處理1967年香港反迫害鬥爭有關事宜成立的「反迫害聯合辦公室」——吳輝注) 工作時，正是國內、外階級鬥爭非常尖銳、複雜的時候，當時毛主席黨中央關於港澳的長期方針受到嚴重干擾。一開始，便在香港反迫害鬥爭的方針上發生激烈的爭論。鬥爭的過程中不斷出現形左實右的做法和部署——不請示訂購700打蔗刀 (我知道時，已運到深圳)，挪用護航武器 (已運進香港)，要搞限期照會 (請示報告已送到總理辦公室。不是8月下旬那一次) 等等。我看到這些做法，嚴重違反中央方針和總理關於那次鬥爭的指示，將陷中央於被動，我都設法加以截留或撤回來。但由於我的世界觀未改造好，階級鬥爭、路線鬥爭覺悟低，幾十年，在革命實踐上我有許多缺點錯誤，嚴重錯誤，要批判。但要停止我的黨籍，停止我的政治生命，是不能理解，不能接受的。

至於我 (1948年) 是重新入黨，或是恢復組織關係，仍待組織審查決定，以下只是我個人的一點看法：饒彰風劉談風是直接解決我的組織關係的負責人，如果饒同志是批准我重新入黨，他們應該會告訴我，我重新入黨的介紹人是誰，但他們沒有這樣做，饒彰風同志聽了我的歷史，便把我交給劉談風編入小組過組織生活，因此我理解饒彰風同志是批准我恢復組織關係。

現在饒彰風同志已不幸去世了，但劉談風還在，他應該向黨證明饒同志當時是怎樣決定的，劉自己又是根據什麼給我編小組過組織生活的，趙渢、林彥群也可以證明當時我在小組的黨員身份。

去年12月我提出要求重新複查，又已五個多月了，今年2月初支部雖已通知我重新交黨費，但組織生活未恢復，心情很焦急。知道老首長關心我的問題，特此匯報。

敬禮！

吳荻舟1973.6.4

附錄：吳輝對此信的感想

從這篇親述裏，我看到一個當時經歷四十多年風風雨雨磨難仍然初衷不改的父親，在漫長的曲折複雜環境裏，他自覺自願地把自己的命運和民族的命運綁在一起，最大限度地調動了自己的主觀能動性，為理想一路走來：加強抗日，爭取早日反攻，早日行憲，實現民主政治。其經歷簡直可以説是波瀾壯闊，多彩傳奇。

至今在香港仍有人不認識1967年的客觀事實，不承認哪怕是被動的犯錯，沒有正確地總結經驗教訓。但是在1973年，當極左還在橫行的時候，父親就一針見血指出：「1967年5-7月……在香港反迫害鬥爭的方針上發生激烈的爭論。鬥爭的過程中不斷出現形左實右的做法和部署。」在「沒是沒非」，唯有權爭的環境，父親以這樣是非分明的性格處世，後果可想而知。

給廖承志的信發出去又過了6年！直至1979年3月31日，中共外交部政治部給父親做了複查結論：「吳荻舟被捕問題已經查清，出獄後參加了抗日救亡活動，後來在黨的領導下從事文化工作，直到全國解放，表現一直是進步的，他的歷史已審查清楚，無政治問題」。就是這寥寥65個字，耗費了他12年的寶貴光陰！隨後他以時不我待的態度，拒

絕掛在外交部幹休所繼續等待，毅然離開外事系統，調任百廢待興的中國戲劇家協會任職書記處書記兼研究室主任，發揮他在戲劇方面的經驗，組織創刊《戲劇年鑑》，搶救話劇史料，又奉獻了近三年離休。此後全力組織寫作抗宣隊、演劇隊隊史。

至於黨齡問題，由於找不到入黨證明人，還是沒有解決。直到在很偶然的情況下，找到一位了解他入黨事實的人為他做證，1988年12月13日，中共中央直屬機關工作委員會終於發出《同意恢復吳荻舟同志黨齡》的通知：

中國文聯機關黨委：「關於恢復吳荻舟同志黨齡問題的報告」收悉。經研究，同意恢復吳荻舟同志1930年1月至1948年2月的黨齡，黨齡從1930年1月算起。

中共中央直屬機關工作委員會

1988年12月13日

母親張佩華在父親的資料清單上寫道：「這袋資料，讀着揪心，是和着血淚寫的。67年以後(他是)包攬，都是自己犯『罪』，不涉及左饒(左洪濤和饒彰風——吳輝注)，以後已開始反駁，拒不簽字。最後清白。留給孩子們看，吸取正反面教訓」。

無論社會是何種亂象，父親窮其一生為結束中國的內亂、為民族的強大、為百姓的安泰奉獻。即便是在被審查期間，每天揪着心、思念着家人，在嚴酷的環境下患上心臟病、膽結石，他也是力所能及地奉獻——做好內務，讓班上同志們多休息；看好菜窖、養好雞豬，讓全營同志有菜吃。他經過長期思考內省，理清自己的經歷，堅定自己的

信念，希望講清道理讓大家明白自己。

這是一個單純的人。從父親的經歷中我看到，父親經歷無數複雜的人事，風雲變幻，他都以一顆單純的心應對。這樣一個人，尊嚴遭到踐踏，生命遭到侮辱，實在令人痛心，這些經歷發生在他滿懷希望奉獻的地方，就更令人痛心。但是他並沒有因為受到踐踏就屈從，沒有因為別人不尊重他，他就不尊重別人甚至學着害人——像許多沒有堅定靈魂的人那樣。

文化大革命那麼混亂，免不了大環境與個人的價值觀發生碰撞，釋出發人深省的化學作用。不過處於同樣的大環境，人的表現大相徑庭。有時我不禁想：如果當年負有領導責任的叔叔伯伯們沒有頭腦發熱、沒有寧左勿右、沒有明哲保身(詳見以前各期《向左向右》)……可是歷史沒有「如果」，發生了就是發生了，事後再怎麼粉飾塗抹都總會留下真實；歷史事件離不開當事人的思維行為，個人的局限性和歷史的局限性互相作用，我們只能盡量克服局限性；當時不能弄明白，今天也要弄明白，否則愧對消隕的生命和流逝的時間。

我越來越相信：人性、人格是超越主義、超越時空的。

在從化溫泉的訪問記錄

(經吳荻舟本人修改)

　　時　間：1986.11.14–16
　　地　點：廣東省從化溫泉療養院
　　訪問人：劉先秀，邱子江
　　記錄整理：劉先秀
　　修　改：吳荻舟
　　打　字：吳輝

　　我是1946年去新加坡的，48年回到香港，在饒彰風領導下的《華商報》以讀者版編輯的身份負責輸送幹部的具體工作。當時華南分局書記是方方，成員有連貫、章漢夫等，分局下面有港澳工委，書記是章漢夫兼。1949年夏秋起，方方、連貫、章漢夫先後回內地，工委也就撤銷了，只留下饒彰風和張鐵生。饒彰風於1949年十月中也調回廣州。張鐵生原來是工委下面統委的負責人。我原只是在饒彰風同志領導下負責一個方面的工作。工委撤銷後由張鐵生、溫康蘭和我三人組成中共香港工作組，直接受省委領導，1950年張鐵生調回國內即由黃作梅接張任工作組組長，分工黃作梅負責新華分社 (社長) 和外事工作，溫康蘭負責工商統戰工作，我負責文化、新聞、電影、出版工作。教育線的工作主要是城工委管，我只是聯繫上層的統戰工作。1954年黃作梅犧牲後，工作小組由我負責，補充了譚幹，仍然是三人，這個工作組一直保持到1957年港澳工委成立為止。

　　港澳工委成立時我是委員，1958年工委推到香港時我是常

委，至1962年調回國內工作。我在香港的公開身份第一段是《華商報》讀者版編輯，第二段是1950年招商局起義後任招商局顧問，第三段1957年起是《文匯報》社長。1961年孟秋江調下去任社長時我仍未註銷社長職，我以常委兼省委宣傳部四處處長、實際是工委的後方辦事處主任，港穗來回跑。1962年調外辦時才正式向香港政府註銷社長職務，改由孟秋江為社長。

工作組時期黨組織有電影支部、新聞支部、出版支部，教育支部的關係是在城工委方面，我只是和上層有聯繫，如培僑中學有杜伯奎，杜回廣州後的吳康民，香島中學有盧動，漢華中學有張泉林，張回廣州後是黃啟立（筆者按：應為黃建立），中業中學的成慶生，新僑中學的×××。只有工作上來往。

電影支部最早的負責人是司馬文森，1952年1月他被港英政府驅逐出境後由齊聞韶負責，齊回上海後從工商統戰方面調廖一原任支部書記，張佩華同時從工商統戰線調入電影線。國內並派鍾瑞鳴來香港，參加電影支部。

新聞線最早是李沖[崧]負責，以後是金堯如負責。

出版支部最早是陳祖霖，陳回北京後是藍真。1956年唐澤霖調香港後，整個出版線工作便從我這裏移交給他，我只與他有聯繫，由唐聯繫藍真。出版方面有新民主出版社、三聯書店，有灰色的學生書店等。

各線統戰工作通過三個專業支部開展外，其他由工作組去做。如雲南起義、兩航起義、招商局起義、西藏和平解放等都是我以招商局顧問的姿態出現去做，用這樣的關係與有關上層人物來往。儘管我是文化線幹部，但在饒彰風領導下工作時，跟航運界已有來往。後來因人少的關係，工作便更集中到幾個人身上了，如兩航起義開始是喬冠華、張鐵生抓，他們一走工作便交到我這裏來。招商局的關係是連貫走時(48)留下來的，

他和住、駐阜船長（總船長）陳天俊1938年由馮白駒叔父介紹認識。他臨走前也把這關係告訴饒彰風。1949年，饒要我去找陳，從此我做陳天俊的工作。1949年8月起，我把組織起義的事下達給陳，通過陳聯繫各船長做工作，最後組織起義。

電影方面較早有南國公司、五十年代公司、龍馬公司等，拍的影片比較進步，如《冬去春來》等。「長城」、「鳳凰」當時還是私人的。長城公司是呂建康的產業，我們只是派一些人進去做工作，「鳳凰」比「長城」要進步些，沒有資本家。廖一原來後電影線又搞了一個灰色的新聯公司，面向海外的，專門拍粵語片。1957-58年電影支部感到自己沒有攝影棚，曾考慮在深圳建一座，後覺得不好，向領導請示，批准投資搞一個以私人姿態、歡迎左中右影片公司拍片的電影製片廠，便向霍英東買了一塊山地，搞了個清水灣片場，是由陸元亮、許敦樂等以個人投資姿態出現的。

當時的建廠方針是純屬商業性質，租賃給各公司拍片，即如與台灣有來往的邵氏等也歡迎租用。發行方面，除已有的南方電影發行公司外，還投資搞了一個電影放映發行線。至此，電影製片、發行形成了一條龍，以租賃、聯營、合資、投資等方式形成了國泰、高陞、快樂、銀都、珠江、南洋、南華等戲院一條放映線。普慶既放電影又演舞台戲。新光戲院是我調外辦後用原來是商務印書館的地皮投資建的，以接待國內藝術團蒞港演出為主。

港澳工委未推進香港前，貿易、銀行、文化、航運……分線管，1958年後工委推進香港後便統起來了。各線負責人參加了工委常委，實現了在香港的集體領導。

同工會方面沒有組織上的關係，只是工作上的聯繫，有些工作非配合不可，如工會開會需要宣傳，罷工需要輿論支持，

我們掌握了宣傳武器 (報紙)，工人醫療所需要醫生也通過我們協助做工作，子弟學校要捐錢，我們也動員上層人物支持。儘管組織上沒有關係，橫向關係還是有的，最早我跟陳耀材、李生、楊光、吳理廣、張振南等都有聯繫。同樣群眾線 (工會) 也支持了文教交通、貿易銀行線，如海員工會在原招商局起義後的護產鬥爭中便給很大的支持，通過張振南、吳理廣等同志動員海員做了各輪員工的工作，調海員上船護航等。

策反工作除招商局外還有：

1. 西藏的和平解放問題

西藏解放前夕，有幾個頭面人物陸續跑到香港，主動通過《文匯報》找我們掛鉤。我們做了些工作，後來把這些關 (係) 向領導匯報。中央派了軍隊方面的張經武，中聯部的局長申健進西藏談判。他們是從香港經印度進入西藏的，我記得還帶了一些雲南的茶花。離港前申健先到我家交換過意見，談到該用什麼名義的問題 (因為西藏是我們的國土)，確定以中央和西藏地方當局談判。他們進西藏時沒有一兵一卒，只有張經武、申健和幾個工作人員。但那幾位 (名字記不起了) 人士是否起什麼 (作用)，我不清楚，以後沒有再聯繫。

2. 關於雲南起義和龍雲回來

雲南起義經過兩段工作，第一段是我跟張鐵生一起做，周總理通過李克農那裏帶來一封信說雲南派兩個人 (宋一萍、白××) 來香港，要我們 (工作組) 去接頭，張要我與他們聯繫，張鐵生回內地後，全部工作由我負責。這件工作很秘密，不便交給太多人。

記得盧漢起義經過有關的人有龔自知，李一萍 (原在香港)，

我們通過他們與龍雲來往。宋、白來港後曾去北京見過李克農，並通過李，得到周總理的接見。後來起義前夕，又派林南園來。等中央關於起義的具體部署，後來通知與鄧小平直接聯繫。

龍雲回來也是很曲折的。他早就把軍權交給了盧漢先到了香港。盧漢起義後，我們便把龍雲的房子保護起來，他的房子在淺水灣。最早跟我們聯繫的是龍雲的心腹、雲南銀行總經理龔自知，通過他做龍雲的工作，我們也逐漸接近龍雲，我與張鐵生去找龔自知談雲南起義的聲明 (通電)，記得還徵求了龍雲的意見，然後報中央。

做盧漢的工作，主要是我黨在雲南的地下組織。我和張鐵生主要是通過龔自知做龍雲的工作，和起些盧與我中央的聯絡 (作用)。龔自知回國前，他介紹一位 (姓) 薛的女同志和我聯繫，安排龍雲回北京的問題。當時國民黨特務監視他們，想暗殺龍雲。該女同志説一天晚上有國民黨特務爬上龍雲家的圍牆。龍起初對回北京不能抽大煙，很遲疑。經過一段時間的工作，請示中央後決定送他回國內，並允許提供方便。但他終於決心戒了。他回來的途中還經過一段曲折。當天我們安排車子送國內特地派來接他的李一萍到他家，然後和他的車子對換，先把龍接走。龍坐我們安排的車子，開進我們地下公司的碼頭乘電船到了九龍。原定乘車經文錦渡入境，並事先和港英打了招呼。哪知到了警戒線，車子被英國警察攔住了，説上面沒有通知。我先到文錦渡迎接他，龍雲警惕性很高，他馬上爬上火車，改在羅湖入境。我接到他和李一萍，安排他們上了去廣州的車，我便回香港了。

3. 兩航起義

是1949年11月9日。最早由喬冠華做工作，喬走後交給張鐵

　　　　　　　　　　　　　　吳荻舟遺文選輯

生，張走後交給我負責。起義及護產鬥爭詳見羅修湖整理的回憶錄。

4. 關於報紙和宣傳方針問題

　　1949年上海解放前後，曾有五年內解放香港的打算，工會線佈置過護廠準備，1951年以後周總理指示新的港澳工作方針：「長期打算，充分利用，宣傳愛國主義」。不宣傳新民主義、社會主義。這個方針一直到我回來在外辦工作仍有效，這是總方針。後來還下達了一些具體工作方針。如解放台灣問題，是和平解放還是武裝解放？起初強調武裝解放，後來強調和平解放。最後是兩者並重，爭取和平解放。統戰工作總的方針是廣泛團結。談問題有層次，進步的多談些，談深些，調子高些。如對王寬誠、李崧等，中間落後的談少些，調子低些，還有一些屁股坐在國民黨方面的，來往又不同。《華僑日報》的岑維休是一般的往來，聯絡感情。新聞界的幾個報紙，《文匯報》、《大公報》、《新晚報》，還有《商報》，《晶報》都有區別。《文匯報》調子很高，愛新中國，立場很鮮明，但不提愛社會主義祖國，除採用新華社消息外，也採用外國通訊社的稿子。《大公》、《新晚報》多採用中新社消息，香港商報多採用美聯社、法新社消息，《商報》、《晶報》基本不採用新華社消息，採用外國的消息，它的任務是打進落後家庭。刊登廣告也有區別，《文匯報》可以登華潤公司、國貨公司、中國銀行的廣告，晶報則主要拉一般商人的廣告，一些灰色的、爭取跟台灣有關係的商人登廣告以保護自己。層次不同，做起來的政策也不同。總的是愛國主義，日常工作都是按照這個方針去做，具體由新聞支部掌握分寸，有時也會出一些亂子，宣傳過了頭。

比如對解放台灣的宣傳就有反復，一時偏重武裝一時和平，一時又是並重。以金堯如當支部書記時，新聞線的幹部經常到北京開會聽取指示。大概是廖承志提到應該加強宣傳和促進和平解放台灣的工作。這個方針還沒有傳到香港，廣州召開一個包括香港工商界參加的什麼會議，陶鑄提到「新漢奸」(具體怎麼說，為什麼提出，我不清楚)。可是傳到香港，工商界震動了。香港商人跟台灣多有生意往來，第一個跑到我這裏來的是長城公司的呂建康。他說：「吳先生，這不行啊，我的船走台灣是國內交的任務，我是漢奸囉。」他很緊張，我只好解釋，你的情況我了解，不會的。我們這樣宣傳和做統戰工作後，外國通訊社便捕風捉影開始說中共和台灣談判了。有一天《新晚報》未經請示把法新社繪聲繪影地說中共已在巴黎與國民黨談判和平解放台灣的消息登出來，人家知道《新晚報》是我們的，這消息一登，便說你中共都承認了，證實了。其實根本沒有這回事。中央一看到這個消息我們就挨批評了。對大躍進的宣傳也出了問題，新華社報道誇大失實，我們沒有阻止，但，這不能怪下面的同志。

電影的宣傳也隨着長期方針而改變製片方針。最早是宣傳動員華僑回國，後來是宣傳雙重國籍，接着是鼓勵華僑在當地落籍。像馬來西亞、新加坡如果華僑都回國，不但他們的人口減少一半以上，而且經濟也要瀕於崩潰，所以很害怕。其實既不可行，也不應該。這是我們對華僑工作的重大決策，在當地的製片方針是宣傳向上向善，宣傳高尚的道德品質。拍電影主要是對外，爭取能進入台灣。國內主要是以買片的方法幫助香港的電影事業，選擇幾個主題思想較健康的影片在國內放映，價錢可貴一些。用買賣的方式來掩護我們對愛國公司的支持。如果公開給錢，公司裏面的人員也不那麼純，傳出去不好。在

製片方面，起初還生產出一些好片子，對外還賣得出去，後來越來越糟，虧本越來越厲害，尤其國語片，總是到最後有個光明的尾巴，公式化，受到廖承志同志的批評。記得那時他還說爭取對東南亞各地的發行，調子可以低些，甚至主題是白開水都行，喝下去沒毒。製片應該面向海外，不要面向國內。

當時電影線從業員對廖承志的白開水方針不理解，甚至害怕犯錯誤。記得我曾在中國銀行南方影業公司召開過一個編、導、演的座談會，針對大家的思想情況，談了幾個小時。強調了為了打出去，在勸人向上向善外，便是白開水也行。當時還有一個問題：劇本荒，我也寫過反映華僑的劇本如《桃李滿天下》、《敗家仔》、《家家戶戶》。我在海外住過，懂得一點華僑的生活和思想情況。真正的白開水是很難辦到的，總會有點含義，應該從精神去理解，目的是把調子降低，使各公司面向海外，能打開海外市場。當時在國內反右鬥爭的思想影響下，港九的一些創作人員和演員對低調子的愛國主義宣傳方針、尤其對「白開水」的創作方針不理解，有點害怕，怕將來被批評不愛社會主義祖國了，不得了。我們召開座談會談了三、四個小時，他們問我什麼是白開水。我說第一白開水沒有毒，是健康有益的，你們不要害怕，何況我們說即使是白開水也可以，當然放些少鹽也可以嘛，問題是要把我們的影片打開最廣泛的市場，而不起壞作用，取得長期生存的條件，白開水可以起沖淡有毒的東西 (的作用) 嗎？第二我們拍片要適應海外的政治環境，要能通得過，群眾能接受。如果我們的影片宣傳愛社會主義祖國或勸華僑回國，東南亞的國家就不歡迎。當然在資本主義的國家裏勸人向上為善，勤儉持家，不嫖不賭總是好的，不要刺激當地政府就是了，強調要民主之類政治鬥爭就難辦了。《家家戶戶》、《敗家仔》不是很受華僑歡迎嗎？

統戰方針上，對中間落後的、甚至有一定傾台的報館要爭取，如星島日報、華僑日報我們要爭取，對胡文虎，我們分析了他在國內還有產業，不可能和我們完全決裂。胡仙的弟弟胡好原來的傾向就比較好，固然要團結他，後來到新加坡主持新加坡《星洲日報》，和我們的關係就不錯。就是胡仙本人也要做工作。她是長女，星島系報紙的總負責人，除了《星洲日報》外，還有在泰國有《星暹日報》，香港的《星島日報》、《星島晚報》、《虎報》。我們通過在《星島日報》工作的張問強、葉凌風[葉靈鳳]、曹聚仁做了一些工作。如副刊上開個小天窗，又罵又幫忙，筆下留情。《成報》算是中間報紙，對陳霞子當然要做工作，《文匯報》李子誦同他的關係很好，做了不少工作，最後我們想辦一個十分隱蔽的報紙，便是以他個人名義辦的。《華僑日報》的岑維休也做了工作。總之除了死硬的《香港時報》和我們針鋒相對外，甚至《工商日報》也有個別工作人員和我們的記者、編輯有來往。總之千方百計開展新聞界的工作。

　　工商統戰工作也分層次，分門別類的開展工作。當時，記不起是陳毅同志還是廖承志同志說過，工商界有出錢愛國的，有一毛不拔愛國的，有愛錢（我們的錢）愛國的，也有愛錢而不愛國的，只要不搗亂，不反對我們，都可以來往，都可以團結，應該團結。而且還舉例說：比方何賢可以說什麼人都來往，對香港政府，對我們都會說很友好的話，說不定碰到與台灣有很深關係的人也會滿親熱的呢。正因他有這樣的關係，我們更應和他交朋友。我們交辦的事他做了，香港政府交辦的事他也會做。統戰工作要廣交，要吃魚就得不怕衣服潮，說不定會遇上一個特務。

　　領導這番話很解決我們的思想問題。解放前，解放初期，

我們的思想就是有點「左」，不敢放手交朋友，不願做統戰工作。後來就不同了，統戰工作就廣泛打開了。比如有個醫生叫王通明，還是有一定名氣的，開始我們對他就有戒心，但照樣來往。總之你心中有數，立場堅定，不給他拉過去就是了。在香港就是這樣，你中有我，我中有你，很難説不遇上一個壞人。

5. 關於「九暴」事件

　　發生於1956年的「九龍暴亂」事件，是蔣幫挑起的。1956年10月10日，親台分子在青山道尾李鄭屋邨進步工人的樓上插上「青天白日旗」，為進步工人扯下來，他們就尋釁打人、鬧事，攻打進步工會，蔣幫特務趁勢擴大事態，越搞越大，後來糾集了黑社會、流亡地主及解放初流竄到香港為港英當局集中安置在筲箕灣對海調景嶺的散兵游勇約6、7000人，上街打砸搶。不僅打工會，國貨公司，也搶劫金鋪等。對此，陶鑄同志的指示只兩句話：香港政府的態度是坐山觀虎鬥，要把保護我人身財產安全的責任交給港英政府。同時，暗中採取自衛。要我主持成立一個聯合辦公室負責指揮鬥爭。根據陶鑄同志的指示，我向李生等同志傳達了指示，交換了意見，馬上在中國銀行八樓建立了聯合辦公室，我坐鎮辦公室。我們研究後來採取以下的應變措施：一是把責任交給港英政府，要他阻止蔣幫鬧事，保護香港居民的生命財產的安全；二是自衛為主，要各工會、報館、通訊社、銀行等根據自己的特點，因地制宜，秘密組織自衛武器和自衛力量，在原單位做堡壘式的抗擊，不上街，不出大門，又不能把力量暴露給港英。例如我們的報館，我們熬了幾大鍋鑄字的鉛，敵人如敢衝上樓梯來便把鉛潑下去，把他燙得半死，這種武器港英來檢查也抓不住把柄。因為我是報館，每天都要鑄字，鉛是要用的，既要可以「殺退」敵

人，又合法。又如多儲備幾瓶鑄版用的硝酸水，敵人攻打我們，便向他們潑下去。這種武器的殺傷力很強，沾上不僅很痛，連眼睛也會瞎掉。各個機構都根據自己的條件準備自己的武器。有鐵窗欄的單位，便把窗上的鐵枝弄鬆，頭上磨尖，要用時拿下來，便是長矛！甚至啤酒、紅墨水也是武器，敵人聽到爆炸聲，見紅都會害怕。三是走群眾路線，組織情報網，及時掌握敵人的動向。港九的每個角落都有進步工會的會員，會員家屬和愛國單位的職工及其家屬，他們是憎恨蔣幫搗亂的。只要我們把掌握敵情的任務交給他們，就是說把情報網撒下去，敵人的一舉一動都能反映上來。同時為了使鬥爭合法化，一切情況都集中到《文匯報》，我們安排新聞支部的書記金堯如坐鎮《文匯報》，把收集到的情況反映給我，我坐鎮中國銀行，經過分析，然後以報館記者的身份打電話給港英政府。我們這樣做使香港（政府）陷於被動，不得不出動警察拘捕和驅散結集準備向我們襲擊的暴徒。記得有一個晚上，暴徒在筲箕灣、灣仔球場……等結集，我們告訴警方後，當晚出動了幾十輛黑囚車次，拘捕數以百計的暴徒。又一次蔣特在七姊妹某屋開會陰謀襲擊我們的報館，該屋的女傭馬上向工會反映，讓我們及早掌握了情況，加強了我們的保衛。四是我們估計到在暴動平息後，港英當局會對我們採取突擊檢查，因為敵人方面散佈輿論說暴動是左派引起並準備了武器，有槍支等。所以我們及早提醒各單位除自衛武器要堅決就地取材外，騷亂一平息馬上轉移和消滅形跡。果然在十月下旬，騷亂平息不久，港英便無理地檢查我們的工會和報館，但，一無所獲，反使我們有理在輿論上批評港英的不友好態度。這次反九暴鬥爭除猝不及防荃灣某工會診療所遭襲，一位女護士被害和青山道中建國貨公

司被劫外，沒有損失，相反據說由於港警開槍鎮壓，暴徒死多人運往台灣處理。

6. 一九六七年的「反迫害鬥爭」

這次鬥爭是由於膠花廠的勞資糾紛，港英拘捕工人，才引起該廠工人罷工，更由港英繼續無理鎮壓使事態不斷擴大，終於釀成大規模的反迫害事件，群眾遊行示威，我幹部及群眾數以百計被捕入獄，遭毆打判刑，激起廣大港九同胞的義憤，紛紛捐款支援抗議，幾乎出現總罷工和流血鬥爭。

至五月二十三日總理在北京召開會議，當時廖承志受隔離保護未參加，而城工委、工委領導同志李生、梁威林等十餘人參加。周恩來同志指出不能在香港打戰。這只能是群眾運動，還是有理有利有節，政府絕不參與。但「文革」左的風吹下去，影響了工委對總理指示精神和港澳長期方針政策界線的分寸掌握。

外辦抽調我、鄭偉榮、鄧強，外交部的羅貴波、張海平和中調部的葉××等組成「聯辦」，香港方面也成立了指揮部。

當時受文革的影響，有些未經周總理批准也未經聯辦轉的個人意見傳了下去，造成許多左的做法。我記得有幾點：

一是群眾線反映反迫害鬥爭指揮部要了三線兩百多個骨幹的名單，這些名單擺在指揮部，準備示威遊行作為骨幹使用。我得到反映後，認為這與5.23會議時總理關於三線力量決不能暴露的指示 (不符)。當時恰好有反映港英警察在九龍檢查行人時在我單位的一名幹部身上搜到一份名單。因此緊急通知指揮部馬上燒毀該兩百名三線骨幹名單。

二是以華潤公司總經理×××個人名義訂購了出口七百打大鐮刀。當時外貿部劉今生同志問我知道是什麼用途否？並説

已付運。我説不知道，同時告訴他在未查清用途之前，先不要往下運，到什麼地方就停在什麼地方。待我們查清是準備組織遊行示威用時，已運到深圳了，幸好及時截住。否則，如果用七、八千大鐮刀武裝群眾示威遊行，港英一鎮壓，勢必造成流血事件。

三是廣州海運局一批護航的槍支被提上岸——這是交通部介紹廣州海運局一位姓齊的科長和一位業務處長向我反映。齊説據船上反映，提取槍支時説是中央指示，問我知情否？並説據云槍支提上岸是準備武裝香港新華社、中國銀行和招商局自衛用。而且要海運局繼續供應武器。海運局不敢決定，報告交通部，交通部認為這是有關港澳鬥爭的事，他們沒有發言權，要問聯辦。他們説（似是筆誤，根據前後文判斷應該是「我説」——吳輝注）中央沒有這樣的指示，不能再提供武器。提上岸也要馬上撤下來，並告訴齊等二人，中央如有指示，一定經過聯辦。今後有類似情況，請及時向我（曾任交通部招商局顧問，所以交通部介紹齊等來找我）反映，我把電話給了齊，並提醒齊船上的武器是護航用的，不能離開船。我一面做了緊急處理，一面向總理報告。總理聽報告後很生氣，後來我進一步了解，就在那個時候香港《星島日報》刊登了一條消息，説香港政府正在追查招商局從廣州來的船上運香港的、不知下落的一個大箱子。我覺得這與提上岸的槍支有聯繫。如果被查出來那是違法的，港英可以提出控告和查封我們的新華社、招商局、中國銀行。如出現這樣的情況，問題就大了。像這樣的事情究竟是什麼人假傳中央指示，我就不知道了。不過，運武器進香港武裝三個機構，這是違反總理這次鬥爭只能是群眾鬥爭，政府不參與，我們不能設想在這裏打戰的指示。如果鬥爭照這樣發展下去，勢必導致武裝衝突，使群眾性的鬥爭發生質的變

化，逼得政府不得不出面干預，那就成了中英對立的問題了。

的確在5.23會後，在某次匯報會上，曾經有人說過要把香港打得稀巴爛之類的話，但那是個人的意見，不能作為指示來執行。

還有一點就是火燒英代辦處。那是有些人奪了外交大權後的事。事件發生前幾天，我被撤下來了。我還在「聯辦」時就看到了那個請示，內容大意是限港英48小時內把抓的人全部放出來，否則一切後果由港英負責。報告已送到總理秘書錢家棟同志處。當時羅貴波去深圳開會 (原來我也要去，行李已拿到辦公室，鄭偉榮同志突然通知我別去，說是總理要我留守)。我馬上打電話給錢家棟同志，要他把該報暫時壓下來，過兩三天後羅貴波同志回來了，我馬上報告羅貴波，這樣的報告要陷政府於被動，要他同意把它撤回來。我又打電話給錢，把報告撤回來。可是就在這事發生後一兩天，我就被通知回外辦受隔離審查。回到外辦沒兩三天，火燒英代辦處的事就發生了。後來知道是姚登山等包圍總理，逼總理在報告中簽字，僵持2、30小時，醫生護士給總理送藥時說總理有病，不能這樣做，要讓總理休息，他們就是不聽，搞疲勞轟炸，最後總理被迫簽字。總理為此一再向毛主席作自我檢討。毛主席說外交大權旁落了四天，你是被迫簽字的，別再檢討了。我進了牛棚了，後來反迫害鬥爭如何發展，如何結束，完全不知道了。

補充幾個問題。

一、

章漢夫是1946年6月間到香港的，任港澳工委書記兼報委書記，下面有饒彰風等。章漢夫除了負責報委工作外，主要負責籌辦《群眾月刊》。抗戰勝利後，國民黨發動全面內戰。我在

廣州，國民黨特務黃珍吾要迫害我們，總理批准我們撤退到香港，香港東縱正準備北撤，方方與國民黨方面談判時，他們不讓方出來，軟禁(他)。廖承志知道後，指責他們，才讓方方出來。這件事是大公報的一位記者陳凡在採訪北撤消息時知道方方被軟禁，是他出來報告的。

二、東江供水問題

1959年香港鬧水荒，要求國內供水，我們答應了，建了深圳水庫，仍然不夠。港英政府想了很多辦法，人工造雨，海水淡化都沒有成功。到62、63年缺水最嚴重，陳郁同志同意他們派船到虎門附近運水，也解決不了問題。港英政府通過何賢提出試探，希望我們再增加供水。當時我們計劃從東江引水到深圳，一次周總理到廣州，陳郁同志反映了這問題，周總理當即口頭批准建設東圳[江]引水的擬議。後來省水利(廳)在林李明領導下，提出了引水工程方案，報總理批准。在這基礎上，梁威林開始和太平紳士周峻年的接觸。最後決定從東江引水供香港，並提出供水方案報中央，經陳毅同志擬批同意並轉外交部，轉報總理。總理批准後我負責一些具體工作，比如召集各有關單位討論如何保證按時保質保量完成和供應各種提水設備等問題。省裏是由水利廳負責組成具體落實班子。共勘測了三條路線，最後確定了沿與東江合流的石馬河，經塘頭廈——雁田水庫——深圳水庫。並與香港政府簽的合同保證一年(後)供水。該工程原定1964年三月動工，65年三月落成供水，但，由於周總理抓得緊，群眾思想(工作)做得深入，人人急港九同胞之急，提早於1965年1月就竣工了。經過認真調試，到三月公開舉行落成大會，一次放水成功。這使港英當局都感到驚異。

開始港英政府對我們供水有點顧慮，怕我們將來卡他們。所以我們在宣傳上不過分從政治上去宣傳，國民黨正在挑撥説中共供水給香港將來更容易控制香港了。同時我們在對外宣傳上很注意政策，不要使人認為我們是專為港九而修建這個供水工程，我們説引東江水一方面是為了灌溉十六萬畝農田，一方面是為了供水給香港。開工時總理指示不要大肆宣傳，竣工時宣傳可以大些，盡量不刺激港英。鳳凰影片公司拍了部大型紀錄片《東江之水越山來》，梁上苑負責抓這項工作，廖承志批示在影片解説詞上不要提高到政治上來，要宣傳工程的艱巨，宣傳群眾的勞動熱情。

水費問題，簽合同前有一種意見，不收費，白送。香港政府害怕，港九同胞喝了祖國白送的水，香港政府卻收錢，甚至還加水費，港九同胞和港英當局的矛盾就尖鋭起來了。此事請示了總理，總理説不收錢不好，象徵性的收一點。最後決定每千加侖收人民幣壹角錢。

三、深圳戲院的建成

約一九五八年，解放後港英一直害怕我們的影片去港九戲院放映，每部影片放映前都要送審，剪去許多鏡頭，有的就乾脆不讓上映，也不歡迎我們的藝術團體去港九演出，影響港九同胞觀看祖國的電影藝術。因此電影線的幹部建議在深圳修建一戲院，不僅為當地的群眾，港九同胞過深圳方便，所費不多，國內的文藝團體到深圳也可以演出。工委認為可行，而且還可以收入一些外匯，報請上級批准後便在深圳興建一座影劇兩用的戲院，工委電影線負責協助進口一些設備，如放映機、空調機、音響和效果光、座椅等都是從香港買來的。還有舞台設計和要求也是由電影線負責找專家。設備很好，舞台也大，

中央芭蕾舞團，歌劇團都到那裏演出過，在對外宣傳上發揮了一定的作用。

四、協助動員一些有名望的人員回國

馬師曾、紅線女、容國團、傅其芳等人回國我們從中協助做些工作，容國團、傅其芳主要是工會做的工作，京劇名演員馬連良好像是通過費彝民動員回來的，杜月笙的老婆孟小冬是唱青衣的，我們也通過中華書局的吳叔同做過工作，但她不回來。香港大學[病理學]教授、名醫生侯寶璋是位研究癌症的專家，早期是黃作梅做他的工作，黃犧牲前張鐵生聯繫的黨員曹日昌和侯是港大同學，張回北京時把曹的組織關係交給我，曹曾介紹我與侯聯繫，繼續做他的工作，黃作梅犧牲後，後來譚幹也聯繫過，最後我們請他回來了。他很有學問，有很好的研究條件。在香港他是驗屍官，凡是死人都要經過他鑒證，證明是否正常死亡。利用這個方便，把肝臟取出來製成標本，光研究癌症的標本就有上萬件。62年我和他一起回來時，他把所有的標本、資料都搬回來，對我們的醫學做了很大的貢獻。

對一些過境的人員我們也盡量協助做保護工作並送他們回來。如華羅庚、李四光1950–51左右回來，與蔣特鬥爭很緊張。

李四光回來時的鬥爭：他原住在瑞士，有一個女作家×叔華[凌叔華]告訴他，聽說國民黨要暗殺他。他便離開瑞士去英國，(我們) 通過關係勸他回國。國民黨特務一直跟到香港。我們接到通知後，我與張鐵生決定一定想盡辦法送他安全回來。李四光有個舅舅在統一碼頭開一個巨源貨棧，由他舅舅去接船，因為我們目標太大不方便，接上岸後馬上秘密安排他住在石澳的一所房子隱藏起來。過了幾天便秘密從文錦渡送他回來。這一鬥爭取得勝利是地下黨員的功勞。

華羅庚回來時乘飛機到達機場，我們帶他先進半島酒店，馬上從後門出去住到九龍飯店去。我們還派了一人住進該飯店暗中保護他，很快便送他回來了。這是張鐵生回來後的事。

吳荻舟傳略及年譜

女兒吳輝撰寫

　　父親是福建龍岩人，生於1907年5月5日。像同時代許多人一樣，終其一生為理想奮鬥。在家鄉福建上高中的時候，正值北伐時期，他積極投入集會宣傳，編寫油印小報，為北伐結束封建軍閥分裂割據、統一中國的目的心馳神往；在上海半工半讀上大學的時候，他寫過小說在《拓荒者》(蔣光慈主編)、《新地》(魯迅主編)月刊上發表，反映他目睹的勞苦大眾貧困生活，並積極參與學生運動、工人運動。他的眼光放在改變不平等的、落後窮困的家鄉、社會和國家上，於1930年1月加入中國共產黨，其後在一次參加籌備勞動節集會活動時被國民黨逮捕，坐牢近8年。出獄之後他獲國民政府軍事委員會政治部第三廳委任(當時國共合作，周恩來擔任政治部副部長，郭沫若擔任第三廳廳長)，帶領一支文化宣傳隊伍跋涉在湖北、湖南、廣西、廣東等地，宣傳、鼓動和慰勞主戰場抗戰軍民，直至1945年抗戰勝利；內戰開始，他來到香港，並輾轉東南亞，以海外華人為對象，做反內戰、建立新中國的宣傳教育工作。

　　新中國成立前後在香港發生許多驚心動魄的事件，如策動雲南起義、龍雲回歸；香港招商局起義、護產；中國航空公司和中央航空公司(兩航)起義、護產；護送海外愛國人士回國等，他都起了重要作用。之後父親作為中共在香港負責人之一，作為香港《文匯報》社長，領導統籌統一戰線和交通、新聞、文化界的建設。在直接與香港市民息息相關的東江-深圳供水工程中，負責後勤協調保障，努力為落實北京「長期打算，充分利用」的香港方針建立組

織基礎和輿論陣地。1962年他被調到北京任國務院外事辦公室港澳組副組長，後任組長。

1967年，當香港工作遭到極左路線干擾的時候，他根據多年工作經驗，對極左路線發出反對聲音。之後遭受長達十三年無辜審查，下放幹校勞動，並且沒能再回到港澳工作崗位上。1978年獲平反，調任中國戲劇家協會書記處書記兼研究室主任，參與戲劇界撥亂反正，為創刊《中國戲劇年鑑》，他不僅指導年鑑體例的設計思路，甚至親自聯繫廣告，為年鑑能夠長期出版建立經濟基礎；1988年確認他1930年入黨的事實；1992年7月26日病故 (其他詳見吳荻舟年表)，享年85歲。

有人問我：他這樣辛苦一生值得嗎？我在整理他的遺文期間看到，不管做什麼，只要覺得對中國的前途有益，他是不考慮個人得失的，所謂個人前途，完全融入到中國人民民主進步的歷史進程中。他選擇了共產黨，固然有時代背景的原因，他是共產黨的技術官僚，一個執行者，固然有局限性，但他一生還是在盡可能的程度上忠實於自己，難能可貴地堅持了初衷。

僅舉幾個例子：

他做 《文匯報》社長期間，正是20世紀50年代內地「大躍進」時期，《人民日報》報道「畝產放衛星」，《文匯報》也用過新華社這方面的通稿，但是當父親有機會去廣州郊區參觀「衛星田」，他親手去翻弄白薯藤，以證實自己的懷疑。當他發現是把幾畝地的白薯堆在一起造假，回來後就決定 《文匯報》不再做此類失實報導。

1964年，他已經調回內地，去農村參加四清運動，當一些人唯恐查不出壞分子、交不了差，擴大打擊面的時候，他卻幫助已經被打成壞分子的農民查清事實翻案，自己落得「右傾」，受到批判。文革期間他受審查，專案組多次要他認罪，簽名結案，但是他認為

他們給出的審查結論不符合事實，拒絕簽名，審查一拖再拖，整整13年，才宣佈他沒有任何問題。

80年代末，我曾經認為他會像很多老幹部那樣，害怕否定當時已經愈演愈烈的貪腐、專制，害怕那樣一來就否定了他們自己的一生。我清楚地記得，一次和他討論貪腐問題，一生兩袖清風的他，在提到某些人的貪腐時，氣得用拐杖在地上用力跺。據母親回憶，當年在香港，父親拍板購買《文匯報》社址、清水灣片場，經手各條戰線的活動經費數以千萬，沒有一丁半點不清不楚。

1991年10月9日，父親給哥哥寫了一封信，也囑咐哥哥把信給我和妹妹看。在信中，父親叫我們「多訂幾份報紙，不要把自己孤立起來、封閉起來，應該過更豐富的生活」，他特別注明：「(不指物質生活)。」

然後他提醒我們：「一個人一定要做點於國家、民族、世界人類有益的事。如果只想到自己如何過的舒服，不想到別人，不想到國家、民族、世界人類的前途，那還是像世界最有錢的人，養好了，享盡了，像一個最可憐的窮叫花子一樣死去，爛掉！

當然，我們做了事，也爛掉！可不同，至少我們死前回想起來，總是在新舊世界轉化這個偉大的、從個人『幸福』，轉化眾人(人人) 幸福、平等、自由的偉大的事業中，做了一點事，吃了苦、冒過險而平靜地死去。哪怕這事業要一百年、幾百年才能完成！」

我覺得，這段話濃縮概括了父親參加革命的初衷以及一輩子的心路歷程，回答了「他們為什麼參加革命？」「如何評價自己一生？」這些問題，這些是國內外許多對中國歷史不甚理解的人常常問我的問題。還有一個問題：「為什麼是共產黨？」看了我寫的父母紀實文學《蘆葦蕩小舟的故事》，也會得到答案。我尊重父親為中華民族所做的努力，尊重歷史的事實。

吳荻舟年表

吳輝整理

1907年5月5日

　　出生於福建龍岩大池鄉秀東村，原名吳麒麟，又名吳彩書，
　　後改名吳荻舟——蘆葦蕩裏的一條小船；

1913年 (6歲)

　　在族辦私塾啟蒙。

1915年 (8歲)

　　轉入龍岩城新羅小學就讀，和學校師生一起參加抵制日貨、
　　抗議袁世凱與日本簽署「21條」；

1919年 (12歲)

　　北京爆發五四運動，和學校師生上街遊行聲援；

1921年 (14歲)

　　考入福建省立第九中學；

1922年 (15歲)

　　高中需半工半讀，期間受鄧子恢 (閩西共產黨組織和根據地的
　　創建人) 等人啟蒙；

1926年 (19歲)

　　輟學投身北伐宣傳活動；

1927年 (20歲)

　　在龍岩積山小學短期任教；

1928年 (21歲)

　　考進上海藝術大學，教授有馮乃超、朱鏡我。後轉學到中華
　　藝術大學學習西洋文學史，校長陳望道，教授李初黎、潘梓
　　年、王學文等。期間開始文學創作；

1930年 (23歲)

　　參加中國共產黨，課餘投身學生運動和工人運動，同年被捕，被囚在國民黨的南京中央監獄近8年，期間自學數門外語以及大量閱讀，一些大學老師也被關在同一監獄；

1937年 (30歲)

　　西安事變國共合作提前獲釋，做過校對《胡適文存》的工作，為一套抗日宣傳叢書撰文，寫過抗日的電影文學劇本。參與組建「上海文化界內地服務團」，捐出稿費作為部份活動經費，率團赴江、浙、皖宣傳抗日；

1938年 (31歲)

　　被任命為「國民政府軍事委員會政治部抗敵宣傳隊第一隊」(後來易名為「抗敵演劇宣傳第七隊」) 隊長，少校軍銜，全身嚴重浮腫回家養病的半年裏，寫成30多萬字的《世界文藝思潮史話》；

1946年 (39歲)

　　國共內戰，撤退到香港，組建「中國歌舞劇藝社」任社長，後又輾轉到新加坡，在著名僑領陳嘉庚安排下到海南同鄉會主辦的育英中學任教務主任；

1948年 (41歲)

　　回到香港，任職《華商報》至該報終刊。

1950年 (43歲)

　　任職《文匯報》社長，招商局顧問等，中共在香港負責人之一；

1962年 (55歲)

　　赴京任職國務院外事辦公室港澳組副組長；

1964年 (57歲)

　　到江蘇句容縣參加四清運動；

1967年 (60歲)

處理香港1967年暴動與造反派意見不一，「靠邊站」，被戴上「叛徒」、「特務」、「國民黨反動別動隊」、「假黨員」和「走資派」五頂帽子，開始長達13年的政治審查。

1969年 (62歲) 下放寧夏平羅國務院系統幹校；

1978年 (71歲) 中共中央發出組通字8號文件「關於抗敵演劇隊的性質及其他幾個問題的通知」，帶着文件副本到昔日部下以及其他隊成員所在的杭州、南京、廣州等地，自費督促各省市為他們平反；

1979年 (72歲)

平反：「歷史已審查清楚，無政治問題。」(但直到1988年找到了解他入黨事實的證明人才正式承認他是1930年入黨。) 同年調任中國戲劇家協會書記處書記兼研究室主任。

1982年 (75歲)

離休，繼續擔任「全國少年兒童文化藝術委員會」委員，到各地培訓年輕作者、戲劇評論工作者，和年輕作者通信，為他們修改劇本，寫文章探討戲劇理論等。主持演劇隊隊史編寫工作，以書信往來或者座談會方式協調各種不同意見，幾易其稿，以致期間數度住院。出版兩本隊史。

1992年 (85歲)

心臟病辭世。

參考資料

書目

港九各界同胞反對港英迫害鬥爭委員會：《香港風暴》，1967年11月

紅衛兵編輯：《天翻地覆慨而慷》——無產階級文化大革命大事紀，1967年11月

國務院僑務辦公室編：《廖承志文稿》，1987年

梁上苑：《中共在香港》，廣角鏡出版社，1989年

余長更：周恩來遙控「反英抗暴」內情，《九十年代》1996年5月號

李　後：《回歸的歷程》，三聯書店，1997年

中共中央文獻研究室：《周恩來年譜》，中央文獻出版社，1998年

鐵竹偉：《廖承志傳1908–1983》，三聯書店，1999年

黃文放：《瞻前顧後》，明報報業有限公司，2000年

張家偉：《六七暴動內情》，太平洋世紀出版社，2000年

張家偉：《六七暴動：香港戰後歷史的分水嶺》，香港大學出版社，2012年

冉隆勃、馬繼森：《周恩來與香港「六七暴動」內幕》，明報出版社，2001年

田　恬：《香港「六七暴動」與文化大革命》，2001年，收錄在冉隆勃、馬繼
　　森上述書內

周　奕：《香港左派鬥爭史》，利文出版社，2002年

馬繼森：《外交部文革紀實》，香港中文大學出版社，2003年

高文謙：《晚年周恩來》，明鏡出版社，2003年

金堯如：《香江五十年憶往》，金堯如基金會，2005年

陳揚勇：《苦撐危局——周恩來在1967》，中央文獻出版社，2008年

周　奕：《香港工運史》，利文出版社，2009年

吳康民：《吳康民口述歷史——香港政治與愛國教育》，三聯書店，2011年

余汝信：《香港，1967》，天地圖書出版有限公司，2012年

梁慕嫻：《我與香港地下黨》，開放出版社，2012年

江關生：《中共在香港》(下卷)，天地圖書出版有限公司，2012年

羅　孚：《羅孚說周公》，天地圖書出版有限公司，2012年

葉曙明：《廣州文革三年史》，第二卷 (未發表)

工聯會：《工聯會與您同行——65周年歷史文集》，2014年

文章

金堯如：

〈周總理關於香港政策的談話〉，載《當代月刊》1992年5月15日、6月
　　15日

〈反英抗暴——香港的「文革」〉，載《當代月刊》1993年1月15日

〈「中央文革」領導「反英抗暴」〉，載《當代月刊》1993年8月15日

〈新華社拒絕同港英和談〉，載《當代月刊》1993年9月15日

〈「反英抗暴」的「菠蘿戰」〉，載《當代月刊》1993年11月15日

〈最後通牒和火燒英代辦〉，載《當代月刊》1994年2月15日

〈新華社命報紙同防暴隊武鬥〉，載《當代月刊》1994年3月15日

〈反英抗暴全面失敗的總結〉，載《當代月刊》1994年6月15日

〈周恩來批「反英」，命我找英談判〉，載《當代月刊》1994年7月15日

〈香港反英抗暴發動的內幕——兼與余長更先生商榷〉，載《開放》1996
　　年6月號

〈我所知的反英抗暴鬥爭〉之一、二、三，均見金堯如《香江五十年憶
　　往》第六、七兩章。

羅孚：

〈為香港式文革致歉〉，載《當代月刊》1993年3月15日

〈董建華授勳楊光是何用意？〉，http://www.epochtimes.com/b5/1/7/21/
　　n111734.htm[/url]

〈香港的「文化大革命」〉，載《地方文革交流網》，2011–11–11

梁慕嫻：

〈七十年代學運的國粹派〉，《開放月刊》2008.9.15

〈六七暴動惡花今結果〉，《開放月刊》2011.3.15

〈回憶林彬兄弟慘案〉，《開放月刊》2011.5.17

〈消失的香港地下黨〉，《民主中國》2018.3.16

解密檔案

英國解密檔案：

FCO 40/46　304379

FCO 40/49　294929

FCO 40/64　原件沒有細分編號

FCO 40/76　原件沒有細分編號

FCO 40/77　327546

FCO 40/78　C330301

FCO 40/92　327545

FCO 40/105　C413377

FCO 40/106　C414201

FCO 40/115　原件沒有細分編號

美國解密檔案：

NSF, Files of Alfred Jenkins,「CHICOM – HONG KONG」, Box 1

日期涵蓋1967年7月7日到1968年2月16日其中涉及香港部分

網站

《六七動力研究社》，hk1967.org

《六七暴動。香港》，https://1967riot.wordpress.com

程翔：

〈從「六七暴動」看「國民教育」〉，《明報》2012.8.3

https://www.pentoy.hk/%E3%80%8C%E5%85%AD%E4%B8%83%E6%9A%B4
%E5%8B%95%E3%80%8D%EF%BC%8C%E9%81%BA%E5%AE%B3%E8%
87%B3%E4%BB%8A/

〈「六七暴動」，遺害至今〉，《明報》2017.1.22

https://news.mingpao.com/pns/dailynews/web_tc/article/20170122/
s00005/1485021872212

〈六七暴動與恐怖主義〉，《明報》2017.3.12

https://news.mingpao.com/pns/dailynews/web_tc/article/20170312/
s00005/1489256989646

〈「六七暴動」的恐怖主義根源(上)〉，《眾新聞》2017.5.2

https://www.hkcnews.com/article/3652/%E5%85%AD%E4%B8%83%E6%
9A%B4%E5%8B%95-%E6%81%90%E6%80%96%E4%B8%BB%E7%BE
%A9-%E6%B6%88%E5%A4%B1%E7%9A%84%E6%AA%94%E6%A1%88-
3658/%E3%80%8C67%E6%9A%B4%E5%8B%95%E3%80%8D%E7%9A%84
%E6%81%90%E6%80%96%E4%B8%BB%E7%BE%A9%E6%A0%B9%E6%B
A%90%EF%BC%88%E4%B8%8A%EF%BC%89

〈「六七暴動」的恐怖主義根源(中)〉，《眾新聞》2017.5.5

https://www.hkcnews.com/article/3711/%E5%85%AD%E4%B8%83%E6%9A
%B4%E5%8B%95-%E6%81%90%E6%80%96%E4%B8%BB%E7%BE%A9-
3736/%E3%80%8C67%E6%9A%B4%E5%8B%95%E3%80%8D%E7%9A%84

%E6%81%90%E6%80%96%E4%B8%BB%E7%BE%A9%E6%A0%B9%E6%B
A%90%EF%BC%88%E4%B8%AD%EF%BC%89

〈「六七暴動」的恐怖主義根源(下)〉,《眾新聞》2017.5.8
https://www.hkcnews.com/article/3764/%E5%85%AD%E4%B8%83
%E6%9A%B4%E5%8B%95-%E6%81%90%E6%80%96%E4%B8%BB%
E7%BE%A9-%E5%85%B1%E7%94%A2%E4%B8%BB%E7%BE%A9-
3789/%E3%80%8C67%E6%9A%B4%E5%8B%95%E3%80%8D%E7%9A%84
%E6%81%90%E6%80%96%E4%B8%BB%E7%BE%A9%E6%A0%B9%E6%B
A%90%EF%BC%88%E4%B8%8B%EF%BC%89

〈中國厄運不知伊於胡底〉,載《信報》http://forum.hkej.com/
node/149302-%E4%B8%AD%E5%9C%8B%E5%8E%84%E9%81%8B%
E4%B8%8D%E7%9F%A5%E4%BC%8A%E6%96%BC%E8%83%A1%E5
%BA%95%EF%BC%9F

葉曙明:

《支援香港反英抗暴鬥爭》,載《地方文革交流網》2009–11–12,
http://www.difangwenge.org/read.php?tid=343

勞顯亮:

《英密檔揭政治部斥左派推學生做人盾》,《香港01》發表於2017-
05–19
https://www.hk01.com/%E6%B8%AF%E8%81%9E/90654/-
%E5%85%AD%E4%B8%83%E6%9A%B4%E5%8B%95-%E8%8B%B1%E5%
AF%86%E6%AA%94%E6%8F%AD%E6%94%BF%E6%B2%BB%E9%83%A
8%E6%96%A5%E5%B7%A6%E6%B4%BE%E6%8E%A8%E5%AD%B8%E7
%94%9F%E5%81%9A%E4%BA%BA%E7%9B%BE-%E6%9C%80%E6%80%
95%E9%9D%9E%E6%9A%B4%E5%8A%9B%E6%8A%97%E5%91%BD